国家社科基金青年项目"明代中后期馆阁政治与文学研究"（21CZW023）成果

The Research on Wang Xijue
from the Perspective
of Politics and Literature

政治与文学视域下的
王锡爵研究

安家琪 著

中国社会科学出版社

图书在版编目(CIP)数据

政治与文学视域下的王锡爵研究/安家琪著. —北京：中国社会科学出版社，2022.12
ISBN 978-7-5227-0810-2

Ⅰ.①政… Ⅱ.①安… Ⅲ.①王锡爵(1534-1614)—人物研究 Ⅳ.①K827=48

中国版本图书馆 CIP 数据核字(2022)第 153339 号

出 版 人	赵剑英
责任编辑	王小溪
责任校对	师敏革
责任印制	戴 宽

出　　版	中国社会科学出版社
社　　址	北京鼓楼西大街甲 158 号
邮　　编	100720
网　　址	http://www.csspw.cn
发 行 部	010-84083685
门 市 部	010-84029450
经　　销	新华书店及其他书店

印　　刷	北京君升印刷有限公司
装　　订	廊坊市广阳区广增装订厂
版　　次	2022 年 12 月第 1 版
印　　次	2022 年 12 月第 1 次印刷

开　　本	710×1000　1/16
印　　张	25.25
插　　页	2
字　　数	379 千字
定　　价	138.00 元

凡购买中国社会科学出版社图书，如有质量问题请与本社营销中心联系调换
电话：010-84083683
版权所有　侵权必究

序

朱丽霞

"政治与文学"的互动研究一直是明代文学研究领域的主流话题，但长期以来，相关研究多聚焦于明代前中期，对于嘉靖以降的政治与文学研究，则关注较少；而在核心问题的探讨与研究范式的选择上，受制于传统"基础/建筑"框架之下对政治与文学关系的理解，文学之于政治运作的基本功能、文体演化如何回应并影响政治生活以及文学在政治事件生成与走向过程中的功能作用等问题，尚未得到有效关注，这也不免窄化了文学研究的可能空间。

在传统社会的政治实践中，作为"经国之大业"的文章书写是传递意图、开展行动、扩大效应与营构荣耀的重要方式。由于各种复杂关系的存在，政治实践往往需要技术的参与；而文学在语法、语义及语用上的高密度性与强技术化特征，则有助于其在政治生活中发挥作用。以"作为政治的文学"为切入点，能够拓展政治与文学关系的研究空间，亦是理解明代政治与文学的一个有效视角。王锡爵由翰林而入内阁，是"文政合一"的传统社会中兼具政治与文学身份的典型士大夫，也是明代政治史上能够有效发挥文学之政治功能的人物；在特定制度、观念与行动中写作，是其文学书写的鲜明特征。基于此，安家琪的《政治与文学视域下的王锡爵研究》尝试在学科交叉及语境研究的趋势下，跳出传统"基础/建筑"的理论视角，在对传统文学观念自觉反思的基础上，以问题带动观察，以事件为线索，借助语言学、政治学等周边学科的研究成果，在具体的历史语境中考察王锡爵的文学书写与政治行动之间的互动关系：特定的政治生活如何影响王氏文学观念与文章风貌的呈现；王氏在特定的历史语境中，又如何利用修辞技法干预及引领政治生活，以促进政治实践的展开（确立合法性、传递意图、开展行动、制造效应、引领舆论、凝聚认同），进而考察王锡爵的文学史与政治史意义。

这一研究，既是对明代政治与文学研究的拓展与深化，也为对与王氏身份经历相近的诸多传统政治型文人的研究提供了一种可能的视角与方法，在中国古典文学的跨学科研究方面是一次成功的尝试，在理论的选择与方法的运用上也有较大的创新。同时，新史料的发掘与运用，也展现出王锡爵在文学史与政治史上的意义与价值。而其研究以王锡爵为起点，重新考量文学与政治的关系，注意到此前王锡爵研究中未曾留意且值得开拓的新话题，并由此向外拓展至对明代中后期馆阁政治与文学的关注以及家族与地域文学论题的探讨，从这个意义上来说，其选题具有更为深广的延展空间与学术价值。作者在其研究中，也尝试反思现有的对"政治与文学"关系的理解，试图展现文学书写之于凝聚认同及构建共同体的积极作用，因而也有着重要的现实意义。

家琪博士2015年随我读书，其间，她凭借良好的学问基础、开阔的学术视野与敏锐的感悟力，对于明代政治与文学的相关话题，多有独到的领悟。如今，她的第一本学术著作即将付梓，作为导师，我乐见其成，更期待着她以此为开端，在今后的学术之路上更上层楼。

2022 年 3 月

目　录

绪　论 …………………………………………………………（1）
　第一节　选题缘起、现状及意义 ……………………………（2）
　第二节　"古典文学与政治"的内在关联 ……………………（7）
　第三节　"历史语境主义"的运用：范式·语境·修辞 ………（22）

第一章　王锡爵的家世与门风 ……………………………（36）
　第一节　王锡爵的家世、家学与家风 ………………………（36）
　第二节　以儒为主、兼取佛老的思想构架 …………………（45）

第二章　作为政治的文学：王锡爵的政治困境及开解策略 ………（56）
　第一节　规讽、直谏与乞休：君臣矛盾的化解 ……………（57）
　第二节　"政治共识"的强调：政敌攻讦的应对 ……………（74）
　第三节　"政生多门"：内阁权力的回落 ……………………（107）
　第四节　"君臣大义"的模式书写：朝中政治势力的调和 ………（119）

第三章　典诰鼎彝：王锡爵的文学观念与制义创作 ……………（126）
　第一节　王锡爵的文学观念 …………………………………（126）
　第二节　王锡爵文学观念的成因 ……………………………（139）
　第三节　王锡爵制义的语体风貌及其"大手笔"特征 ………（151）

第四章　政治意图的文学展现：王锡爵奏疏的文体及语体解读 …………（183）
  第一节　奏疏的文体特征及其体式演变 ……………………（184）
  第二节　王锡爵奏疏的文体特征 ……………………………（201）
  第三节　王锡爵奏疏体式的语体成因 ………………………（211）

第五章　日常交际与政治行动：王锡爵的序文与尺牍写作 ………（223）
  第一节　"避同求变"：序文写作的别样可能 ………………（223）
  第二节　"自省"与"避世"：政治危机中的自我展演………（237）
  第三节　"境遇体验"与"身体隐喻"：王锡爵的"疾病"书写 ……（246）

第六章　王锡爵的政治史与文学史再定位 …………………………（258）
  第一节　清人诗歌中的王氏"南园" ………………………（258）
  第二节　王锡爵政治理想的践行及其政治史意义再评估 ……（266）
  第三节　王锡爵对隆、万时期馆阁文学的影响及其文学史定位 …………………………………………（288）

结　语 ……………………………………………………………（297）
附录　王锡爵年谱 ………………………………………………（301）
参考文献 …………………………………………………………（369）
后　记 ……………………………………………………………（396）

绪　　论

在当下的古代文学研究中，王锡爵作为晚明时期在文坛与政坛颇具影响的人物，极少被提及。虽然，在古典文学研究目光下移而一度聚焦于地域与家族的特殊时期，王锡爵的影响有所提升，但地域与家族文学研究在方法论上的成熟，在为王锡爵研究提供理论支撑与案例参照的同时，也不免限制了王氏相关研究的学术价值。而随着古典文学研究界兴趣焦点的转移，王锡爵的相关研究则自然面临着方法、路径与影响重新定位的挑战。在此意义上，此种挑战的应对，不仅关涉王锡爵研究能否有效推进，同时也与古典文学研究在某些特定领域，尤其是"文学与政治"研究上能否寻得突破密切相关。"文学与政治"关系的分析与解读是自现代学术建立以来，古代文学研究中的习见话题。历时既久，遂有成果如林之说。但研究方法与观念的相对保守，多少影响了相关研究成果的学术质量。材料发掘与成果累积上的成绩难以弥补视角与方法上反思力度不足所带来的反向影响。在"经济基础/上层建筑"理论框架的强势笼罩之下，"文学"之于政治运作的结构性功能难以得到有效关注；[①] 文体演化如何回应并影响传统政治生活，也常因文学研究者对传统社会"一统体制"与"有效治理"间难题的敏感度不足，而尚未成为一个能

[①] 参见刘顺《经国之大业：中古文学与政治分析初步兼及张说的政治观念》，《上海师范大学学报》（哲学社会科学版）2019年第4期。

够产生聚焦效应的文学史问题。① 同时，在具体的研究过程中，研究者对于传统中国"文"与"政"概念交叉地带的忽视，放大了"政治"与"文学"作为语词的相对独立性。"文学自觉"及"文学性"在确立文学作品价值与边界中的基础性地位以及弱化"文学"概念之流变的同时，② 也强化了以"纯文学"概念取代传统社会中"文学"概念的复杂内涵并以此来理解古典文学及其与政治之关系的合理性。而以上种种，无疑均会导致古典文学研究领域的窄化以及文学书写与政治行动间的隔膜，进而造成今人在对传统社会文学与政治之关系理解上的错位。③ 由是，重回"文学"产生的历史语境，考察文学之于政治的结构性功能，从而拓展文学与政治关系的研究空间，遂因之而必要。王锡爵作为明代影响卓荦的政治人物，是"文政合一"的传统社会中兼具政治身份与文学身份的典型士大夫；由是，以"文学与政治"为视角，考察王锡爵的文学书写与政治行动，既是对明代文学研究对象的扩展与补充，也是对研究传统社会中政治型文人的一次探索与尝试。

第一节　选题缘起、现状及意义

王锡爵作为明清太仓太原王氏家族的开创者，是晚明政坛及文坛颇有影响的人物。但因深度卷入万历中后期的"党争"事件，其当世影响及后世接受，隐匿于东林党人的光环之下。同时，在现代学术建立以来的文学研究中，文学与政治问题的讨论缺少相应的理论支撑，因此亦弱化了王氏作为一种独特研究样本的价值。后世的主流明清文史研究虽

---

① 参见周雪光《中国国家治理的制度逻辑》，生活·读书·新知三联书店2017年版，第7—49页。

② "概念并不指涉某种具体事物，也并不代表某个可被明确表述的原理体系；概念是多重声部的织合体，它只代表自身历史。"［阿根廷］埃利亚斯·何塞·帕尔蒂：《从政治观念史到政治语言史：当代西方思想史上的"理论革命"》，杨光烁、张旭鹏译，《国际社会科学杂志（中文版）》2015年第4期。

③ "某些文本生来就是文学的，某些文本是后天取得文学性的，还有一些文本是将文学性强加于本身的。从这一点讲，后天远比先天主要。"［英］特里·伊格尔顿：《文学原理引论》，刘峰等译，文化艺术出版社1987年版，第11页。

对王锡爵有所涉及，但或缘未审其密奏全貌而以偏概全，多视王锡爵为反东林者而对其颇具微词。先入为主的道德判准在某种程度上扭曲了评判者的观察力，其对于王锡爵的历史定位亦难称公允。故而，在明代文史研究逐步兴起，而"语境"中的文学研究又逐步成为一种较有影响的研究取向之下，王锡爵的相关研究也因此而成为值得再作探讨的话题。

国内外研究王锡爵及其家族的著作迄今为数不多，高琪的《王锡爵传》[①]是对王锡爵生平的系统研究。作为人物传记，高著以对人物生平与历史事件的梳理为主，而对学术史视域中王锡爵研究的意义价值则涉略有限；徐朔方的《王衡年谱》（《徐朔方文集·晚明曲家年谱》[②]）在对王锡爵之子王衡的生平编年过程中，穿插对王锡爵事迹的若干考证；周巩平的《江南曲学世家研究》[③]第六章"明清太仓两大王氏家族"，简要勾勒了王锡爵家族的发展演变；吴仁安的《明清江南著姓望族史》[④]中"明清时期集政坛高官与画坛名家于一门的王锡爵王时敏文化世家略述"一节，从家族文化承传与发展的角度，考察了以王锡爵为首的太原王氏家族的世系与文化。陈文新的《明代文学与科举文化生态》[⑤]一书在探讨状元文风与明代文学走向的关系时，对王锡爵的文章风格及其万历以降制义文风的走向有所涉猎。郑礼炬的《明代洪武至正德年间的翰林院与文学》[⑥]第十章第三节"万历末年明朝馆阁文学向传统的回归"认为王锡爵为文在兼取秦汉与唐宋古文的过程中，促成了万历末年馆阁文学向"宗宋"传统的复归。叶晔的《明代中央文官制度与文学》[⑦]指出万历年间科场文风日趋奇诡险怪，乃缘主考官王锡爵、陈于陛等的大力推扬。在海外研究方面，如黄仁宇在探讨万历时

---

① 高琪：《王锡爵传》，西泠印社2008年版。
② 徐朔方：《徐朔方文集·晚明曲家年谱》，浙江古籍出版社1993年版。
③ 周巩平：《江南曲学世家研究》，上海文化出版社2013年版。
④ 吴仁安：《明清江南著姓望族史》，上海人民出版社2009年版。
⑤ 陈文新：《明代文学与科举文化生态》，高等教育出版社2016年版。
⑥ 郑礼炬：《明代洪武至正德年间的翰林院与文学》，中国社会科学出版社2011年版。
⑦ 叶晔：《明代中央文官制度与文学》第一章"明代翰林院职掌与中央文学权力的掌控·乡会主试与中央科场文风的矫正"，浙江大学出版社2011年版。

局与内阁政治时，对关系阁臣王锡爵的若干历史事件有所涉及。① 日本学人小野和子论及与东林党相关的若干历史事件，认为王锡爵于万历三十五年复出未果，是东林党直接干预的结果。② 李静然的硕士学位论文《太仓太原王氏家族文学研究》③ 探讨了王锡爵的墓志、序文与碑志等文体创作；汪琼珍的硕士学位论文《王世贞与王锡爵关系研究》④ 梳理了王锡爵与王世贞的家族关系、宗教关系与政治关系；原可心的硕士学位论文《王锡爵研究》⑤ 对王锡爵的思想及与其相关的"赈济水灾""抗倭援朝"与"三王并封"等历史事件进行了初步考论。单篇论文或聚焦于同王锡爵相关的历史事件，或关注王氏成员的文学观念与文艺活动：如陈永福《从"癸巳大计"看明末东林党与内阁之对立》⑥ 一文，重审"癸巳大计"之始末，为王锡爵"擅权"之说翻案，并由此而及内阁政治运作的弊端；李佳《论明代阁臣在君臣冲突情境中的行为取向——以李东阳、费宏与王锡爵为中心》⑦ 一文通过考察"三王并封"之本末，部分肯定了王锡爵等阁臣"委曲将顺，乃克有济"的政治策略；陈广宏《晚明文学变奏的政治考察——钟惺、谭元春与晚明党争之关系平议》⑧ 一文在解读钟惺对王锡爵政治评价的基础上，肯定了王锡爵身为阁臣的政治胸襟；闫勖、孙敏强《"文章之道"如何"复归词林"——论明代嘉隆之际的馆阁文学》⑨ 一文揭示了王锡爵在嘉、隆时期馆阁文学"复归词林"局面中所发挥的积极作用；陈文新、郭皓政

---

① 参见［美］黄仁宇《万历十五年》，中华书局1981年版。
② 参见［日］小野和子《明季党社考》，李庆等译，上海古籍出版社2006年版。
③ 李静然：《太仓太原王氏家族文学研究》，硕士学位论文，上海交通大学，2017年。
④ 汪琼珍：《王世贞与王锡爵关系研究》，硕士学位论文，上海交通大学，2016年。
⑤ 原可心：《王锡爵研究》，硕士学位论文，山西师范大学，2017年。
⑥ 陈永福：《从"癸巳大计"看明末东林党与内阁之对立》，《浙江大学学报》（人文社会科学版）2010年第6期。
⑦ 李佳：《论明代阁臣在君臣冲突情境中的行为取向——以李东阳、费宏与王锡爵为中心》，《云南社会科学》2013年第1期。
⑧ 陈广宏：《晚明文学变奏的政治考察——钟惺、谭元春与晚明党争之关系平议》，《南京大学文学院学报》2006年第1期。
⑨ 闫勖、孙敏强：《"文章之道"如何"复归词林"——论明代嘉隆之际的馆阁文学》，《浙江社会科学》2016年第9期。

《从状元文风看明代台阁体的兴衰演变》[①]一文肯定了王锡爵以文体的特殊性为馆阁文学"和平典重"之文风辩护的合理性；台湾省学者连文萍以王锡爵所编《增定国朝馆课经世宏辞》为例，讨论了明代庶吉士的培养制度与儒臣对经世理想的践行，形成了《明代馆课评点与庶吉士培育——〈增定国朝馆课经世宏辞〉的评点初探》《明代翰林馆课与儒家经世实政——以王锡爵〈国朝馆课经世宏辞〉为中心》[②]等系列论文。姚蓉《太仓两王氏诗人与晚明清初的诗坛流风》[③]一文论述了王锡爵、王衡父子对雅正恬澹之文学观念的崇尚，以及清初王氏后裔对本于复古、融合性灵之文学观念的自觉选择。李忠明《吴伟业与王时敏父子交游考论》[④]一文揭示出王氏家族以《春秋》为家学的文化现象，并梳理了吴氏与王氏后裔的密切关系。程国赋、吴肖丹《论王时敏人生和艺术中的"延续"命题——兼考其家族与生平》[⑤]对王时敏人生和艺术中的"延续"命题加以阐述，并对其家族进行考证。

虽然现有成果已对王锡爵作了较为立体全面的展现，但对王锡爵的研究依然存有深化的可能。自历史领域而言，与王锡爵密切相关的"三王并封"与"密揭事件"，其本末尚存待发之覆；自文学领域而言，王锡爵是"文政合一"的传统社会中兼具政治家与文人身份的典型士大夫，同样是明代政治史上为数不多的能够有效运用奏议、尺牍、制义等文体写作以达成政治意图、开展政治行动的人物。在传统社会的历史语境中，"文学"即指向以国家公文撰写为核心的普遍意义上的写作才能[⑥]，作为"经国之大业"的文学是政治实践中的重要参与力量。在明

---

① 陈文新、郭皓政：《从状元文风看明代台阁体的兴衰演变》，《文学遗产》2010年第6期。
② 连文萍：《明代馆课评点与庶吉士培育——〈增定国朝馆课经世宏辞〉的评点初探》，《考试与教育》2016年第1期；《明代翰林馆课与儒家经世实政——以王锡爵〈国朝馆课经世宏辞〉为中心》，《中国典籍与文化》2016年第1期。
③ 姚蓉：《太仓两王氏诗人与晚明清初的诗坛流风》，《上海大学学报》（社会科学版）2006年第5期。
④ 李忠明：《吴伟业与王时敏父子交游考论》，《南京师范大学文学院学报》2006年第3期。
⑤ 程国赋、吴肖丹：《论王时敏人生和艺术中的"延续"命题——兼考其家族与生平》，《文艺研究》2016年第3期。
⑥ 参见史伟《中国古代文献中的"文学"概念考论》，《苏州大学学报》（哲学社会科学版）2019年第2期。

代英宗以降"非翰林不入内阁"的政治惯例之下,凭借"大手笔"之才而有望跻身政坛顶层的翰林学士拥有普通人臣难以比肩的政治资源,其以知识与文学精英的身份生动诠释了文学之于政治的积极影响。文学书写不仅能够在对修辞技巧的运用中为政权的确立与政治行动的展开提供合法性论证,同样能够在政治运作过程中,有效传递意图,开展行动,营造效应,以促成目标的实现。由此而言,考察文学书写之政治功能的发挥,当是研究包括应用文字在内的古代文学研究的一种必要而可能的方式,也是研究在"文政合一"的传统社会中,具有高度政治影响之历史人物及其文学书写的可行路径。以"作为政治的文学"为视角的文本考察,往往"需要研究者对于进行文学书写的政治人物之身份、际遇、问题、观念、资源以及时代风气有综观的自觉与能力。故而,须依赖于多学科、长时段的积累而后方有成效。文学史主流书写对'纯文学'偏好,其首要的负面效应并不在于压制了其他类型文学形式的呈现空间,而是窄化了文学研究的层次与路径,并由之降低了文学研究在问题解释上的彻底性与有效性"[①]。在此影响之下,诸多本应在文学史上被分予片席的历史人物,却为其政治光环所掩,游离于文学研究之外。王锡爵身为万历首辅,有文名于当世,却在后世文史分途的文学研究中销声匿迹。对王锡爵的接受,也因之而在对历史事件的追述中画地为牢。当下学界对王氏研究的贡献与价值自毋庸置疑,然而却依旧难以有效弥补王锡爵缺席于文学领域的遗憾。因而,转化观察视角,对王锡爵及其文集再作审视,既是尝试弥补文学领域中对王锡爵研究的既有缺憾,也是试图为"文学与政治"关系的研究探寻一种可行之途。

王锡爵的文章主要见于其孙王时敏所辑录的《王文肃公文集》(五十三卷,附荣哀录两卷),[②] 另有少量奏疏录于《皇明经世文编》。今日所见王锡爵文集的版本主要包括《王文肃公文集》(五十五卷,明万历

[①] 刘顺:《燕许"大手笔"的成立及其对李唐政治文化的影响——以知制诰的职位要求为视角》(待刊)。

[②] 见于《四库禁毁书丛刊》集部第7—8册(北京出版社1998年版)与《四库全书存目丛书》集部第136—137册(齐鲁书社1997年版)。

唐氏广庆堂刻本，北京大学图书馆藏）、《文肃王公奏草》（二十三卷，明天启二年刻本，哈佛燕京图书馆藏）、《王文肃公文草》（十四卷附年谱一卷，清乾隆三十八年刻本，天津图书馆藏）、《王文肃公文草》（十四卷，明万历四十三年刻本，录于日本《内阁文库藏明代稀书》）、《王文肃公牍草》（十八卷，明万历四十三年刻本，保定市图书馆藏）、《王文肃公奏草》（二十三卷，明万历四十三年刻本，首都图书馆藏）。王锡爵的制义录于俞长城《名家制义六十一家》（清抄本，国家图书馆藏）与陈名夏《国朝大家制义》（明刻本，国家图书馆藏）；另有《王文肃课孙稿》，今已不传。作为政治人物，王锡爵视"吟弄风月"的纯文学写作为小道，其"拈咏赠酬"之诗词亦多有散佚，① 因此，王时敏在辑录锡爵诗文时，尽管对其诗稿"经年广搜"，然最终仍"未能成帙"。② 《明史·艺文志》载王锡爵有《诗文集》三十二卷，今不见。③ 《御定佩文斋咏物诗选》录有王氏诗歌一卷，《明词综》录其词一卷，皆多应制之作。王氏另有《春秋左传释义评苑》《王荆石先生批评韩文》《王荆石先生批评柳文》《王相国汇注百家评林班马英锋》等评点著作，④ 并辑录《历朝尺牍大全》《增定国朝馆课经世宏辞》《皇明馆课经世宏辞续集》。⑤ 上述可供查阅的文献，成为本书可资参照的素材。

第二节 "古典文学与政治"的内在关联

"文学与政治"的关系是古代文学研究中一个无法绕开却又难以深

---

① 王锡爵诗词作品的散佚，可能是其有意为之。可参见罗时进《焚稿烟燎中的明代文学影像》，《文学社会学——明清诗文研究的问题与视角》，中华书局2017年版，第211—230页。
② 参见永瑢等《四库全书总目》卷178《别集类存目五》，中华书局1965年版，第1602页。
③ 参见张廷玉等《明史》卷199《艺文志四》，中华书局1974年版，第2485页。
④ 参见王锡爵《春秋左传释义评苑》，明嘉宾堂刻本；王锡爵《王荆石先生批评韩文》，明刻本；王锡爵《王荆石先生批评柳文》，明刻本；王锡爵《荆石王相国段注百家评林班马英锋选十卷》，万历二十九年周时泰刻本；王锡爵辑《王相国汇注百家评林班马英锋》，万历金陵周氏博古堂刊本。
⑤ 王锡爵：《历朝尺牍大全》，明刻本；王锡爵辑：《增定国朝馆课经世宏辞》（《四库禁毁书丛刊》集部第92册）；王锡爵、陆翀之辑：《皇明馆课经世宏辞续集》（《四库禁毁书丛刊》集部第92—93册）。

入出新的话题。古典文学研究在涉及"文学与政治"关系的话题时，研究者常常以参照西方文体划分所形成的"纯文学"概念为依据，来理解古典文学的文体写作，进而探讨其与传统政治生活的关系。然而，如此讨论却忽视了今日之"纯文学"观念与传统社会之"杂文学"概念的错位，并由此而导致"文学"之研究对象与研究路径的窄化，进而压制某些新问题的产生。今日之"文学"（literature）概念与"文学"分类的形成，实为西方历史语境的产物："文学"作为一门独立、成熟的现代学科而被承认，"文学"在文体上涵盖诗歌、小说、戏剧等文类划分，语义上则强调文学的审美特性（"文学性"）。[①] 此种理解与特定的地缘文化传统密切相关。西方早期即长于叙事文学的发展，自古希腊始，文学遂被划分为叙事、抒情与戏剧三类，此"三分法"是西方世界对于文学分类的基本模式。因此，在18—19世纪西人对中国古代典籍的编目中，除小说、戏曲、诗歌等几种备受瞩目的文体外，诸如奏、表、诰、檄等应用型文体，几乎未能得到有效关注。[②]"小说""戏剧"与"诗歌"代表了西方世界对于中国古代文体类型的主流认知。但在中国古代的历史语境中，"文学"的指涉则远超出今日"纯文学"所包含的文体范围。先秦时期的"文学"泛指一切文献典籍，[③] 尽管魏晋时期出现了依据"声韵"与"辞采"作为划分标准的"文""笔"之分，[④] 但"文学"一词在传统社会的含义，仍然逸出了西方"纯文学"所涵盖的文体种类，"历史之沿革如此，社会之倾向如此，若必以为如西洋所指之纯文学，方足称为文学，外此则尽摈弃之，是又不可"[⑤]。时至明代，吴讷的《文章辨体》仍然将文章分为诏令、檄文、布露、

---

① 参见［英］雷蒙·威廉斯《关键词：文化与社会的词汇》，刘建基译，生活·读书·新知三联书店2005年版，第272—273页。
② 参见宋莉华《西方早期汉籍目录的中国文学分类考察》，《中国社会科学》2018年第10期。
③ 参见刘梦溪《中国现代学术经典·章太炎卷》，河北教育出版社1996年版，第45页。
④ 如萧绎《金楼子》卷4《立言》谓"至如不便为诗如阎纂，善为章奏如伯松，若此之流，泛谓之笔。吟咏风谣，流连哀思者，谓之文"（萧绎撰，许逸民校笺：《金楼子校笺》，中华书局2011年版，第966页）；刘勰《文心雕龙》卷44《总术》谓"今之常言，有文有笔，以为无韵者笔也，有韵者文也"（刘勰著，詹锳义证：《文心雕龙义证》，上海古籍出版社2011年版，第1622页）。
⑤ 蒋鉴璋：《文学范围略论》，《文学论集》，中国文化服务社1936年版，第61页。

制诰、诔辞、批答等 51 种。① 包括典籍文献与应用文体在内的传统"文学"观，可视为一种"大文学观"（杂文学观）。清末民初，在外来"文学"观念的强势影响之下，为有效应对政治变局，国人对"文学"的理解，逐渐由"大文学"而转向对以"小说为文学之最上乘"的"纯文学"的接受，②并援之为重要的改良工具。③ 在中国文学发展史上，诗歌与散文传统发达，叙事文学与戏剧则相对成熟较晚。"西洋文学，诗歌、小说、戏剧而已。唐宋八家，自古称文宗焉；傥准则于欧美，当摈不与斯文"④；"所谓纯文学包括诗歌、小说、戏剧而言。中国小说、戏剧发达得很晚；宋以前得称为纯文学的只有诗歌，幅员未免过窄。而且这里还有一个问题，汉赋算不算纯文学呢？"⑤ 凡此对于中国古代与西方之"文学"观念互不对等的思考，均提示着研究者在理解古代文学时所应秉持具体历史语境之中的"大文学观"。应用类文体在传统社会中不仅被视作重要的文学文体，更发挥了"经国之大业"的强大政治功能。抽离历史语境的研究，则泥于以今律古，以西化中，往往会忽视传统社会中"文学"概念对文体的高度包容性，由此而导致对政治生活中文学之政治功能的有意简化乃至弱化。古典文学文本的写作不仅是政权合法性确立与政治运作形式化的必要途径，同样也是传递政治意图、制造政治事件与达成政治目的的有效方式。

---

① 参见吴讷《文章辨体序说》，人民文学出版社 1998 年版。
② 1902 年，梁启超于《新小说》首期发表《论小说与群治之关系》一文，标举"小说为文学之最上乘也"。参见梁启超《论小说与群治之关系》，《饮冰室合集》（第 10 册），中华书局 1989 年版，第 7—8 页。
③ 在国人之文学观念由"大文学"而逐渐转向"纯文学"的过程中，日人以汉语中"文学"一词译释 literature 的做法发挥了重要的影响：明治维新后，西方的"纯文学"观念传至日本，启蒙者西周在 1870 年所撰《百学连环》一书中，首将 literature 译作"文学"。此后，津田仙《英华和译字典》、井上哲次郎《订增英华字典》均循其例，强调"文学"是文字修辞艺术，而有意削弱"文学"作为"典章学问"的意涵。1906 年，深受英国文学批评家德·昆西影响的太田善男在《文学概论》一书中，将"纯文学"与"杂文学"对举，以前者意在动人，后者意在求知。此种"纯文学"观念对于清末民初留学日本的中国知识分子影响尤巨。可看王杰泓《中日近代术语对接的复象现场与历史经验——以"文学""艺术""文艺"为例》，《文学评论》2017 年第 2 期；张健《纯文学、杂文学观念与中国文学批评史》，《复旦学报》（社会科学版）2018 年第 2 期。
④ 钱基博：《现代中国文学史》，岳麓书社 1986 年版，第 8 页。
⑤ 朱自清：《郭绍虞〈中国文学批评史〉上卷》，《清华学报》1934 年第 4 期。

一　文本中心主义的退潮与历史语境主义的兴起

对"古典文学与政治"关系的重新考察,与政治思想史研究方法的历史语境主义转向密切相关。传统的政治思想史研究标举文本中心的观念史研究,此以阿瑟·洛夫乔伊为首的"历史观念史"学派与列奥·施特劳斯开创的"政治哲学史"学派为代表,坚持经典文本的"永恒价值"及其可被理解的"脱语境"性:"一切人类思想,同一切哲学思想相仿,其所关切的都是相同的根本主题或者称之为相同的根本问题。因此,在人类知识就其事实与原则两方面所发生的一切变化中,都潜藏着某种不变的结构……倘若在一切历史变迁中,那些根本的问题保持不变,那么人类思想就有可能超越其历史局限,或把握到某种超历史的东西。"① 文本中心主义的哲学研究法将政治思想史中经典文本中所探讨的恒常不变的"根本问题"作为基本的研究对象,而理解经典文本之"永恒价值"的基本路径则在于构建文本内部的"单元观念"与"影响之链"。②

20 世纪以降,伴随哲学研究的语言学转向与解构主义思潮的兴起,欧美学界的政治思想史研究由文本中心主义的哲学研究法逐渐转向历史语境主义的历史研究法。③ 柯林武德率先对文本中心主义的研究范式提出质疑。在柯氏看来,并不存在能够回应"永恒之根本问题"的"经典文本",一切话语的产生皆有其特定的历史语境:"任何人所作的每一个陈述都是在回答一个具体问题时做出的。"④ 既然理论是应对问题而生,而问题必然存在于特定的历史时空之中,因此,思想史绝非历代思想家对相同问题的不同回应,而是对变动不居之生存境遇下的若干群体性问题的思考:"政治学说史记载的并不是对同一个问题的不同回

---

①　[美] 列奥·施特劳斯:《自然权利与历史》,彭刚译,北京大学出版社 2003 年版,第 25 页。

②　Quentin Skinner, "Some Problems in the Analysis of Political Thought and Action", *Political Theory*, No. 3, 1974, p. 279.

③　参见 [英] 玛丽亚·露西娅·帕拉蕾丝《新史学:自白与对话》,彭刚译,北京大学出版社 2006 年版,第 274—276 页。

④　[英] 柯林武德:《形而上学论》,宫睿译,北京大学出版社 2007 年版,第 19 页。

答,而是一个不断变化着的问题,随着问题的变化,对问题的解答也发生了相应的变化。"① 问题和理论之间存在着严格的时间先后与因果逻辑。随后,彼得·拉斯莱特与以昆廷·斯金纳、波考克为首的"剑桥学派"再度对文本中心主义的哲学阐释学发难:"我坚信有这样一个途径可以用历史的方法去解读观念史,那就是我们要将研究对象置于特定思想语境及言语框架中,这样便于我们考察作者写作时的行为及其意图。当然,想要完全复原思想家的思想是很难做到的,因此需要用历史的研究方法去分析他们的不同,并尽力复原他们的信仰,以求用他们自己的思维方式解读他们。"② "剑桥学派"之中坚斯金纳深受维特根斯坦"语言游戏"说③与奥斯汀"以言行事"论④的影响,对政治行动中语言修辞的功能尤为重视:"我们运用我们的语言不仅仅是交流信息,与此同时也为我们的言论树立权威,激发谈话者的情感,创造进入和排他的边界,以及参与很多其他的社会控制活动。"⑤ 波考克则径直将政治话语等同于政治行动,坚称政治思想家尤应关注"言说本身之为政治行动",而非话语中所传递的政治信息。⑥ 不同于传统哲学家长于形而上层面的理论思考,政治思想家既要具备深厚的理论功底,更要具有践

---

① [英]柯林武德:《柯林武德自传》,陈静译,北京大学出版社 2005 年版,第 63 页。
② Quentin Skinner, *Visions of Politics* (Volume 1: Regarding Method), Cambridge: Cambridge University Press, 2002, p.8.
③ 维特根斯坦强调,语言的意义存在于具体的使用之中,因此,语言的用法即意义。语言是现实活动的重要参与者,考察语言的意义应将其置于特定的语言游戏——语言产生的具体时空境遇之中加以理解,"一个词的意义就是它在语言中的使用"。参见[奥]维特根斯坦《逻辑哲学论》,郭英译,商务印书馆 1962 年版,第 31 页。
④ "除了文本所声称的含义外,我们也需要去探究某个思想家在作出某种特定表达的时候正在做什么,以及他们本来想要做什么。在这种情况下我们处理的并不是文本含义,而是语言行为。并且,如同任何其他的行动类型一样,某种言语行为的特性的确定也是靠发掘其内在意图的方式来实现的。的确,我们总是通过推论来确定言语行为的意图。J. L. 奥斯汀在《如何以言行事》一书中也对此作出了卓有成效的区分。如果你将任何语言行为置于适当的语言学的和社会学的习惯语境下,那么你将能成功地发现言语表达的动力。"李汉松、刘林:《语境中的观念——访昆廷·斯金纳教授》,《哲学动态》2017 年第 6 期。
⑤ 李宏图:《笔为利剑:昆廷·斯金纳与思想史研究》,参见[芬兰]凯瑞·帕罗内《昆廷·斯金纳思想研究:历史·政治·修辞》,李宏图、胡传胜译,华东师范大学出版社 2005 年版,第 5 页。
⑥ J. G. A. Pocock, *Political Thought and History: Essays on Theory and Method*, Cambridge: Cambridge University Press, 2009, p.68.

行政治生活的实践能力。其使命在于立足当下，关怀现世，为现实政治提供合法化论证。正是在此意义上，语言和修辞在政治运作中的力量得以凸显。

二 政权合法性的确立与政治运作的形式化

政治思想史研究方法的历史语境主义转向对"文学与政治"关系研究的视角与方法产生了革命性的影响。自文学的政治维度而言，政治生活有助于赋予文学（语词）以意义，并使之合法化。政治权力的形式化与文学形式之间具有同构效应，并通过不同语体所形成的文体得以呈现。自政治的文学维度而言，文学并非仅是政治生活的外在反映，其同样深度参与着政治实践，文学书写本身即政治生活的重要构成部分。文学（文本）作为语词的组合，其功能的发挥与效用的实现直接依赖语言修辞的使用。政治生活所涉及的信仰、行为等层面，必须依赖文学（语词）所提供的共有理解方有可能，政治变革及方向引领亦以文学（语词）变迁为基本工具。文学可视作观察政治的符标。[1] 因此，在充分而非必要的意义上，政治生活中的文学（修辞）书写即政治行动[2]："'在政治上，根本就不存在任何一种没有语言维度的关键行动'，政治首先且首要是语言的。虽然，直接将此判断转化为'政治是文学的'，会在一定程度上掩盖具体政治运作中语词使用的弹性，但不追求全面对等的'首先且首要'的设定，依然足以确保此种转化的有效性。"[3] "政治是文学的"不仅表明文学是政治权力合法化与政治运作形式化的基础条件，同时也意味着文学书写作为一种重要的政治行动而存在——政治意图的传递、政治行动的展开与政治效应的营构均有赖特定文学书写

---

[1] 参见刘顺《诏令中的政治史：高宗武则天时期诏令文之语言维度的考察》，《云南大学学报》（社会科学版）2021年第5期。

[2] 在斯金纳看来，文本作者"以写行事""文本就是行动"。[英]昆廷·斯金纳：《言语行动的诠释与理解》，任军锋译，参见丁耘主编《什么是思想史》，上海人民出版社2006年版，第157页。

[3] 刘顺：《经国之大业：中古文学与政治分析初步兼及张说的政治观念》，《上海师范大学学报》（哲学社会科学版）2019年第4期。

的参与。

　　社会的行动能力取决于社会的合法性能力，政治必须将自身行动合法化。① 政权的合法性在权力的形式化中得以展现并公之于众，组织、制度、规章、法令均可视作权力形式化的载体，而文学则是最为重要而根本的政治权力形式化之实现方式。一切制度、规章与政令的生成皆须依靠语言修辞所构造的文学文本方可实现："唯文章之用，实经典枝条。五礼资之以成，六典因之致用；君臣所以炳焕，军国所以昭明；详其本原，莫非经典。"② 文章是政治生活的最重要的表现形式，君臣之间的沟通与军国政令的传递均形诸语词组成的文本。不同的政治场合、政治主题、言说对象与态度，制约着政治文本的语体特征，③ 从而形成诸种特定的文体风格；而文本特定的文体风格又对应着特定的政治功能：

　　　　训、诰、典、谟、誓、命、禁令、诏谕、约法，此上之所以宣示于下者也；章、奏、表疏、陈请、献纳，下之所以求通于上者也；缄、题、削牍、书、启、简、记，相与往复，而碑勒记号，镌刻垂示，所以述扬功德。若夫诘难质讯，檄移规诲，锡命逊让，荐举纠拾，引喻取譬，游戏玩弄，论裁辩对，笺固阐译，符图铭志，临诀愤叹，职秩谈说，刺毁诋讥，游词蔓衍，诡托假讽，寄寓嘲哂，则夫提奖人伦，经纬万化，奉词讨伐，穷黩委命，非文之为用哉！④

章、奏、表疏等作为"下之所以求通于上者"的上行公文，其语体及在此基础上形成的文体风格异于训、诰、典、谟等"上之所以宣示于下者"的下行公文。曹丕对"奏议宜雅，书论宜理，铭诔尚实，诗赋

---

　　① 参见［英］昆廷·斯金纳《国家与自由：斯金纳访华演讲录》，李强、张新刚主编，北京大学出版社2018年版，第19页。
　　② 刘勰著，詹锳义证：《文心雕龙义证》卷10，第1909页。
　　③ 参见第五章第二节有关"语体"的论述。
　　④ 朱荃宰：《文通》卷10《书记》，参见王水照《历代文话》第3册，复旦大学出版社2007年版，第2832页。

欲丽"(《典论·论文》)之文体特征的概括,亦含有对不同文体之政治功能差异的考量。衡之以"纯文学"的概念,训、诰、典、谟、章、奏、表、疏等文体皆属于应用文学的范畴。而在传统社会的政治生活中,上述文体正是文学发挥功用的重要阵地——政权合法性的昭示(碑勒记号,镌刻垂示,所以述扬功德)、政治意图的传递以及政治行动的展开(檄移规诲,锡命逊让,荐举纠拾),均有赖文本层面的语词呈现。在文本书写中,书写者尤当把握听者与说者间的微妙关系,明了言说双方的政治意图、身份距离与情感亲疏,从而形成有效且不失分寸的文本语体。此间,文学的修辞功能发挥着重要作用,对语词与修辞的恰当运用,遂成为政治意图达成与行动成功的关键因素。

政权合法性确立的文本书写以"构造天命"与"营造盛世"为两重基本维度。前者是基于回溯历史的谱系构建,后者则是憧憬未来的蓝图勾画。天命、血统与德行是构造传统政权之合法性的关键词,① 并以谶言与传说为主要传播形态:

> 太祖开天行道肇纪立极大圣至神仁文义武俊德成功高皇帝,讳元璋,字国瑞,姓朱氏。先世家沛,徙句容,再徙泗州。父世珍,始徙濠州之钟离。生四子,太祖其季也。母陈氏。方娠,梦神授药一丸,置掌中有光,吞之寤,口余香气。及产,红光满室。自是,夜数有光起。邻里望见,惊以为火,辄奔救,至则无有。比长,姿貌雄杰,奇骨贯顶。志意廓然,人莫能测。②

> 隋大业七年辛未,炀帝亲驾征辽,楼观道士岐晖谓门弟子曰:天道将改,吾犹及见之,不过数岁矣。或问曰:"不知来者若何?"曰:"当有老君子孙治世,此后吾教大兴,但恐微躯不能久保耳。"后数年,隋果乱。大业十三年丁丑,老君降于终南山,语山人李淳

---

① 参见刘顺《历命在唐:李唐初期的合法性论证》,《中原文化研究》2019年第1期。
② 张廷玉等:《明史》卷1《太祖本纪》,第1页。

风曰:"唐公当受天命。"①

统治者"受命于天",具有高贵的血统与常人难以企及的为政德行,是开启新局的重要保证。在追述血统与构建谱系的过程中,统治者的形象在神秘化叙事的反复渲染中被不断圣化,并逐步定型为公共认知。自"发生进路"而言,政权合法性的确立着力于基于天命血统的正当性论述;自"目的进路"而言,则致力于勾画未来生活图景的证成性论证,②即"营造盛世"的文学想象:

> 文王在上,于昭于天。周虽旧邦,其命维新。有周不显,帝命不时。文王陟降,在帝左右。亹亹文王,令闻不已。陈锡哉周,侯文王孙子。文王孙子,本支百世,凡周之士,不显亦世……穆穆文王,于缉熙敬止。假哉天命,有商孙子。商之孙子,其丽不亿。上帝既命,侯于周服。侯服于周,天命靡常。殷士肤敏,祼将于京。厥作祼将,常服黼冔。王之荩臣,无念尔祖!无念尔祖,聿修厥德。永言配命,自求多福。③

> 大道之行也,天下为公,选贤与能,讲信修睦。故人不独亲其亲,不独子其子。使老有所终,壮有所用,幼有所长,矜寡孤独废疾者,皆有所养。男有分,女有归,货恶其弃于地也,不必藏于己,力恶其不出于身也,不必为己。是故谋闭而不兴,盗窃乱贼而不作。故外户而不闭,是谓大同。④

《诗经·文王》对文王建周的美颂,实为对周朝上承天命之政权合法性的说明;《礼运·大同》篇中"大同社会"的构想,则属于"营造盛世"的政治想象。"太平盛世"的政治构想,在文学修辞的构建中,不

---

① 谢守灏:《混元圣纪》卷8,《道藏》第17册,上海书店1988年版,第854页。
② 参见周濂《现代政治的正当性基础》,生活·读书·新知三联书店2008年版,第42—44页。
③ 李学勤主编:《十三经注疏·毛诗正义》卷16《大雅·文王》,北京大学出版社1999年版,第956—964页。
④ 李学勤主编:《十三经注疏·礼记正义》卷21《礼运第九》,第658—659页。

断成为国家民众的集体想象,诸如"天下无贵物……远适数千里,不持寸刃"①"百神群望,莫不怀柔,四方诸侯,莫不来庆"②一类的修辞话语,屡见于传统政治文本之中。文学话语与特定时代的政治理念及行动密切相关。政治参与者利用修辞创造新词语,并以之构造新概念,或对已有概念重新定义与编码,从而为政权的确立寻求合法性说明。③

政治运作形式化是文学之政治功能发挥的又一领域。政治运作往往需要在具体的政治行动中展现,政治行动与合法性及正当性高度相关,并依赖于一系列制度、规则、话语习惯乃至思维方式等"政治共识"(共享性常识)。同时,政治事件的展开往往需要借助文学文本沟通多方势力:"檄,激也,下官迎激其上之书……移,易也,移风而易俗,令往而人随也。官曹不相邻则移笺表……盖逆党用檄,顺众资移。"④不同政治场合下的语体要求,形成了具有相应政治功能的文体。政治行动中,各方行动者必须首先具备形式上的"合法性",以文本昭示一己对政治生活中基本规则的尊重,"师出有名",方能维系政治行动的有效展开:

> 上帝鉴观,实惟求莫,下民归往,只切来苏,命既靡常,情尤可见。粤稽往代,爰知得失之由;鉴往识今,每持治忽之故。咨尔明朝,久席泰宁,浸弛纲纪。君非甚暗,孤立而炀蔽恒多;臣尽行私,比党而公忠绝少;贿通官府,朝端之威福日移;利擅宗绅,闾左之脂膏殆尽……朕起布衣,目击憔悴之形,身切痌瘝之痛,念兹普天率土,咸罹困穷,讵忍易水燕山,未苏汤火。躬于恒冀,绥靖黔黎,犹虑尔君若臣未达帝心,未喻朕意。是以质言正告,尔能体天念祖,度德审几,朕将加惠前人,不吝异数。如杞如宋,享祀永延,用彰尔之孝;有室有家,民人胥庆,用彰尔之仁。凡兹百工,

---

① 杜佑:《通典》卷7《历代盛衰户口》,中华书局2003年版,第152页。
② 张九龄撰,熊飞校注:《张九龄集校注》卷6《东封赦书》,中华书局2012年版,第432页。
③ 参见李宏图《笔为利剑:昆廷·斯金纳与思想史研究》,[芬兰]凯瑞·帕罗内《昆廷·斯金纳思想研究:历史·政治·修辞》,李宏图、胡传胜译,华东师范大学出版社2005年版,第7页。
④ 谭浚:《谭氏集·言文》卷下,明万历刻本。

勉保乃辟，绵商孙之厚禄，赓嘉客之休声；克殚厥猷，臣谊靡忒。惟今诏告，允布腹心。君其念哉！罔恫怨于宗工，勿贻危于臣庶；臣其慎哉！尚效忠于君父，广贻谷于身家。谨诏。①

尽管"咨尔明朝，久席泰宁，浸弛纲纪"并非李自成讨伐明朝的真实意图，而仅仅为其反明提供了恰当的借口与时机；但对"皇天无亲，惟德是辅"以及人君无道的战争合法性叙述，仍然是檄文中必不可少的要素。军事战争的真实原因常常因交战双方的刻意遮蔽而隐晦不彰，但发起争端的一方仍须以官方檄文强调战争的"义战"性质，从而占据政治道德的制高点。文学书写之于政治形式化的意义亦由此而可见一斑。

三 政治行动中的文学样态

确立政权合法性以及参与政治运作形式化而外，具体的政治行动中依然可见"文学"的繁忙身影。文学在政治行动中的功能展开，首先表现为政治意图的有效传递。意图是有着明确诉求及情感投射的目标指向。生命行动中，意图通常为行动者提供动机与动力以及方向指引。在作为政治行动的文学书写中，对于文本意图的考察，最易见出文学书写作为一种政治行动的价值，亦能对文学研究偏重文本意义分析的强势传统产生一定的冲击。意图的传递有明言与暗示之别。政治生活中，受制于复杂的力量关系，参与者意图的传递常常需要以意在言外的方式进行。虽然意图的传递并不必然以文本作为媒介，图像、服饰、仪式行为等均可作为载体，但在时间之流中，昔日的图像、服饰、仪式行为等方式同样需要借助语言文字的诠释，方能为后来者所理解；而政治运作中不便明言的意图阐释，尤需文学技法的参与。在此意义上，文学书写是传递政治意图最为重要的方式。书写者需要具备综观时局的能力，并擅以文章婉转达意；后世研究者则需具备跨学科的眼光与知识结构，在具

---

① 彭孙贻辑：《平寇志》卷9《李自成檄明臣庶文》，上海古籍出版社1984年版，第206页。

体的历史语境之中，贴近作者的实际意图：

> 八月湖水平，涵虚混太清。气蒸云梦泽，波撼岳阳城。
> 欲济无舟楫，端居耻圣明。坐观垂钓者，徒有羡鱼情。①

古典诗歌作为语义密度较高的文学体裁，在意义传达上具有高度的隐含性。孟浩然借助诗歌暗示张九龄，一己入仕渴望其提供帮助，既能有效传递自我政治意图，又不失含蓄矜持之态。在政治行动中，参与者的政治意图常有背离对方的意图期待、进而危及自身的可能，此时则尤须书写者巧妙借助文学修辞以展开委婉的自我辩白：

> 君知妾有夫，赠妾双明珠。感君缠绵意，系在红罗襦。妾家高楼连苑起，良人执戟明光里。知君用心如日月，事夫誓拟同生死。还君明珠双泪垂，恨不相逢未嫁时。②

此诗系张籍答李师道之作。安史乱后，李唐藩镇割据渐成尾大不掉之势，中央皇权逐渐被架空。李师道作为平卢淄青节度使，权倾一方，其势炙手可热。为扩大势力，李氏遂拉拢甚至威逼中央官员入幕藩镇，张籍亦乃李师道争取的对象。故而张籍以节妇自喻，借由"拟代体"的诗歌写作，在婉拒李氏之厚意的同时，更巧妙回避了现实政治生活中硝烟弥漫的可能。作为由词语编织而成的语言创造，文学文本在语义传达上具有极大的可塑性。语词组合方式的多样性，令文本的言说方式与意义表述具有高度的弹性空间。文学亦因之而成为政治意图传递的有效方式。

其次，作为政治行动的文学书写同样是制造政治事件与达成政治目的的有效方式。文学书写中，语词的歧义所产生的含混效应常常被有意

---

① 孟浩然：《望洞庭湖赠张丞相》，《全唐诗》卷160，中华书局1999年版，第1638页。
② 张籍：《节妇吟》，徐礼节、余恕诚校注：《张籍集系年校注》卷1，中华书局2011年版，第53—54页。

放大,成为政客制造政治事件的口实:

> 至于包藏祸心,怨望其上,讪谤慢骂,而无复人臣之节者,未有如轼也。盖陛下发钱以本业贫民,则曰"赢得儿童语音好,一年强半在城中";陛下明法以课试郡吏,则曰"读书万卷不读律,致君尧舜终无术";陛下兴水利,则曰"东海若知明主意,应教斥卤变桑田";陛下谨盐禁,则曰"岂是闻韶解忘味,迩来三月食无盐";其他触物即事,应口所言,无一不以讥谤为主。小则镂板,大则刻石,传播中外,自以为能。其尤甚者,至远引衰汉梁窦专朝之士,杂取小说燕蝠争晨昏之语,旁属大臣而缘以指斥乘舆,盖可谓大不恭矣。①

文字狱是政客以文学书写制造政治事端的集中展现。苏轼"赢得儿童语音好,一年强半在城中""岂是闻韶解忘味,迩来三月食无盐"诸句,其本意或未必在于暗讽时弊,但却为政敌借题发挥,成为"乌台诗案"的直接动因。文学书写不仅是政治事件产生的重要诱因,同样是政治目的达成的有效方式。政治行动中,发起者的诉求可能不为对方所接纳;或者由于双方身份地位悬殊,发起者在表述政治意图的过程中,须考虑事件本身之外的多重干预因素。因此,行动发起者欲达成一己之政治目的,则须借助言说策略恰当地表达,提供令对方心悦诚服或难以拒绝的理由:

> 逮奉圣朝,沐浴清化。前太守臣逵察臣孝廉,后刺史臣荣举臣秀才。臣以供养无主,辞不赴命。诏书特下,拜臣郎中,寻蒙国恩,除臣洗马。猥以微贱,当侍东宫,非臣陨首所能上报。臣具以表闻,辞不就职。诏书切峻,责臣逋慢。郡县逼迫,催臣上道,州司临门,急于星火。臣欲奉诏奔驰,则刘病日笃;欲苟顺私情,则

---

① 舒亶:《奏知湖州苏轼劄子》,董斯张等编:《吴兴艺文补》卷14,《续修四库全书》集部第1680册,上海古籍出版社2002年影印本,第278—279页。

告诉不许。臣之进退,实为狼狈。伏惟圣朝以孝治天下,凡在故老,犹蒙矜育,况臣孤苦,特为尤甚。且臣少仕伪朝,历职郎署;本图宦达,不矜名节。今臣亡国贱俘,至微至陋,过蒙拔擢,宠命优渥,岂敢盘桓,有所希冀!但以刘日薄西山,气息奄奄,人命危浅,朝不虑夕。臣无祖母,无以至今日;祖母无臣,无以终余年。母孙二人,更相为命。是以区区不能废远。①

司马炎以人臣身份夺取曹魏政权,"忠"之于统治阶层而言,遂成为一个难以回避却又难以进行合法性论证的话题。由是,"事亲孝,故忠可移于君,是以求忠臣必于孝子之门"的前朝话柄被司马氏集团再度重申。② 李密在经历亡国之变后,虽不欲再出、卷入矛盾重重的复杂朝政之中,但司马氏为巩固政权、笼络蜀汉旧臣,遂以李密为"至孝"之选,召其出任太子洗马。李密如公开拒绝赴诏,则必须掌握话语主动权,本于政治共识、提供令晋武帝难以回绝的理由:"臣少仕伪朝,历职郎署;本图宦达,不矜名节……过蒙拔擢,宠命优渥,岂敢盘桓,有所希冀"强调了司马氏政权的合法性与一己对入仕的渴望;"刘日薄西山,气息奄奄,人命危浅,朝不虑夕"则暗示出在"圣朝以孝治天下"的政治规则之下,自己不能入仕的正当性与合法性。在参与双方关系微妙的政治行动中,言说话语的技术性尤见重要:

属者问罪汝南,致诛淮右,盖欲刷其污俗,吊彼顽人,虽弃地求生者实繁有徒,而婴城执迷者未剪其类。何兽困而犹斗,岂鸟穷之无归欤? 由是遥听鼓鼙,更张琴瑟,烦我台席,董兹戎旃。③

(元和)十二年七月丙辰,以中书侍郎平章事裴度为门下侍郎平章事,充彰义军节度申光蔡等州观察淮西宣慰处置等使。其制,

---

① 李密:《陈情表》,萧统:《文选》卷37,李善注,上海古籍出版社2011年版,第1694—1695页。
② 参见范晔《后汉书》卷26《韦彪传》,中华书局1973年版,第917页。
③ 令狐楚:《授裴度彰义军节度使制》,李昉等:《文苑英华》卷452,中华书局2003年版,第2294页。

翰林学士中书舍人令狐楚所草也。度以是行兼招抚,请改其辞中"未剪其类"为"未革其志"。又以韩弘为都统,请改"更张琴瑟"为"近辍枢轴",又改"烦我台席"为"授以成算"。宪宗皆从之。乃罢楚学士。①

元和十二年(817),门下侍郎、同中书门下平章事、蔡州刺史裴度被授任彰义军节度使,申、光、蔡州观察使兼淮西宣慰招讨处置使,前往淮西招抚叛军。令狐楚奉命拟《授裴度彰义军节度使制》,却未能充分领会宪宗任命裴度的政治意图。此时淮西之乱已历时四年,吴元济亦有乞降之意,因此,裴度此行实乃以"招抚"为主。而令狐楚所拟诏书中,"未剪其类"明显强化了叛军与朝廷的敌对关系;裴度将其改作"未革其志",则为日后的政治调解留下回转余地。"更张琴瑟"表明裴度此行欲对淮西的诸种人事制度改弦易辙,实则潜在否定了现任淮西行营都统、宣武军节度使韩弘经营淮西的努力;而"近辍枢轴"则意味着裴度此次淮西之行,只对当地政治格局作以局部微调,而不会过多干涉韩弘的施政构想。"烦我台席"暗示着裴度此行具有较高的决策权,而"授以成算"则肯定了宪宗对全局的掌控,裴度则以宪宗之代言者的身份前行。令狐楚因未能准确领会宪宗意图并通过文字进行有效传递,故而被罢免。② 文学书写作为政治行动的意义,亦在此中得以彰显。

在传统社会的历史语境之中,"文学"所涵摄的文体范围,并非今日"纯文学"之文体种类所能尽括。奏、议、表、笺等应用文体,在传统中国往往发挥着难以替代的政治功能。文学是政治的先在条件,政治首先且首要是语言的。作为政治的文学,不仅表现在文学之于政治合法性的确立以及政治运作的形式化,同时,文学书写也是重要的政治行动,是政治实践的有效方式——政治意图的传递与政治目的的实现是文学发挥政治功能的重要阵地。

---

① 王钦若等:《册府元龟》卷553《词臣部·谬误》,中华书局1960年版,第6640页。
② 参见刘顺《燕许"大手笔"的成立及其对李唐政治文化的影响——以知制诰的职位要求为视角》(待刊)。

第三节 "历史语境主义"的运用：
范式·语境·修辞

"古典文学与政治"研究在历经"政治化""去政治化"与"政治与文学互动研究"的繁盛期后，似乎步入了理论与方法探索的瓶颈期，亟待观念与方法的转型。"古典文学与政治"作为古典文学研究领域的一个特定分支，殊非新话题，只是问题的老旧却并不意味着问题本身的较为彻底的解决。"古典文学与政治"研究在不断开拓古典文学研究之问题域的同时，也在一定程度上受到了文学史与政治史研究范式的限制，从而在研究对象以及核心问题的选择上表现出高度的交叉甚或雷同。一旦文学史与政治史的相关研究方法受到挑战、而"文学与政治"研究又未能及时加以调整之时，"古典文学与政治"研究在新的学术观念的观照之下，就有了重加讨论的必要。伴随历史语境主义的兴起，关注语境中具体文本的修辞功能之于政治运作的动态影响，遂成为"古典文学与政治"研究的又一可能路径。[1]

一 "古典文学与政治"研究的三重维度

政治制度是观察社会生活纵向与横向维度的重要支点，思想与文学因此而得以展现其有效内化于社会生活的方式与路径，并可由此展现思想与文学的层次性与复杂度。故而，古典文学与政治制度的研究可视作思想与文学研究的基本构成部分。20世纪以降，"古典文学与政治"关系的研究形成了文学的"政治化""去政治化"与"政治与文学互动研究"三重维度。文学研究的"政治化"立足于马克思主义意识形态论，以阶级中心论的衡量标准，强调文学作为一种意识形态，在反映社会生活的同时，对于政治结构的正向或负向影响，是为典型的"政治决定论"；文学研究的"去政治化"则强调文学与政治的疏离，重在发掘文

---

[1] J. G. A. Pocock, *Political Thought and History: Essays on Theory and Method*, Cambridge: Cambridge University Press, 2009, p. 68.

学非功利的审美特性。不同于传统马克思主义者本于"阶级中心论"进行解读与定位文学文本,"政治与文学互动研究"在承认政治语境对解读文本所具有的重要影响的同时,同样关注文本对特定语境所产生的政治效应。

(一) 文学研究的"政治化":阶级中心论的展现

以"阶级分析"为根本的政治标准对文学进行"政治化"研究,曾是国内"政治与文学"研究风靡一时的主流方式。文学研究的"政治化"将文学作品视作"政治的文本",作为"意识形态"的"文学"被简单化为对政治立场的呼应与传递:文学文本应当反映无产阶级的意识形态,政治倾向的"正确性"是衡量文学文本价值的主要标准。国内文学研究的"政治化"倾向,突出表现为马克思主义的"古典文学与政治"研究体系的建立。"五四"时期是马克思主义的"古典文学与政治"研究的探索期,20世纪三四十年代是发展期,50—70年代则是其典范地位的确立时期。

"五四"以降,世变不仅需要学人进行文化建设,更需要学人在纯粹的学术研究之外,投身社会政治之中。伴随抗战的兴起,30—40年代的"古典文学与政治"研究,强调"在马克思主义思想的指导下,在风起云涌的工农革命浪潮中,用阶级分析的方法来理解对于几千年中国古典文学的认识,逐步建立起一个新的古典文学研究的理论体系"[1]。在马克思主义理论的指导下建立唯物主义的文学理论,以阶级中心论指导古典文学的研究,是此一时期"古典文学与政治"研究的主流。张希之的《中国文学流变史论》[2] 以"政治组织与意识形态"为视角,采用阶级中心论的研究方法,考察先秦两汉的文学演变。刘大杰的《中国文学发展史》[3] 在论述《诗经》的内容与价值时,对传递民生疾苦与揭露暴政的社会批判诗尤为关注。谭洪的《中国文学史纲》、贺凯的

---

[1] 赵敏俐、杨树增:《20世纪中国古典文学研究史》,陕西人民教育出版社1997年版,第77页。
[2] 张希之:《中国文学流变史论》,北平文化学社1935年版。
[3] 刘大杰:《中国文学发展史》,中华书局1941年版。

《中国文学史纲要》①与郑振铎对《金瓶梅》的研究②，均以无产阶级唯物史观为评定标准，将无产阶级的政治立场作为评价古典文学价值的基本标准。

20世纪三四十年代的"文学与政治"研究正值马克思主义唯物史观与无产阶级中心论逐步发展的时期，50—70年代的"文学与政治"研究，则是无产阶级中心论占据统治地位的历史时期。此一时期，从意识形态层面界定文学的本质成为"古典文学与政治"研究的重要成果。伴随1942年毛泽东《在延安文艺座谈会上的讲话》中对"政治标准第一位、艺术标准第二位"的提出，文学被认为是意识形态的组成部分。50—70年代的"文学与政治"研究受到极"左"思想的严重影响，以无产阶级中心论为评判准则，划分文学的阶级属性，对古代文学予以政治层面的"清理与整合"，文学的政治功能被逐步异化。过于绝对与生硬的划分标准，使部分文学作品的解读偏离了常态：

> 自50年代初就已经开始的一系列关于古典文学的大讨论，都是以此为中心（按：将文学作为一种社会意识形态）而展开的。也正是在这种讨论中，关于文学的意识形态本质问题，才会越来越清楚……1953年，张芝（李长之笔名）在上海出版了一本《陶渊明传论》，这是建国后第一本陶学专著，也是当时的学人试图用阶级分析的观点来研究陶渊明的开始，显然，这一研究方向是被大家所接受的。但问题是，尽管有了这样的观点，究竟如何判别陶渊明的阶级归属和思想归属仍是一个仁者见仁、智者见智的问题……这种讨论持续到1958年，又掀起了一个大高潮，讨论的问题也逐步深入，涉及关于陶渊明的归隐问题、如何看待他的桃花源理想问题以及如何评价他的田园诗等问题，尽管大家的看法有着明显的不同，但是仍逃不脱

---

① "最近大出风头的是辩证的唯物史观与普罗文学观，本此以写成的有贺凯的《中国文学史纲要》和谭洪的《中国文学史纲》。"罗根泽：《郑宾于著〈中国文学流变史〉》，《图书评论》1934年第10期。

② 参见郑振铎《谈〈金瓶梅词话〉》，《文学》1933年第1卷第1期。

阶级分析的基本框架，只不过是从政治上肯定或否定罢了。①

以阶级分析法研究古典文学不仅仅表现在对陶渊明及其作品的解读中，同时期的《红楼梦》《水浒传》研究以及词学研究同样展现出以政治定位文学的动向。② 尽管此一时期所构建的马克思主义文论体系对若干古典文学与政治问题具有不同程度的解释力，对古典文献的整理与出版亦有相当创获（如《古典文学研究资料汇编》的出版）；然而，毋庸讳言，文学研究的过度"政治化"——将政治标准作为衡量文学文本价值的唯一准则，必然会导致"文学与政治"研究范式的僵化。

（二）文学研究的"去政治化"：文学性的阐发

文学研究在历经"政治化"的畸变后，出现了"去政治化"的反弹，逐渐向对文学性的研究复归。文学性之为文学根本属性的理论命题可上溯至"诗缘情"的文论传统。在古代文论的历时演进过程中，"诗缘情"与"诗言志"共同构成了文学发生论的两大源头。王国维在"诗缘情"与"物感说"的基础上，将"情"与"物"共同纳入作者的审美观照之中；复针对时人所标举的"政治文学"，吸纳康德的审美非功利性观点与西方的悲剧观念，提出文学非功利的审美特性。文学既非利禄之学，则当以非功利的审美特质为旨归："美之性质，一言以蔽之曰：可爱玩而不可利用者是已。虽物之美者，由是亦足供吾人之利用，但人之视为美是，决不计及其可利用之点。其性质如是，故其价值亦存于美之自身，而不存乎其外。"③ 尽管新文化运动在白话文的发展进程中具有不可替代的作用，但其对政治泛化之强调所导致的文学性质的背离，亦难辞其咎。④ 王国维在"政治文学"风靡之际，强调文学非

---

① 赵敏俐、杨树增：《20世纪中国古典文学研究史》，第97—99页。
② 较有代表性的包括1953年对《水浒传》的讨论、1954年对《红楼梦》《西游记》的讨论、1957年对李清照词的讨论、1962年对金圣叹的讨论。
③ 王国维：《王国维文学美学论著集》，《王国维遗书》第5册，上海古籍书店1983年版，第23—26页。
④ "建立起来的文学研究框架，基本上是一种政治泛化的框架，或者说是政治发散式的研究框架。这种框架的特点一是把政治参照系作为唯一的参照系；二是把政治标准作为评判文学的主要标准甚至是唯一的标准；三是以政治的分期来代替文学史的分期。"刘再复、林岗：《传统与中国人》，安徽文艺出版社1999年版，第387页。

功利的审美特质，对于文学研究的去政治化影响深远。

20世纪80年代以降，古典文学与政治关系的研究伴随阶级斗争的消歇，而展现出复归文学本体的趋势。对文学之审美特性的研究与古典文献的整理，渐成一时之显学。对于作家作品的研究，亦随之水涨船高。自大陆及港台学界而言，如袁行霈的陶渊明研究，葛晓音对山水田园诗派与汉魏六朝诗歌的研究，叶嘉莹的古典诗词解读，蒋寅、莫砺锋、卞孝萱、刘学锴的唐诗学研究，周裕锴的宋代诗学研究，唐圭璋的宋词解读，祖保泉、陈尚君的《二十四诗品》研究等均自树一帜，颇具影响。海外汉学界如宇文所安、高友工、顾彬、川合康三、松浦友久、兴膳宏诸人的相关研究，则因"异域之眼"而颇见解读识断之新颖。而文学研究在20世纪80年代以来对于学科特性的有意强化，也多少弱化了对文学作为一种有效介入社会生活之思想方式的认知热情。由此，一种过于追求"文学性"的文学研究，恰恰成为文学研究在问题领域与问题方法拓展上的不易跨越的障碍。

（三）政治与文学的互动研究

考察政治与文学的互动关系，是目前学界研究古典文学与政治之关系的主流方式。对制度与文学关系的考察是政治与文学互动关系研究的重要生长点，此项研究以傅璇琮《唐代科举与文学》开风气之先，三十余年来，与传统文史研究的学术转型密切应和，成为政治与文学研究中具有开拓性的新领域。傅著通过史学与文学的相互渗透，将唐代的科举制度与文学创作视作一个文化整体，通过对史料的爬梳、整理与综合考察，探讨科举制度下唐代士人的生存境遇、文化心态与文学创作。[①]20世纪80年代以来，"科举与文学"为政治与文学关系的研究提供了新的观照视角与研究方法。

此后，以"政治制度与文学"之关系为切入点的研究相继涌现：陈飞的《唐代试策考述》在重新廓清唐代之"文学"观念的基础上，考察科举制度与文学书写的关系，吴夏平的《唐代中央文馆制度与文

---

① 参见傅璇琮《唐代科举与文学》，陕西人民出版社1986年版。

学研究》关注文馆制度与文学的互动,研究文馆制度与文士出身及文学书写的关系;陈元锋的《北宋馆阁翰苑与诗坛研究》探讨宋代馆阁翰苑制度与文学的互动关系。① 叶晔的《明代中央文官制度与文学》试图跳出主流文学史叙述传统的强大惯性,展现中央通过翰林院建立官方文学标准、从而有效控制官方文学权力的途径,以及中央文官制度对馆阁文学与民间创作的影响。② 罗时进先生的《文学社会学——明清诗文研究的问题与视角》③一书,立足文学而借由社会学的"摆渡",由社会阶层、制度、家族、社群、城市等要素走向文本世界,提示着明清诗文研究再深化的可能。

对于政治活动与文学关系的研究,同样是"古典文学与政治"研究的题中之义。尚永亮的《贬谪文化与贬谪文学》一书在阐述贬谪之概念、性质、成因、类型等要素的基础上,系统考察了作为政治行为的贬谪之于文人心态及创作的影响。④ 沈松勤的《北宋文人与党争》⑤系统阐述了北宋党争的历史背景、主体精神、理论依据与主体性格,进而考察北宋党争的特点以及作为具体政治事件的党争对文人群体及文化走向的影响;陈文新主撰的《明代文学与科举文化生态》⑥透过作为政治活动的"科举",透视明代馆阁文人的生存样态与文学事业、明代科举制度与馆阁文体演变的互动关系以及政治与文学视野下的明代科场案。此外,胡可先的《政治兴变与唐诗演化》⑦、孙明君的《汉魏文学与政治》⑧、景蜀慧的《魏晋诗人与政治》⑨、朱红霞的《代天子立言——唐代制诰

---

① 参见陈飞《唐代试策考述》,中华书局2002年版;吴夏平《唐代中央文馆制度与文学研究》,齐鲁书社2007年版;陈元锋《北宋馆阁翰苑与诗坛研究》,中华书局2005年版。
② 参见叶晔《明代中央文官制度与文学》,浙江大学出版社2011年版。
③ 罗时进:《文学社会学——明清诗文研究的问题与视角》,中华书局2017年版。
④ 参见尚永亮《贬谪文化与贬谪文学》,兰州大学出版社2004年版;《唐五代逐臣与贬谪文学研究》,武汉大学出版社2007年版。
⑤ 沈松勤:《北宋文人与党争》,人民出版社1998年版。
⑥ 陈文新:《明代文学与科举文化生态》,高等教育出版社2016年版。
⑦ 胡可先:《政治兴变与唐诗演化》,中国社会科学出版社2003年版。
⑧ 孙明君:《汉魏文学与政治》,商务印书馆2003年版。
⑨ 景蜀慧:《魏晋诗人与政治》,文津出版社1991年版。

的生成与传播》①等著作，均旨在探讨文学与政治活动之互动关系。

政治观念与文学关系的研究，主要集中于对特定群体或时段的个案考察。刘跃进的《门阀士族与永明文学》②一书在考察"竟陵八友"之于永明文学形成与发展的关键作用时，将政局的变幻与"竟陵八友"的政治选择作为重要的影响因素。杨念群的《何处是"江南"？》③探讨在江南士人与清朝统治者争夺"道统"的过程中，士林精神如何伴随清朝"正统观"的确立而由"道统"的拥有者转变为"大一统"的协从者。其中对"文质之辨"与清朝"正统观"确立之历史书写的论述，正是基于文学与政治互动关系的研究视角。海外汉学家包弼德在《斯文：唐宋思想的转型》④一书中讨论初唐官方的学术与文学创作以及宋代的文治政策与文学文化时，同样重在考察政治观念对文学写作的导向作用。刘顺的中古文学与政治关系的系列研究，既对政治与文学之关系作出了理论探索，复兼及对具体历史语境下文学文本之中政治观念与政治活动之影响的考察，⑤可谓对历史语境主义视域下政治与文学互动关系研究的积极尝试。

传统"文学与政治"关系的研究，因问题与观念的限制，而多聚焦于作为文本形态的思想与文学，对于政治权力演变之下的文体演化⑥、文学作用于政治生活的功能及其复杂性则关注有限；在对文学与

---

① 朱红霞：《代天子立言——唐代制诰的生成与传播》，上海人民出版社2017年版。
② 刘跃进：《门阀士族与永明文学》，生活·读书·新知三联书店1996年版。
③ 杨念群：《何处是"江南"？清朝正统观的确立与士林精神世界的变异》，生活·读书·新知三联书店2010年版。
④ 包弼德：《斯文：唐宋思想的转型》，江苏人民出版社2017年版。
⑤ 参见刘顺《历命在唐：唐初的合法性论证》（《中原文化研究》2019年第1期）、《构建共同体：唐初的尧舜记忆》[《西北师大学报》（社会科学版）2015年第1期]、《经国之大业：中古政治与文学分析初步兼及张说的政治观念》[《上海师范大学学报》（哲学社会科学版）2019年第4期]。
⑥ "尧咨四岳，舜命八元……并陈辞帝庭，匪假书翰。然则敷奏以言，则章表之义也……至太甲既立，伊尹书诫，思庸归亳，又作书以赞……降及七国，未变古式，言事于王，皆称上书。秦初定制，改书曰奏。汉定礼仪，则有四品：一曰章、二曰奏、三曰表、四曰议。章以谢恩，奏以按劾，表以陈请，议以执异。"（刘勰著，詹锳义证：《文心雕龙义证》，第820—826页）文学形态的演化能够呈现政治权力的变动，其现实基础在于帝制时代的政务运作对于文书的高度依赖。参见刘顺《经国之大业：中古政治与文学分析初步兼及张说的政治观念》，《上海师范大学学报》（哲学社会科学版）2019年第4期。

政治之内在关联（文学之于政治实践的必要性以及文学书写作为政治行动）的考量上，亦尚存待发之覆。当下文学与政治互动关系的研究理路，在"实在论"的假定之外，往往抽离了政治实践的具体场景。研究者对于"文学与政治"关系的讨论，常常易于忽视两者相互连接处的生长空间，错失特定历史场景中政治行动的复杂与精彩。虽然此种研究现状的产生导源于研究范式的限定，但在周边学科的压迫之下，反思以求新变已是"古典文学与政治"研究重现活力的必然要求。

二 范式·语境·修辞："古典文学与政治"研究的可能路径

不同于传统马克思主义者立足于"阶级中心论"的研究范式，基于语境中心主义的"古典文学与政治"互动关系的研究，虽然承认社会语境对问题产生的重要意义，但同样关注问题对社会语境的影响。[1] "历史语境主义"视角下的"古典文学与政治"研究在解读文本时，首先确定何种议题能够成为需要关注的问题；其次考索问题论证时诉诸的思想资源；最后则考察文本在辩论光谱中的位置，即"文本对那个时代的政治做出了何种介入"[2]。在此过程中，"范式""语境"与"修辞"成为应当被关注的关键词。

古典文学与政治研究的可能路径之一，在于对政治文本书写范式的关注。"范式"的概念源自托马斯·库恩所提出的"范式理论"。政治文本的写作需要确定规范的语言标准与结构模式，范式则为之提供了一套标准化的写作程式："范式，在我的使用中表示构造一个探索领域或其他理智行动的方法，它赋予某些领域和活动的组织以优先性而屏蔽掉其他领域和活动；它鼓励我们假定自己处在某种现实之中，被呼召去以某种方式行动、言说或思考，而非以其他方式。它施加权威和分配权威，以便有利于某些行动模式和从事行动的人；它在理智和政治上，在

---

[1] 参见［英］昆廷·斯金纳《国家与自由：斯金纳访华演讲录》，第19页。
[2] 李强：《历史语境主义的生动阐释》，［英］昆廷·斯金纳：《国家与自由：斯金纳访华演讲录》，第3—4页。

伦理和审美上，都是有偏向性的。"① 政治赋予文学语词以特定的意义，并使之合法化。因此，在政治生活中，无论是政权合法性的论证，抑或政治行动中的意图传递或是目的实现，政治共识均为不可逾越的底线，是行动者应当遵守的首要原则。政治文本中对政治共识之书写范式的强调，首先体现为作为文本结构的"冒头"的存在：

> 惟天为大，七政所以授时；惟辟奉天，三才于是育物。故能弥纶宇宙，经纬乾坤，大庇生民，阐扬洪烈。我大唐诞膺嘉运，载协休期，丕受龙图，肇开凤纪。太上皇徇齐作圣，睿哲钦明，奄有八荒，光宅四表。牢笼轩昊，蹑跨殷周，金镜俯临，玉烛遐被。②

以铺排天命、追溯传统与对特定历史语境中政治行动必要性的强调为常规手法的"冒头"书写，是传统社会中政治文本的常见结构。③"冒头"的功能不仅在于为政权的合法性提供说明，同时也能够为具体的政治行动提供合法性论证。尽管"暗箱操作"是政治生活中的常态，但政治既为关乎公众之事，则意味着政治生活在形式上具有高度的公开化特征；而公开化政治运作的有序展开，则无法脱离对"政治共识"的强调。"冒头"在长时段的模式化写作中逐渐泛化，成为意义空洞而高度形式化的套语。其中程式化的语词在政治生活中的流行，不断形塑着世人对政治运作"规则"的理解，进而形成世人的政治共识。"冒头"书写之外，文本对政治共识的强调，亦表现为对权力展演的描摹：

> 宝筵初建晓苍苍，大驾躬临礼玉皇。白鹤青鸾昭孝感，庆云甘露兆佳祥。更传圣水符前代，忽讶灵源涌上方。玉窦泛春时脉脉，金罍贮月乍泱泱。荐来只拟羞萍实，把处浑疑剖蜜房。玄酒奠坛同

---

① ［美］麦金太尔：《德性之后》，龚群译，中国社会科学出版社 1997 年版，第 297 页。
② 宋敏求：《唐大诏令集》卷 2《太宗即位赦》，中华书局 2008 年版，第 6 页。
③ 参见刘顺《经国之大业：中古文学与政治分析初步兼及张说的政治观念》，《上海师范大学学报》（哲学社会科学版）2019 年第 4 期。

莹彻，黄流在斝等芬芳。漫夸沆瀣移仙掌，迥谢蒲萄入醉乡。琼液久疏神岛沥，瑶池曾引帝台浆。中元表异还超汉，贞观论功远迈唐。妙绝醍醐班十瑞，啾余云母已千霜。冰壶泻罢同欣忭，天乳沾回等寿康。自愧涓微无补报，祇应上祝紫霞觞。①

皇权的展现，既包括政治生活中对权力的践行，亦体现在具体场景之中的形式化展演。权力的展演常常需要在仪式化的行为中展开。因此，聚焦于政治生活中的仪式场景，也成为以仪式展演强调政治共识的有效方式。拉近距离的焦点呈现与推远距离的全景描写，共同完成了想象中的权力的形式化。全景描写在"垂拱而治"的仪态展演中，通过推远君王与臣民的距离，以构建君主不可进犯的权威：

> 日为炎精，君实阳德。明至乃照临下土，德盛则光被四国。天垂象，圣作则。候春分之节，时则罔愆；顺《周官》之仪，事乃不忒。于是载青旗，俨翠华；盖留残月，旗拂朝霞。咸济济以皇皇，备礼容于邦家。天子躬整服以待曙，心既诚而望赊。倏而罘严，更辟禁城；五辂齐驾，八鸾启行。风出郊而草偃，泽先路而尘清。卷余霭于林薄，动神光于旆旌。初破镜而半掩，忽成轮而上征。杲耀荣光，分辉于千品万类；烟煴瑞色，均烛于四夷八纮。一人端冕以仰拜，百辟奉璋而竭诚。故曰天为父，日为兄。和气旁通，帝德与日德俱远；清光相对，帝心与日心齐明。②

陆贽对人君"躬整服以待曙""端冕以仰拜"以及其盛德"照临下土""光被四国"的描摹，均属于推远距离的远焦叙述。远焦叙述放大了描摹对象与读者间身份、地位的悬殊，在呈现人君威仪的同时，也强化了统治者及其政权的合法性。

---

① 王偁：《醴泉应制时有禧事青禽白鹤先集庆云甘露降》，《虚舟集》卷5，《景印文渊阁四库全书》集部第1237册，台北：台湾商务印书馆1986年影印本，第76页。
② 陆贽：《东郊朝日赋》，《陆贽集》补遗，王素点校，中华书局2006年版，第776—777页。

古典文学与政治研究的可能路径之二，体现为对政治文本之历史语境的考察。"语境"伴随"文本"的在场而存在，而"文本"则是被"语境化"的存在。① "只有在一个相关的语境中，才能发现事物的本质和存在。"② 文本的形成与被理解的过程，皆无法跳脱特定的历史语境与问题域。③ 文本的具体意义只有在特定的历史语境之中才能确定，脱离语境的文本解读，往往可能错失精彩的历史现场、作者的实际意图乃至文本的具体功能。因此，解读政治文本，首要的是追踪语词特定的使用环境：

> 佛道崇虚，乘幽控寂，宏济万品，典御十方。举威灵而无上，抑神力而无下。大之则弥于宇宙，细之则摄于毫厘。无灭无生，历千劫而不古；若隐若显，运百福而长今。妙道凝玄，遵之莫知其际；法流湛寂，挹之莫测其源。故知蠢蠢凡愚，区区庸鄙，投其旨趣，能无疑惑者哉……有玄奘法师者，法门之领袖也……凝心内境，悲正法之陵迟；栖虑玄门，慨深文之讹谬。思欲分条析理、广彼前闻；截伪续真，开兹后学。是以翘心净土，往游西域；乘危远迈，杖策孤征。积雪晨飞，途间失地；惊沙夕起，空外迷天。万里山川，拨烟霞而进影；百重寒暑，蹑霜雨而前踪。诚重劳轻，求深愿达，周游西宇，十有七年。穷历道邦，询求正教，双林八水，味道餐风，鹿苑鹫峰，瞻奇仰异。承至言于先圣，受真教于上贤。探赜妙门，精穷奥业。④

倘若不考虑唐太宗作此序文的政治语境，仅仅以文本语词而论，则此文

---

① Richard Rorty, *Objectivity, Relativism and Truth*, Cambridge and New York: Cambridge University Press, 1991, p. 97.

② 郭贵春:《欧洲大陆和英美哲学传统之间的区别、关联与融合——记与德国哲学家沃尔夫冈·诺义萨教授的谈话》,《哲学动态》2005 年第 1 期。

③ Mary Louise Pratt, *Toward a Speech Act Theory of Literary Discourse*, Bloomington: Indiana University Press, 1977, p. 86.

④ 李世民:《大唐三藏圣教序》,《唐太宗全集》,吴云、冀宇校注,天津古籍出版社 2004 年版,第 140—141 页。

所传递的李氏对佛教之信奉可谓虔诚。然而,太宗本人在五十岁以前,并未诚心皈依释教;其常以佛教令梁武帝父子国灭身亡之故实为前车之鉴,更斥责佛教乃"弊俗虚术"。① 贞观二十年(646)太宗作此序文时,恰值朝廷解决北方边疆危机、争夺东亚地区霸主地位之际:郭孝恪率军攻入龟兹;李勣打败薛延陀,铁勒各部入贡;王玄策出使印度,代表李唐王朝与摩揭陀国结盟;李义表率使团抵达印度迦摩缕波国,交流道教;诸多中亚小国主动向李唐王朝示好。贞观二十年六月,西突厥乙毗射匮可汗请与大唐通婚,太宗提出西突厥割让龟兹、于阗、疏勒、朱俱波、葱岭五国作为交换。此时,朝廷急需精通外语又熟悉西北诸国国情的外交人才。因此,太宗称誉玄奘与佛法的主要目的,是争取玄奘的政治支持,开疆拓边;而非借助玄奘的识见博学弘扬佛法,阐明经义。② 忽视甚至漠视特定语境的政治文本解读,很可能导致理解文本过程中的断章取义,甚至南辕北辙。

"古典文学与政治"研究的可能路径之三,体现为对文本中修辞的关注。政治文本重在强调政治意图或政权与政治行为的合法性,以说服阅读者采取相应的政治行动,而修辞则是政治运作中一种具有广泛影响力的策略选择。通过语言修辞,文本的陈述可能改变政治形势的走向,甚至缔造具有影响的政治事件③:

> 今陛下致昆山之玉,有随、和之宝,垂明月之珠,服太阿之剑,乘纤离之马,建翠凤之旗,树灵鼍之鼓。此数宝者,秦不生一焉,而陛下说之,何也?必秦国之所生然后可,则是夜光之璧不饰朝廷;犀象之器不为玩好;郑、卫之女不充后宫,而骏良駃騠不实外厩,江南金锡不为用,西蜀丹青不为采……太山不让土壤,故能成其大;河海不择细流,故能就其深;王者不却众庶,故能明其德……今

---

① 参见刘昫《旧唐书》卷63《萧瑀传》,中华书局1975年版,第2403页。
② 参见葛承雍《大唐之国:1400年的记忆》,生活·读书·新知三联书店2018年版,第109页。
③ 参见王寅丽《政治语言与语言政治:波考克对共和主义语言的论说》,《学术研究》2012年第11期。

乃弃黔首以资敌国，却宾客以业诸侯，使天下之士退而不敢西向，裹足不入秦，此所谓"借寇兵而赍盗粮"者也。夫物不产于秦，可宝者多；士不产于秦，而愿忠者众。今逐客以资敌国，损民以益仇，内自虚而外树怨于诸侯，求国无危，不可得也。①

《史记·李斯列传》载："秦王拜斯为客卿。会韩人郑国来间秦，以作注溉渠，已而觉。秦宗室大臣皆言秦王曰：'诸侯人来事秦者，大抵为其主游间于秦耳。请一切逐客。'李斯议亦在逐中。斯乃上书……秦王乃除逐客之令，复李斯官，卒用其计谋。"② "斯在逐中，道上上谏书"③，遂有《谏逐客书》之作。由于读者（秦王）与作者间存有较大的身份距离，因此，谏言类文字尤须拿捏言说的语气与分寸，稍有不慎，则可能以直言犯上而获罪。尽管李斯名列"逐客"之中，但此文中，李氏并非以一己之遭际为发端，而是以秦王逐客对秦国政治之弊端为主线展开论述，立足于政治共识，把握秦王统一天下的急迫心理，占据了"政治正确"的高地；进而以产自异地的珠玉珍宝类比他国入秦之才士，由浅及深、层次分明而切中问题之要害；排比的使用，则在增强语气的同时，强化了论证的说服力。故而此文能够"烦情入机，动言中务，虽批逆鳞，而功成计合"④。修辞的运用为李斯在秦王逐客事件中的胜利增添了政治筹码。文本修辞能够有效促成政治行动向书写者所预期的方向展开，然运用不当，则会导致情感流于矫饰诈伪：

夫帝王与群臣言，不在援引古今以饰雄辩，惟在简而当礼。雄辩不足以服奸臣之心，惟能塞诤臣之口。昔田蚡为请考工地益宅，武帝曰："遂取武库。"卫将军言郭解家贫，又曰："布衣权至使将军知，此其家不贫。"殷仲文言音乐好之自解，宋祖曰："吾只恐

---

① 李斯：《谏逐客书》，《史记》卷87《李斯列传》，中华书局1982年版，第2543—2545页。
② 司马迁：《史记》卷87《李斯列传》，第2542页。
③ 司马迁：《史记》卷87《李斯列传》，第2543页。
④ 刘勰著，詹锳义证：《文心雕龙义证》卷4《论说第十八》，第715页。

解。"此谓简而当理,足使奸臣夺心,邪人破胆矣。余历事六朝,弼谐二主,文宗辞皆文雅,而未尝骋辩,武宗言必简要,而不为文饰,皆得君人之量,能尽臣下之词。岂惟王言如是,人臣亦当然也。其有辩若波澜,辞多枝叶,文经意而饰诈,矫圣言以蔽聪,此乃奸人之雄,游说之士,焉得谓之献替哉?为臣者当戒于斯,慎于斯,必不获罪于天矣。①

李德裕以政治活动中君王与人臣之辞令皆以简洁据理为典则,而当避免巧言丽句。政治辞令若"辩若波澜,辞多枝叶",过分强调修辞技巧的运用,则易导致文过饰非,诈伪萌生,事实被有意模糊,政治事件的发展偏离预期的设想。

范式、语境与修辞提示着"古典文学与政治"研究的三种可能路径。对政治共识的强调是传统社会中政治文本写作的首要原则,也是政权合法性确立与政治行动展开的重要依据。对文本中政治共识的强调,既表现为作为文本结构的"冒头"的存在,又表现为拉近聚焦的仪式展演与推远距离的全景描写——二者共同构成了想象中的权力的形式化。对政治文本之历史语境的考察,是"古典文学与政治"研究的又一可能路径。政治文本总是应对具体问题而生,因而,考索文本产生的特定历史语境、从而作贴近作者意图的努力,应是"古典文学与政治"研究的必由途径。"古典文学与政治"研究的可能路径之三,在于对政治文本中修辞策略的关注。书写者通过政治文本中的修辞运用,推动政治事件向预期的方向发展,进而促成政治目的的实现。以历史语境主义下的"古典文学与政治"研究为视角,对王锡爵文章中的写作范式、生成语境与文学修辞展开研究,不仅是对王锡爵研究有效推进的一种尝试,同样是对古典文学研究领域"文学与政治"研究突破瓶颈的一次探索。

---

① 李德裕:《王言论》,傅璇琮等校笺:《李德裕文集校笺·外集》卷2,中华书局2018年版,第758页。

第一章　王锡爵的家世与门风

在明末清初的江南世族中，娄东二王——以王锡爵为代表的太原王氏与以王世贞为代表的琅琊王氏，有着不同的命运走向。"琅琊盛时，有弆园林壑之美，为吴中名园之冠……琅琊后人之所守者未得其半，而林木已斩伐，洞壑已颓，奇石已鬻，台榭无复有存者"①；太原王氏则能够平稳度过易代之际的兵变与奴变，家业久而不坠，日益昌大。作为家族政治与文化影响力的奠基者，王锡爵对于太原王氏乃至娄东历史记忆的形成与书写皆意义深远。太原王氏伴随王锡爵的登科入仕、位列首辅，而始由普通门户一跃成为江南的世家大族，瓜瓞延绵百余年；而娄东的历史走向，亦因太原王氏家族的崛起而在政治与文化史上增其荣光。世族的兴起与维系，于政治及经济因素而外，尤赖家学、家风之承袭与家族领袖对于家族命运及历史走向的准确把握。因此，对王锡爵家世、家学、家风乃至思想结构的考察，遂成为深入理解王锡爵及其家族命运走向的必要路径。

第一节　王锡爵的家世、家学与家风

王锡爵（1534—1610），字元驭，号荆石，明万历首辅，谥文肃。

---

① 归庄：《王氏西田诗序》，《归玄恭遗著》，《续修四库全书》集部第1401册，第601页。

其远祖为太原王氏，其先从太原徙居吴嘉定墅沟，割其地，隶太仓，遂为州人。① 由于王氏家族至王求一始定居嘉定墅沟，因而，《娄东太原王氏宗谱图》尊王求一之父王荣为娄东太原王氏之一世祖。②《三槐王氏通谱》载："（王）皋扈太后驾南迁，遂家无锡县。皋次子铎守父旧宅，居中沙；皋长子易分居东沙；皋三子允分居西沙。三沙之派，东、西为盛。东沙派自元将保义副尉荣迁太仓后，前明以来代有显宦，文肃公锡爵，其矫然首出者矣。"③ 可知王锡爵所属的王氏家族隶属太原王氏之三槐分支，而三槐王氏至赵宋王皋南渡无锡，遂分为东沙、中沙与西沙三派，娄东太原王氏则源出东沙一脉。东沙派至第十四世元河南元帅府保义副尉王荣时，正值"红巾贼"刘福通"作乱"，王荣遂于至正十一年（1351）"弃官归隐，居海虞之澄江，为太仓东娄之始"。④ 本于《娄东太原王氏宗谱图》，而参以《三槐王氏通谱》与《三槐王氏宗谱》，可将由王荣至明末王时敏之间的王氏家族世系作一简要梳理：

王锡爵之父王梦祥育有二子，王鼎爵一脉人丁单薄，父子皆命祚不长，鼎爵先于兄锡爵而病亡，时年五十，其独子王术亦早亡；尽管王锡爵与夫人朱氏育有子女十三人，然九人皆夭亡，仅有独子王衡及三女成人，⑤ 而王衡又先于其父病亡，年仅四十九岁；王衡三子中，长子与三子早亡，次子王时敏一人担负起延续家族命脉的使命。故而王时敏在其母周氏的主张下，广纳妾室，育有九子，以试图扭转锡爵一脉门衰薄祚的状况，维系家业门风于不坠。

一 太原王氏的崛起

娄东太原王氏家族至王梦祥，已传十世。其间，王氏族人以务农为

---

① 参见程穆衡《娄东耆旧传》卷5《王锡爵传》，江庆柏主编《江苏人物传记丛刊》，广陵书社2011年版，第429页。
② 参见王宾等《娄东太原王氏宗谱图》，民国年间抄录本。
③ 王庸敬：《三槐王氏通谱》，清光绪活字印本。
④ 王国栋：《三槐王氏宗谱》卷4，清抄本。
⑤ 参见王衡《缑山先生集》卷14《诰封一品夫人先母朱氏行实》，明万历刻本。

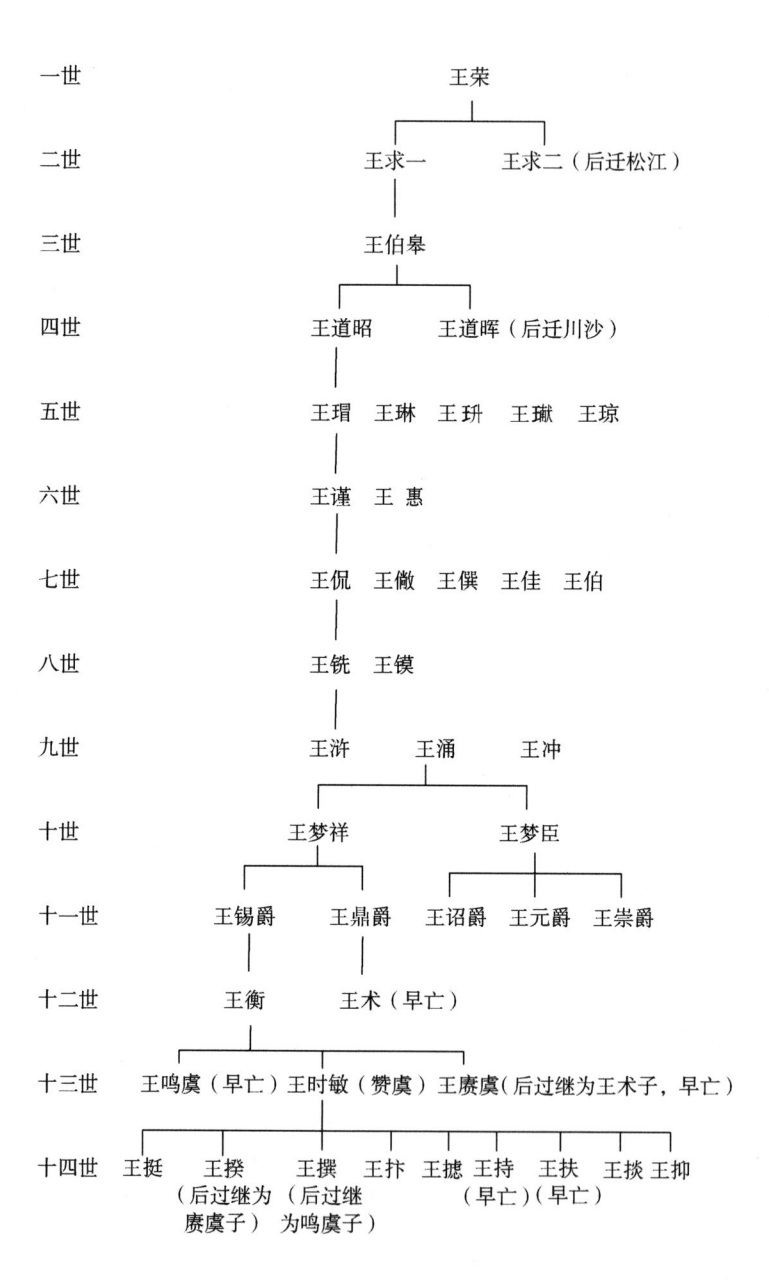

```
一世                          王荣
                              │
二世                    王求一      王求二（后迁松江）
                        │
三世                    王伯皋
                        │
四世              王道昭      王道晖（后迁川沙）
                  │
五世        王瑁   王琳   王玕   王瑊   王琼
            │
六世        王谨   王惠
            │
七世        王侃   王儆   王僎   王佳   王伯
            │
八世        王铣   王镆
            │
九世        王浒   王涌   王冲
                    │
十世        王梦祥          王梦臣
            │                │
十一世   王锡爵  王鼎爵   王诏爵  王元爵  王崇爵
         │
十二世   王衡    王术（早亡）
         │
十三世  王鸣虞（早亡）王时敏（赞虞）王赓虞（后过继为王术子，早亡）
         │
十四世  王挺  王揆   王撰   王抃  王摅  王持  王扶  王掞  王抑
             (后过继为 (后过继         (早亡)(早亡)
              赓虞子)  为鸣虞子)
```

世代不辍之业，仅有六世王谦以科举入仕，官至福建莆田县丞。娄东太原王氏真正在政治与文化领域崛起，并占据相应的资本而成为望族，则始于十一世王锡爵：

> 吾娄盖自我文肃公崛起于前，太史公振武于后，海内推为人宗，而族亦由是以大。①

王锡爵以榜眼登科入仕，彻底改变了王氏家族缺席于世家望族的历史书写，此后，娄东太原王氏日渐繁盛：修筑园林，与江南文化名流诗酒唱和；蓄戏乐家班，同曲坛名家相与往来；② 家藏多种世所罕见的珍稀书画，③ 掌握了丰富的文化资源；更将家族与地域性的画风扩展为整个画坛的主导画风，形成"娄东画派"，以"摹古"开创并引领了清代画坛的新局④——而"父子榜眼"（王锡爵与其子王衡）、"祖孙宰相"（王锡爵与曾孙王掞）则成为"学而优则仕"的传统社会中，王氏家族最为闪耀的辉煌。⑤ 王锡爵本人即抱有以登科入仕光耀门楣的情感倾向，此种情绪亦是娄东太原王氏家族的共同追求。⑥ 明清易代，"世家巨族，破者十六七，或失门户"；但王氏家族则由于王锡爵严立"早完国课、勤行善事"之家规以及王时敏面对危机的应变能力，而在乱世中得以保全，"太原之门，田园如故，阀阅不改"⑦。此后，在入清近百年的时段中，尽管有王撰、王摅等遗民诗人的坚守不出以及王昭骏等

---

① 王挺：《娄东太原王氏宗谱图序》，民国年间抄录本。

② "野塘（张野塘）既得魏氏（魏良辅），并习南曲，更定弦索音节，使与南音相近，并改三弦式，身稍细而其鼓圆，以文木制之，名曰弦子。时太仓相公（王锡爵）方家居，见而善之，命家僮习焉。"（宋征舆：《琐闻录》"弦索"条，民国二十三年圣泽园影印本）"瞻云子者，姓赵，名准，字源长，太仓人……王文肃公解相印归，与公日益昵。所居去文肃南园不数武。文肃巾车过园，辄物色赵翁在否……酒酣耳热，曼为长讴，四座辟易，即群少年竹肉满堂，噤无敢发声者。"（陈继儒：《眉公先生晚香堂小品》卷17，明末刻本）

③ "虞永兴小楷《破邪论》，真迹在王元驭阁老家，风流蕴藉，品在《孔子庙堂碑》墨本上。"（张丑：《清河书画舫》卷3上，《景印文渊阁四库全书》子部第817册，第77页）又"元驭学士书法在虞、褚间，而过自抱，不肯与墨池游"（王世贞：《弇州续稿》卷157《王学士书黄庭经》，《景印文渊阁四库全书》集部第1284册，第227页）。

④ 参见张庚《国朝画征录》，浙江人民美术出版社2011年版，第18页。

⑤ 王衡曾于万历六年与万历十三年应试失利，并于万历十六年中顺天府试解元。是时，其父锡爵任次辅，政敌遂借此攻击锡爵，言王衡以舞弊夺魁，并主张复试。王衡在复试仍夺魁后，退出春试，此后十余年间"不试南宫"，于王锡爵去职七年后再度应试而中榜眼，授翰林编修，任职仅一年半，即辞官归乡。

⑥ 详见本章第二节对王锡爵为父所撰墓志铭的解读。

⑦ 归庄：《归庄集》卷3《王奉常烟客先生七十寿序》，上海古籍出版社1984年版，第251页。

策划反清复明的政治运动，但王氏家族成员的主流取向则是主动与清政权合作，读书应试，试图以科举进身，扩大个体以及家族的政治文化影响。

尽管娄东太原王氏家族自十一世王锡爵始，方逐渐形成并巩固其政治与文化地位，成为江南望族；但王锡爵的祖辈即为家族开创了较为优渥的经济条件与良好的教育基础，祖父王涌"宏爽有才器，能积纤累微"①，故其"以干局起家"未久，即"雄里中"②。至顺治八年（1651），虽然易代与天灾令王氏家族面临着巨大的经济危机，但家族尚可依靠田租和质库收入勉强维系日常开支，祖辈遗留下来的财富则在危难时刻用作救急。③ 王锡爵为官清廉，在高拱、张居正、严嵩等历任首辅屡屡以巨贪被劾后，王氏则能获神宗"清介方刚"之誉，④ 家风训导而外，较为丰厚的家族资财或可作一旁解。对于普通民众而言，登科入仕、以"世臣"之家实现门庭之永祚，必因良好的家庭教育方始可能。王锡爵外祖父吴悦不仅为嘉定塘南之富户，同时亦出身诗书世家，在子女幼时即以《小学》《孝经》及前代名人、烈女之事相训诫，⑤ 因此，母亲吴氏具有良好的受教背景。优越的经济资本与教育资源使王锡爵于嘉靖四十一年（1562）的会试与殿试中连中会元、榜眼，名列三鼎。自此，王锡爵开启其人生仕宦之途，亦开始践行其借"禄位势力"以"联属其宗之人"之志，⑥ 开启王氏家族绵延百余年的簪缨命脉。

---

① 王锡爵：《王文肃公文集》卷11《诰封詹事府詹事翰林院侍讲学士先考爱荆府君行实》，《四库禁毁书丛刊》集部第7册，北京出版社1997年版，第260页。
② 《王文肃公文集》卷11《先弟河南按察司提学副使家驭暨妇庄宜人行状》集部第7册，第268—269页。
③ 参见王宝仁《奉常公年谱》，《北京图书馆藏珍本年谱丛刊》第66册，北京图书馆出版社1999年版，第386页。
④ 参见王锡爵《王文肃公文集》卷54，《四库禁毁书丛刊》集部第8册，第374页。
⑤ 参见王锡爵《王文肃公文集》卷11《诰封一品太夫人先母吴氏行状》，《四库禁毁书丛刊》集部第7册，第264页。
⑥ 参见王锡爵《王文肃公文集》卷1《南昌高氏族谱序》，《四库禁毁书丛刊》集部第7册，第52页。

二 《春秋》家学

太原王氏自王锡爵始，即以善治《春秋》著称。① 王锡爵曾著《春秋日录》，又撰《左氏释义评苑》二十卷，② 隆、万时期，"天下言《春秋》者皆本太仓"③，此亦可见王锡爵《春秋》学影响之深远。吴伟业《王茂京稿序》载："王氏自文肃公以经术至宰相，缑山先生相继掇上第，负重名，其于《春秋》，父子各有所讲贯，凡以推崇醇正，抑退浮华，风厉一世之人文而表章绝学，上者施于讦谟政事之间，次者见诸馆阁之论著，诚所谓经世大儒，彬彬质有其文者哉！余向从故老窃闻相公谢政里居，犹以制举艺为人论说，诸生以文字贽者，鉴别其穷达，十不爽一。而课孙诸作，盛为海内所传诵。盖大臣心事，嘉惠后学，尤思以经术世其子孙。"④ 明代科举的分经取士制度促成了地域"专经"现象的出现，⑤ 而乡试与会试均以《诗经》《周易》《尚书》为录取之大宗，⑥《春秋》作为"孤经"，其在全国范围内的报考及录取率较低。⑦ 但王氏

---

① "我虞虽彬彬文学哉，明兴则未闻有以麟经起家者，自先生起，而是经遂炳然于学官。勿论我虞，即当年海内称名家如赵恃峰、王元驭诸君子，有不从先生造请相印可者乎？"钱时俊：《文远先生谥议并讳》，邵圭洁：《北虞先生遗文》卷首，《四库全书存目丛书》集部第119册，齐鲁书社1997年版，第424—425页。

② 参见黄虞稷《千顷堂书目》卷2，《景印文渊阁四库全书》集部第676册，第61页；《明史》卷96《艺文志一》，第2365页。

③ 尹守衡：《皇明史窃》卷105，明崇祯刻本。

④ 吴伟业：《吴梅村全集》卷34《王茂京稿序》，上海古籍出版社1990年版，第748—749页。

⑤ 参见[日]鹤成久章《明代余姚的〈礼记〉学与王守仁——关于阳明学成立的一个背景》，吴震、[日]吾妻重二主编《思想与文献：日本学者宋明儒学研究》，华东师范大学出版社2010年版，第356—367页。

⑥ 据丁修真对明代南直隶乡试与会试中五经录取情况的统计，五经的平均录取比例分别为《诗》36%、《易》28%、《尚书》22%、《春秋》7%、《礼》6%。参见丁修真《科举的"在地"：论科举史的地方脉络》，《史林》2016年第3期；另参见吴宣德《明代会试试经考略》，《教育学报》2011年第1期。艾尔曼则认为，在明初的分经取士中，《春秋》一直是众多士子的首选经目，其在科举中的优势地位直至明代中晚期，方逐渐为《尚书》取代。参见 Benjamin A. Elman, *A Cultural History of Civil Examinations in the Late Imperial China*, University of California Press, 2000, pp. 701–703。

⑦ "正统元年之春，余忝预考礼部会试。是时，有司奏定，以四方分为南北中三等取士，榜所取止于百人，南十之六，北十之三，中十之一。又分经之多寡，每经七取其一，《书》最多，《诗》次之，《易》《礼》《春秋》又递次之，左限右隔。"陈循：《芳洲文集》卷3《送萧教谕赴长洲序》，万历二十一年刻后印本。

家族中，王锡爵以《春秋》夺会元；其胞弟王鼎爵以《春秋》中进士第五名；子王衡以《春秋》中解元，曾孙王掞以《春秋》中乡试第二，并奉敕编修《御制〈春秋〉传说汇纂》，玄孙王遵岵参编《〈春秋〉经传汇说》；重孙王原祁以《春秋》中进士；曾玄孙王旦复及其子王玨亦以善治《春秋》闻名，① 可谓"以《春秋》为世学"②。王氏家族在科举领域所形成的强大《春秋》学传统，至清末尚存。明代科举地域专经现象的形成，颇依赖于众多科举家族的存在，而大部分科举家族是一经相传。③ 一种经典诠释在家族与地域中优势地位的形成，"会自然而然地从资源配置、社会舆论上挤占其他几种经典的空间，而读书人若想肄习其他经典，在寻找师资、图书资源上，以及在通过最初级的考试选拔进入儒学成为生员等方面，都会有更大难度"④。由此而言，王氏族人对《春秋》学的占有与承袭，家族之助力实不可小觑。

三　地方威望的建立

在处理与国家政权及地方政府的关系上，王氏家族奉锡爵"早完国课、勤行善事"之训为乡居第一义，并努力践行之，此举不仅能够树立地方威望，更是危难之际保全家族命脉的重要举措。王氏家族在太仓一方影响甚巨，家族领袖对于影响地方风气与确立社会秩序的作用不容忽视。王锡爵致仕归乡，出行只乘小肩舆，太仓人遂无乘大舆者。⑤ 王锡爵次女王桂自号"昙阳子"，入道修行，并于万历八年（1580）九月九日"白日飞升"。此事在江南乃至全国范围内影响颇大，诸如王世贞、管志道、屠隆、徐渭、陈继儒、汪道昆等江南名流纷纷皈依受教，风靡一时，王锡爵的政敌更以此而制造政治事端。⑥ 此亦从侧面表明，

---

① 参见程国赋、吴肖丹《论王时敏人生和艺术中的"延续"命题——兼考其家族与生平》，《文艺研究》2016 年第 3 期。
② 王昶：《（嘉庆）直隶太仓州志》卷 60《杂缀三》，清嘉庆七年刻本。
③ 参见陈时龙《明代科举与地域专经》，《中国社会科学报》2017 年 8 月 22 日。
④ 陈时龙：《明代科举与地域专经》，《中国社会科学报》2017 年 8 月 22 日。
⑤ 参见李廷机《李文节先生燕居录》，《四库禁毁书丛刊》史部第 44 册，第 674 页。
⑥ 参见本书第二章第二节的相关论述。

在王锡爵的带动之下,太原王氏家族对于地方社会与国家秩序的形成具有重要的导向作用。淳风化俗而外,王氏家族亦借由救济乡间以促成地方社会秩序的稳定:

> 后独身当户,慕黄兼济平粜之事,每田所收入,至夏月踊贵时,必减价发粜,以济贫民,岁以为常。至寒施衣,荐饥施粥饼,病施药,死施椟,孳孳不倦。①

地方社会秩序的稳定是国家政权稳固的前提,王氏家族对于地方民众的教化与救济无疑成为国家推行化俗政策的有力助援,② 并以此而受到国家力量的支持。而王时敏以家族余力赈济难民、化约乡里,不仅是对王锡爵"勤行善事"之祖训的践行,更是出于树立地方威望与家族自我保全的考虑。王氏家族在处理家族与地方乡里的关系上,以"孝友敦睦""和睦乡间"世代劝导,以家化乡。③ 至王时敏去官家居,"凡遇里中亲友,毋论贵贱,一尽诚敬以待之"④,"整内行,睦乡里,小物大闲,无所不勤,远近宗师之"⑤。王氏家族在乱相迭生的民变与奴变之中并未受到冲击,当归功于此:

> 城中有变……吾家固大人平日禁敢僮仆,专好施与,不取里中一钱,士民皆爱戴,由是毫不为动。⑥

---

① 王时敏:《自述》,毛小庆点校:《王烟客先生集》,浙江人民美术出版社2016年版,第92页。
② 陈瑚在致王时敏长子王挺的信中说道:"前州大人约乡大夫议积谷平粜之法,意亦甚佳,座上俱默不出一语,甚或激成变端,深可骇异……昨晤虞九(江士韶),知吾兄欲首倡义举,发仓振贷,此诚可以风励后贤,愧醒不肖矣。"(陈瑚:《确庵日记》卷2《与王周臣书论平粜法》,《陈确庵先生遗书》卷6,太仓图书馆印本)王氏家族主动响应官府赈济之行为,可视作其对国家政策的积极奉行。
③ 参见王时敏《奉常家训》,《王烟客先生集》,第114页。
④ 王时敏:《自述》,《王烟客先生集》,第93页。
⑤ 程穆衡:《娄东耆旧传》卷5《王锡爵传》,江庆柏主编:《江苏人物传记丛刊》第33册,广陵书社2011年版,第457页。
⑥ 王抃:《王巢松年谱》,《丛书集成续编》第37册,上海书店1994年版,第794页。

时州中群不逞者,思于里闬修宿隙而快私憾,揭竿啸聚,望屋而食,比户束手,莫敢出气。惟公至,则摇手相戒曰"太原王公来矣"。抱头争窜,鸟兽散去。①

王氏家族在王锡爵时期,即以严束家丁见称②;此后,王时敏禁敢憧仆、和睦乡间之举,为其在宗族乡里赢得了相应的尊重与威望,并令其在明末乱世中保全了家族命脉。尽管后人对于王时敏降清之举颇有微词,然而在时人,至少是太仓人的理解中,王时敏以家族之力保全了族人与娄东民众的平安:"变革之初,屠戮之惨,所在都有,而吾娄幸无恙,即君家积善,天之报之,亦应如是。虽周臣(王挺)、端士(王揆)逊谢不敢当,然而闻者不以为诶,而以予言为可信,亦信其理之不诬者而已矣。"③家族对于国家政策的积极响应在对地方产生导向作用的同时,亦为自我保全之法。在赋税问题上,自王锡爵始,王氏家族即积极与国家政权合作,王时敏《自述》中言"自幼侍祖父之侧,每闻绪言,士大夫居乡,以早完国课、勤行善事为第一义。余戢之于心,寤寐弗忘"。至其持家,遂"尤注意于国赋输将,必先勾稽甚晰"。在顺治十八年(1661)的钱粮奏销案中,尽管王时敏已值年迈,家族经济状况窘悴不支,然仍"鬻产质物,以期亟完,毋少逋欠"④。王时敏对田赋"功令最急,苟有逋悬,祸亦最重。此天下皆然,而江南为甚"的记述,已清楚表明其"早完国课"⑤背后深重的政治忧虑,故而王氏在赋役问题上积极应和国家行为,以全其宗族"新登甲第,列在缙绅"(《奉常家训》"早完国课"条)之体。⑥清初国家在治理格局上有意引

---

① 王宝仁:《奉常公年谱》"顺治二年"条,《王烟客先生集》,第771—772页。
② 参见王锡爵《王文肃公文集》卷20《周漳南大尹》,《四库禁毁书丛刊》集部第7册,第453页。
③ 陈瑚:《确庵文稿》卷12《王烟客太常七十寿序》,《四库禁毁书丛刊》集部第184册,第361页。
④ 参见王时敏《自述》,《王烟客先生集》,第92页。
⑤ 王时敏:《家训》,《王烟客先生集》,第118—119页。
⑥ 参见范金民《鼎革与变迁:明清之际江南士人行为方式的转向》,《清华大学学报》(哲学社会科学版)2010年第2期。

导宗族发展,宗族势力急剧扩张,一种以垂直的血缘关系为纽带的士绅利益集合得到强化。① 在家族与国家、地方之间的互动中,王氏一族正是以家族对国家秩序的维系与地方风气的化约为出发点,有效利用了国家权力对于家族的保护与地方社会对于家族的倚重,方保家族之安泰。

以家族为中心,纵向国家与横向地方的相互交织,构成了传统社会运转的关系网络。由家族与国家的纵向互动而言,自王锡爵登科入仕起,王氏家族开始建立起与国家权力的紧密联系,随之获取了相当的政治与教育资本,使家系之绵延成为可能;明清易代之际,王时敏能够准确把握时代动向,归顺清朝,并鼓励九子出仕,在科举、赋税等问题上努力回应国策,在与新朝的合作中谋求维系家族之机候。同时,王氏家族能够在家族、地方与国家三者之间的互动中,提升家族文化的影响力,将"娄东画派"由家族成员间个体性的文化活动扩展为一支地方性的文化力量、进而演变为统治中国画坛近300年的创作理念,于多重政治力量交错的缝隙间谋求自我维系与更新的可能。自家族与地方的横向关系而言,王氏家族自王锡爵至王时敏的三代间,在处理与地方的阶层等差上以"和睦乡间"为不祧之训,以家化乡,以身化俗,遂能于动乱之中实现家族的自我保全与延续。

第二节 以儒为主、兼取佛老的思想构架

嘉靖以降,伴随士商互动所引发的社会结构的变动,士大夫思想的多元化成为中晚明时期思想文化领域的突出样态。② 作为生活于嘉靖末期至万历中期的政治人物,王锡爵的思想在展现时代风貌的同时,亦在家族文化与空间变动的影响之下展现出相应的个性特征。

---

① 参见[美]艾尔曼《经学、政治和宗族:中华帝国晚期常州今文学派研究》,赵刚译,江苏人民出版社1998年版,第24页。
② 参见余英时《明清变迁时期社会与文化的转变》,《中国历史转型时期的知识分子》,台北:联经出版事业公司1992年版,第35—42页。

一 以儒经世的生命底色

身为传统士大夫，以儒经世是王锡爵的生命底色。王锡爵颇尚王通"河汾之学"①，此既源于文中子的"王道"学说，亦与家族及地缘因素密切相关。王通作为太原王氏之后裔，在《太原王氏皋桥支谱》中被奉为始祖，王皋及其三子所创"三沙"支脉皆出其后，以此而言，王通可谓王锡爵之远祖。②因此，王锡爵对于王通学说的认同，自当含有基于家族宗脉与地缘文化的情感因素。

王通标举"王道"，以佐理人君"正帝名""尊华夏""行仁政"为己任③，其未得时用，遂退而著述，以志己道。王氏"佐王道""行仁政"的追求不啻为个体念兹在兹的政治理想，更是家族血脉相连的生命精神所在。④"河汾之学"作为"匡代之要略"⑤，正可为王锡爵成就相业提供参照；而明代中晚期西北与东北所面临的边界危机，亦令王锡爵对文中子"尊华夏"之说生发同声相应之感。对于王锡爵而言，以儒学为根基而行王佐之业，不仅是个体对"务先王之道"的社会价值的实现，更是在对"先儒王通氏曰……"（《王文肃公文集》卷三《万历癸酉顺天策问》）的追述中追念"绍家世之业"的家族荣耀。

在奏疏、墓志、序文、尺牍等应用文体中，"大儒"成为王锡爵频

---

① "不佞林居七年，所受于师者，禅有维摩，儒有文中子。"（《王文肃公文集》卷15《甘义麓参政》）又《万历癸酉顺天策问》中引用文中子之言："先儒王通氏曰：仲尼述史者三焉，《书》《诗》《春秋》是也。"（《王文肃公文集》卷3）

② "王氏系出周灵王太子，传至隋为文中子，至宋为文正公，公曾孙大傅公扈宋南渡，居昊之荻州，子三人，长太周公迁昆山沙头，为东沙支；次省郎公仍居荻州，为中沙支；次学士公迁锡山沙头，吾宗皋桥支之所托始也。"（《太原王氏宗谱序》，王堡等：《太原王氏皋桥支谱》，民国10年铅印暨石印本）。

③ "子曰：'吾于《续书》《元经》也，其知天命而著乎？伤礼乐则述章、志，正历数则断南北，感帝制而首太熙，尊中国而正皇始。'"（王通著，张沛校注：《中说校注》卷10《关朗篇》，中华书局2013年版，第251页）"子曰：'《元经》其正名乎！皇始之帝，征天而授之也。晋宋之王近于正体，于是乎未忘中国，穆公之志也。齐、梁、陈之德，斥之于四夷也，以明中国之代也，太和之力也。'"（王通著，张沛校注：《中说校注》卷5《问易篇》，第149页）

④ "吾家顷铜川六世矣，未尝不笃于斯，然亦未尝得宜其用。退而咸有述焉，则以志其道也。"（王通著，张沛校注：《中说校注》卷1《王道篇》，第4页）

⑤ 王绩：《王无功文集》卷4《答程道士书》，上海古籍出版社1987年版，第159页。

繁提及并大力推重的政治与文化身份：

> 公事亲孝，居丧不愧儒者，处家恭俭好礼，以请托报谒为可耻。①
>
> 顾今内外诚多故，同官臣家屏筦事虽新，然臣前知其为人，才敏识略十倍于臣，器度涵养百倍于臣，而新简入阁臣志皋、臣位，又皆天下名德大儒。②
>
> 尊文非仆之所敢当，然大儒作用亦略见一斑矣。顷来词林文体日趋纤艳，取青媲白，殊累大雅，得兄以高古深醇之文一洗涤之，亦大快事。有材如此，山川其舍诸，必不以黼黻之手终贲丘园也。③
>
> 张平野丈，此吾州传雅大儒，而更可谓之易圣郎君，得与朝夕，仆甚为之喜。④

无论是基于一位政治参与者对官方价值评判体系的遵从，抑或出于一位科举入仕者对儒学源自内心的真诚认可，王锡爵对于笔下负"大儒"之行举者，皆表现出了一贯的高度颂扬。最有力的证明莫过于锡爵对其父王梦祥的评述："府君在襁褓，伟哲异常儿，六、七岁则以警颖善诵闻里中。老儒张俸先生置之膝而属以对，其语奇，张先生曰：'是非凡儿也，强为我弟子，我终当食而力。'及长，遂受张先生经。而当是时，海滨之王皆饶乐以渔猎自娱，府君独喜为制科文辞，读书往往至丙夜。十六，试有司，以异等补州诸生，寻奉例入太学，有声，尝一再就省试，不利，然时人固以科甲目属之。"⑤ 王梦祥以经商为业，终其一生

---

① 王锡爵：《王文肃公文集》卷10《诰封中宪大夫虞阳孙公暨配恭人吴氏合葬墓志铭》，《四库禁毁书丛刊》集部第7册，第254页。
② 王锡爵：《王文肃公文集》卷38《谢遣官督促申请终养疏》，《四库禁毁书丛刊》集部第8册，第98页。
③ 王锡爵：《王文肃公文集》卷29《焦漪园修撰》，《四库禁毁书丛刊》集部第7册，第636页。
④ 王锡爵：《王文肃公文集》卷24《李桃主孝廉》，《四库禁毁书丛刊》集部第7册，第539页。
⑤ 王锡爵：《王文肃公文集》卷11《诰封詹事府詹事兼翰林院侍读学士先考爱荆府君行实》，《四库禁毁书丛刊》集部第7册，第260页。

未尝考取功名,其获封"詹事府詹事兼翰林院侍读学士"实源于王锡爵的政治功绩。但王锡爵在其父的行实中,以大量笔墨铺叙父亲自幼对于儒学的天赋与热忱,继而有意强调祖父被捕一事之于父亲"以家难,弗获竟儒术"的决定性影响,其中实暗含王锡爵以儒学作为人物评定之重要标准的潜在话语。然而,王锡爵所谓之"大儒",并非仅能空口论道者;基于一位政治家所当具有的素养与眼光,王锡爵并未过高看重儒学义理的阐释,而是注重儒学经世功能的发挥:

> 旧臣之望,今似为群少年作戏场傀儡。闻曾王俱被诚张挞打,江陵诸郎皆体无完肤,可叹!今日之势,全靠宋儒议论不得,必须作用一番,鼓舞台省大臣,方得展布。①
>
> 别札谓日读案头书,不审何书也。俗儒丽词,上古迂事,恐徒乱人意智,不如趁此清闲,一考我朝家法治法……使得失理乱之机了了,而将来大用为益裕耳……老丈莫深望,莫远引,天下事自知自为之可也。②

王锡爵对"世儒""俗儒"颇不以为意,类似表述屡见诸笔端。③ 王氏常言当下吏治之难,难在任事④——政治实践并非空口谈义理或高标道德大义者而能为之,政治生活涉及对多方势力的平衡,需要参与者具有

---

① 王锡爵:《王文肃公文集》卷14《申瑶泉相公》,《四库禁毁书丛刊》集部第7册,第340页。
② 王锡爵:《王文肃公文集》卷16《赵瀔阳侍郎》,《四库禁毁书丛刊》集部第7册,第367页。
③ 如"盖世儒所称大抵然矣。而吾则谓三代教养之法,可以御常民,不可以御豪杰"(《王文肃公文集》卷3《万历癸酉顺天策问》);"世儒猥称中庸为大学之纬,不知子夏实曾子之翼……其书宗郑玄古本……世儒五家三教之书,十不得一"(《王文肃公文集》卷3《题大学解》);"今世儒膏肓之疾全坐遗体而求用,贱物而贵我,王叔文之党倾天下,而其自名目曰伊周、管葛,日将兴尧舜孔子之道,足下以为何如哉!"(《王文肃公文集》卷15《耿叔台知府》);"新录甚佳,独有《中庸》义驳倒遵道,尚袭世儒有心无心之说,其他皆金玉矣"(《王文肃公文集》卷30《黄毅庵侍郎》)。
④ "方今之世,士大夫有能尺喙销氛、空拳解斗者,则不佞与翁皆当望下风拜之"(《王文肃公文集》卷19《潘印川总河》);"方今士品之难,难在任事"(《王文肃公文集》卷21《赵心堂巡抚》);"方今天下吏治,所苦躁进而饰虚"(《王文肃公文集》卷21《衷洪溪巡抚》)。

敏锐的感知与判断力，察变化于几微，并能够在错综复杂的力量中不失时机地做出恰当的决策。自命纯儒之辈，往往过于理想化，擅长纸上谈兵，而不具备对局势的分析、掌控与应变能力，徒以大而无当的论断掩盖政治生活的复杂性，拘泥条框而不知权变，最终导致矛盾的激化。① 因此，王锡爵对"世儒"的指摘，自可视作一位政治参与者对于儒学在政治领域应有之功能样态的反向诠释。

二 庄、禅出世的个体情结

王锡爵的思想既展现出传统士大夫以儒家用世的特征，又展现出以佛禅出世的情结。明季士大夫流于禅者十之九矣，以"儒""禅"兼取而并行不悖，又多为万历时期士大夫的典型思想样态，② 王锡爵亦莫能外：

> 不佞林居七年，所受于师者，禅有维摩，儒有文中子，与物而来，与物而去，治身化俗具是矣。③
> 仆经春多病，岁中决意逃禅，不知可及翁曳履入朝之日否？④

王锡爵于万历六年（1578）因"夺情事件"触忤张居正后，遂请辞乞归，屏居于太仓旧居。直至万历十三年张居正被削籍抄家，方再度赴京任职。此间，或许是为缓解体弱多病的状况，抑或是基于安顿身心的需要，王锡爵对禅宗义理表现出了高度的兴趣，此习至其离任首辅、乡居

---

① "王疏（按：王世贞《备虏疏》）则肤廓无当。其论备边糜费，欲宣大两镇，封建强藩，令自为收，仿唐季西川故事。果如其说，则肘腋之间，无端树一藩镇，祸更烈于驼靼矣。书生倡为高论，读死书而不知时务有如此者。"（许同莘撰，王毓、孔德兴校点：《公牍学史》卷7，档案出版社1989年版，第182页）

② （杨）起元清修婞节，然其学不讳禅。汝登更欲合儒释而会通之，辑圣学宗传，尽采先儒语类禅者以入。盖万历世士大夫讲学者，多类此。"（《明史》卷283《儒林二》，第7276页）夏邦言"其实在明代，真正社会层面的佛教信仰，恰恰是在明代中期展开的。"（夏邦：《明代佛教信仰的变迁述略》，《史林》2007年第2期）

③ 王锡爵：《王文肃公文集》卷15《甘义麓参政》，《四库禁毁书丛刊》集部第7册，第353页。

④ 王锡爵：《王文肃公文集》卷13《潘印川巡抚》，《四库禁毁书丛刊》集部第7册，第314页。

终老而有增无减。① 王氏常常在致友人的书信中化用禅语，或谈及一己对禅宗修行的坚持：

> 要立此议论长留天壤间，而胸中不执一物，过后不生一念，乃禅家烦恼中之菩提，不必遂以此为洁身避权地也。②
>
> 今万苦万病，报业犹轻，一粥一苦，亦已望外。而近且延得百岁老人教以禅定摄生之法，其济则吾丈之庇也，不济则穷身亦何所顾恋，而勤我丈之远望乎？③
>
> 逃空数年，不能得禅那一分气力，日夕反侧，流涕于冤亲聚散、歧路东西之间。足下华胥梦醒，念我旧游，令人愧且欲死。④
>
> 教中虽颇留听忠告之语，然尚闻酬接宾朋，和解公事，似此扰扰，老兄纵不知劳，恐五脏神明必不甚喜。自今以往，愿与为一窍不通、乡党无闻之人，庶可保守灵龟，永邀上寿耳。悠悠世界，何患无人？他日辅弼等语真乃一杯淡话。弟六尺之身，断乎不换万钟，鬼神知之矣……乘此小病谢客，亦禅家三昧也。⑤

王锡爵谈及自我与时事，能够自然化用禅宗之语，此亦可见禅宗义理对其影响之深。而在王锡爵看来，禅定确乎对其摆脱政治失意的生命困境产生了积极影响："弟掩关来，顽铁如昨。比者稍因外魔自省于炼心养气，得分寸力。翁丈即令身心尘境都无纤滓，于禅那更易入。盖多读道书，多寻道友，不如大静一番，先除此心散乱，后除昏沉，又后则三关

---

① "公初颇尚玄学，后一归禅寂，每日诵佛二千声，生平不知握算，不问家产，却屏姬侍玩好，一无所目。"（冯时可：《王文肃公传》，《王文肃公文集》卷55，《四库禁毁书丛刊》集部第8册，第408页）
② 王锡爵：《王文肃公文集》卷30《温一斋总台》，《四库禁毁书丛刊》集部第7册，第644页。
③ 王锡爵：《王文肃公文集》卷27《王对南相公》，《四库禁毁书丛刊》集部第7册，第587—588页。
④ 王锡爵：《王文肃公文集》卷23《张平野贡士》，《四库禁毁书丛刊》集部第7册，第508页。
⑤ 王锡爵：《王文肃公文集》卷14《郭鲲溟参政》，《四库禁毁书丛刊》集部第7册，第323页。

九窍，消息自觉。凡丹文谈药物火候，其理实然，而其枝叶未必如许零星。大要怕学人道听涂说，故作隐言，明者自忖耳。翁丈自戢心体认，以无为为宗，待一念不生，弥旬浃月后，觉头中有物融融汩汩而起者即此。"① 正因禅定为王氏带来了内心的平和与身体的清明，于是，王锡爵现身说法，在书信中谆谆告诫友人静心修行的重要性。王衡"好读禅语"②，亦当与王锡爵参禅之影响不无关系，抑或互为生发。值得注意的是，王锡爵参禅的思想来源并非纯粹的禅宗义理，而是表现出以禅为主体的庄禅合流倾向：

> 眼前好丑变幻，非惟不敢作分别想，亦尚欲以苦言异语左法右拂其间，使楚越为一家，狙诈咸作使，可怜哉！群少年兑自甘心，自误误人，而海上犹有逐臭之夫，欲借其齿颊以趋张桂之捷路者。足下教我之言皆是，要之道家所谓恬澹无为、圆觉妙应，乃在一切相中，不缚不舍，非尽铲去廉隅，混混浊浊终也。③

尽管"恬澹无为"是道家思想的题中之义，然而，"圆觉妙应"与"相"的概念则明显以佛禅思想为根底，不见于传统道教的叙述之中。王锡爵将二者并论而归之于道，显然基于庄禅合流的话语背景。而其本人所崇尚的王通，即以倡"三教可一"之说，而被目为调和三教的先行者。④ 王氏曾本于儒家士大夫的立场而言"老、庄逍遥，太能误人"，以其令朝士纷纷挂冠去国之故也。⑤ 然而，当个体的政治理想无法践行

---

① 王锡爵：《王文肃公文集》卷14《李石龙副使》，《四库禁毁书丛刊》集部第7册，第326页。
② 王锡爵：《王文肃公文集》卷19《董浔阳座师》，《四库禁毁书丛刊》集部第7册，第423页。
③ 王锡爵：《王文肃公文集》卷15《刘肖华主事》，《四库禁毁书丛刊》集部第7册，第345页。
④ 参见王通，张沛校注《中说校注》卷5《问易篇》，第134—135页。又"（文中子）读《洪范谠义》，曰：'三教于是乎可一矣。'……而三教合一之说起矣"（张恒《明志稿》卷2，明刻本，第39页b）。
⑤ 参见屠隆《白榆集》卷12《与邹彦吉督学》，明万历龚尧惠刻本，第9页a。

于世时,老庄之说则另当别论。王锡爵致书友人,亦曾数度化用庄子之语①,并曾手书《黄庭经》《道德经》等道教经书;②唯其对于老庄之说的热忱远不及禅。③在对次女王桂作为"昙阳大师"的形象建构中,王锡爵等同样采用了佛道合流的手法:

> 一夕,(昙阳子)梦真君口授一编,曰《法照悟圆灵宝真经》。觉而能臆之,且书之以语学士曰:"是道经而禅语"……刱一龛,置之楼而键之,时时讽诵《金刚》《楞严》诸经,有所得辄书其隙若注者……久之,师忽大悟,觉脑中仙音缥缈自空而来,先天气融融,周五脏,遂成丹。初仅若黍米,已渐长若弹丸,外类轻纱縠,色正赤黄,居恒置下丹田。时有所升降,间出之掌,煜然吐光彩,自是水火绝,不复进诸果矣。④

此文由王锡爵草拟,王世贞结撰而成。⑤尽管昙阳子的"白日飞升"更可能是王氏等为实现政治意图而进行的有意构建,⑥但正因如此,则行文必当据时代特征与个人经历为蓝本,方能彰显其所言之"真实不诬",进而达到预期的政治效应;同时,写作者的个体经验亦潜在左右着文字

---

① "今山南水北,更落得任人呼马呼牛、为庄为蝶耳。"(《王文肃公文集》卷23《陈心谷尚书》)"庄子格言,不肖刍荛虽狂傥,亦可采千万之一否。"(《王文肃公文集》卷21《叶龙潭总督》)"承封示近报,似以庙堂齿及不肖,为同志色喜。乃不肖闻此,益滋甚感怆,江陵事乃沧海桑田、庄周蝴蝶,变幻只在目前。彼愦不知,直欲以有涯之生,作千年之计,真可笑可悲也。"(《王文肃公文集》卷14《李及泉宪使》)"天下方无事,吾等幸各抱膝林泉,蝴蝶庄周两忘梦境可矣。泯泯蚩蚩,何知天常国是。"(《王文肃公文集》卷14《冯仰芹副使》)
② 王世贞:《弇州续稿》卷157《王元驭书仙师批点黄庭道德二经》,《景印文渊阁四库全书》集部第1284册,第277页。
③ "承示葛仙翁丹法,不肖往于都门道藏中曾谈之一过……然不肖窃谓外丹虽妙,至人决不以书传我辈,即精心向往,而夙缘未凑,恐反堕狐迹,不如姑守空净。虽今生未必成,而来生或不至流堕。"王锡爵:《王文肃公文集》卷14《周山泉通政》,《四库禁毁书丛刊》集部第7册,第332页。
④ 王世贞:《弇州续稿》卷78《昙阳大师传》,《景印文渊阁四库全书》集部第1283册,第141—143页。
⑤ 参见王世贞《弇州续稿》卷173《与申相公》,《景印文渊阁四库全书》集部第1284册,第489页。
⑥ 详见本书第二章第一节的相关论述。

的叙述方向。佛道合流是明代中晚期思想界的普遍风尚，亦是知识界的基本事实。① "是道经而禅语"，暗示出昙阳子试图调和释、道的努力；其后"时时讽诵《金刚》《楞严》诸经"，展现了昙阳子对佛禅思想的接纳，"仙音缥缈……遂成丹"的叙述，则是明显参照了道教内丹的修炼之法，构建昙阳子的修道成仙之途。自个体经验而言，王锡爵以禅为主、佛道兼容的思想，无疑会影响到对于昙阳大师通融释道之形象的构建。

尽管王氏的思想在中晚明"三教合流"的历史语境下，展现出释道兼容的倾向，② 但其却有意明晰"儒"与"释道"的界限，区隔"儒"与"释道"所适用的领域，力避混二氏以入儒：

> 公所论不过谓三教同源，儒者当于应世中了出世耳。然二氏作用数从和光，方便入门，若吾儒则必量腹然后食，择器然后操。如不肖自揣力绵智短，不敢强其性之不能，乃学儒而过，了不闻道者也。往先人属纩时，使老母坐榻前，阴诵《金刚经》，含笑而瞑，此何尝鞭策不肖应世耶？会当强食支床，稍理问学，以酬恩待耳。白沙先生真吾师也，其文字之奇亦似脱尽经生窠臼，读公批教，恍然若身在冷风秋水间矣。③

儒家与释道二氏分别适应不同的空间领域，进而发挥不同的作用：二氏倡以和光同尘，顺随自然，具有高度的理论弹性与广泛的适用对象（即王锡爵所谓之"方便入门"），但正因其如此，则弱化了对仪式性与秩序感、责任感的追求，而流于宽泛无当，面对政治生活中的具体问题，难以提出切实有效的解决方案；而儒家则以对个体的规约（修身齐家）为起点，进而扩大为对社会的有效治理（治国平天下），因此，

---

① 参见钱穆《中国学术思想史论丛》卷7《说良知四句教与三教合一》，安徽教育出版社1986年版，第121—147页；柳存仁《和风堂文集》中册《明儒与道教》，上海古籍出版社1991年版，第809—846页。
② 参见陈宝良《明代士大夫的精神世界》，北京师范大学出版社2017年版，第28—29页。
③ 王锡爵：《王文肃公文集》卷14《唐曙台主事》，《四库禁毁书丛刊》集部第7册，第329页。

其对个体的责任感与能力具有较高要求（"量腹然后食，择器然后操"）。然而，恰恰是儒家学说对规则、秩序与法度的强调，方能令其适用于高度组织化的政治生活。尽管王锡爵崇尚并努力践行禅定之法，但其作为政治人物，始终以风棱严整、殚心谋国见称于世，① 以思想之力而论之，此自当于王氏能够自觉区分自我与社会、私人空间与公共空间，进而在不同领域中本于相应的思想原则而立身行事一体相关。

王锡爵的思想结构展现出典型的二元特征：在公共空间，本于传统儒家"治平"之说，发挥儒学经世致用的政治功能；在"道不行"之时，则退居以"园林"为标志的私人空间，则以（庄）禅为安身立命的主要选择。王锡爵思想所呈现出的二元结构特征，亦是明代中后期士大夫思想的典型样态。② 王氏曾和唐寅之《对玉环过清江引·叹世词》，而作《叹世词》十二首，以散曲传递对人力有限、世事无常的理解，语词率意纵横，颇具禅宗语言俗白乖诞之风。然而，王锡爵素不以作"文语"为意，③ 其平生为文，除发挥政治功能的馆阁文字（奏疏、代拟敕诰等）与发挥社交功能的应酬文字（墓志、序文、祭文等）之外，极少涉猎抒发个体情感的文辞写作。而在退居林下之际，却能纵横文墨，畅言心迹于笔端。王氏乡居时期，营建园林、莳花种树、悟道参禅成为生活的常态；而筑园赏花、参禅悟道、填词作曲，均应对着活动空间与个体身份的改变，唯其置身于私人空间，摆脱了公共空间中的政治身份，方有从事个体活动的可能与契机。④ 公共空间不断提示着王锡爵

---

① 参见王锡爵《王文肃公文集》卷54《谕祭文》，《四库禁毁书丛刊》集部第8册，第374页。
② 参见陈宝良《明代士大夫的精神世界》，第103—105页。
③ 详见本书第三章第一节的论述。
④ "'私人领域'指的是'一系列物体、经验以及活动。这些物体、经验以及活动属于一个独立于社会整体的个人主体。所谓社会整体可以指国家，也可以指家庭'……私人领域并不是一成不变的实体……与之相反，私人领域的结构很脆弱，随时可能瓦解。首先，对任何物质的占有都不可能是持之以恒的……第二，源于私人领域所产生的价值观念，有时被迫要面对社会现实，结果证明这些价值观念与对社会道德秩序的维护是不兼容的，甚至是悖反的……第三，如果主体自己的政治、道德负担太重，也会导致私人领域的倒塌。虽然如此，还是有一些相对稳定的概念性范畴，可以维持私人领域的价值观念……这四个范畴是：占有（possession）、独特性（singularity）、展示（display）、游戏（playfulness）。"[美]杨晓山：《私人领域的变形：唐宋诗歌中的园林与玩好》，文韬译，江苏人民出版社2009年版，第213—214页。

的社会身份，促使其化"小我""私我"而为"大我""公我"，在匡助君主治国平天下的同时，促成个体社会价值的实现，故而传统儒家的经世之说成为王氏活动于公共空间中的主导思想；私人空间则逐渐消解了王锡爵作为首辅的政治身份，促使其化"大我""公我"而为"小我""私我"，以安顿身心为要，因此，以提升个体生命为旨归的（庄）禅学说即展现出对于王锡爵生命选择的积极意义。

第二章 作为政治的文学：王锡爵的政治困境及开解策略

传统的"政治与文学"关系研究多关注政治实践对文学书写的显性影响，而多少忽视了文学作为语词的编织物，在参与政治生活的过程中对于政治运作的隐性作用。在文章之为"经国之大业"的传统中国，文学书写不仅是政治生活的外显，其同样参与政治实践的构成。政治共同体建基于话语之上，[①] 以语词为条件，在文学（修辞）的功能发挥中展开政治运作。[②] 政治生活所涉及的信仰、行为等层面，必须依赖文学（语词）所提供的共有理解而展开；政治变革及方向引领亦以文学（语词）变迁为基本工具。作为政治合法化与形式化的基本要素，文学是政治运作的重要条件，是政治行动展开与政治意图传递的有效方式。以"作为政治的文学"为切入点，能够有效拓展政治与文学关系的研究空间。明代中期以降，政治生活中的各种矛盾逐渐凸显，高层权力内部斗争加剧、君臣矛盾与阁部倾轧渐趋明朗，成为中晚明突出的政治现象。王锡爵出任阁臣期间，面临着君臣矛盾、政敌攻讦、内阁大权旁落等政治困境；王锡爵以奏疏写作实现对政治困境的开解，则展现出文学书写之于政治实践的重要意义。

[①] Hannah Arendt, *The Human Condition*, 2nd edition, Chicago: The University of Chicago Press, 1998, pp. 26–27.

[②] 参见［芬兰］凯瑞·帕罗内《昆廷·斯金纳思想研究：历史·政治·修辞》，李宏图等译，华东师范大学出版社2005年版，第33页。

第一节　规讽、直谏与乞休：君臣矛盾的化解

君臣矛盾是专制体制的必然产物，传统的中国官僚制度和君主制度从一开始即存在着既相互依存又彼此排斥的关系。① 一方面，君受天命的卡理斯玛权威和传统权威的混合型基础使皇位具有至尊地位；官僚权力的合法性基础来自君主授权和相应的制度安排，如录用人才的科举制度，拔擢的考核制度，等等。另一方面，君主需要依赖官僚权力实施统治，汲取资源，昭示德政，正是各地流动的官员体现了皇权的所在。体现传统权威的圣人经典成为君主行为的束缚；身兼儒教文人的官僚扮演着两种身份，既在权势上依附君权，又在道德上约束君权。君主与官僚权力的交融与紧张、相互依赖又相互钳制的矛盾，维系着君主专制制度的存在与活力。②

人臣在处理君臣矛盾的方式上，大体可分为谏言与委从两种。在明朝的政治文化语境中，朝臣常以廷谏、伏阙、乞休等方式坚持一己之政治理念。王锡爵作为阁臣，与君主间的微妙关系非普通朝臣可比，因此，如何妥善处理君臣矛盾，有效践行阁臣之职，遂成为王锡爵在政治生活中需要面对的首要问题。

一　引时论为发端，转化上意以为己意

王锡爵自次辅升至首辅，其与神宗间的矛盾主要体现在君王对个人好恶的坚持与阁臣基于情理对君王的规谏。此外，在君王与百官的夹缝中作出决断，同样可能激化人君与阁臣的矛盾。在调和百官与君王的矛盾中，分寸的拿捏至关重要；稍有不慎则可能被人君目为"党众激恼"。③ 在君臣矛盾的处理上，王锡爵基于阁臣行事"上未怃则不可骤

---

① 参见［美］约瑟夫·列文森《儒教中国及其现代命运》，郑大华、任菁译，中国社会科学出版社2000年版，第156页。
② 参见周雪光《中国国家治理的制度逻辑》，第65—66页。
③ 参见王锡爵《王文肃公文集》卷39《误答圣谕引罪请改疏》神宗批答，《四库禁毁书丛刊》集部第8册，第134页。

谏以沽己名，已忤又必不可畏威而苟合"的原则，在尽可能不触犯君王权威的前提下，以"谏者犹五，吾从其讽"为本，委婉谏言。

王锡爵与神宗的政治矛盾主要体现在矿税之争、立储与人事调停等政治事件中，而以立储事件最具代表性。谀君媚上、遂在立储问题上策划并执行"三王并封"事件，是时人对于王锡爵的主流看法，此亦为王氏屡遭诟病的主要原因。然而，脱离政治实践之具体语境的讨论可能导致结论的以偏概全。将王锡爵执行"三王并封"事件之因由始末置于相应的政治运作框架之中进行讨论，方能有较为客观的评价。

自申时行内阁时代开始，谏言立储者即不绝如缕，然神宗恶百官激聒，难彰人君独断揽权之美，故众臣上疏收效甚微，首辅申时行、王家屏更先后因进言立储而被迫致仕。万历二十年（1592），以母疾在籍归省的王锡爵奉诏赴京，出任首辅，二十一年正月十四日抵京，"所急在储事"。① 王家屏力争立长而被迫致仕的前车之鉴在先，直谏立储自为下策，王锡爵遂拟以"步步安着，寓显诤于密规"②作为处理立储事件的基本原则：

> 册立虽迟，主上实无摇动之意。弟今日已上请召见揭，不可而后求册立，又不可则身自引去而听满朝争之。③

> 生倥偬入都，专为此举。窃恐快意一激，则诸公后路遂阻，以此先布私诚，再申密劝。少待外廷封驳之入，而后从中调护之。来教所谓以忠诚感动，以谋谟斡旋，先得我心矣。④

---

① 参见王锡爵《王文肃公文集》卷24《江缵石兵道》，《四库禁毁书丛刊》集部第7册，第520页。
② 王锡爵：《王文肃公文集》卷24《曾见台侍郎》，《四库禁毁书丛刊》集部第7册，第520页。
③ 王锡爵：《王文肃公文集》卷44《王对南相公》，《四库禁毁书丛刊》集部第7册，第520页。
④ 王锡爵：《王文肃公文集》卷24《陈还朴给事》，《四库禁毁书丛刊》集部第7册，第520—521页。

第二章 作为政治的文学：王锡爵的政治困境及开解策略

王锡爵对于立储事件的分析，可谓深谋。神宗虽不喜下臣动辄言册立之事，然其与阁臣论及此事，并不以之为讳。① 神宗在"三王并封"事件中的妥协已表明：神宗诚知"三王并封"于情理难和；在朝中乏人之际，亦知众怒之不可犯。其之所以屡屡推延册立之期，在有意立皇三子而外，主要源于群臣纷言，若速从之，难以彰显人君独断揽权之美，有人君为臣下所挟、臣下借此邀名之嫌。② 此对于久为张居正挟制的神宗而言，无疑深以为恨。而谏言者多不审局势，每每逆鳞而上，激化君臣矛盾：

> 前者传播圣旨，不许诸司激扰，愈至迟延。由今观之，此非陛下预设机阱以御天下言者之智乎？推陛下之意，将使届期无一人言及，则佯为不知，以冀其迟延。届期有一人言及，即御之曰："此来激我也，着改迟一年。"明年届期而又有一人言及，复御之曰："此又来激扰我也。"定又改迟二三年，必使天下无一人敢言而后已。③

直谏立储恰予神宗借口拖延册立时间以口实，使事体"愈激愈坏"④，故中旨"皆以群小激怒为词"为由，一概搁置。⑤ 有鉴于此，王锡爵以密揭奏请，以"从中调护"为斡旋之策，并每每以顺承上意为发端，继而将话题引为己处，寓规讽于美颂之中：

> 方今国家之事莫大于建储，而皇上之美莫美于揽权独断。乃前

---

① "册建事定期虽远，然观内旨不以为讳，理必无疑。"王锡爵：《王文肃公文集》卷24《吴锟庵巡抚》，《四库禁毁书丛刊》集部第7册，第531页。
② 参见王锡爵《王文肃公文集》卷39《密请建储疏》，《四库禁毁书丛刊》集部第8册，第119页。
③ 钱一本：《国本已定复摇直剖愚衷以开悟圣心疏》，吴亮辑：《万历疏钞》卷3《国本》，《续修四库全书》史部第468册，上海古籍出版社2002年版，第199页。
④ 王锡爵：《王文肃公文集》卷14《申瑶泉相公》、卷24《袁了凡主事》，《四库禁毁书丛刊》集部第7册，第340、527页。
⑤ 参见王锡爵《王文肃公文集》卷26《六部堂上官》，《四库禁毁书丛刊》集部第7册，第563页。

者册典垂行，而辄为小臣激聒改迟，君有美而弗扬，事欲成而反败，莫可追悔矣。幸而皇上亲发大信，定以万历二十一年举行，且戒群臣不得激聒再改。于是群嚣寂然，奉之如金石之坚，券契之信。而及兹春令，届期竟未有先发一言者，盖皆知成命之在上，有所恃而无虞；又皆知覆辙之在前，有所惩而不敢耳。①

此密奏开篇高度赞美了神宗揽权独断之美，并将言官因前车之鉴未敢再谏言立储之意巧妙转化为神宗独断之明与一诺千金之威仪，令神宗置于无可指摘之地。而后顺承"皇上亲发大信，定以万历二十一年举行"之前谕，以时期已至，请"预先传谕料理"，方保临期无误。若稽延日期，则神宗将自置于众口指摘之地。继而言及一己所上密奏之苦心，乃缘"不欲使外廷知其言出于臣，以复蹈要功市名之辙"；并劝神宗乘"人未有请之先，从中降谕，决在春月举行，使盛美皆归之独断，而天功无与人谋"。② 以美颂发端而以规讽作结，既能够充分彰显神宗亲断之美名，又可暗中促成册典之实行。

对此，神宗以祖训"立嫡不立长"为由，密授王锡爵行"三王并封"之典，欲再次延缓册立之事："朕虽去岁有旨，今春行册立之典，昨读皇明祖训，内一条'立嫡不立庶'之训。况今皇后年稚尚少，倘后有出，册东宫乎？封王乎？欲封王，是背违祖训；欲册东宫，是二东宫也。故朕迟疑未决。既卿奏来，朕今欲将三皇子俱暂一并封王，少待数年皇后无出，再行册立。庶上不背违祖训，下于事体两便。卿可与朕作一谕旨。"王锡爵则同样采取迂回之策，以退为进：

今日伏蒙圣恩特降御笔……文书官李文辅恭捧到臣私寓，臣焚香叩头，伏读一过，不觉感激涕零。窃念臣以私情久稽严召，今虽

---

① 王锡爵：《王文肃公文集》卷39《密请建储疏》，《四库禁毁书丛刊》集部第8册，第119页。

② 王锡爵：《王文肃公文集》卷39《密请建储疏》，《四库禁毁书丛刊》集部第8册，第120页。

第二章　作为政治的文学：王锡爵的政治困境及开解策略 | 61

冲寒疾趋而来，然前此违慢之罪已万万不能自赎。荷蒙我皇上至仁至慈，如天如地，不惟不加厌弃，重以恩赐骈蕃，慰劳兼至，皇上真臣之父母也。父母之于子，既拊摩其疴痒疾痛，则子之事父母，岂得不委曲为之承颜顺志，而敢复顾外廷之口吻、复沽自己之名誉乎？第事理有至当不易之论，人心有不言同然之公，有如一时之权宜未能传之万世而无弊，一人之裁断未能协之舆论而无疑，则臣之心终有未安者。即如圣谕中所称中宫尚少，倘后有出，恐于祖训有碍，要将三皇子一并封王，少待后日再处。以情以理言之，似乎无不可行者。顾臣窃惟自古国家虽有"立嫡不立庶"之说，然实谓嫡庶并生有子，以防搀越伦序，致启争端。今皇上嫡子尚未生，而庶子年已至十二龄，向未有待嫡之意，乃自今日发之，使臣等何以造次奉行？抑臣又惟皇上所虑不过为中宫耳，而此事甚有成说，甚为易处。昔汉明帝取官人贾氏所生之子，命马皇后养之为子；唐玄宗取杨良媛之子，命王皇后养之为子；宋真宗、刘皇后取李宸妃之子为子，旋皆正位储宫，而三宫妃压于嫡母之下，未尝加进位号。今日事体，正与此同。与其旷日迟久，以待将来未定之天数，孰若酌古准今，以成目下两全之盛美？臣之愚见，以为必如此行万妥万当。且皇长子既以中宫为母，即系正嫡，所生之母亦自不必加封，上则使中宫安心抚养，不必以子非己出为嫌；下则使皇贵妃不失尊重，不必以母从子贵为嫌。而四方闻之，又皆仰服皇上善处母子嫡庶之间，欢呼祝颂，将垂之史册而有光矣。臣谨依阁中故事，遵谕并拟传帖二道，以凭圣明采择施行。然尚望皇上三思臣言，毕竟俯从后着，可以曲全恩义，镇服人心耳。①

尽管"三王并封"使皇长子的身份地位受到潜在威胁，但"少待数年皇后无出，再行册立"并未质疑"立长"的合法性，进而违背公开的政治规则；衡之以"上未忤则不可骤谏以沽己名"的阁臣之体，王锡

---

① 王锡爵：《王文肃公文集》卷39《答并封圣谕疏》，《四库禁毁书丛刊》集部第8册，第120—122页。

爵自不当过分干涉。故而王氏此篇奏疏以美颂神宗为发端，将进谏所强化的高度紧张的君臣关系转化为日常人伦中的父子之爱，拉近了言说双方的情感距离；在较为宽松缓和的语言环境中，解读政治生活中敏感的"并封"事件：王氏以"并封"之举于情于理"似无不可"，并未完全否认"并封"的合理性；继而言"窃惟自古国家虽有'立嫡不立庶'之说，然实谓嫡庶并生有子，以防撄越伦序，致启争端。今皇上嫡子尚未生，而庶子年已至十二龄，向未有待嫡之意，乃自今日发之，使臣等何以造次奉行"，则暗示出"并封"于事理而言自不可行。随后援引历朝故实，以庶子认皇后为母乃"万妥万当"之策相为规劝，践行阁臣之体。虽然王锡爵在答疏结尾遵旨拟圣谕两道，一者为"三王并封"，再者为"长子奉皇后为母"，其亦自知神宗当采择前者，但此举并非单纯顺随上意，而忽略事件的后续效应。王锡爵所拟"三王并封"谕旨中，言"朕生三子，长幼自有定序。今皇长子、皇三子已俱长成，皇五子虽在弱质，欲暂一并封王，以待将来有嫡立嫡，无嫡立长"①。对"长幼有序""无嫡立长"的刻意强调，自当有为日后立长铺垫之意。"并封"之典完成，后续之典即为"册立"。依照神宗"有嫡立嫡、无嫡立长"之论，则皇三子与长子皆为庶子，自公开的政治共识而言，皇三子并无与长子争储的合法性依据，长子为储自在情理之中。而言官屡屡进谏，欲将"立储"与"册封"之典一体实行，在与神宗的周旋中试图速战速决，实为欲速则不达。文秉在《先拨志始》中记录了"三王并封"事件的始末，言辞之间，颇以王锡爵为邀上宠而策划此事：

  娄东王锡爵之赴召也，有门下某进三王并封之议，既可以结主心，仍无碍于大典。娄东善其说，还朝之日，遂发其端。先一日圣札下询内阁，娄东邀大宗伯罗大化（按：《明史》之《七卿表》《王锡爵传》《陈登云传》皆作罗万化。此处"大化"似误）语之故，罗亦唯唯，绝无不可意。次日而并封之旨下矣……旨既下，举朝大

---

① 文秉：《先拨志始》卷上，《续修四库全书》史部第 437 册，上海古籍出版社 2002 年版，第 589 页。

第二章　作为政治的文学:王锡爵的政治困境及开解策略 | 63

哗。光禄少卿余杰(按,《明史·王学会传》作"涂杰")、寺丞朱维京、王学曾、给事中王如坚先后疏争……王娄东有门生钱允元、王就学过娄东寓,规之曰:"外廷皆欲甘心于老师,恐有不测之祸。"娄东犹执辨无过虑。就学曰:"老师心虽如此,外廷谁能谅者?迫其发而图之,蔑有济矣!"娄东怃然良久曰:"即当有处。"明日,力请于上,得寝前诏云。①

《先拨志始》颇具东林倾向,在对王锡爵与东林党人交恶的评价上,而以锡爵为非。即便如此,"既可以结主心,仍无碍于大典"的叙述仍透露出:王氏本意倾向立长,"并封"之策仅为取得神宗信任后、伺机提出立长大典的权宜之计。对此,《万历野获编》的记录亦可为旁证:

国本之争,自乙酉至癸巳几十年,朝端竞沸如蜩螗,终不得请,甚至廷杖,空署罢逐,而不能止。至癸巳春,太仓相公自省觐来京,时虚首揆待者逾年矣。至则预戒言路,勿及建储事,阁中自当一力担当。忽有密旨至太仓私第,次日即得待嫡之旨,引祖训为证……并封旨下,时人多不谅太仓,至其冬,再三力请,其密揭至二十余上,始命元子出阁讲学。虽未正储皇之位,而人心遂大定矣。嗣得之一二名公云,太仓从南来,路遇诸仪部请告归,问以京师近状,且及册储一事,诸云上多疑猜,未肯遽立,有识者以并封三王为妥。太仓犹未谓然,复问赵定宇云何?诸曰:"赵正有此议。"诸乃太仓丙戌门人也,意遂信之。抵京问赵少宰"公果主此议乎?"赵曰:"佥言以为然,不独我也。"赵始与王微隙,寻已讲解,不虞其非诚言。迨纠弹丛集,始大悔之。赵亦特疏救正,语甚侃侃。太仓乃悟二人有意绐之,业为所误,隐忍不敢发。②

在沈德符的记述中,王锡爵初并不欲行"并封"之策,只缘"上多疑

---

① 文秉:《先拨志始》卷上,《续修四库全书》史部第437册,第589页。
② 沈德符:《万历野获编》卷4《三王并封》,中华书局1959年版,第103—104页。

猜，未肯遽立"，有识者遂有"并封三王"之说，而锡爵信之。及"并封"旨下，局势已非其所能掌控。王锡爵抵京之初，即上密揭，谓建储乃"臣入朝第一苦心，一面对众将顺，以防窥伺之口；又一面自行密请，以实涣污之言……以少效犬马报主之诚，而不欲使外廷知其言出于臣，以蹈要功市名之辙"①。由于王锡爵欲"使盛美皆归之独断"而不为外臣所知，故其谏言立储皆以密奏上闻；且既有"阁中自当一力担当"之说在先，故众臣多以锡爵还朝伊始，遂与神宗密谋"并封"之策。②而神宗既不欲扩大立储事件的后续效应，故将此后王锡爵奏请立长之疏留中不发。众臣不审个中原委，遂以锡爵为"并封"之始作俑者。此后"并封"之谕下，王锡爵无从辩白，遂成众矢之的。尽管沈德符以王锡爵、赵用贤（定宇）"俱当世伟人"，时言二人以"并封"交恶之事或为街谈巷语，有猎奇之虞，故"终不敢信其然"；但王锡爵所上《请面陈册储事体疏》中自劾"三王并封"之误，以"初奉立嫡立长之谕，臣见老成相告，以为明妥，亦遂自信。而不知三王并册，礼臣无可据之仪。明旨数更，天下无可凭之信"。固知"并封"之谕下发前，王氏确曾与老成持重者商榷此事，并非为邀名市功而擅自与神宗密谋独断。而此后其屡以密揭或奏疏请求立长，不惜直言犯上，更表明王氏以"三王并封"为一时权宜之计，欲以此为发端而赢获神宗信任、暂缓君臣矛盾、别寻册立之机。

政治行动中，当书写者的实际意图与政治共识发生龃龉时，在不违背政治共识之下对意图的巧妙实现，最能见出文学书写之于政治行动的强大力量。王锡爵深谙阁臣之体，以"不激不阿""不扬己功"的方式处理政治生活中的若干矛盾颇为奏效：

  昔税议初起时，不才实代庖阁中，片语朝入，夕已报罢。可见

---

① 王锡爵：《王文肃公文集》卷39《密请建储疏》，《四库禁毁书丛刊》集部第8册，第120页。
② 参见谷应泰《明史纪事本末》卷67《争国本》，中华书局1977年版，第1061—1076页；文秉《先拨志始》卷上，《续修四库全书》史部第437册，第589页。

第二章　作为政治的文学:王锡爵的政治困境及开解策略 | 65

主上真圣人。其激而至今日,则外廷之质直与哲人之导谀,固当有分任其责者……公当十分韬晦,以微词至诚劝掖同事诸公,而不必自以为名,乃最上菩提法门也。①

在征收矿税所引发的君臣矛盾中,王锡爵作为阁臣能够应对自如,"片语朝入,夕已报罢",实源于其能够有效回避言官之"质直"所导致的矛盾激化,善于在尊重政治共识的前提之下,揣摩并利用神宗的意图,以子之矛攻子之盾,不予评判而优劣自现:

窃惟天地生财,本以资国家之用;况今帑藏无余财,山泽无遗利,则权宜开矿亦是理财一策。但开矿必当聚众,聚众必当防乱。见今山西、河南间矿徒啸聚,正议驱逐。若官自开煎,恐奸民乘机争利,隐忧愈不可测。且朝廷一切事物苟关大体,皆可不惜小费为之。若开矿止于求利,必须计算工本,募徒之费若干,防兵之费若干与开煎所得之利若干。果见出少入多,不为虚费,而后可斟酌举行……户部所以迟回未覆之意,一者防患,二者惜财,三者恐差官骚动地方,四者亦不欲宣露国家空虚窘急之状,使传闻四夷愈轻中国……臣等愚见如此,伏惟圣明采择。②

神宗性嗜财,开矿表面意在填补大量军饷开支所引发的国库亏空,深层用意则在于满足神宗个人的贪欲。③ 王锡爵顺承神宗欲开矿聚财之意,肯定天地生财本为国家之用,开矿理财并无不可。而后引出开矿的潜在风险,并加以发挥,有效转化上意为己意。结尾将开矿之祸端归结为"民变""耗财""差官骚动""宣露国家空虚窘急之状",而此四端恰是神宗所不欲见者。奏疏缘神宗"开矿一事不见部里来覆"之发问而

---

① 王锡爵:《王文肃公文集》卷28《杜太监守备》,《四库禁毁书丛刊》集部第7册,第614页。
② 王锡爵:《王文肃公文集》卷36《请止开矿公疏》,《四库禁毁书丛刊》集部第8册,第61页。
③ 参见张廷玉等《明史》卷305《陈矩传》,第7814页。

上，就事论事，于"制止开矿"只字未提，情感流露颇为节制，但其用意则宛然可见。神宗欲聚财，王锡爵却为其呈现了"政治共识"在事与理之间的悖论——财富的聚集最终滑向事与愿违的相反态势。故此疏上后，矿议遂止。以美颂为发端、顺承上意并借题发挥以为己意，在不予褒贬的评述中使高下互见，此即王锡爵化解矛盾的高明之处。此亦可见，推敲人情、揣摩心态，并利用"政治共识"制造令对方难以拒绝的理由、以达成己方的政治诉求，在作为政治行动的文学书写中扮演了重要角色。

对于一己在处理君臣矛盾中采取以退为进、欲抑先扬的政治策略，王锡爵在晚年"密揭事件"后致政敌的书信中，有着更为清晰的解释①：

> 以八十岁老臣垂死之言，通三千里外进忠之路，苟求济事，非讽谏不可，而讽谏非密揭不可。既谓之讽，则古人有操刀而止杀、操棰而解斗，谲于仆者多矣，而又何疑乎？仆事上久，知上有容言之量，而痛恶臣下之沽名，故生平专以不居功、不显谏为第一肯綮，而每引外廷议论为发端。仆尝语往时诸公曰："诸公可攻我，我可借作题目。"此语人人闻之。当时免直臣于杖、出罪臣于狱，及宫廷缓急之际，以此斡济颇多，但未与外廷言耳。若与外廷言，亦如诸公尽以格套语相驳正，则国老之味变为堇荼，所败坏不知其几矣。且山阴公既以进揭不密、善归己、过归君为大罪案，而仆又以密见纠，显不可，密不可，为阁臣者不亦难乎？②

"诸公可攻我，我可借作题目"，正是政治行动中以文学书写巧妙达成政治意图的经验性言说。不同的书写策略往往会引发截然相反的效应。

---

① 有关王锡爵晚年密揭被政敌篡改并公布、借以制造舆论效应一事，详见本书第二章的相关论述。
② 王锡爵：《王文肃公文集》卷30《答省台诸公》，《四库禁毁书丛刊》集部第7册，第675页。

王锡爵以"国老"自任,①既为"老成持重",则当以调和矛盾、稳定大局为先,而非同"群少年"斤斤于口舌意气之争;②为政亦当以基于绝大多数公众合法利益的"有效"性而非全体利益的"公平"性为原则。若如众臣"高议云台之上,据必胜之地"③,以格套之语阔论驳正,虽持论甚高,却每每收效甚微,甚至导致政治态势的演化与预期效应南辕北辙。④言官谏言往往占据道德的制高点,高标"大义",夸大道德在政治生活中的作用,并将政治生活过度理想化。对道德的空洞说教不啻意味着对具体情境之下政治问题特殊性的回避,更意味着在具体解决措施的提出与执行上缺乏转圜之术,故而临事方知空发议论而无经世之法,实则寸步难行。⑤王锡爵知神宗"有容言之量,而痛恶臣下之沽名",遇事遂每以不居功为要,一则以密揭上闻,彰显神宗独断之能;再则"引外廷议论为发端",先借美颂以缓和君臣矛盾,复顺随上意而

---

① 王锡爵奏疏中屡言及"持重老成"者为国之元气:"老成人乃国家之元气……用自身则必当使之安其职,惜其去则必当使之全其体。"(《王文肃公文集》卷51《辞朝献忠疏》)又"持重老成以定边计,自然百全无虑也"(《王文肃公文集》卷49《密荐阁臣疏》);"初奉立嫡立长之谕,臣见老成相告,以为明妥,亦遂自信。而不知三王并册,礼臣无可据之仪"(《王文肃公文集》卷39《请面陈册储事体疏》)。
② 王锡爵屡屡感叹老成为政总为少年掣肘,致使国事难行:"世变江河,老成必竟为少年所制,政体毕竟为少年所持"(《王文肃公文集》卷24《温一斋总漕》);"方今天下之患在老成轻退、少年轻言"(《王文肃公文集》卷23《张沧涯巡抚》);"(召对之后)乃知册储犹豫之故,'(朕)不老(又)无疾'一言毫无他意,而群少年睥睨两公一毫不着,则有以阁、部、院异同之说别生事端,而不知其愈巧愈拙也"(《王文肃公文集》卷26《梅衡湘巡抚》)。
③ 王锡爵:《王文肃公文集》卷30《答省台诸公》,《四库禁毁书丛刊》集部第7册,第677页。
④ "两三年来士大夫每扼腕而思,叩阍之士反唇而献炀灶之疑者,臣知其解矣。怒一人而或迁之众人,斥一人而或锢之一世。又有抵触本轻而责之太重者,有容忍在前而复旁发于他事者,部院能请不能必其下、臣等能言不能必其行。诸臣求其说而不得则争,争之而又不得则激,于是始以见逐者为尽君子,逐之者为尽有心,而其说且支离胶固而不可复破矣。"《明神宗实录》卷267"万历二十一年闰十一月辛卯"条,台湾"中央研究院"历史语言研究所1962年影印本,第4967页。
⑤ 东林党人动辄以"死忠死孝"为大义(如魏大中言:"天下多故,死忠死孝,便是了生死也。"参见张怡《玉光剑气集》卷5《敢谏》,魏连科点校,中华书局2006年版,第219页)。然而,此种看似壮烈的牺牲却对时局的救疗收效甚微:"彼少年好议者不过乘一时之意气,而未谙事体,及明旨停格,则又卷舌不讳,束手而无策矣。"(黄洪宪《碧山学士集》卷13《上王荆石相公》,明万历刻本)

借作题目，发挥规箴之意。① 凭此二途暗中揭救，"免直臣于杖、出罪臣于狱"者颇多，此亦见诸《王文肃公文集》所录密揭。② 若尽以格套大义相驳正，则往往适得其反，"因一人而累众人、以后忤而益重前忤"③。此亦锡爵较之朝中"群少年"的老成持重之处。然既为密奏，自不为外廷所知，政敌遂借此制造事端并引导舆论走向，以王锡爵"谀君媚上""排挤善类"④ 而妄加指摘；王氏亦难以进行彻底有力的自我辩白。

二　封还、告病与乞休：政治操守的坚持

当"以密揭引时论为发端，转化上意以为己意"不能有效缓和君臣矛盾时，正面的君臣冲突遂不可避免：

> 十二月，御史马象乾劾奏太监张鲸凶恶，并指阁臣王锡爵阿从失职，上怒，下镇抚司讯问。而王锡爵封还诏旨，具揭救之，仅夺俸一年。⑤

明制："凡制敕宣行，大事覆奏，小事署而颁之；有失，封还执奏。"⑥

---

① "且以近事验之，如一册立也，王家屏请之未行也，而人竟以为忠；至于一旦举行，而举朝颂大圣人之作为，无敢有一人分功者，岂非不行则善归于臣、行则善归于君乎！"王锡爵：《王文肃公文集》卷53《密奏》，《四库禁毁书丛刊》集部第8册，第354页。

② 尽管王锡爵在面对政敌制造的"科考舞弊"案时，曾因"性刚负气"而与高桂、饶伸力争，"殊乏相度"，但事后至晚年仍"以为悔"（《王文肃公文集》卷28《王宇泰检讨》）。对于饶伸则"有两疏求解、两疏荐用，始终不曾负之"（《王文肃公文集》卷28《王宇泰检讨》）。此后姜士昌上疏亦曾指出："锡爵立朝м乡，清名素重，与（沈）一贯不可同日语。顾前此柄政时量稍褊，不能虚怀以受善，人其触忤，锡爵一斥不复者若干年矣。顷锡爵两疏请用遗佚，窃意根本洁清。如锡爵林居既久，意必悔之。"（《明神宗实录》卷440"万历三十五年十一月条"）

③ 王锡爵：《王文肃公文集》卷51《辞朝献忠疏》，《四库禁毁书丛刊》集部第8册，第341页。

④ "高攀龙当王锡爵炙手之时，有惜才远佞之疏，一身许国，九死投荒，里居三十年，绝口不言朝事。"（高世宁：《高忠宪公年谱》卷上，清康熙间刻本）"锡爵夙夜趋召而来，正欲为皇上定此一大事，排群议而顺上旨，非所谓担当。"（顾宪成：《建储重典国本攸关不宜有待疏》，《万历疏钞》卷3，《续修四库全书》史部第468册，第234页）

⑤ 高汝栻：《皇明续纪三朝法传全录》卷3，《续修四库全书》史部第357册，第673页。

⑥ 张廷玉等：《明史》卷74《职官三》，第1805页。

第二章 作为政治的文学：王锡爵的政治困境及开解策略 | 69

封还在形式上承认"人君有失"，是对君主独断的否定，以"封还"抗拒上命无疑会令人君心存芥蒂。但如王锡爵能够恰当把握人臣之分寸，在封还谕旨的同时，具疏婉转揭救，亦可有效调和人君与百官间的矛盾。封还而外，直言进谏亦为阁臣所当为者：

> 臣今日有至危至急之事，为外廷所难言、所讳言，而臣不忍不言者。臣连夜仰观乾象，见彗星已入紫薇垣……臣以为此非小灾也，非外灾也。皇上平日以腹心信臣之谓何，以安危托臣之谓何，岂有上天谴异惊人至此，而尚敢避一身之斧钺，不为皇上万万年福寿之计乎？臣闻古帝王禳彗之法，或改张新政，或更用新人，一切以上应星象、除秽布新为义。若彗入紫薇垣王者之宫，则其咎乃在君身。君身之咎必非区区用人行政之间所能消弭……兹欲禳除非常切身之灾，则必当求莫大切身之事，有可以改观万国、厌胜不祥者。窃惟天以皇上为子，皇上以太子为子……今民间有压灾充喜之说，往往借子孙之吉祥以禳父母之凶咎，早婚幼冠不以为嫌，何况皇上万万年社稷之身，目见天变赫然如此，而顾可以灾为讳，爱身反出于庶民之下乎……断以为方今禳彗第一义，无过早行册立之典。①

借天变比附人事的"天人感应"由来已久，祥瑞符兆、谶纬谣谚与星象占卜作为精英文化的常识内容，在政治生活中颇具影响。中古以降，伴随天人关系在日常知识结构中位置的提升以及相关认识的理性化，天人关系的天平逐步倾向人事一端，而理论自身的包容性也在应对历史变局中逐步提升，国家权力合法性的自我论证，常常借助于此类知识的宣扬以彰显天命之所在，至朱明一朝已是习常的话语模式。② 王锡爵此奏为立储而发，以星变比附荒政的言说策略，自是对神宗的警示；然而，"其咎

---

① 王锡爵：《王文肃公文集》卷43《星变密奏疏》，《四库禁毁书丛刊》集部第8册，第192—193页。

② 参见刘顺《回归传统与开启新局：武德、贞观时期的文坛》，《深圳社会科学》2019年第4期。

乃在君身"及后文"苟为妖言游说,附众立名,神入有灵,将臣霹雳碎尸"诸语,即便在已有"天人相感"的知识框架之下,亦有"切直犯讳"之嫌:

> 生比有一密奏,乘彗星入紫薇垣,独上手揭,其语切直犯讳,殊不可闻。既而蒙上密答,生随后奏内有"此论原无人知,尚可及改"之语,竟不审何故偶泄于外。区区万死不足惜,而使上心愈疑,后路愈阻,所关社稷之计不浅浅也。①

即如徐阶、张居正等得君之辅臣,其奏疏如王锡爵之"触忌讳、决嫌疑"者亦鲜矣。② 对于直言进谏是否皆本于忠心谋国,王锡爵认为应当分别对待:"今天下穰穰皆争于建言,而其实皆以近来留中疏多。士大夫阴利其无害,而借以为名。若直据忠肝义胆,故婴逆鳞,趋死杖下,则前有杨椒山,后有邹南皋。"③ 直谏未必皆合乎情理,言者往往因直谏无害,遂援之为邀名之具。在日后的《密荐阁臣疏》中,王锡爵力荐王家屏自代,"有如家屏他日负臣所举,臣甘连坐"④。王家屏以直言犯上去职,故而推举其再度入阁极易触犯神宗所忌。但王锡爵以为"主恩如此,大臣苟以逆耳犯颜博去,则为负天地负此心。然使苟避犯颜逆耳之嫌,讳山阴之事而不讲,则等之为负也。今万谴甘之矣"⑤。是知王锡爵在婉转讽谏未可后,自不以直谏犯上为讳;其直言犯上并非不计后果的意气之争,而是深思熟虑后的参政方式。⑥ 在朝

---

① 王锡爵:《王文肃公文集》卷24《陈还朴给事》,《四库禁毁书丛刊》集部第7册,第530页。
② 参见李维桢《王文肃公传》,《王文肃公文集》卷55《王文肃公荣哀录》,《四库禁毁书丛刊》集部第8册,第402页。
③ 王锡爵:《王文肃公文集》卷23《董浔阳座师》,《四库禁毁书丛刊》集部第7册,第506—507页。
④ 王锡爵:《王文肃公文集》卷49《密荐阁臣疏》,《四库禁毁书丛刊》集部第8册,第285页。
⑤ 王锡爵:《王文肃公文集》卷23《董浔阳座师》,《四库禁毁书丛刊》集部第7册,第506—507页。
⑥ 王锡爵《江缵石兵道》:"愚迷中车驾往返,竟不及知生苦极矣。负恩当死,饶舌当死,偃蹇不前一步当死,因陈情而兼援山阴自代、犯上所怒当死。然而得借口母前,实所不恨。"《王文肃公文集》卷23,《四库禁毁书丛刊》集部第7册,第512页。

第二章　作为政治的文学:王锡爵的政治困境及开解策略 | 71

廷乏人之际，王锡爵临危受命，几度请辞未果后勉任首辅一职，故尽管神宗对于王锡爵的密奏不欲从之，但仍以"爱君忧国"优诏慰答。

当阁臣的理念因人君的个人好恶而难以践行时，道势相争之下，"以道事君，不可则止"的"乞休"遂成为阁臣表达自我操守的又一方式：

> 召见事生已揭请至再至三，有如过节天凉之后又复杳然，则孤臣惟有去耳。①

此处所言"孤臣"犹可注目。王锡爵曾上《因事抗言求去疏》辨"孤臣"之意，以为"古以孤臣孽子并称，此为臣子不得意于君父者言也"②。其语本为驳斥诸臣借由上疏争论纷纷、高自标榜而发，及今言一己为"孤臣"，亦可见其与神宗在册立事件上的矛盾已渐趋激化，并以"乞休"为最后底线。

"乞休"虽源于政见难展而发，但当人臣不欲因此而激化与君主的矛盾时，往往需要为"乞休"寻找能够公之于众的"合法性"理由。"疾病"则是具有说服力而常为人臣所援引的一项。③ 由此，"告病"亦成为王锡爵彰显自我政治坚守的方式：

> 顾今不患心之不明，而患国事之日坏。上激则愈忤而难调，下激则愈纷而难解。盖储揭已十余上，所低徊未去者，冀万有一分之转移耳。不肖且拟明日不进阁，为移病引去之计。而目前意气诸公顾有反见、劝以从容者，殊不知阁臣之体，上未忤则不可骤谏以沽己名，已忤又必不可畏威而苟合。乃先后一定之着，断

---

① 王锡爵:《王文肃公文集》卷24《陈还朴给事》,《四库禁毁书丛刊》集部第7册，第530页。
② 王锡爵:《王文肃公文集》卷31《因事抗言求去疏》,《四库禁毁书丛刊》集部第7册，第683页。
③ 明代官员乞休多以年老、疾病、孝亲、天象示警、考察自陈等为理由。可参见王伟《明代官员"乞休"中的家国观念与自我认同》,《学术交流》2015年第2期。

乎不可倒持者。①

王锡爵在储揭十余上而未果之后，遂拟以告病乞归坚持一己原则。其于密奏所言"今患病乞骸，原不敢以去就要君，但谗者方以册立大计比臣于李林甫、许敬宗亘古误国之臣，臣心事既难自明，揭请又不蒙报，委曲将顺，顾使人愈盼愈远，茫无下落"②，已委婉表明"道不行，乘桴浮于海"的政治操守；此后所上《引疾乞休疏》云"连日以来，积诚既阻于面陈，累疏又未蒙批答……伏望皇上察臣言之无用，则不必用其身；怜臣志之不终，则不必终其任"③，则暗讽一己主张难明、神宗未能虚心纳谏之意更为明显。王锡爵的"乞休"成为其最后的政治底线。④

较之对致仕制度的尊重以及自省态度的彰显，⑤"乞休"更近似于政治仪式中的自我展演——对"道高于势"的坚持与一己政治主张合法性的肯定，在频繁上疏乞休的仪式行为中得到反复强化。明初立国，凡内外大小官员，年七十者皆"听令致仕"⑥；在高度紧张的君臣关系之下，人臣尚以"额手相庆以为又活一日"⑦为幸，在致仕问题上自难以拥有较高的自主权、动辄以"乞休"犯上，故而"乞休"在明初的政治语境中较为少见。正统以后，致仕乞休的现象逐渐常态化，至万历中后期达到巅峰。⑧自我展演而外，"乞休"之于王锡爵乃至明代中晚

---

① 王锡爵：《王文肃公文集》卷24《陈还朴给事》，《四库禁毁书丛刊》集部第7册，第524页。
② 王锡爵：《王文肃公文集》卷40《密奏》，《四库禁毁书丛刊》集部第8册，第141页。
③ 王锡爵：《王文肃公文集》卷40《引疾乞休疏》，《四库禁毁书丛刊》集部第8册，第148—149页。
④《顾冲庵总督》："储揭俱留中，大臣之义无至此而反观面受辱者，辰下将欲引去，惟老丈亮之。"王锡爵：《王文肃公文集》卷24，《四库禁毁书丛刊》集部第7册，第524页。
⑤ "两京文职堂上官，曾经科道纠劾、及年老不堪任事、才德不称职者，各自陈致仕，取自上裁。"(《大明会典》卷13《吏部·京官考察》，台北：新文丰出版股份有限公司1976年版，第239页)
⑥《大明会典》卷13《吏部·致仕》，第244页。
⑦ 赵翼著，王树民校证：《廿二史札记校证》卷32《明祖晚年去严刑》，中华书局2005年版，第744页。
⑧ 可参见王伟《明代官员"乞休"中的家国观念与自我认同》（《学术交流》2015年第2期）中的图表统计。

第二章 作为政治的文学:王锡爵的政治困境及开解策略

期的朝臣而言,更是一种应对进退失据之困境的政治策略。王锡爵出任首辅,以立储大典为第一要务,持此"决无他悔"①;但入阁之初,却已为日后困境之下的引退做好规划:"弟今日已上请召见揭,不可而后求册立,又不可则身自引去,而听满朝争之。"② 其后首辅李廷机言"近来大义不明,彝伦渐致,自孙善继不候旨而去,相继者十余人"③;而其本人"在阁不两月,而居真武庙凡六年,谢事之章百余,始放归"④。万历四十六年(1618)二月,兵部左侍崔景荣数次乞休皆未获允,遂径自封印而去。⑤ 朋党倾轧、政见难行的恶劣政治生态,自是导致诸此近乎极端行径出现的重要因素。而随着明代中晚期商业的兴起、中央对地方控制力的弱化、乡绅作用的日益凸显以及士人对佛老思想的追随,"致君尧舜"不再是士大夫自我实现的唯一方式,"乞休"亦成为知识人摆脱政治困境、发挥宗族与乡绅之地方影响力的可能之途。⑥

王锡爵能够在政治生涯中取信于神宗,与其有效处理阁臣与君主的矛盾密切相关。在处理君臣矛盾的问题上,王锡爵本于"上未忤则不可骤谏以沽己名,已忤又必不可畏威而苟合"的阁臣之体,借由奏疏、密揭等方式,以美颂为发端,顺随上意加以发挥,并转化为己意;在委婉规谏无法有效实现一己之政治主张时,直言进谏并以告病、乞休等方式昭示政治立场、进而摆脱困境,遂成为王锡爵应对政治困局的有效方式。但以密揭上奏在"彰人君之美而不自邀功"、弱化内阁与君主矛盾的同时,却易授人以"谀君奉上"之口实。因此,

---

① 王锡爵:《王文肃公文集》卷24《曾见台侍郎》,《四库禁毁书丛刊》集部第7册,第520页。
② 王锡爵:《王文肃公文集》卷24《王对南相公》,《四库禁毁书丛刊》集部第7册,第520页。
③ 《明神宗实录》卷479"万历三十九年正月乙巳"条,第9039页。
④ 沈德符:《万历野获编》卷9《阁臣致政迥异》,第240页。
⑤ 参见《明神宗实录》卷566"万历四十六年二月丁巳"条,第10659页。
⑥ 可参见[加]卜正民《为权力祈祷:佛教与晚明中国士绅社会的形成》,张华译,江苏人民出版社2005年版,第312—320页;吴琦《"乞休"与"挂冠":晚明弃官现象与政治文化嬗变》,《安徽史学》2012年第2期。

东林党人以王锡爵"喜同恶异"而引导舆论对其发起攻击,亦在情理之中。

第二节 "政治共识"的强调:政敌攻讦的应对

自翰林院编修升至次辅、再及首辅,王锡爵从政长达五十三年。尽管王氏于万历二十二年(1594)六月离朝归乡,但在此后至其病故的十七年间,王锡爵始终名列官籍。在五十余年的政治生涯中,王锡爵主要经历了四次政敌制造的政治事件:其一为翰林学士任上,张居正"夺情事件"所诱发的"昙阳子事件";再则为次辅任上,被高桂、饶伸借口王衡科考夺魁之事所弹劾;后两次分别为首辅任上及在籍乡居之时,为稍后名列"东林"一党的政敌所攻。而"准东林党"者所制造的两次政治事件,亦深度影响着王锡爵政治生命的走向。

一 制造"昙阳大师"

政治效应伴随政治行动的展开而出现,正面的政治效应常常为参与者加以利用而成为政治意图达成的助推力量。文学书写是政治行动的参与者借以强化事件的影响力,从而扩大政治效应、达到预期目的的重要手段。万历五年,吴中行、赵用贤因反对张居正"夺情"而遭廷杖与夺职,王锡爵曾径造居正宅邸,厉声责问,以此为居正所衔。次年,张居正回乡葬父,一众官员联名请其归朝,王锡爵拒绝署名,亦自知难再安居朝中,遂以归省为由,辞朝归乡。至万历十二年十二月,张居正已遭身后抄家,锡爵方以礼部尚书兼文渊阁大学士入职内阁。乡居期间,王锡爵虽在尺牍往来中屡以"宦路风波,心胆孤怯"[①] "此生报主报亲,止办得守身二字,经纶干济实非所长"[②] 之语

---

① 王锡爵:《王文肃公文集》卷14《董浔阳尚书》,《四库禁毁书丛刊》集部第7册,第325页。

② 王锡爵:《王文肃公文集》卷14《滕少松布政》,《四库禁毁书丛刊》集部第7册,第317页。

第二章　作为政治的文学:王锡爵的政治困境及开解策略 | 75

彰显自我态度,然其并不欲真正远离政坛。于是,"昙阳子事件"的出现遂为其唤起统治者注意、以获取政治支持提供了契机。昙阳子为王锡爵次女王桂的法号,在其"弟子"王世贞的记述中,"昙阳大师"自幼潜心道教,至十六岁与当地士子徐景韶约为婚姻,而徐不幸早逝,王氏遂闭关守节,此间屡有神异事件出现。万历八年(1580)九月九日,昙阳子在一众名士的见证之下"白日飞升",传语"吾昙鸾菩萨化身也,以欲有所度引,故转世耳",颇具灵异色彩:

左手结印执剑,右手握麈尾,端立而瞑,闻栅外哭,复张目曰:"毋哀也。"遂复瞑瞑。半时许,两颊气蒸蒸,微作红润色……时午晷垂欲昃,二白虹长亘天,额帻触杨枝水,闪闪皆金沙……又见二黄蝶自龛所盘旋,久之始去。师歌有"一双蝴蝶空栩栩"语,咸以为兹应也。又逾时,且闭龛。世贞乃从诸弟子谒辞,且泣且自矢,而师手剑忽挺然起,目微张,肩以上隐隐动,则亡不人人股栗悚感也。退而启械纸,所以训敕勉厉者二百许言,洋洋乎陟降左右矣。顷之移龛就视,笼中蛇无有也,笼口闭如故。时栅以外三方可十万人,拜者、跪者、哭而呼师者、称佛号者,不可胜记。①

昙阳子"白日飞升"后,在王锡爵的草拟之下,王世贞撰写《昙阳大师传》②,王世懋、屠隆、徐渭等文坛名流亦为之作传,以"亲证"此事之真;更有包括王锡爵本人在内的大批东南名士拜昙阳子为师,声震一时。

---

① 王世贞:《弇州续稿》卷78《昙阳大师传》,《景印文渊阁四库全书》集部第1283册,第152—153页。
② 王世贞《与申相公》:"言者以先师传为咎,此虽草自荆石公,而实成于不肖,乃蒙相公曲垂宏护,苟免大僇。弟微闻有继之者,向某于荆石公谋,撰传初意实为乡井狂愚之辈毁誉万端,诪张百出,欲以先师言行之正格之,而见闻所得虽涉张皇,然不敢有一字增饰也。"王世贞:《弇州续稿》卷173,《景印文渊阁四库全书》集部第1284册,第489页。

尽管此事在部分时人与后来者看来，实乃"怪诞虚妄"①；但在当时东南主流思想文化界中，则颇具美名。拜昙阳子门下者多为与张居正发生龃龉的政界边缘之辈，东南名流又争相为昙阳子作传，王锡爵更亲撰《化女昙阳子事略》，以证其真。② 然而，在其孙王时敏所辑录的《王文肃公文集》五十五卷中，并未收录此文，此或源于在王氏家人看来，昙阳大师"白日飞升"之事当属虚诞，此文更有损于王锡爵儒家士大夫的政治形象。王锡爵乡居时以"和光同尘""绝口不论政事"为全身之策，屡言"慎交游、寡言语之外，稍稍着一分混俗态，使寻我者无端，慕我者无声"③，自然不可能忽略"昙阳子事件"的逐步扩大所可能引发的政治风险；亦不应不知冒此政治风险，而仅为强化并巩固其个人及地域团体的影响，更似饮鸩止渴。因此，王锡爵有意借东南名士的社会影响来构建并宣传昙阳子的"仙化"效应，扩大个人与家族影响的考虑当非其着意之重点；王氏的主要意图，当系借由昙阳子"白日飞升"事件迎合神宗崇奉道教之意，为博取当权者好感、重返政治中心寻获可能之机：

> 大明太祖圣神文武钦明启运俊德成功统天大孝高皇帝姓朱氏，讳元璋……母太后陈氏，生四子。上其季也。方在娠时，太后尝梦一黄

---

① 顾允成《与华国博》云："楚侗先生，允素所思慕，第允近阅《译异编》，见此老有'纪梦'一章，谓天为斯道而生王荆石、凤洲二名世，又为二王而生昙阳，反复数百言，大都梦中语也。某不晓所谓。且夫孔子梦周公，彼其心乎？经世也；庄生梦蝴蝶，彼其心乎？出世也。耿老之梦昙阳，岂无所用其心哉……今姑无论昙阳'淡'之一字为宗祖；阳明'良知'二字为子孙；亦无论世味心易淡，名义爱好心难淡。说玄说妙，白日做梦，试即此梦清夜思之，则其淡不淡、良不良、易不易、难不难，可见而于学亦思过半矣。愿私以质于公，毋笑痴人前不得说梦也。"（顾允成：《小辨斋偶存》卷5《与华国博》，清光绪常州先哲遗书本）又，骆问礼曰："今所谓昙阳子，亦谢自然之俦尔，而今之名公铺张其事，以为三教合一张本，二氏为圣教之害，何异荆棘之比？嘉木螟蝗之贼禾稼而以一短命鬼为之赤帜，以惑世诬民，使韩文公□生升庵再起，其将谓何！"（骆问礼：《续羊枣集》卷7《范灿》，清高承埏抄本）虞淳熙诗云："玉斧死偏易，金丹食便飞。世人皆大笑，吾老竟安依。或似昙阳夭，将无彭祖非。天涯名利客，黄发照绯衣。"（虞淳熙：《虞德园先生集》卷4《徐孟孺弃儒学仙，闻已死，感而赋此》其二，明末刻本）

② 王氏此文载于清抄本《昙阳子传》。

③ 王锡爵：《王文肃公文集》卷14《沈少林修撰》，《四库禁毁书丛刊》集部第7册，第321页。

第二章　作为政治的文学：王锡爵的政治困境及开解策略 | 77

冠自西北来，至舍南麦场，取白药一丸置太后掌中，有光，起视之，渐长。黄冠曰："此美物可食。"……上稍长，姿貌雄杰，志意廓然……一日黎明，仁祖坐于东室檐下，上侍侧，有道士长髯朱衣，持简排垣栅直入，遽揖仁祖曰："好个公公，八十三当大贵。"仁祖初见道士突入，颇不悦，闻其言异，乃留之茶。道士不顾而去，既出门不见，时莫知所谓。及上即位，追上尊号，推其年数，适符其言。①

臣民推戴，以明年戊申正月，即皇帝位。朕许之。至秋，不记月日，忽梦居寒微，暇游舍南，仰观西北天上，群鸟如燕，大小数不可量……途逢数紫衣道士者，以绛衣来授。予揭里视之，但见五彩。问："此何物也？"内一道士随声："此何物也？"又一道士叱彼道士曰："此有文理真人服。"予服之，忽然冠履俱备。傍有一道士，授我一剑，靶上皆如牙齿之状……忽然而梦觉。明年，即位于南郊。②

朱元璋假借道士"真龙天子"的预言为朱明政权的建立提供了合法化说明，包括天命、血统、德行、荣耀等要素在内的合法化叙事皆以道教为助援；明成祖在"靖难之役"中，更借道教"真武大帝"之说彰显一己夺取政权背后源自"天道"的强大支撑，借此掩盖政治暴力"去道德化"的实际影响。③由此，道教遂奠定了其于明代官方宗教体系中的主导地位，君王崇道之风至嘉靖、万历而盛极。④尽管在时人的文字记载中，昙阳子一直被构建为圆融"三教"的智慧大师⑤；然而，"内

---

① 《明太祖实录》卷1，台湾"中央研究院"历史语言研究所1962年影印本，第1—2页。
② 朱元璋：《明太祖集》卷14《纪梦》，胡士萼点校，黄山书社1991年版，第283—284页。
③ 《明书·姚广孝传》载，明成祖起兵前，"谋召张昺、谢贵等宴，设伏斩之。遣张玉、朱能勒士攻克九门。出祭纛，见披发而旗旄蔽天。太宗顾之曰：'何神？'曰：'向所言吾师玄武神也。'于是太宗仿其像，披发仗剑相应"。傅维鳞：《明书》卷160《姚广孝传》，清畿辅丛书本。
④ 有关明代道教势力的强大及其对政治的影响，可参见晁中辰《明朝皇帝的崇道之风》，《文史哲》2004年第5期。
⑤ "昙阳大师以道家虚静兼释氏圆融，而从精严实相处着力，教本人伦理兼性命，真吾师也。"（屠隆：《白榆集》卷6《与田叔》，明万历龚惠刻本）又，王世懋言"伏惟昙阳大师为三教大宗师"（王世懋：《王奉常集》卷44《与赵侍御》，明万历刻本）。另可参见王世贞《弇州续稿》卷78《昙阳大师传》；邓球《闲适剧谈》卷5（明万历邓云台刻本）。

丹修炼"与"白日飞升"无疑是具有典型道教色彩的修行方式，①张道陵于东汉桓帝永寿元年（155）九月九日受封为正一真人，并于苍溪云台山"白日飞升"之事，一直被后世道教信徒奉为不刊之论。②在昙阳子"白日飞升"的前一年（万历七年），神宗并太后李氏、皇后王氏、贵妃郑氏、潞王等各捐银重修正一观，供奉道教始祖张道陵。③神宗及其母李氏信奉道教由来已久，出资之意在彰显官方政治态度之外，或尚包含宗教信仰的情感因素在内；而郑贵妃等资助道教的行为无论是基于虔诚的信仰，抑或是为博取神宗及太后好感而进行的政治投机，其行为彰显出国家机构对于道教的支持，则不言自明。此次官方出资重修被视为道教源头的正一观，无疑是以官方名义宣告道教存续的合法性，并以国家财力协助道教势力的扩张。国家大力建设道教的次年，遂有昙阳子"飞升"事件出现，且昙阳子与张天师"白日飞升"的时间相吻合，自然易使人联想到二者存在某种内在关联，进而将"昙阳子事件"视作对国策合法性的效应证明。王锡爵以"亲见"证实昙阳子"飞升"的"真实性"，并与具有较高社会影响且政治处境边缘化的名士联手，通过文学书写极力扩大"昙阳子事件"的政治效应，以神话式的叙事方式渲染东南民众对昙阳子的痴迷，其意在彰显江南民众对于国家道教政策的高度认可而外，更试图强调王氏家族通过对国策的尊重与执行，而引导与构建地方文化。④王锡爵等对"昙阳子事

---

① "昙阳因大悟，觉神光自中发，先天气融融周五脏，遂成丹。"邓球：《闲适剧谈》卷5，明万历邓云台刻本。

② 李贤《大明一统志》卷51云："龙虎山，在贵溪县西南八十里，山峰峭拔，两石对峙，如龙昂虎踞。道书为第三十二福地，乃汉张道陵修炼之所。飞升台遗址尚存。下有演法观，古松夹道。今道陵裔世袭真人居之。"（《景印文渊阁四库全书》史部第473册，第55页）又，释志磐《佛祖统纪》卷35（大正新修大藏经本）："永寿二年九月九日，天师张道陵在阆州云台山，老君遣使者持玉册，授陵正一真人。与夫人雍氏同升宝车，弟子王长、赵升皆同升天。"

③ 参见《龙虎山志》卷2《正一观》，江西科学技术出版社2007年版，第201页。

④ 传统中国的国家治理以"政不下县"的简约形态为主，广大民众并非由国家直接控制，而是通过乡绅精英、宗法组织等社会机制处理地方性事务。而此中乡绅对于地方的导向作用尤为重要。可参见［美］孔飞力《中华帝国晚期的叛乱及其敌人》，谢亮生等译，中国社会科学出版社1990年版；张仲礼《中国绅士：关于其在十九世纪中国社会中作用的研究》，上海社会科学院出版社1991年版；赵秀玲《中国乡里制度》，社会科学文献出版社1998年版。

第二章 作为政治的文学：王锡爵的政治困境及开解策略 | 79

件"的有意渲染与宣传，反映了其欲以"边缘"身份迎合官方意识形态对于道教的推崇，为引起秉政者注意、重返政坛寻获机遇的用意。而当此事为政敌援作口实，欲以"私结朋党""妖言惑众"为由而制造政治事件倾构王锡爵时，太后对王氏等的回护更加证明了王锡爵集团政治投资的远见。① 在此，政治效应的营造与扩大为王锡爵成功博取了在位者的好感。

二 "科场舞弊案" 风波

第二次对王锡爵政治生涯产生影响的事件源自高桂、饶伸等制造的"科场舞弊案"。万历十六年（1588）八月，王锡爵之子王衡在顺天乡试中夺魁。次年正月，礼部主客司郎中高桂上疏，以顺天乡试中茅一桂等若干举人试卷可疑，请将原卷逐一简阅；又言王衡乃辅臣之子，位居榜首亦有嫌疑，遂请将王衡与茅一桂等一并覆试，以去嫌疑。② 是时，

---

① 高汝栻《皇明续纪三朝法传全录》卷2载："给事中牛维曜、御史孙承南参翰林学士王锡爵、大理寺卿王世贞以昙阳仙去为词，语甚危。事下部，既而寝之。牛与孙故尝客于曾省吾者，欲以此媚居正。省吾为之具草，尚书徐学谟亦从中煽潜，而慈圣在西宫，闻之不怿。使中贵张宏语居正曰：'神仙者，何与人事，而言路批劾之？'居正由此意折。学谟方盛气见，居正笑，谓'此二人者，皆君乡人，事甚小，不足道'。学谟赧然而退。"（《续修四库全书》史部第357册，第648页）又，"王锡爵归省，久之不出，其女得道仙去……锡爵属世贞为之传，语颇传京师，给事中牛维垣、御史孙承南故尝客曾省吾，谓此奇货，可以赞居正也。省吾遂为维垣具草，与承南先后论锡爵等，语甚危，冀以摇动上意。事下礼部，而尚书徐学谟方思所以报居正，攘臂谓此妖孽不可长也，具稿欲大有处，而慈圣在西宫，闻之不怿，使中贵人张宏语居正：'神仙者，何预人事？而言路批劾之？'居正意绌，而学谟方盛气见，居正笑，谓'此二人者，皆君乡人。事甚小，不足道'。学谟蹷然而退，遂停寝。而南给事中吴之美辈，复哎声有言，报闻而已。"［王世贞：《嘉靖以来首辅传》卷8，明万历四十五年（1617）刻本］

② "礼部主客司郎中高桂言：'万历十六年顺天乡试，蒙旨以右庶子黄洪宪等往其中式。举人第四名郑国望稿止五篇，第十五名李鸿股中有一"囚"字，询之，吴人土音，以生女为囚，孟义书经结尾文义难通。第二十三名屠大壮大率不通。他若二十一名茅一桂、二十二名潘之惺、二十八名任家相、三十二名李鼎、七十名张毓塘，即字句之疵不必过求，然亦啧有烦言，且朱卷遗匿，辨验无自，不知中房作何评？鹭主考曾否商订？主事于孔兼业已批送该科，科臣竟无言，以摘发之职业云何方。今会试之期，多士云集，若不大加惩创，何以新观听？伏乞敕下九卿会同科道官，将顺天府取中试卷逐一简阅，要见原卷，见在多少，有无情弊，据实上请，以候处分。其有迹涉可疑及文理纰缪者，通行议以明着为例，以严将来之防。自故相之子先后并进一时，大臣之子遂无有见信于天下者。今辅臣王锡爵之子案号多才，岂其不能致身青云之上？而人之疑信相半，亦乞并将榜首王衡与茅一桂等一同覆试，庶大臣之心迹益明矣。'"《明神宗实录》卷207"万历十七年正月庚午"条，第3874—3875页。

自正统年间业已凸显的阁、部矛盾日渐激化；① 而首辅申时行与王锡爵"同举会试，且同郡，政府相得甚"，许国、王家屏亦"同居政府，无嫌猜"②，内阁具有较强的向心力。故高氏此疏虽明言科考舞弊事，实则欲借整顿科考风气打压内阁，为六部争权。③ 而王锡爵之子王衡的应试恰恰为部臣攻击阁臣提供了契机。高氏奏疏下发后，举朝哗然，王锡爵此时尚负刚直之气，遇事辄发，④ 遂上《辨论科场诬奏疏》申辩，以"无端为子蒙疑，大辱国体，乞赐先行罢斥，以公试典"⑤。既以"无端为子蒙疑"，则"乞赐先行罢斥"当为一时过激之语，而非其本意，王锡爵亦知神宗必不当允其所辞，但王氏之意正欲借此语而彰显清流者的姿态，以退为进：

> 知子莫如父，臣男之才不才，臣知之矣。果才耶，而臣为之曲避嫌疑，是以鬼魅待世界也；果不才耶，而臣为之营求进取，是以盗贼自待也。故高桂权衡疑信之间，请但行覆试，为臣解疑，而又称臣子之多才，可以自致青云，则其爱臣已甚，而其知臣男亦不为不深矣。然臣顾反而思之，男试则当试，疑则当疑。夫科场之事所以纷纷至今日者，坏之自张居正始……世语悠悠，何至此极？见今虽覆试

---

① 参见夏燮《明通鉴》卷69，中华书局1980年版，第2698页；沈德符《万历野获编》卷12，中华书局1997年版，第305页。
② 《明史》卷218《王锡爵传》，第5751、5748页。又，《万历野获编》卷9《浙闽同时柄政》："自今上乙酉进王太仓于文渊阁，而先任申吴县、许歙县，同为南直人，最为奇事。然未相王山阴，则晋人也。至丙戌，山阴忧去，申、许、王三公，同事者三年，而山阴始复起……欲如乙酉丙戌间，三相同心，不可得矣。"（中华书局1997年版，第234页）
③ 王锡爵《少詹葵阳黄公神道碑》："适（黄洪宪）戊子主顺天试，遂相与揭口语，而余子衡适为举首。有为谋者曰：'太仓公介介负气，可并斗而走也。'因尾以疑词及衡。"《王文肃公文集》卷5，《四库禁毁书丛刊》集部第7册，第146页。
④ 王锡爵《周山泉巡抚》："弟之罪多矣。劘主太憨、持物太急、信己太狭、涉事太疏。负此四罪以借于人口，其谁能说之？"（《王文肃公文集》卷19）；又，《余晓山巡抚》："凡爱憎之变，至于相激而争，则门下更当从旁袖手以观其变。生业自悔与高、饶二主事争，如茶而苦，亦愿门下之以生为戒也。"（《王文肃公文集》卷19）又，王世贞《张助甫》："元驭正人，第刚肠疾恶太甚。"（《弇州续稿》卷187）
⑤ 王锡爵：《王文肃公文集》卷33《辨论科场诬奏疏》，《四库禁毁书丛刊》集部第8册，第16页。

公典，上可告天日，下可明臣心，乃臣之隐衷疾首者，堂堂清朝，明主临之于上，而谓在廷无一可信之辅臣，辅臣无向上之子弟，臣则已矣，臣男亦已矣，独奈何轻朝廷、辱天下之士如此哉……今高桂谓科场坏尽，臣亦谓国体坏尽。①

王锡爵奏疏以"高桂权衡疑信之间，请但行覆试，为臣解疑"为开端，在缓和冲突的同时，同样明确了一己行为在道德与政治领域的合法性，为彰显其后续政治意图的客观与公正性张本。随即顺势将一己荣辱与朝廷清浊相系联，潜在转化了高桂的质疑对象——自我的"无端被谤"上升为清明王朝所隐含的危机，从而扩大科场辩诬事件的牵涉范围，强化其政治效应。基于政治共识的自我辩驳无疑有力而奏效。当悖反政治共识的自我"否定"成为对朝局批驳的前奏时，被弹劾者的持论更易获得统治者的支持。王锡爵随后所上辩诬四疏，其立论笔法皆本于此，而获神宗温旨慰留。

二月甲申，覆试卷发，王衡仍为多官会拟第一，刑部云南司主事饶伸复上疏力攻王锡爵，以其"大通关节"：

科目者，国家鼓舞天下之大柄，君不得私诸臣，父不得与诸子。自张居正二子连占科名，而辅臣遂成故事，然未有大通关节如黄洪宪者，以为一第不足重，则居然举首矣；势高者无子则录其婿，利厚者非子则及其孙矣。覆试之日，尚多不能文者在，都御史吴时来不分可否，辄曰通得，朦胧拟请。大学士王锡爵辩疏，字字剑戟。锡爵为相三年，忠臣贤士悉被斥远，佞夫憸人蹙跻显要，其势将为居正之续，吴时来附权灭法，不称台长。王锡爵庇党恃势，殊乏相度，均乞速赐罢斥。②

---

① 王锡爵：《王文肃公文集》卷33《辨论科场诬奏疏》，《四库禁毁书丛刊》集部第8册，第16—17页。

② 《明神宗实录》卷208"万历十七年二月甲申"条，第3891—3892页。

饶伸以江陵故事比之锡爵父子,更以王锡爵为"邪臣朋奸、欺君徇私"①,攻之尤力。② 然就中多含糊泛泛之语,有意回避事件因果始末,一概冠以触犯政治底线的空名,难以确凿服人。王锡爵上《再论科场事乞避位疏》,即援此相为驳斥:

> 伸前年考察有议,原系本堂同乡尚书舒化之公举,而反归怨臣等,以为排挤忠臣贤士,似此无影而射、不风而波,理之支而难通,词之泛而不切,明是贾竖争言脱空白赖之语,臣羞与之争,而亦不足辩也。惟是人臣之恶,莫重于欺君;大辟之刑,莫严于奸党。臣一生砥砺,垂老遭逢,何至狼狈瓦裂、不能成人如此。伏惟三光百神,岂无灵鉴?人心天理,岂尽陆沉?我皇上九重明见,万里目前,岂忧丰蔀?顾臣之所信者子,子之所信者科场,科场之所信者覆试。至于覆试又不足信,而臣之举头触阱,置足无所。疑臣者不去不安,言臣者不去不止矣……伏惟皇上悯其憨直之性不便后生,察其危苦之诚难期末路,先将臣罢归田里,然后以饶伸所论事情明白体勘。③

"无影而射、不风而波",显然系政敌以王衡科考为触媒、借助"科场舞弊"而针对王锡爵及内阁策划的一次政治行动,④ 王锡爵"羞与之

---

① 王锡爵:《王文肃公文集》卷33《再论科场事乞避位疏》,《四库禁毁书丛刊》集部第8册,第21页。
② "十六年,右庶子黄洪宪主顺天试,王锡爵子衡为榜首。礼部郎中高桂论劾举人李鸿等,并及衡,言:'自故相子一时并进,而大臣之子遂无见信于天下者。今辅臣锡爵子衡,素号多才,青云不难自致,而人犹疑信相半,宜一体覆试,以明大臣之心迹。'锡爵怒甚,具奏申辨,语过激。刑部主事饶伸复抗疏论之。帝为谪桂于外,下伸狱,削其官。覆试所劾举人,仍以衡第一,且无一人黜者。二十年会试,李鸿中式。鸿,大学士申时行婿也。榜将发,房考给事中某持之,以为宰相之婿不当中。主考官张位使十八房李公阅,皆言文字可取,而给事犹持不可。位怒曰:'考试不凭文字,将何取衷?我请职其咎。'鸿乃获收。王衡既被论,当锡爵在位,不复试礼闱。二十九年乃以一甲第二人及第。自后辅臣当国,其子亦无登第者矣。"张廷玉等《明史》卷70《选举志二》,第1703页。
③ 王锡爵:《王文肃公文集》卷33《再论科场事乞避位疏》,《四库禁毁书丛刊》集部第8册,第21—22页。
④ 王锡爵《因辨科场诬奏乞罢归疏》:"此明知臣平日气高,欲以激怒臣而逐臣。"《王文肃公文集》卷33,《四库禁毁书丛刊》集部第8册,第18页。

第二章 作为政治的文学：王锡爵的政治困境及开解策略 | 83

争，亦不足辩"，率先预设了自我人格的清白；"臣之所信者子，子之所信者科场，科场之所信者覆试。至于覆试又不足信"则在递推层级的深化中，暗示出政敌对国家制度凭空质疑、"轻朝廷、辱天下之士"[①]的世风日下，将一己之个体困境上升为"国体坏尽"[②]的国家难题，以争取神宗的支持。下文"先将臣罢归田里"诸语，实欲昭示一己于事理不彰、人情背反的形势下作出的无奈选择，以"贤者受谤"的姿态设置并凸显自我"危苦末路"的政治困境，并借由尺牍反复强化此种"进退之窘"[③]，影响舆论走向，为一己争取政治空间。在此，文本的修辞成为其政治意图实现的有效工具。

王锡爵《再论科场事乞避位疏》上后，次日首辅申时行亦上疏求罢，居宅不出。时次辅王家屏、许国典试，阁中无人。诸司章奏送至时行私第，时行以求罢为由，将票拟悉数封还。[④]申时行求罢之举既是对饶伸疏中攻击其婿乡试舞弊的回应，亦是以同年私交为王锡爵声援、以维护个人与内阁权力的需要——在具有高度凝聚力的申时行内阁，王锡爵是申时行最重要的支持者，王氏的处境与申时行个人的政治走向紧密系联；而内阁权力的涨落即在阁臣政治生命的起落之间。在王锡爵、申时行罢朝之前，神宗本不欲将科场事件扩大，故有意回避对高、饶二人的行为定位，对于王锡爵的辩诬疏亦仅予以"卿忠贞直亮，世所共闻""岂可以小人浮言求去？宜即出辅理"[⑤]一类高度官方的答复。将阁、部之争限定在可以掌控的范围之内，恰恰有利于官僚体系内部的制衡，从而使神宗独揽全局，强化君权；但阁臣面对部臣的打压与神宗的回

[①] 王锡爵：《王文肃公文集》卷33《辨论科场诬奏疏》，《四库禁毁书丛刊》集部第8册，第16页。
[②] 王锡爵：《王文肃公文集》卷33《辨论科场诬奏疏》，《四库禁毁书丛刊》集部第8册，第17页。
[③] 王锡爵：《王文肃公文集》卷19《姜凤阿尚书》，《四库禁毁书丛刊》集部第7册，第425页。又见《王文肃公文集》卷19《董浔阳座师》《余晓山巡抚》等文。
[④] "（饶伸）疏上，次日，王锡爵求罢；又次日，申时行求罢。许国方典试入场，诸司章奏送时行私第，票拟时行仍封还。上惊问曰：'阁中竟无一人耶？甚非国体。'"《明神宗实录》卷208"万历十七年二月甲申"条，第3892页。
[⑤] 王锡爵：《王文肃公文集》卷33《再论科场事乞避位疏》，《四库禁毁书丛刊》集部第8册，第22页。

应，相继请辞，则表明其已意识到内阁所面临的政治危机，并开始采取反攻策略。阁臣的反弹令神宗意识到事态的扩大，其后续的政治效应正在逐步显现。尽管传统社会中，官僚体制的合法性源于自上而下的君主授权，但另外，官僚体制作为一个等级有序、稳定运行的组织，可以自行运转，通过发挥其内部机制结构来处理日常政务、应对政治危机、维持王朝延续。在万历久不视朝的情况之下，以内阁为首的官僚体制有序运转，尤显示出其存在的必要性。①"阁中无人"势必降低中央政府的行政效率，长此以往，可能导致国家机构运行的瘫痪甚至崩溃。因此，神宗必须在肯定阁臣声望与功绩的同时，惩戒弹劾生事者以安抚内阁，故"慰留时行、锡爵，怒伸出位妄言，朋奸逞臆，送镇抚司究问"②。

神宗对饶伸的惩处既是向内阁发出的政治信号，也是政治仪式中的自我展演；在传递对阁臣信任与倚重的同时，借由惩处"出位妄言"者重申了君主权威的不可侵犯与官僚群体内部各司其职的重要性。至此，科场事件中阁臣的政治意图已初步达成。作为君主意图的直接接收与传达机构，内阁理当对饶伸的被惩作出回应，并在此过程中彰显阁臣的"雍容相度"。而高度形式化的奏疏无疑是展现政治姿态、促使政治意图公开化与政治行动仪式化的有效途径。于是，申、王二人照例联名上疏揭救高、饶二人，王锡爵又上《论救被逮部臣疏》为之申救。尽管申救政敌的行为往往被攻讦者斥为"外迫于公议而姑为观听之美"③，但政治声望的积累与确立无法绕却此类习常甚至近乎空洞的仪式展演。

王锡爵性本刚直，"强毅方正，触事辄发"④，此次科场事件中，王氏以无端受谤而屡疏乞归虽系人之常情，本无可厚非，但其屡疏乞罢多

---

① 参见周雪光《中国国家治理的制度逻辑》，第66页。
② 《明神宗实录》卷208 "万历十七年二月甲申"条，第3892页。
③ "辅臣王锡爵等迹，其自待若愈于张居正、申时行，察其用心，何以异于五十步视百步？臣不敢毫举。即如诸臣之罢黜……得非间有揭救者，特外迫于公议而姑为观听之美乎！更有不可知者，实内泄其私愤而利于斥逐之尽乎！"高攀龙：《君相同心惜才远佞疏》，《万历疏钞》卷6，《续修四库全书》史部第468册，第367—368页。另见《明神宗实录》卷267 "万历二十一年闰十一月甲午"条，第4972—4973页。
④ 王艮：《鸿逸堂稿·跋王文肃公拜首揆诗册》，《四库全书存目丛书》集部第233册，齐鲁书社1997年版，第431页。

第二章 作为政治的文学：王锡爵的政治困境及开解策略 | 85

少含有自我展演的意味：

> 应天巡按乔璧星上疏规大学士王锡爵，言"王衡素号多才，高桂心虽过猜，词实微婉，锡爵即屈抑难甘，一鸣可也。乃至再至三，中间投笔从军等语，亦自知动气矣。君父之前，何可使气？锡爵者，世所谓贤人君子也，一着少差，声价顿减，乞念硕辅难得，申谕锡爵养海阔天空之量，庶相道得而国体全矣"。①

御史乔璧星以锡爵虽蒙冤被谤，但屡屡负气进言，动辄言归，如此强势，殊非宰辅之量。对此锡爵亦自认有差，"至于辨而再、再而三，必求引去，则真臣之偏心，璧星责臣亦是也"②；事后亦尝"自悔与高、饶二主事争"，欲同僚援以为戒。③ 对于饶伸，则"两疏求解、两疏荐用"④，以求不负此辈。尽管此次科场事件以高、饶落败而告遂，但王锡爵的政治威信亦随之下降，而其与饶伸的交恶更授人以柄，成为日后政敌攻伐的口实。⑤

三 "癸巳大计" 始末

后两次政治事件的制造源自日后被目为"东林"一系者，包括顾宪成、李三才、孙鑨、赵南星、段然、高攀龙、马孟祯、王元翰等。"准东林"士人的攻讦对王锡爵政治生涯的影响深远，曾与王锡爵发生

---

① 《明神宗实录》卷209 "万历十七年三月己未"条，第3916—3917页。
② 王锡爵：《王文肃公文集》卷33《引咎谢恩疏》，《四库禁毁书丛刊》集部第8册，第28页。
③ 参见王锡爵《王文肃公文集》卷19《余晓山巡抚》，《四库禁毁书丛刊》集部第7册，第424页。
④ 王锡爵：《王文肃公文集》卷28《王宇泰检讨》，《四库禁毁书丛刊》集部第7册，第616页。
⑤ 王锡爵出任首辅后，面临着立储与官员推举两件大事。其入京次日业与选司商定，拟先荐饶伸，为缓颊张本。言者以锡爵阳荐而阴阻之："要使主上知人臣亦有不为爵劝而禄勉者，未必非格心一助也。至于语次及饶正郎，乃正直中之处子。方今朝堂群少相与籍籍有言，而甚者谓小子荐饶，阴实阻之。"《王文肃公文集》卷23《董浔阳座师》，《四库禁毁书丛刊》集部第7册，第507页。

政治龃龉者几乎皆名列东林;① 王氏晚年因"密揭事件"而为时人訾责，更是以顾宪成为首的准东林党人直接策划的结果。万历二十一年（1593）的京察成为"准东林党"者借以制造政治事件的契机。② 此次京察自正月始，二月底结束，由吏部尚书孙鑨负责，赵南星任考功郎，孙鑨是继宋纁、陆光祖后，又一位强烈要求与内阁争权的吏部尚书，③且较其前任有过之而无不及。④ 而京察策划之初，王氏虽奉旨出任首辅，"遵召亟发"⑤，然尚未抵京，其在朝的政治影响与控制力有限。准东林人士在京察中扮演的重要角色以及王锡爵的离朝为东林党羽攻击王锡爵内阁提供了可乘之机。

王锡爵方以首辅还朝、赴任启程之际，途经苏城，故旧申时行相送，王锡爵为之言曰："若不才果当事，则必先着意收拾旧人为老兄忠臣，使天下心服，而后可以行事。"⑥ 言辞之间暗含对借由京察再任旧吏、调整官僚体系与权力格局的期待。但后续"诸公未免先设阱以待也"之语，则表明久历官场的申、王二人已预感到朝中敌对势力的蠢蠢欲动。而与离京返乡耗时一月余相较，王锡爵赴京一行为时近半年，

---

① 如江东之、姜士昌、吴弘济、史孟麟、岳元声、李世达、孔兼等。对东林党人物的收录与整理，可参见钱人麟《东林朋乘》（中山图书馆1958年油印本）、陈鼎《东林列传》（《景印文渊阁四库全书》史部第458册）、《东林朋党录》（光绪崇文书局刻正觉楼丛刻本）、文秉《先拨志始》（《续修四库全书》史部第437册）、李桢《东林党籍考》（人民出版社1957年版）等。

② "所谓'大计'，就是对官员的考察。自明弘治年间始，定京官六年一查，也称'京察'、'内察'。京官四品以上自陈，由圣旨定去留，五品以下则由吏部考察，实际负责人是吏部尚书、吏部考功司郎中及都察院左都御史。大计之后复有'拾遗'，就是在吏部考察之后，由科道合议，纠核'居官有遗行者'。被纠核的官员须交吏部复议，最后呈皇帝裁断，被科道拾遗的官员一般难以幸免。"陈永福：《从"癸巳大计"看明末东林党与内阁之对立》，《浙江大学学报》（人文社会科学版）2010年第6期。

③ "时部权为内阁所夺，纁力矫之。"《明史》卷224《陆光祖传》，第5892页。

④ "吏部自宋纁及光祖为政，权始归部。至鑨，守益坚。故事，家宰与阁臣遇不避道，后率引避。光祖争之，乃复放。然阴戒驺人异道行，至鑨益径直。"（《明史》卷224《孙鑨传》，第5894页）另可参见沈德符《万历野获编》卷9《冢宰避内阁》，第244页；谷应泰《明史纪事本末》卷66《东林党议》，第1026页。

⑤ 王锡爵：《王文肃公文集》卷38《谢遣官督促申请终养疏》，《四库禁毁书丛刊》集部第8册，第94页。

⑥ 王锡爵：《王文肃公文集》卷24《王柱山巡抚》，《四库禁毁书丛刊》集部第7册，第522页。

第二章 作为政治的文学：王锡爵的政治困境及开解策略 | 87

行程中屡疏请辞，亦显示出其对于朝局的忧虑。① 考察之初，孙鑨、赵南星率先论黜侄甥与姻亲，以牺牲亲朋为代价，彰显此次政治行动的公正性，并为后续对内阁的弹劾赢得了舆论支持。② 随后，准东林党者即依据政治共识与"道德公论"，对与内阁往来密切的官僚大操刀戈，舆论所指与申时行及王锡爵内阁过从甚密者大多名列黜中。政治共同体的建立及其内部成员的维系是内阁发挥政治职能的必要保证。此前"内计去留，先白阁臣"③，而京察中，吏部径直架空内阁而上疏神宗、欲罢黜内阁亲信，掣其臂肘，自然引发以内阁为首的政治团体的反攻：

> 会大计京朝官，鑨与考功郎中赵南星力杜请谒。员外郎吕允昌，鑨甥也，首斥之；南星亦斥其姻给事中王三余。一时公论所不予者，贬斥殆尽，而大学士赵志皋弟预焉。王锡爵以首辅还朝，欲有所庇，比至而察疏已上，庇者在黜中，由是阁臣皆憾。会言官论劾员外郎虞淳熙、郎中杨于庭、主事袁黄，鑨议留淳熙、于廷。给事中刘道隆遂劾"南星专权植党"，贬南星三秩，鑨亦夺俸，遂连疏乞休去。左都御史李世达以己同掌察，上疏为南星讼，不听。于是佥都御史王汝训，右通政魏允贞，大理少卿曾乾亨，郎中于孔兼，员外郎陈泰来，主事顾允成、张纳陛、贾岩，助教薛敷教等交章论救……疏入，上怒，谪孔兼、泰来等。世达又抗疏论救，上怒，尽斥南星、淳熙、于廷、黄为民。④

---

① "万历二十二年（1594）乞退时，是万历二十二年六月启程，同年七月十五日同眷属抵家。也就是说，他罢相回家仅用一个多月的时间，而入京却用了半年左右，显然毫无兼程入京的迹象。"陈永福：《从"癸巳大计"看明末东林党与内阁之对立》，《浙江大学学报》（人文社会科学版）2010 年第 6 期。
② 支持吏部的员外郎陈泰来上疏云："今春之役，旁咨博采，核实称情，邪谄尽屏，贪墨必汰；乃至鑨割渭阳之情，南星忍秦、晋之好，公正无逾此者。"（《明史》卷 224《孙鑨传》，第 5894 页）此后，与申时行及王锡爵内阁过从密切者如苏酇、徐泰时、胡汝宁、王肯堂等，皆成箭垛。参见文秉《定陵注略》卷三《癸巳大计》，清抄本。
③ 谷应泰：《明史纪事本末》卷 66《东林党议》，第 1025 页。
④ 夏燮：《明通鉴》卷 70，中华书局 1980 年版，第 2739—2740 页。

给事中刘道隆本为王锡爵门生，其在京察结束后，弹劾与吏部关系密切的虞淳熙、杨于庭、袁黄三人，尽管其行为未必出自内阁授意，但其用意自有基于回护政治共同体利益的考虑。而在此共同体中，内阁则首先成为政敌攻讦的对象。上引《明通鉴》的载录亦见于《明史》，然而，《明史》对于此段事情本末的记述则具有更为明显的情感倾向：

> 二十一年大计京朝官，力杜请谒。文选员外郎吕胤昌，鑨甥也，首斥之。考功郎中赵南星亦自斥其姻。一时公论所不予者贬黜殆尽，大学士赵志皋弟预焉。由是执政皆不悦。王锡爵方以首辅还朝，欲有所庇。比至而察疏已上，庇者在黜中，亦不能无憾。会言官以拾遗论劾稽勋员外郎虞淳熙、职方郎中杨于廷、主事袁黄。鑨议谪黄，留淳熙、于廷。诏黄方赞画军务，亦留之。给事中刘道隆遂言淳熙、于廷不当议留，乃下严旨责部臣专权结党。①

《明史》对于此段历史的叙述具有相当的叙事策略，在对时间顺序的凸显中隐含着情感与行为程度的变化："一时公论所不予者贬黜殆尽，由是执政皆不悦。王锡爵方以首辅还朝……亦不能无憾。会言官……乃下严旨责部臣专权结党。"表明在"执政皆不悦"的阶段，王锡爵尚未置身其中并发挥其政治影响；至"亦不能无憾"，则进一步表明王锡爵对于吏部罢黜内阁亲信的做法有所指摘；下文的"会言官……给事中刘道隆遂言……不当议留"仅作为"乃下严旨责部臣专权结党"的补充出现，"乃"的运用即表明其后的动作发出者承上文而来，"下严旨"者若非神宗，则只可能由内阁代理。② 参以上文"王锡爵……亦不能无憾"，则此处"下严旨责部"者当为王锡爵。③《明通鉴》"上怒，谪孔兼、泰来等"的叙述，则明确以神宗为追责吏部的动作发出者。对叙述顺

---

① 张廷玉等：《明史》卷224《孙鑨传》，第5894页。
② "臣等日夜忧惶，已经连次拟旨拟谕，议赈议蠲"（《王文肃公文集》卷48《议拟救荒事宜疏》）、"谨僭拟传帖二道"（《王文肃公文集》卷40《拟进东征敕谕疏》）皆表明内阁具有一定限度的独ném拟旨权。
③ 参见夏燮《明通鉴》卷70，第2739—2740页。

序的强调而外，语词的运用同样彰显了论者的情感态度：由"不悦"到"憾"的变化，不仅是积怨程度的深化，更意味着事件自态度至行动、由未发到已发的演化。而王锡爵无疑是此叙述框架中促使癸巳大计事件"发酵"与"蔓延"的"始作俑者"。《明通鉴》中"由是阁臣皆憾"的叙述，意味着内阁三人作为政治利益共同体，对考察官削弱内阁集团的做法皆有所不满，弹劾考官及其亲信是阁臣基于维护团体利益而展开的集体行为；而《明史》"王锡爵方以首辅还朝，欲有所庇。比至而察疏已上，庇者在黜中，亦不能无憾"的叙述，则以王锡爵为"憾"之动作的发出者，进而突出了王锡爵在"下严旨责部臣专权结党"事件中发挥的重要作用。叙述者在叙事策略上通过时间结构的布置、词句的排列组合以及对语词表意程度的拿捏，放大了王锡爵在"癸巳大计"中的政治影响与操纵能力，在情感倾向上为东林一党声援。《明史》的此种观点亦是东林党士人对"癸巳大计"的常态书写。① 然而，吏部对虞、杨二人的暗中回护亦暴露出准东林党者借由人事考核而党同伐异的偏狭；此后，顾宪成等为使李三才顺利入阁、继而为东林党柄政开辟空间，针对李三才"贪、险、假、横"的时论，② 屡屡致书当朝权要，以"大行不顾细谨"为李氏辩白，更昭示出准东林党者欲借癸巳大计操控政治的真实意图。准东林者对"异己"动辄以"道德大义"横加指摘，以"奸邪""巨奸"妄相称论；对"同党"则无视乡居在野而"遥执朝权"③ 之非议，以"小节出入，不失为君子"暗相回护，④ 并将有关信件集结成册、公开发行，

---

① 参见蒋平阶《东林始末》，学海类编本。
② 参见《明神宗实录》卷465"万历三十七年十二月乙丑"条，第8778—8779页。
③ "邵辅忠以四明乡人挺为戎首，其攻淮疏有云：凡海内名流皇上斥逐山林者，李三才以请托招之……（顾宪成）遂为二书贻阁铨。会去冬所致太宰书，亦至世所诵传，为三书者也。吴侍御亮见之，遽令发抄印封，邮递遍送在京各衙门，而东林遂受遥执朝权之目。"顾枢编：《顾端文公年谱》，清康熙何硕卿刻本。
④ "或闻李漕抚何如？先生曰：'凡论人，当观其趋向之大体。趋向苟正，即小节出入，不失为君子。趋向苟差，即小节可观，终归于小人……又闻古来豪杰，种种不同。或谨严，或阔大，或悃幅，或挥霍，其品人人殊矣。总之各成一局，各不害其为豪杰也。'"顾宪成：《自反录》，《顾端文公遗书》，清康熙刻本。

以此作为政治宣传与争取舆论的重要手段,其行举难称公允。立足"道德"的基点在很大程度上扭曲了同时代论者的观察力,致使其文字载录沦为利用政治事件以制造并夸大争端、为私人目的的达成进行辩解与攻击的武器,①而无视多重论述交织下的内在分歧与矛盾:

> 给事中刘道隆、许子伟附权献谄疏,攻南星不当覆留淳熙等,并攻鑨不当调淳熙于吏部。太仓遂票旨,切责吏部专权结党,着令回话。上疏争之,强不认罪,有旨:罚俸,南星降三级调外任用。总宪李世达、礼部陈泰来、于孔兼等相继讼言,并攻太仓,太仓随激圣怒,孙罢,南星淳熙等皆削籍,泰来、孔兼皆降调,而门户之祸,坚固而不可拔,自此始也。②

> 上怒,降泰来极边杂职,以贾岩、薛敷教、于孔兼、顾允成、张纳陛朋谋乱政,各夺三官,外任。于是,左都御史李世达等合疏申救,上曰:"卿等为国大臣,不惜国体,以镇静为重,反市恩群小,哓哓烦渎。"赵南星、虞淳熙、杨于庭、袁黄俱褫职。③

> 赵南星见在,臣等曾否干预考察一人,可问而知。惟九卿拾遗,例说阁臣径自票处,而臣锡爵自以新至领事,恐见闻未的,反一一问于南星。南星谓李尚思当留,则留之,谓余懋学、张槚当去,则去之。此南星本心亦自明,可以无辩也。④

自王锡爵奏疏与《明神宗实录》所载而言,陈泰来、赵南星、虞淳熙、

---

① "研究这段时期的学者面临难以克服的困难,因为这个范围的原始资料都偏向东林集团。道德问题在很大程度上扭曲了同时代作者的观察力,以致他们的记述变成了为各自的目的而利用事实和争端的评论、辩解和攻击。在这些记述中能够发现某些错误和矛盾……当东林运动的成员决意卷入朝廷的人员考核过程时,他们明显地暴露了他们运动的狭隘而有偏见的性质。他们只希望除去那些在他们心目中品性有缺陷的官员。"[美]牟复礼、[英]崔瑞德编:《剑桥中国明代史》(上卷),张书生等译,中国社会科学出版社2006年版,第518—519页。
② 文秉:《定陵注略》卷2,清抄本。
③ 《明神宗实录》卷258"万历二十一年三月癸未"条,第4800—4801页。
④ 王锡爵:《王文肃公文集》卷40《辨论阁中事体疏》,《四库禁毁书丛刊》集部第8册,第152页。

第二章　作为政治的文学：王锡爵的政治困境及开解策略 | 91

杨于庭等获罪降职均出自神宗独断之意，文秉则以王锡爵为上述朝臣迁谪的始作俑者。文秉具有明显的东林倾向，因而，此处的论述亦放大了个体喜好与情感态度，从而遮蔽了事件的真实性。①

赵南星等获罪后，礼部郎中陈泰来、主事顾允成、张纳陛、贾岩、右通政魏允贞，大理少卿曾乾亨等辈交章上奏，弹劾王锡爵"秉公"以"挟私"，擅拟严旨贬斥赵南星等，②却不审对于赵南星等降职罚俸之旨，实本自神宗亲断。对于神宗而言，此次癸巳大计中吏部准东林党者对王锡爵的攻讦与万历十七年（1589）的科场舞弊事件性质大为不同：科场舞弊事件的发生以王衡为诱因，在事件的起因上神宗完全置身事外；而高、饶二人上疏的政治意图亦仅波及王锡爵及其"党羽"，并未指向神宗。但此次对于孙鑨、赵南星等的论罪，无论王锡爵票拟上谕、以吏部"专权结党"是否含有私人情绪，但此谕代表神宗之意则是基本事实。在论罪的起点上，神宗便与王锡爵高度相关。神宗生性多疑，因此，攻讦者对于王锡爵在处理此次京察事件中任何行举的质疑，在其看来都可能伴有含沙射影的意味。"癸巳大计"中政敌对王氏"结党谋私、剪除异己"③的攻击与昔日"三王并封"事件中朝臣对王锡爵"谀君媚上"的责难，性质如出一辙：两次政治事件中，王锡爵实际皆为奉旨行事。依照传统中国"臣权君授"的政治逻辑，王氏的行为无可指摘，甚至为皇权所默许、提倡与保护；④因而，部臣对王锡爵的攻讦实质上意味着对君主的质疑，其自然会受到来自君权与阁臣的双重压制。阁、部矛盾潜在转化为更深层的君（阁）、臣矛盾，神宗对"癸巳

---

① 又如："《实录》无疑认定万历皇帝大约在1587年之前曾试图实施他的个人统治；朝廷那时做出的重大决定都出自他自己，包括贬谪未来的东林创始人顾宪成在内。但是《明史》却明确地谴责申时行干了这件事。据说这位大学士让他个人的好恶支配朝廷的选择。"［美］牟复礼、［英］崔瑞德编：《剑桥中国明代史》，第518页。
② 参见陈泰来《京察大公中外悚服乞洞察以扶世道以正人心疏》、张纳陛《邪官巧迎当路阴中受事铨臣疏》、贾岩《铨臣秉公问吏大臣挟私中伤乞赐分别去留以快舆论疏》皆见于《万历疏钞》卷6（《续修四库全书》史部第468册，第356—359、363—365、359—361页）。
③ 高攀龙：《君相同心惜才远佞疏》以王锡爵主政以来，"善类被摈，几至一空"。参见《明神宗实录》卷267"万历二十一年闰十一月甲午"条，第4972—4973页。
④ 参见汪晖《现代中国思想的兴起》上卷《理与物》，生活·读书·新知三联书店2003年版，第65页。

大计"中阁、部冲突的处理必然以回护王锡爵内阁为旨归：

> 迩来朝臣每每妒害，朕欲从重究处，卿反为救解，因此小臣益无忌惮，将朕亲批旨意诬为卿拟，妄肆诋诽，好生无状。①
>
> 这等明白事情，群小当朕面前辄敢胡言乱扯，可见朝臣结党乱政非止一端。卿等肱骨大臣，为国受诬，乃任事任怨之所致。朕因人言愈深信托，既不必辨，又何以避嫌为请？宜出辅佐化理，主张国事，毋得畏阻。②

自批答文字的言辞轻重与情感流露观之，神宗对此次王锡爵上疏请罢作出的回应与此前科考舞弊事件中的处理，在情感倾注上厚薄殊异。神宗对王锡爵在"癸巳大计"与"三王并封"中引咎自劾的态度相仿，屡屡以阁臣"为朕受辱""为国受诬""若自认错，置朕何地"相为挽留，其语至诚，当自本心。科场舞弊事件中，王锡爵尚任次辅，内阁尚有首辅申时行相为支撑，而较之王锡爵的刚直，申时行更善于左右调和以迎圣意，故王锡爵之于神宗的存在意义相对有限；及申时行迫于公论致仕归乡，后继者王家屏亦因刚直犯上、政见难展而负气离职，代理首辅赵志皋疲软无力，神宗再次置身阁中无人相佐的政治窘境之中。此时国中面临"东倭西虏"的军事困境与民间财力告罄、"兵民杂处相激"的社会难题，神宗不得不急召王锡爵出任首辅。自人情而言，王锡爵的再度入阁系"临危受命"，神宗对其心存感念并寄予厚望；③自事理而言，在君臣关系的处理上，王家屏的前车之鉴神宗亦当引以为戒，故王锡爵上疏自以为"切直犯讳，殊不可闻"④，神宗只以"王某

---

① 王锡爵：《王文肃公文集》卷46《因言乞罢疏》批答，《四库禁毁书丛刊》集部第8册，第248页。

② 王锡爵：《王文肃公文集》卷40《辨论阁中事体疏》批答，《四库禁毁书丛刊》集部第8册，第153页。

③ 参见沈德符《万历野获编》卷9《阁臣致政迥异》，第240页。

④ 王锡爵：《王文肃公文集》卷24《陈还朴给事》，《四库禁毁书丛刊》集部第7册，第530页。

第二章　作为政治的文学：王锡爵的政治困境及开解策略 | 93

素硬直，他说我，我今该受他"①自认过失。在对王锡爵上奏不合己意的处理上，或将奏疏留中不发，或以官方话语作答，并未与阁臣发生正面冲突。吏部在国家乏善可用的困境之下制造阁、部冲突，"是己非人，抑扬太过"②，令首辅屡屡请辞，显然为神宗所忌，遭受贬斥亦在情理之中③；更为重要的是，吏部以内阁未尝请旨而擅权票拟，触犯了神宗的底线：

> 陈泰来这厮，前者屡屡恣肆狂悖，因未责处，心怀疑惧，故逞刁恶，欺君比于幼年，将朕独断处分佯作不知，诬赖辅臣，显然乱政惑众，好生可恶。本当拿问，姑着从轻降极边杂职。贾岩、薛敷教、于孔兼、顾允成、张纳陛朋谋结党，淆乱政体，都着降三级调外任，俱不许朦胧推陞。④

神宗亲政以来，屡衔张居正独揽大权，遂每以人君"为臣下挟制"为讳。⑤较之"诬赖辅臣"，神宗所怒之甚者更在于"欺君比于幼年，将朕独断处分佯作不知"——无论陈泰来等是否有意为之，但此举显然质疑了神宗独掌朝纲的能力，重现张居正独大事件神宗无疑深以为忌。

准东林党人在"癸巳大计"中的遭遇，再次表明了政治生活中

---

① 王锡爵：《王文肃公文集》卷21《胡趋儆御史》，《四库禁毁书丛刊》集部第7册，第463页。
② 王锡爵：《王文肃公文集》卷40《分解吏部事情疏》，《四库禁毁书丛刊》集部第8册，第149页。
③ 神宗密谕王锡爵曰："近来士风浇薄，变态多端，群小窥探朕意，故来借口朋谋造诬，攻激卿等……朕春偶疾，暂时静摄，正赖卿等挽回世道，以正人心。若复避谗求去退，则国事愈淆，政本欲乱。"（《王文肃公文集》卷40《谢宣谕疏》批答）在吴之彦、赵用贤绝婚事件中，高攀龙为申救赵用贤上疏，而"语侵阁臣"，神宗谕"时事艰难，不求理财、足兵、实政，乃诬造是非。部院公论所出，今后务持平核实"（谷应泰：《明史纪事本末》卷66《东林党议》）。
④ 王锡爵：《王文肃公文集》卷40《论救重处诸臣疏》，《四库禁毁书丛刊》集部第8册，第154—155页。
⑤ "（万历二十一年）辛卯，王锡爵疏引三误，乞容改正。上报曰：'朕耻为臣下挟制，卿自引咎，置朕何地？三子俱不必封，少俟一二年，中宫无出，再行册立。'"谈迁著，张宗祥校点：《国榷》卷58，中华书局1958年版，第4694页。

尊重政治共识的重要性：其能够借助京察对王锡爵内阁的人员去留施加影响，即本于作为政治共识的"道德立场"——尽管考功官及其背后势力的真正意图并不在于"美政"理想之下被劾者的"人格缺陷"，而是借由官员考核制造政治事件，党同伐异；① 但被劾者在政治关系网络中的言行亦当有可资利用、以制造为"道德污点"或政治事件的可能，方可使政治事件的开展"合法化"；而准东林党人在此后对王锡爵的攻讦中落败，亦源于其上疏违背了神宗欲"独揽朝纲"之意。"癸巳大计"争端的产生根源于专制制度下君权、阁权与部权间错综复杂的矛盾叠加，故而王锡爵在对"癸巳大计"阁、部争端的处理中，亦在肯定阁臣政治立场的前提下，以平衡三方势力、调解矛盾为旨归：

> 吏部原覆拾遗之疏，不动一人，委属欠妥，皇上所疑，据理未尝不正。以此仓皇照依传旨票拟。既而细访外论，今年考察系郎中赵南星专管，虽意见可否之间，时与台省有异，而执法之公、任事之勇、怨仇不避、请托不行，则南星以此自信，臣等亦可以信南星者。特其抑扬太过，情或可原。至于本部堂上官则以事在该司，不代为之认罪，亦或其体统当然，而不可深罪也。今幸本未发下，倘圣意尚在踟蹰，不妨从轻处分，量为罚俸，以全吏部之体。其罚俸多寡一凭圣裁，所据虞淳熙等，在该科以为当去，在本部以为当留。臣等窃谓议当从众，理贵折中。合无将虞淳熙、杨于庭降调外任，以从公论；袁黄仍候征倭事毕议处。②

王锡爵此疏明为揭救赵南星等而上，但"抑扬太过""亦或其体统当然，而不可深罪"，即将政治事件之始作俑者归于吏部；对虞淳熙、杨

---

① 沈德符认为："此等建白，谓之存体面争意气则可，若云爱惜人材，通达国礼，则未必然。"《万历野获编》卷10《词林拜太宰》，第266页。
② 王锡爵：《王文肃公文集》卷40《分解吏部事情疏》，《四库禁毁书丛刊》集部第8册，第149—150页。

第二章 作为政治的文学：王锡爵的政治困境及开解策略 | 95

于庭与袁黄的处置实亦以刘道隆之疏为据。王锡爵宽恕政敌的姿态基于对政敌行为"失当"的肯定，故而其"婉转揭救"之中自当蕴含回击吏部发难的意图。但身为首辅，在复杂的政治局势中平衡各方势力、转圜并化解矛盾是其所当具备的重要能力。因此，在明确内阁政治立场的前提下，王锡爵必须对阁部矛盾与君臣矛盾作出调和。尊重政治共识是政治生活中的基本原则，因此，王锡爵对于三方矛盾的调和亦必以率先肯定神宗的政治决断——"皇上所疑据理未尝不正"为发端，通过高度仪式化的奏疏书写实现君臣权力关系形式上的确认，强化政治共识而后，以此为基点、尝试平衡阁、部矛盾。尽管救疏对于扭转统治者决定的实际效果有限，对于触犯统治者政治底线行为的解救意义甚微，但救疏的书写是自我态度与政治立场的仪式化展演，是作者对自我道德的辩白与政治行为合法性的诉说，奏疏的高度正式性与公众性以及其阅读对象的权威恰可在形式上彰显并保障奏疏内容的"真实而有效"。① 意图传达的有效与否往往在行文的微妙转圜之间，因此，救疏的书写尤当注重言说策略的选择，揣摩语词所传递的情感内涵及其程度，既委婉阐明己方的意图，又在形式上彰显出对对方的尊重。王锡爵对赵南星"执法之公、任事之勇、怨仇不避、请托不行"的肯定，既显示了对政敌人格的尊重，同时为下文对政敌的指摘与申救张本。而"抑扬太过"，则暗示出赵南星借由京察剪除异己的行为，为吏部对内阁"结党"的质疑进行潜在开解，以达成为己方辩白的诉求。继而言事在该司，本部堂上官不代为之认罪，"亦或其体统当然，而不可深罪"——"或"的使用，以不确定的口吻模糊并悬置了吏部滞留刘道隆劾疏、有意庇护虞、杨、袁三人的"潜在罪行"，明以"不可深罪"相为开解，实则暗含王锡爵内阁对吏部"体统"的质疑，再次宣示了内阁施政的合法性，使内阁在阁、部之争中占据了有利位置，并为其后续行政的顺利展开奠定基础。此时阁、部之争以对虞、杨、袁三人的留处分歧为焦点，而在

---

① 奏疏常以"不胜恳切之至""不敢欺君"彰显作者对于君王的尊重与忠诚，是对权力关系的再确认；并通过态度的反复表达与常规语词的强调而实现。

此问题上神宗明显倾向以内阁为首的政治团体,① 因此,王锡爵试图将阁、部矛盾纳入更大的君、臣矛盾之中予以化解,借助自上而下的权力干预解除纠纷,并为内阁对相关人员的处置提供了名义上的合法性支持:"幸本未发下,倘圣意尚在踟蹰,不妨从轻处分,量为罚俸,以全吏部之体"——神宗对吏部人员的从轻处分意味着理论上与皇权步调一致的内阁对吏部的宽恕,内阁亦因此在斗争中占据了"政治正确"的制高点;即便吏部对其同盟者所面临的"轻处"自难认同,但以此为由而针对内阁甚或神宗的任何指摘与反攻皆为政治立场的偏离,并可能触犯政治底线而导致不可宽恕的政治错误。王锡爵欲借神宗的宽恕缓和君主与吏部的矛盾,为君臣关系的回转争取空间,避免直接的政治冲突;但"阁臣之体,上未忤则不可骤谏以沽己名"②,与君王保持应有的分寸感至关重要;救疏又以劝谏为目的,因此,尤须把握立论措辞的精准性及其所隐含的情感限度。以此,王锡爵在具体惩处的操作层面以"罚俸多寡一凭圣裁"再度确认并昭示了君权至上的仪式性与荣誉感,并以"窃谓""合无"等语词远避沽名之嫌、彰显神宗独断之明。

当对政治矛盾的折中调和不能有效发挥其功能作用时,借助皇权寻获政治空间与引罪乞归,则成为王锡爵摆脱政治困境的方式。陈泰来、魏允贞、曾乾亨先后上疏,以王锡爵之疏明为揭救,暗则落井下石,擅票严旨重惩赵南星;王锡爵则以票拟本于"天语之传行,朱笔之改定"自辩:

> 白昼大都之中,圣主独断之事,在内则有文书官往来之传命,在外则有会极门出入之记籍……臣等闭门默坐,难逃意外之灾;剖

---

① 沟口雄三认为,此时准东林党人与神宗及内阁的矛盾,不仅源于人事调用的分歧与派系之争,更是里甲制崩溃的过程中,围绕固有体制的危机而展开争权斗争,是中央集权与地方分权、一统体制与有效治理矛盾(此处借用周雪光对中国国家治理矛盾的描述)的外化。[日]沟口雄三:《中国前近代思想的演变》,索介然、龚颖译,中华书局1997年版,第482—484页。
② 王锡爵:《王文肃公文集》卷24《陈还朴给事》,《四库禁毁书丛刊》集部第7册,第524页。

血自明，徒为妒妇之口。所恃者天语之传行，朱笔之改定，皇上自能为臣等证明，可以无辨也。①

借助皇权、在自上而下的权力授予中寻获政治空间，不仅于理难驳，于情而言更易引发神宗的共鸣。与君权同一立场的立论在为王锡爵此前政治行为提供合法性说明的同时，同样为其后续政治行为的展开拓宽了空间。王锡爵在此次京察事件中获得了神宗前所未有的信任与支持，因而，当其此后面对来自准东林党者以"喜同恶异"为由的攻评而屡疏请辞时，神宗无一例外温旨慰留，② 甚至在王锡爵致仕归乡后仍对其寄予厚望，以再出辅理相期，无奈缘准东林党者力阻而告罢。

四 "密揭事件"考辨

万历三十五年（1607）四月，廷推阁臣，神宗复念锡爵，予以厚望，遂特加少保，召之重出，再任首辅。一时翕然而谈起废事者，又以锡爵不可复起。③ 七月，李三才上《触弊感时直陈三事大义以裨圣治疏》，明以官职补阙为发端，④ 实则"本为邹元标、赵南星、顾宪成三人发也"⑤。此疏上后，"谈旧相（按：王锡爵）时事者又日不可止"⑥。党争之势日益激化。此后，王锡爵十疏上请，苦辞不就，终以乡居谢世。诏命初下之际，王氏即感于"时局异甚，蛮触满前"⑦、虽名缀首揆而其中千芒万刺⑧；加之一己"疾病支离，形神并废"，子衡亦疾病

---

① 王锡爵：《王文肃公文集》卷40《辨论阁中事体疏》，《四库禁毁书丛刊》集部第8册，第151—152页。
② 《明神宗实录》卷267"万历二十一年闰十一月辛卯"条，第4966—4967页。
③ 参见《明神宗实录》卷433"万历三十五年四月丁亥"条，第8197页。
④ 参见李三才《触弊感时直陈三事大义以裨圣治疏》，《万历疏钞》卷1，第125—128页。
⑤ 《明神宗实录》卷436"万历三十五年七月辛卯"条，第4966—4967页。
⑥ 《明神宗实录》卷436"万历三十五年七月辛卯"条，第4966—4967页。
⑦ 王锡爵：《王文肃公文集》卷27《赵濲阳相公》，《四库禁毁书丛刊》集部第7册，第583页。
⑧ 参见王锡爵《王文肃公文集》卷26《刘和宇詹事》，《四库禁毁书丛刊》集部第7册，第564页。

连年,① 遂以"事乃有必不可强者"② 为由,而不欲再出:

> (万历三十五年十一月)丁卯,旧辅王锡爵三辞新命,不允。方锡爵之再辞命也,姜士昌疏犹未上,锡爵具言"臣属耳近日言官之论列,多猜旁指,总未悉病臣心事。或谓臣特达受命,事体隆重,必皇上虚心委任与之,更始乃可出。此教臣以去就要君者也,臣所不取。又谓臣晏卧多年,骤蒙宠命,大出梦想之外,且惊顾未必肯出。此疑臣以偃蹇邀名者也,臣亦不取。臣之区区独有真病真情,可私质鬼神、明告君父耳。"及士昌疏上,言"锡爵立朝居乡,清名素重,与一贯不可同日语。顾前此柄政时量稍褊,不能虚怀以受善,人其触忤,锡爵一斥不复者,若干年矣。顷锡爵两疏请用遗佚,窃意根本洁清,如锡爵林居既久,意必悔之,愿如锡爵疏,悉召诸臣,俾还言官,然后敦趋锡爵,则锡爵既著清洁之名,复兼休容之美……不然,臣恐锡爵万无出理也"。至是,锡爵乃言"士昌从旁热中,疑臣出而无补,以臣言不行,臣终不可出,是坠臣疏中去就要君之说,臣之所不取也。况士昌之意主于收录遗贤,原与臣去年条奏语合,而臣又自反,生平从无妒贤嫉能之事,人臣立身遇主,苟自保不贪一钱,不坏一事,不害一人外,间千唾百骂、呼马呼牛,何不可直受? 乃新旧同官朱赓、李廷机一闻人言,相与动色陈辩,抵描写得世途之窄、揆地之轻,非所望于老成也。"上知锡爵意坚未肯出,乃言"今天气严寒,可于交春之初,着原遣官守催安车就道"。③

王锡爵辞疏三上后,神宗已知其意坚,必不能再出。而王氏尚有"至深至密之私语,于皇上有益而于外廷为触忤,于臣心为积诚而于章疏中

---

① 参见王锡爵《王文肃公文集》卷30《朱金庭相公》,《四库禁毁书丛刊》集部第7册,第658页。
② 王锡爵:《王文肃公文集》卷52《辞诏命一疏》,《四库禁毁书丛刊》集部第8册,第336页。
③ 《明神宗实录》卷440"万历三十五年十一月丁卯"条,第8353—8354页。

有不可直达者"，遂于三辞召命疏后以密揭上奏：

> 方今内外章疏连篇累牍，指陈时政，其果有犯而能无隐乎？臣虽在远，每窃观邸报中恶言詈语搃斥乘舆，鬼泣神号遍传都市，甚而诬指清朝为叔季，逆决危乱于崇朝。皇上但以禽兽畜之，一切置而不理，以为我之量大，正不烦言；彼之气衰，久当自定。而不知此辈方将恃皇上之不嗔不喜，因得行此卖直沽名之计。将来其气愈盛，其言愈长，嚣凌诟谇之祸又有甚于今日者。臣闻之曰"主辱臣死"，又曰"见无礼于君者，如鹰鹯之逐鸟雀"。今皇上之辱甚矣，小臣之无礼极矣。臣身未立朝，夙叨心膂，得不为皇上三思免辱之图，以庶几于鹰鹯之一击乎？然而事有大难者。夫君父至尊，必须自立于一毫无过之地，然后令出惟行，法行知畏，而皇上特不忍宫庭咫尺之好，以招喧呶之口。今若不大加改革一番，而徒加罪言者，则彼将腹诽而议曰"我以为忠也"，又将挟妖党之流言曰"我以忧乱也"。至此而天威不可得加，圣口不能与辨。此臣之所谓大难也。以臣愚计之，降魔荡妖只在须臾，绝讹止谤非假威力。且闻皇上先此曾谬誉臣清矣，而臣非能清也，止以起自田家，所求不过一饱一暖，而及其遇主知，食官俸，并于一饱一暖之外，无所增加。而臣以此益悟金银财宝，饥不可食，寒不可衣，毫于此身无益，而反足为累。此盖匹夫之浅见，不足闻于圣耳，而以小推大，理自同然。夫皇上虽曰尊同天地，而朝夕所需，岂能过此一饱一暖？今积藏禁帑委之无用，而徒令计臣日夜忧贫，贪吏因而借口。颇闻各边军饷亦以积欠嗷嗷，日谋揭竿称乱者，此非好稍息也。何不先其未发，幡然降旨，尽除关税，召还内差，仍稍稍斥散内库之有余，以济边储之不足，而天下岂有不欢呼踊跃，以颂圣德者？匹夫孺子此时若再有后言，三尺具在，何法之不可行……科道官喜拾风闻，妄言颠倒，诚亦有之……与其故意裁抑，留不肖以塞贤者之途，孰若稍事疏通，简新进以决旧日之壅？此则臣之私论，明开言路，阴散狂党，为今日揽权最上

着也。①

王锡爵深知，神宗素忌臣下沽名直谏，因此，进谏每每以美颂为发端，有效利用"政治共识"，将神宗个人意志实现的可能转化为一己讽谏之意。此篇密奏建言神宗当"大加改革一番"，罢关税、散国帑、发章奏、引时贤，其以宋之韩琦、富弼"身不在朝而力争新法"之故事自比，"法言巽言总求悟主，显谏密谏概不及私"。② 此疏虽缘欲"悚动皇上之听"，故"言之稍激"，③ 然其心诚情哀、理切言实当无可疑。正是此次密揭的上奏，为东林党人所利用并借以制造政治事端。王锡爵以"己目眊、子病卧"为由，令男孙王时敏——有书名于时者代笔，更亲手缄封、自留副本，免于"沽名"而外，自当有基于对密揭未入内中、先落外廷之忧虑。④ 然"此揭未达御览，而东南正论诸公、南京台省诸公，已家有一通"⑤，且此"密奏"与王锡爵原本大相径庭：

> 臣窃见近来邸报，奸邪结党，倾害忠良，朋比行私，要名讪上。甚者成倾朝为叔季、目皇上为庸主，揣摩逞臆，颐指捏诬，不能悉举。且以近日参政姜士昌之疏言之，其事虽公，其心实私。渠等布满南北，眈眈虎视，无可谁何。更暗伺朝廷动静，以资唇吻，肆毒善类。古云"主辱臣死"，又云"见无礼于君者，如鹰鹯之逐鸟雀"。皇上受小臣之侮极矣，奸党之无礼极矣。⑥

---

① 王锡爵：《王文肃公文集》卷52《密奏》，《四库禁毁书丛刊》集部第7册，第344—346页。
② 王锡爵：《王文肃公文集》卷53《八辞召命疏》，《四库禁毁书丛刊》集部第7册，第360页。
③ 王锡爵：《王文肃公文集》卷53《辨论密揭疏》，《四库禁毁书丛刊》集部第7册，第357页。
④ 参见王锡爵《王文肃公文集》卷52《密奏》，《四库禁毁书丛刊》集部第7册，第347页。
⑤ 沈德符：《万历野获编》卷7《内阁密揭》，第196页。
⑥ 《万历邸钞》万历三十六年九月"段然参劾旧辅王锡爵"条，江苏广陵古籍刻印社1991年版，第1620—1621页。

第二章 作为政治的文学：王锡爵的政治困境及开解策略 | 101

伪奏语词犀利张扬，带有强烈的褒贬倾向，与王锡爵奏疏言辞婉转恳切之风颇为不同。此奏一发，以段然、王元翰为首的朝中东林党人率先声伐王锡爵，由弹劾而至"失口嫚骂"，斥其为"病狂丧心、大奸大邪"之辈，① 乃至"上诬先人、下及儿女，举天下极相反事以相加遗"（王锡爵《致南京省台诸公》），制造并引导舆论走向②；此后攻讦者遂"明指痛斥，倾国而唾之"③。伪奏中"姜士昌之疏言之，其事虽公，其心实私"之语，为王锡爵原奏所无；而"见无礼于君者，如鹰鹯之逐鸟雀"之言，当据原本"皇上但以禽兽畜之，一切置而不理"删改，然王氏以此为发端，本意在为下文"君父至尊，必须自立于一毫无过之地"、进而言及整顿朝纲做铺排，实"寓显诤于密规"之中，巧顺上意，"以委曲引君于善者"，彰人君之美而不自居功④；被篡改的密奏中则对言官极尽诋毁之能事，并径直删去后文规谏之语。其后《明史》为王锡爵立传，修纂者亦本此奏而论其事。⑤ 对此，王锡爵上《辨论密揭疏》为己申辩：

> 疏发之日，臣焚香告天，手开手闭，实不使一人与闻，竟不审是何人传泄，又不审何人尽改其词，且添造恶言，如所谓"奸党倾害，朋比行私……"臣揭未远，尚在御前，可覆而按也。今万不得已，只得一面将揭草抄送各衙门，一面请皇上检发原揭以示外廷，人心不死，公道有在。使诸臣虚心评之，将谓叫呼以翘君之过

---

① 参见《万历邸钞》万历三十六年九月"段然参劾旧辅王锡爵"条，第1619页。
② 王元翰亦上疏言："旧辅王锡爵乘起用之机，借旁观之会，密揭暗投，陷害中正，出奇兵以应援辅臣朱赓之急，以禽兽待言官，不知自居何物。一贯家资百万，父子忿争，为同郡唾骂；朱赓窝藏矿税棍恶为逋逃主，天下膏血，半输其家。近闻自爵见段然疏，叫号谓其家人曰：'我事已泄，顾不得汝等，定要上京驱逐此辈。'故一腔热血呕向雷霆之下，惟望皇上大奋乾断，严斥锡爵，收转纶命，亟谴赓与廷机早去，则宗社幸甚矣！"王元翰：《凝翠集·疏草·臣奸涂面丧心比私害国疏》，清嘉庆五年宁州王氏树德堂刻本。
③ 顾宪成：《自反录》，《顾端文公遗书》，清康熙刻本。
④ 王锡爵：《王文肃公文集》卷53《辨论密揭疏》，《四库禁毁书丛刊》集部第8册，第357页。
⑤ "时言官方厉锋气，锡爵进密揭力诋，中有'上于章奏一概留中，特鄙夷之如禽鸟之音'等语。言官闻之大愤。给事中段然首劾之，其同官胡嘉栋等论不已。锡爵亦自阊门养重，竟辞不赴。"张廷玉等：《明史》卷218《王锡爵传》，第5754页。

者为是乎？抑以委曲引君于善者为是乎？宣谏草以归美于己者为是乎？藏谏草以归美与君者为是乎？科道官不考察不年例者为是乎？抑以考察年例者为是乎？料叚然必未见臣全疏，倘见全疏，未必不腼面咋舌、自悔其失听失言……至于然所云交通乱政，以为通见辅朱赓乎？则恐赓至今日尚未闻臣之有揭也；以为乱政，则试使皇上行臣之言，乱乎治乎……若曰求媚以图再起也，托同官以了未完也，则臣男先者又何急而告终养……计此时第六辞召之疏或已蒙赐允，倘尚留中，望皇上亟行批发，先放臣身，而徐下臣言，以知我罪我付之天下后世。①

其言辞之间所流露的强烈自信与自哀，当源于举证本乎实情，论之据理。且若以王锡爵密奏仅为重诋言官而上，则其于致仕前夕所上《辞朝献忠疏》中 "今之议论不患其多，而患其浮，核其浮则自不多矣……至于狂瞽犯颜之论，则所谓君仁臣直，不得不容；而科道官以言为职，尤不可造次加谴"② 之言，不仅表明一己认同 "言之者无罪"，更暗示出言官的 "言论自由" 是公开而不可违背的政治共识；且王锡爵既决计高卧，子衡亦已辞官告养、不欲再起，固不必顺随上意、身冒触犯 "政治底线" 的风险 "邀功市名"。若为基于政敌之攻讦而展开的自我辩白，则更不必借密揭而行，徒招非议；且篡改后的密奏语句多为空口无据的情绪化表述，难收申辩之效；况 "密揭未发之先"，即使攻锡爵者亦自认言无实据，"半含半吐"，王锡爵断然不会多此一举，以空洞叫嚣且有违政治共识之语发于密奏之中，授人以柄，予攻讦者以 "明指痛斥"、遂 "倾国唾之" 的可能。借口伪造的密奏内容而向王锡爵发难者，于情于理皆难自圆其说。③

---

① 王锡爵：《王文肃公文集》卷53《辨论密揭疏》，《四库禁毁书丛刊》集部第8册，第357—369页。
② 王锡爵：《王文肃公文集》卷51《辞朝献忠疏》，《四库禁毁书丛刊》集部第8册，第312—315页。
③ 参见王锡爵《王文肃公文集》卷30《答台省诸公》，《四库禁毁书丛刊》集部第7册，第675页。

第二章 作为政治的文学：王锡爵的政治困境及开解策略 | 103

对于王锡爵密揭被篡改并公开之始末，沈德符《万历野获编》曾录有两种相异之说作解。其一为卷七所录《内阁密揭》：

> 阁中密揭，虽祖宗朝皆然。然惟在事则行之耳。嘉靖中、万历初，有在籍在涂而用之者。永嘉、江陵、二张文忠是也。彼时臣主如一人，忤者立见奇祸，始得度外作事，要之非体矣。顷年娄江王相公，因上屡召不出，始以密揭进谏，遣家人王勉赍入京。勉为王五之婿，即东阿于相公作五七九传中之一也。道经淮上，李修吾中丞款之大醉。因潜发箧得之。初欲改易，知为王相孙时敏之笔，但抄录而仍封之。此揭未达御览，而东南正论诸公、南京台省诸公，已家有一通矣。李为娄江癸酉乡试门生，师弟最相得，与其同年周元孚俱受国士之遇。先皆在谪籍，皆因时望欲内擢之。李时已别得路，乃作书力辞，谓以庸众人待我，周遂转尚宝，而李为山西提学副使。然王益心重李，爱敬之，称道不容口。至此娄江从山中膺召，李候问执礼愈虔，王方倚为心膂，手书娓娓论时事，因得潜扼中其要害。李虽稍涉权谲，毕竟娄江亦多此一揭。既决计高卧，安得循黄扉故事，哓哓于三千里外也？①

据沈氏此段记述，王锡爵因上屡召不出，始以密揭进谏，遣家人王勉入京，李三才以酒席款之大醉，"因潜发箧得之。初欲改易，知为王相孙时敏之笔，但抄录而仍封之"②。显然，公开密揭系东林党人策划已久的政治事件，而李三才正是此次政治行动中的关键人物。结合王锡爵密奏之本事与李三才窃取密奏"但抄录而仍封之"的论述，可以确认的一点是：王时敏代书密奏之举意在防患于未然，杜绝别有用心者篡改密奏的可能。但随之而来的问题是——此举究竟是否以及在多大程度上发挥了其应有的效应——因为"但抄录而仍封之"的叙述背后，明显暴露了与事实的矛盾：倘若王时敏代书密奏之举发挥了预期的效

---

① 沈德符：《万历野获编》卷7《内阁密揭》，第198—199页。
② 沈德符：《万历野获编》卷7《内阁密揭》，第199页。

应，李三才未曾篡改密奏系实情，则后续的政治事端自无从谈起。因此，如李三才确曾参与窃取密奏的行动，则第一种可能的解释是：王锡爵原本已被销毁，李三才在伪造的密奏中亦将锡爵"只得令幼孙时敏未成文理之儿誊写"之语径自删去，神宗所见密奏已系伪造——否则，弹劾王锡爵者本于流传之伪奏，而神宗所览为原奏，他日以原奏与伪奏相核，无疑为东林党埋下了巨大的政治隐患，东林党人对此自不能不考虑周全。若神宗并不知锡爵密奏由时敏代笔之故实（王锡爵致仕后的奏疏中未尝流露上疏由王时敏代笔之意），自然亦无从怀疑密奏的来由。

若李三才确曾篡改密揭内容，为何沈德符的记载中又会出现"知为王相孙时敏之笔，但抄录而仍封之"的强调？沈氏外祖王讳俸与王锡爵为莫逆之交，① 沈德符对王锡爵亦多善评，然沈氏论及此事，则以"李虽稍涉权谲，毕竟娄江（王锡爵）亦多此一揭，既决计高卧，安得循黄扉故事，哓哓于三千里外也"② 之言对王锡爵略加指摘。由此可知，以伪奏出于王锡爵之手，当为时人之"共识"，即如沈德符等与王锡爵交善之辈，对此亦不无微词。③ 沈氏对李三才抄录并公开密揭的记述当本于顾宪成等东林党人所制造的舆论效应。顾宪成曾高度评价李三才公开密揭之举，以之为东林党史乃至"社稷"之"第一功"：

> 漕抚之可重，不特以其才，而以其节，不特以其有功于地方，而以其有功于世道。其有功于世道也，不特以其能御权阉，而其能御权相。至于御权相也，又不特知乔道长所云木偶兰溪、四明，婴儿山阴、新建而已，乃在遏娄江之出耳。何者？娄江之再起，正否泰夬姤之一大机也。然而密揭未发之先，言者犹半含半吐，意存规讽，其辞婉；密揭既发之后，乃始明指痛斥，倾国

---

① 参见沈德符《万历野获编》卷17《兵部郎叙功》，第436页。
② 沈德符：《万历野获编》卷7《内阁密揭》，第196页。
③ "今上辅相中，以予所知，持身之洁，嫉恶之严，无如王太仓相公。"沈德符：《万历野获编》卷9《太仓相公》，第237页。

第二章　作为政治的文学：王锡爵的政治困境及开解策略 | 105

而唾之，略无假借，其辞严。而娄江之进退，从此决矣。向令不出是著，娄江必且幡然应召无疑也。娄江既幡然应召，四明必且连茹而进无疑也。四明既连茹而进，福清必且为归德之续无疑也。而邪正之消长，亦从此决矣。故人但知今日之朝廷全赖一福清，而不知福清之得以晏然安于其位者，实由娄江之不果出；人亦知福清之得以晏然安于其位者，全赖娄江之不果出；而不知娄江之所以不果出者，实由段给谏密揭一疏，有以制其命。至密揭却传自漕抚也，岂非社稷第一功哉？①

在顾宪成看来，内阁中赵志皋（兰溪）、沈一贯（四明）、王家屏（山阴）、张位（新建）等辈皆无足道，真正能够对东林党秉政造成威胁者，唯王锡爵（娄江）而已。若王锡爵再度复出，则沈一贯必定复归内阁，内阁中唯一具有东林倾向的阁臣叶向高势必被孤立，东林秉政则遥遥无期。顾宪成在层层递推中，以东林之"正"战胜王锡爵党之"邪"，将李三才窃取并公开王锡爵密揭一事合法化，并对此举高度认可。李三才在书揭中，亦自认其行径。② 东林党人将王锡爵的复出视为其操纵政权的最大障碍，遂精心策划了截获密揭的行动。对此，顾宪成亦毫不讳言，并将其公之于众，左右时论。③ 李三才窃取密揭的做法本即是去道德化的"非法"行为，有乖公之于众的政治法则，更有篡改原本之嫌，故而，能够为此次行动提供合法性说明，并争取舆论支持的关键因素，即在于"王锡爵党"之"奸邪"，而"王党"之"奸邪"又恰恰体现在王锡爵之"密奏"及其内容上。因此，强调李三才维持密奏原本内容的叙事策略，遂成为东林党弱化进而掩盖其"暗箱操作"

---

① 顾宪成：《自反录》，《顾端文公遗书》，清康熙刻本。
② 参见沈德符《万历野获编》卷9《王文肃密揭之发》，第238页。
③ "礼科给事中亓诗教言：'今日之争始于门户，门户始于东林，东林倡于顾宪成。后刑部郎中于玉立附焉。宪成自贤，玉立自奸，贤奸各还其人，而后奔竞招摇，贪权布党，羽翼置之言路，爪牙列在诸曹。关通大内，操纵阁部，朝廷大权，握于东林。三年京察则处王绍徽，年例则处朱一桂，行勘则处熊廷弼，党同伐异。顾宪成而在，宁愿见之哉！'"谈迁著，张宗祥校点：《国榷》卷82，第5066页。

之政治权谋的手段。"但抄录而仍封之"当为东林党人为遮蔽事实而有意构建的舆论"共识",然而,对事件真相的刻意模糊,却恰恰因背反事实而暴露了东林党人的内在矫饰。

第二种可能的解释则是:李三才截获的密奏已为他人篡改,李氏的确碍于王时敏之笔,"但抄录而仍封之"。但"知为王相孙时敏之笔,但抄录而仍封之"的叙述背后,暗含着王时敏书法已家喻户晓且难以伪造的潜在话语,王锡爵令王时敏代笔的关键原因亦在于此。李三才与东林党人或识此笔迹非出自时敏、而知密奏之伪,却有意加以利用;王锡爵请辞三疏上后,神宗知其必不欲出,故而在获悉伪疏后,即便知此奏系伪造,却不欲大肆追究,拟以"轻处"控制事态发展,缓和党争之激,避免引发更大范围的政治涟漪,故而对于王锡爵此后的申辩,仅以"卿之密揭原是忠君爱国,谠言至意,言官掇拾风闻,辄行论奏,甚为狂躁。但以新进不谙事体,姑从轻恕……顷已有旨促卿入朝,还宜勉遵"作答。① 王衡曾手录神宗批答锡爵奏疏之语,题作"紧要文卷",万历三十八年(1610),王锡爵在临终前曾将批答重写一通,并录原谕原揭,随本上进。本中有"孤忠未明"及"以雪沉冤"之语,王氏在神宗之私心与舆论压力的夹攻之下蒙冤难展的沉痛与无奈,于此而可见一斑。②

尽管舆论因未见王锡爵密奏原本而多以东林所言为是,但仍有时人对此事之本末提出了另一重可能的解释。《万历野获编》卷九又录"王文肃密揭之发"一条,以李三才截获密揭之说为非:

> 丁未年娄江公密揭,俱云出自淮上抄传;即李修吾最后书揭中,亦自认身所传布矣。近见陈眉公,又云此事极冤,是乃王吏部冏伯,赂文肃干仆,盗钥私录之,且添改其词,以激言路之怒,如重处姜士昌等语,以寄南中段黄门诸公,实不由李中丞也。初冏伯不谓言路遂聚攻文肃,意颇惭沮,乃委罪于李中丞。其时为中丞者,既无胠箧始

---

① 参见王锡爵《王文肃公文集》卷53《辨论密揭疏》批答,《四库禁毁书丛刊》集部第8册,第359页。

② 参见王宝仁《奉常公年谱》,清道光十八年刻本。

谋，即宜直辨其诬，乃冒居发奸首功，取悦时贤，以为拥戴入阁之地。是两公者，均非君子之道矣。冏伯为文肃通家子，朝夕过从，本无毫发仇隙。特以己丑馆选不得预，以此切齿，终身恨之。①

据陈继儒（眉公）之言，策划窃取并篡改密揭者实为王士骐（冏伯），只缘事件的发酵导致政治效应影响日大，局面已非王士骐所能掌控，王氏恐事泄败，方嫁祸于李三才；李氏欲争取东林党之拥立而入内阁，遂冒名认罪，以此"首功"取悦顾宪成等辈。陈氏为王衡业师兼挚友，对于密揭事件个中原委自当有所耳闻，故王士骐篡改密揭之论或可备一说。东林党正是本于政治共识而制造王锡爵的"政治污点"，巧妙利用"密揭事件"制造舆论，方使王锡爵难再复出与东林党日后秉政成为可能；而王锡爵在此次政治事件中，迫于神宗的私心及舆论的压力而蒙人格"不洁"、为政"不端"之污名，遂成为党争中的牺牲者。②

第三节 "政生多门"：内阁权力的回落

洪武十三年（1380），朱元璋鉴于明初相权膨胀及前代宰相"专权乱政""旋踵亡国"之故事，③遂废宰相之制，④分相权于六部，以皇帝

---

① 沈德符：《万历野获编》卷9《王文肃密揭之发》，第238页。
② 王锡爵在此前及后续的上疏中，面对政敌诘难，曾屡次请求神宗将自己所上密奏及留中奏章公之于众，以是非曲直自有公断；然而神宗公开王锡爵的奏疏即意味着将一己之过与锡爵之讽谏一并公开，置人君于有过之地，故锡爵之请终未获允。
③ "自古三宫论道，六卿分职，并不曾设立丞相。自秦始置丞相，不旋踵而亡。汉、唐、宋因之，虽有贤相，然期间所用者多有小人，专权乱政。"（《皇明祖训·首章》，《四库全书存目丛书》史部第264册，第167页）又，"胡元之世，政专中书。凡事必先关报，然后奏闻。其君多昏蔽，是致民情不通，寻至大乱，深可为戒"（《明太祖实录》卷117"洪武十一年三月壬午"条，第1917页）。
④ "朕尝发号施令，责任中书，使刑赏务当，不期任非其人，致有丞相汪广洋、御史大夫陈宁昼夜淫昏，酣歌肆乐，各不率职，坐视废兴，以致丞相胡惟庸构群小黉缘为奸，或枉法以惠罪，或执政以逞冤，因是发露，人各伏诛，特诏天下罢中书，广都府，升六部，使知更定官制，行移各有所归，庶不紊烦。"朱元璋：《明太祖集》卷2《废丞相大夫罢中书省诏》，胡士萼点校，黄山书社1991年版，第30页。

本人代替丞相总揽政务，政归朝廷。① 同年九月，设四辅官佐政。② 四辅官名曰辅臣，然无实权，仅以政治顾问身份参政。③ 而四辅官的年老式微与频繁更替导致其行政效率低下，此制运行未及两年即告终结。④ 洪武十五年（1382）十一月，朱元璋仿宋制设殿阁大学士。⑤ 大学士官阶五品，论政时仅"侍左右，备顾问而已"⑥。殿阁大学士即后世内阁制度的雏形。永乐中，解缙、胡广等七人仍以五品入直文渊阁，预机务，内阁始创。⑦ 然阁臣"皆编检讲读之官，不置官属，不得专制诸司"，且君臣间的信任有限。⑧ 迨洪、宣间，三杨在内阁久，所兼官屡加至师傅，于是官阶益尊，虽无相之名，而已有钧衡之重。⑨ 此后，尽管正德时期内阁权力曾出现短暂的弱化态势，然阁权渐涨已是大势所趋，政治生活中一度出现"权相专政"的局面；⑩ 至张居正专权而达巅峰，"内外大计，一出其手定，部院不过一承行吏书矣"⑪。

---

① "我朝罢相，设五府、六部、都察院、通政司、大理寺等衙门，分理天下庶务，彼此颉颃，不敢相压，事皆朝廷总之，所以稳当。"《明太祖实录》卷239 "洪武二十八年六月己丑"条，第3478页。

② 参见《明太祖实录》卷133 "洪武十三年九月丙午"条，第2114页。

③ 参见谭天星《明代内阁政治》，中国社会科学出版社1996年版，第6—7页。

④ "四辅官之设也，王本等诸人皆老儒，起田间，敦朴无他长，独安然久历中外，练达庶务，眷注特隆。"陈鹤：《明纪》卷4，清同治十年江苏书局刻本。

⑤ 参见朱元璋《明太祖集》卷3《华盖殿大学士刘仲质诰文》，第56页。

⑥ 《明史》卷72《职官一》，第1733页。

⑦ "成祖即位，特简解缙、黄淮入直文渊阁，胡广、杨荣、杨士奇、金幼孜、胡俨同入直，预机务，谓之内阁。内阁之名及参预机务自此始。"龙文彬：《明会要》卷29《职官一》，中华书局1998年版，第3682页。

⑧ 尽管成祖曾对解缙、黄淮信任有加，"或至夜分，帝就寝，犹赐坐榻前语，机密重务悉预闻"（《明史》卷147《黄淮传》，第4123页），但解缙后因立储被诬，成祖怒其"离间骨肉"，遂于永乐五年黜为广西布政司，至十三年被害（《明史》卷147《解缙传》，第4121—4122页）；黄淮则以永乐十二年辅导太子失职而身陷囹圄达十年；胡俨于永乐二年出为国子监祭酒，未再入阁（《明史》卷147《胡俨传》，第4128页）。

⑨ 参见赵翼著，王树民校证《廿二史札记校证》卷33《明内阁首辅之权最重》，第767页。

⑩ "部权自高拱、张居正以来，尚书惟张瀚、严清，选郎惟孙鑨、陈有年颇能自立，余则唯唯呐呐，滥觞于杨魏，而埽地于刘希孟、谢廷寀。"谷应泰：《明史纪事本末》卷66《东林党议》，第1026页。

⑪ 沈德符：《万历野获编》卷12《大计纠内阁》，第305页。

一 以吏部为首的六部干涉

内阁权力的扩大自然会引发六部职权的压缩；而吏部素为六部之首，权势"视五部特重"，吏部尚书"进退庶官，铨衡重地，其礼数殊异，无与并者"①，因此，以内阁与吏部矛盾为首的阁、部矛盾亦伴随内阁的扩张而日渐激化。江陵败后，攻者四起，部权反弹，阁权亦随之式微；且随着宋纁、陆光祖与孙鑨先后任吏部尚书，与内阁争权，人事权始归吏部。② 虽然在后续的阁、部之争中，吏部尚难完全摆脱内阁的制约，但万历中后期（自后申时行内阁时代始）在围绕会推阁臣、人事迁升等重要问题所产生的阁、部之争中，阁权再度回落：万历二十一年（1593）的"癸巳大计"中，在吏部的主持下，内阁众多亲信被黜，以吏部为首的六部对内阁发难；而王锡爵虽位居首辅，亦难干预其间。赵翼以"有明一代用人之权悉由吏部"，虽有绝对之嫌，然吏部主掌人事考核升迁之事，"注授官职可以上下其手"③，亦是实情。吏部会推阁臣，人选多出自本部，且主张实行吏部主掌之下的"廷推"制，以便制约进而操控内阁，建立并巩固其政治联盟；阁臣则主张由皇帝特选，不必廷推，欲免受部院挟制。王锡爵在癸巳京察结束仅一年后，因身陷阁、部之争的政治困境而请辞；在与吏部关系甚密的东林党人的策划之下，再无复出之可能。此后，与东林党人关系密切的科道官屡屡论劾阁臣，制造舆论效应：

> 曩者张居正之裁抑言官也，恃强狠矜急之气，以顿挫英雄。或用而黜，或黜而用，威灵气焰，其法已入于神。自沈一贯之阴险刻深，也用软监活埋之计，行终身闭锢之谋，令废弃诸臣自老自死，自杀自尽。贻陛下以恶直之名而己不与。其法已入于圣。朱赓不但废其人也，且废其言。禁科抄之报，不使誊传，一世盲聋，万年长

---

① 《明史》卷72《职官一》，第1734、1739页。
② "时黜陟权尽还吏部，政府不得侵挠。"《明史》卷219《张位传》，第5777页。
③ 赵翼著，王树民校证：《廿二史札记校证》卷33《明吏部权重》，第771页。

夜，其法益入于工。①

段然此疏本于言路之壅闭，对于包括王锡爵及其后继者沈一贯、朱赓等在内的阁臣逐一批驳，并将个人道德与行政能力完全对等，过分强调阁臣自身的人格品性，而有意回避复杂政治局势中所必须的迂回之术。部臣与言官所形成的政治联盟对于内阁行政而言，是强大的政治阻力：

> 刘文选无端横争一场，而十三道助之。问其所以，乃谓六科会议之旨票自阁中，而不知上亲笔大书见在许少微处。弟问许因何不与人来看，答曰："恐又惹事，以我为回护阁中耳。"乃至群少之势真可以生人杀人，朝廷一毫无权，可为痛哭流涕也。弟风火之性，即今已仅勾容耐，且捱至圣节后，或再请册教而不行，虽百计挽之，岂可复留？②

六部给事中虽在名义上分掌六部，以监察部臣为职；但其往往易与各部长官达成利益共识，行事受意于部臣。六部授意给事中刘文选以阁臣擅权拟旨为由，制造事端，针对内阁发难，并联合都察院十三道监察御史为政治同盟。协院中丞许少微秘藏神宗亲谕手书，不示众臣，无疑为刘氏及六部的发难提供了合法性支撑。而许氏之所以对神宗亲书秘而不发，乃缘其惮于六部与科道官联合之下的强大力量。王锡爵内阁后期，已有内阁政权旁落之征，王锡爵对朝局屡生"政多门而散、事多径而支"之叹，阁臣主政亦颇势单力孤。③ 万历后期以降，六部分权，"意见纷出，事权涣散"④，内阁凝聚力日趋消解，一众首辅因朝论哓哓、

---

① 《万历邸钞》万历三十六年九月"段然参劾旧辅王锡爵"条，第1628—1629页。
② 王锡爵：《王文肃公文集》卷25《申瑶泉相公》，《四库禁毁书丛刊》集部第7册，第553页。
③ 参见王锡爵《王文肃公文集》卷28《耿叔台操台》，《四库禁毁书丛刊》集部第7册，第602页。
④ 申时行《答叶台山相公》："若使六曹各司其事，则意见纷出，事权涣散，其势必不能安。"陈子龙等选辑：《明经世文编》卷380《申文定公集》，中华书局1962年版，第4128页。

难以为继而纷纷离职请去：

> 宰相进退系国家大体，其自处，与主上处之，皆有礼。先朝无论矣，今上御极后，如高新郑、张新建之逐，出自内旨不必言。初则吕桂林四疏而退，申吴门为上所眷，留至十一疏亦允；后则王太仓尤受宠注，亦入疏即见俞；至许新安、王山阴，稍弗圣意，许以三疏，王以五疏，俱得请矣。至赵兰溪卧邸则时历三年，疏凡八十余上，而卒于位，说者以为子弟辈贪恋权位，制其乃父致然。沈四明告归仅匝岁，而辞疏亦至八十，说者又谓欲挈归德同行，故久不去位，是时相体已扫地矣。又至李晋江则在阁不两月，而居真武庙凡六年，谢事之章百余，始放归。直如囚之长系，兽之在槛而已，尚可曰相体，曰主恩哉？①

明朝中晚期，阁臣在六部与科道所形成强大的舆论压力之下，屡遭抨击，亦难以展布，不得不屡疏请辞以摆脱政治困境，② 以致相体扫地，内阁空缺，朝政益荒。③

二 阁臣"权轻责重"的尴尬处境

在以吏部为首的六部掣肘之外，阁臣"权轻责重"的尴尬处境同样是造成明代中晚期内阁权力回落的重要因素。"祖宗设立阁臣，原是文墨议论之官，毫无事权。一切政务皆出自六卿，其与前代之相臣绝不相同。今事权日轻而责望日急，救过不赡，何暇他图？"④ 阁臣虽一度

---

① 沈德符：《万历野获编》卷9《阁臣致政迥异》，第240页。
② "有明一代，足以影响朝廷行事，而令执政最为棘手者，一为阉寺，一为科道。前者于宫廷蛊惑君主，弄权干政，阁臣与貂珰之权势，亦时有低昂，互为起伏；科道为君主外廷耳目，掌握言路，阁臣如经常遭其抨击论劾，亦难以展布。"张治安：《明代监察制度研究》，台北：五南图书出版股份有限公司2000年版，第269页。
③ "时事艰难，不求理财、足兵、实政，乃诬造是非。"谷应泰：《明史纪事本末》卷66《东林党议》，第1027页。
④ 叶向高：《纶扉奏草》卷30《谢恩并效余忠疏》，《续修四库全书本》史部第482册，上海古籍出版社2002年版，第341页。

大权在握，然自政治"合法性"而言，其身份始终受制于政治顾问的角色"毫无事权"。阁臣"虽无相名，实有相职"①，其权力的"越界"作为政治生活的变体，往往在自上而下的权力空隙中产生并滋长，其赖以存续的"合法性"土壤并非公认的政治法则，而是源自君王的私相授权。②"越界"的权力多经由诸如君王授意、默许等非法定的程序而获取，实无律法条文作为依托；因此，阁臣一旦因利益争夺而为政治对手质疑其"越界"行为的合法性时，遂鲜有辩驳的空间，"身受攻击，几无全肤"③。以阁臣票拟之权而言，起初阁臣拟旨之角色本限于"供票拟之役"④——君王意旨的书写与传达者，并无参酌政事之权；但君王屡屡废朝的行为使阁臣代为拟旨成为必要与可能：

> 自嘉靖以来，人主罕与群臣廷决，事之可否悉取裁于票拟，内阁始以代言之任凌尚书出其上，于是大臣喘喘颐旨若六曹吏，而今无变也。进退人材，非阁不决；军功爵赏，非阁不先。尚书接迹请事于朝房，而阁臣者务为深严矜重，以示招麾惟我之态。皇上试察今日之事，有一不禀于内阁者乎？⑤

尽管自嘉靖以来"拟旨必由内阁"⑥，阁臣参与裁决政事并票拟圣旨已成政治生活的常态，亦为官僚体制所认可，但未经法定程序的私人"授权"常易模糊阁臣拟旨权力的边界与限度，在内阁与外廷矛盾激化时，内阁行使票拟权的"越界"与分寸感的缺失常常被政敌深文周纳为制造政治事端的口实：

---

① 徐阶：《世经堂集》卷2《答钦简阁臣谕》，《四库全书存目丛书》集部第79册，齐鲁书社1997年版，第383页。
② 神宗曾言"阁臣辅理，自当与闻大政"（《明神宗实录》卷135），以阁臣参政是君王久不上朝却能了解国事、有效维系国家机器运转的必要条件。
③ 黄景昉：《国史唯疑》卷9，《续修四库全书》史部第432册，上海古籍出版社2002年版，第151页。
④ 叶向高：《纶扉奏草》卷11《杜茂参刘文藻揭》，《四库禁毁书丛刊》史部第37册，第33页。
⑤ 孙承泽：《山书》卷7《论中官阁部》，《续修四库全书》史部第367册，第121页。
⑥ 陈鹤：《明纪》卷47《神宗纪九》，清同治十年江苏书局刻本。

第二章　作为政治的文学：王锡爵的政治困境及开解策略 | 113

近该行人高攀龙、御史徐元疏以惜才为词，而以喜同恶异疑臣等。其责臣等甚备且甚冤，而臣等一恃皇上亲口亲笔为证，处之甚平淡，应之甚安闲。窃料臣等心事断然明矣。既而思之，自古大臣尚有故迁其身显为疑事，使诽在己、誉在上，如管仲、子罕之为者，彼岂异人？而臣等独不为主分谤任怨乎……而必欲借皇上亲口亲笔之言为解乎……怒一人而或迁之众人，斥一人而或锢之一世，又有抵触本轻而责之太重者，有容忍在前而复旁发于他事者，部院能请不能必其下，臣等能言不能必其行。诸臣求其说而不得则争，争之而又不得则激，于是始以见逐者为尽君子，逐之者为尽有心，而其说且支离胶固而不可复破矣。①

赵用贤与吴之彦绝婚本非关系朝局的重要政治事件，却因二人背后牵涉不同的政治势力，而被部臣与台官加以利用，制造与内阁的矛盾分歧，借此党同伐异。② 赵用贤上疏请辞而获允，都御史李世达为其不平，亦连章乞归。高攀龙以赵、李二人被评去位，遂疏攻王锡爵借此时机剪除异己。神宗怒，谪攀龙揭阳添注典史。在此次人事纠纷中，虽然六部及科道进言者屡屡被斥乃出于神宗亲断，但在阁臣拟旨的政治惯性之下，首辅自难以摆脱参与决断的舆论指涉；加之政敌对阁臣"僭越职权"的有意放大，王锡爵遂被指目为借由票拟职权剪除异己。万历后期，阁臣在协调君主与外廷的关系上，动辄为科道官攻评为权相"壅闭言路"，③ 此中亦可见阁臣行事左支右绌之艰难。阁臣过问六部事宜在阁、部矛盾激化时，同样被指目为僭越职权。④ 名义上权力的有限性

---

① 王锡爵：《王文肃公文集》卷45《因言辨论并劝录用人才疏》，《四库禁毁书丛刊》集部第8册，第232—233页。
② 事件本末可参看谷应泰《明史纪事本末》卷66《东林党议》，第1026—1027页。
③ 参见《万历邸钞》万历三十六年九月"段然参劾旧辅王锡爵"条，第1619—1635页。
④ 吏、兵二部常以"选用紧要官职及会推大臣，必先用首辅所欲，而后敢拟名奏上"为衔（张萱：《西园闻见录》卷26《宰相上》，香港：文海出版有限公司1970年版，第2449页）。面对部院对阁臣"越职"的指责，申时行以"夫国纪纲法度，分掌于部院，而统归于朝廷，阁臣则参与机务，备顾问者。若于诸司之事全不与问，即皇上有问，臣等凭何奏对？即有票拟，臣等凭何参酌"为反驳（申时行：《辨御史张文熙条陈疏》，《明经世文编》卷380《申文定公集》，第4126页）。

与实际权力"越界"的错位,使阁臣的政治处境颇为尴尬,多为朝论所攻。

三 科道官的言论掣肘

科道之设本为发挥其监察功能,因此,尽管科道官位列五、七之品,官阶不高,但"朝政阙失,庶官贤否,民情休戚,皆得言之,非它职可比"①,对内阁的监督亦是其职责范围所属,且"御史纠弹,皆承密旨"②。张居正掌权时期,言者以媚从居正、"恂恂若属吏"为常态③;及张氏落败,久被压制的言路遂由之反弹而日趋躁进矫饰:

> 万历中,张居正揽权久,操下如束湿,异己者辄斥去之,科道皆望风而靡。夺情一事,疏劾者转出于翰林、部曹,而科道曾士楚、陈三谟等且交章请留。及居正归葬,又请趣其还朝。迨居正病,科道并为之建醮祈祷。此言路之一变也。继以申时行、许国、王锡爵先后入相,务反居正所为,以和厚接物,于是言路之势又张。张文熙、丁此吕等即抗章劾阁臣,而阁臣与言路遂成水火。万历末年,帝怠于政事,章奏一概不省,廷臣益务为危言激论,以自标异。于是部党角立,另成一门户攻击之局,此言路之又一变也。④

张居正专权期间,科道官大有"莫敢异同"之势;⑤ 及其政治问题一触而发,则言官或基于久被压抑而迅速反弹、或出于政治投机而落井下石,遂至言论哓哓,"论同异不论是非",⑥ 言路之坏自此而始。对此"人情

---

① 参见《明宣宗实录》卷3"八月丁亥"条,台湾"中央研究院"历史语言研究所1962年影印本,第212页。
② 张廷玉等:《明史》卷147《解缙传》,第4117页。
③ 张廷玉等:《明史》卷213《张居正传》,第5646页。
④ 赵翼著,王树民校证:《廿二史札记校证》卷35《明言路习气先后不同》,第804—805页。
⑤ 参见《明史》卷213《张居正传》,第5646页。
⑥ 参见王锡爵《王文肃公文集》卷21《沈镜宗侍郎》,《四库禁毁书丛刊》集部第7册,第469页。

第二章 作为政治的文学：王锡爵的政治困境及开解策略 | 115

之变"，王锡爵欲以正色屹足而使天下敬服，①"初拟以静重服之，而不胜则示以宽和，及宽和又不胜，则稍与之辩是非"②，本乎"和厚"接物待人，然而言路益因此而日趋嚣张，内阁行事受其牵制而进退两难：

> 阁臣之职务要在承行上命，调燮众心，先年偶有一二招权作威、把持六卿台谏者，则人满私门，家颂圣德。今臣等痛惩其弊，尽归公议于外廷，权轻于毛羽，而责反重于丘山，善不敢自归，而过又不容其分辨。然则为阁臣者，昔何以易，今何以难？人之谕阁臣者，昔何以恕，今何以严？此其故可知，而人心世道亦可概见已。③

言论控制的松弛在凸显政治生活中若干弊端的同时，却也为"阴利其无害，而借以为名"④的政治投机者提供了可能。阁臣与君主接触频繁，处于权力层级划分的上端，故其行止备受瞩目；在平衡各方势力的处理上稍有不慎，则可能贻人话柄，动辄得咎。"善不敢自归，而过又不容其分辨"，置身君权高压与百官舆论之夹缝中的阁臣行事每每如履薄冰，权轻而责重。科道官合理谏言无疑能够规范朝臣的政治行为，本为专制体制下的政治清流；但过度议论则会严重干扰内阁的行政节奏，使事态发展偏离原初的设想：

> 至于国本未定，则外观甚诧骇，而就中必不有他。赵定宇、王弘阳辈初亦劝乘有嫡立嫡、无嫡立长之旨，且先请出阁，再图后

---

① 参见王锡爵《王文肃公文集》卷14《申瑶泉相公》，《四库禁毁书丛刊》集部第7册，第336页。
② 王锡爵：《王文肃公文集》卷25《申瑶泉相公》，《四库禁毁书丛刊》集部第7册，第553页。
③ 王锡爵：《王文肃公文集》卷40《辨论阁中事体疏》，《四库禁毁书丛刊》集部第8册，第152页。
④ 王锡爵：《王文肃公文集》卷29《董浔阳座师》，《四库禁毁书丛刊》集部第7册，第506—507页。又，"方今之世，下官攻上官以为名，上官媚下官以为厚，乡宦胁有司以为威，有司又胁乡宦以为巧，真极乱世界"（《王文肃公文集》卷21《李养愚抚台》，《四库禁毁书丛刊》集部第7册，第466页）。

计。而群少年攘臂一呼，其说皆变，满盘活棋，尽成死局。①

王锡爵有鉴于王家屏直言立储于事无济而其身先去之故事，遂以密揭上请；未果而欲先行皇长子豫教之礼，礼成则意味着对太子之政治身份的先行肯定，无疑有助于促成后续"立长"计划的施行。然而，科道官或源于利益驱动下的党派纷争而有意制造事端，或未解迂回之术而欲直谏到底，或为彰显一己"政治正确"之立场而故作姿态，遂屡以"道德大义"对神宗及内阁施压，却不知纷纷议论恰予神宗以推迟册典之口实，使其以"人君独断之明不彰"为由而久不立储，册立事体遂"愈激愈坏"。万历中后期，科道官的过分干预往往使内阁行政左右掣肘，阁臣主张难行，由"仅能支吾"而至"反觍面受辱"②"愈趋愈下"③。在言官"巨细无遗"的指摘之下，九列之间难有能免于人言者，"甲贤乙否终无完人"，阁臣之体名存实亡，只得屡屡上疏引退，④致使内阁职位长期空缺，行政能力下降。"语多绪而纷"实已兆纷乱之机⑤，随之恶化为官僚群体耽于空谈"大义"而逐步丧失实政能力。

科道官对于监察功能的过度行使不仅会打乱内阁行事的计划，同样可能制造不必要的矛盾争端，使政治事件复杂化，弱化内阁与百官之间的凝聚力：

---

① 王锡爵：《王文肃公文集》卷25《陆五台尚书》，《四库禁毁书丛刊》集部第7册，第524页。

② 王锡爵：《王文肃公文集》卷24《顾冲庵总督》，《四库禁毁书丛刊》集部第7册，第524页。

③ 翟凤翀：《河南道监察御史翟凤翀本》，《朝野申救疏》卷2，美国哈佛大学哈佛燕京图书馆藏中文善本汇刊影印本，第41页。

④ "今九列之间，能自免于人言者又有几人？今日言一人而一人径去，明日言一人而一人又去。甲贤乙否终无完人，此救彼攻相随俱败，非但内之人僚将空，即外之督抚其存者亦有几？山林之木不足以供野火而烧，而况此寥寥数株乎？臣方求去之时而复言此，盖有感激于皇上。"（《明神宗实录》卷507"万历四十一年四月乙卯"条，第9618—9619页）是知不仅阁臣为政难行，百官皆难逃言官之责难。

⑤ 参见王锡爵《王文肃公文集》卷27《耿叔台操台》，《四库禁毁书丛刊》集部第7册，第602页。

第二章 作为政治的文学：王锡爵的政治困境及开解策略 | 117

召对之后，上欣与往复问答数四，其详不可外传，乃知册储犹豫之故。"（朕）不老（又）无疾"一言毫无他意，而群少年睥睨两宫一毫不着，则有以阁、部、院异同之说别生事端，而不知其愈巧愈拙也。①

日常话语被予以过度的政治化解读，而成为不同利益团体间制造政治事端以相互攻讦的武器，事件本身的迫切性却被弱化而难以得到有效解决。对于内阁与言官的矛盾，黄宗羲所录顾宪成与王锡爵间的一段对话历来为研究者所重：

娄江谓先生曰："近有怪事知之乎？"先生曰："何也？"曰："内阁所是，外论必以为非；内阁所非，外论必以为是。"先生曰："外间亦有怪事。"娄江曰："何也？"曰："外论所是，内阁必以为非；外论所非，内阁必以为是。"②

黄宗羲持有明显的东林倾向，因此，其对此段记述的看法亦本于顾宪成，以阁臣为内阁与科道矛盾的制造者。但黄氏却忽视了制度层面"任事"与"议事"群体内在矛盾的必然性以及张居正时代结束后久被压制的言官势力反弹的潜在事实。③ 任事者的悲剧在于，议事群体作为旁观者，对其处境难具"同情之了解"，因而常对其"所必需的能力"作以想象中不切实际的夸大：

方今人情凿空杜撰，以不肖待人，则九天之上、九地之下无不蒙致疑者。其求全责备，以圣贤望人，则尧舜所不能谋，贲育所不

---

① 王锡爵：《王文肃公文集》卷26《梅衡湘巡抚》，《四库禁毁书丛刊》集部第7册，第564页。
② 黄宗羲著，沈芝盈点校：《明儒学案》卷58《东林学案一·端文顾泾阳先生宪成》，中华书局2008年版，第1377页。
③ 参见赵园《制度·言论·心态——〈明清之际士大夫研究〉续编》，北京大学出版社2006年版，第9页。

能举，无不蒙督过者，而抑又有怪中之怪焉。夫疑之以不必疑，则信之以其所可信可也。而上之口传不信，手札不信，则阁臣岂有此飞天使鬼之术？责之以至难之责、则任之以至重之任可也，而一批驳谓之争权，一主张谓之生事，则阁臣岂有此左圆右方之才？嗟乎！苦矣！乞骸疏已草成，会上忽然召见，且许先行豫教之礼，小子见储位大定，以此又隐忍少住耳。①

任事者在诸种政治力量中周旋，"以偏衷而调众心"②，自难确保全部成员利益的公平性，一定限度内的疏漏与情感倾向亦在情理之中；但议事者往往以"旁观者清"的姿态，有意或无意放大任事者的过失，并援引"道德大义"加以评说，"辱荐绅以难全之名节，责中材以下以不可忍之清贫"③。尽管持论甚为堂皇，但大而无当的纸上谈兵却无法有效应对复杂多变的实际局面。科道官对阁臣应尽责任的苛求远远高于对其过失的包容，因此，阁臣为政，事成则被视作理所当然，一旦稍有不尽人意处，则口诛笔伐纷至沓来。"从来任事之人，即任罪之人"④，此种情形在明代中晚期内阁权力回落之际，表现得尤为突出，阁臣"如荒堂土偶，像设虽存，久已不能为人祸福"⑤。此外，君主以章奏留中等方式对内阁的弹压以及司礼监在上奏及批红程序上的人为牵制，亦致使明代中晚期内阁行政的左支右绌。⑥

由于内阁权力的回落往往隐藏于具体的政治事件背后，且以政敌对

---

① 王锡爵：《王文肃公文集》卷26《董浔阳座师》，《四库禁毁书丛刊》集部第7册，第565页。
② 王锡爵：《王文肃公文集》卷23《周青莱知县》，《四库禁毁书丛刊》集部第7册，第517页。
③ 王夫之：《读通鉴论》卷22《玄宗》，中华书局1975年版，第756页。
④ 卢象升：《密陈边计疏》，《庐公奏议》卷5，清道光九年刻本。
⑤ 叶向高：《纶扉奏草》卷17《请补阁臣第五十一疏》，《续修四库全书》史部第482册，第106页。
⑥ "相权归于寺人，于是朝廷之纪纲，贤士大夫之进退，悉颠倒于其手。"（《明史》卷72《职官传序》，第1730页）又，"天下事至此，以苦争则中官震于威怒，或屏不奏闻；以力争则群党自挺风指，或转为疢毒。公其以权辅正而行，匪棘匪徐，则救助一机"（《王文肃公文集》卷28《崔际虞御史》，《四库禁毁书丛刊》集部第7册，第613页）。

阁臣的攻击为常见的表现形式，故而王锡爵的应对之策亦更多体现为对政敌的回击，而非针对强化阁权作出具体规划。王锡爵对政敌攻讦的应对策略在本章第二节已有了详细论述，故此处不再赘言。

第四节 "君臣大义"的模式书写：朝中政治势力的调和

政治运作常常并非某一参与方的单向行动，而是多重政治势力间的激烈角逐。复杂的政局中，权力核心阶层的代言者往往须周旋于多方复杂的政治势力之间，调和政治矛盾，尽可能避免现实的冲突，以较低的成本维持局势的相对平稳。王锡爵身为内阁辅臣，构建同一的政治目标、弱化君臣矛盾与百官分歧是其不可回避的职责。由是，调和诸种政治势力的文本写作，遂成为王锡爵仕宦生涯中一项重要的政治行为。

一 "洮河之变"中的内阁困境

嘉靖年间，俺答汗在率蒙古右翼进驻青海、征讨异姓王胜利后，遂授意其子丙兔、其孙真相与多罗土蛮部的火落赤等占据青海。作为明朝西北的交通要道，青海是蒙古入藏的必经之地，控制了青海一带，遂意味着对西北各部族的进一步牵制与掌控。因此，真相与火落赤等不断活动于此地，挑起同明朝的军事争端，试图控制西北军事之咽喉。万历十八年（1590）六月，火落赤率部进犯青海，攻至洮州，杀副总兵李联芳，"洮河之变"爆发。是年秋，顺义王扯力克出兵，助火部攻击明军，西北边界告急。[①]

以申时行为首的内阁与宣大总督郑洛、萧大亨等主张以"抚"为主的制虏方略，欲劝扯力克东归而孤立火落赤、真相诸部，以实现青海

---

① "十八年六月入旧洮州，副总兵李联芳率三千人御之，尽覆。七月复深入，大掠河州、临洮、渭源。总兵官刘承嗣与游击孟孝臣各将一军御之，皆败绩，游击李芳等死焉，西陲大震。"《明史》卷330《西域二》，第8548页。

之靖;① 陕西巡抚叶梦熊、总督魏学曾等则主力战,诋主和派为秦桧、贾似道之流。② 内廷言论哓哓,各自为政:

> 承札所谕边事不坏于虏,而坏于文法议论,此不肖病卧时已先为经略言之。抑此尤其浅浅者。使文法议论果流出胸中,即抵牾一时,久当自定。乃近有一种磨牙吮血之口吻,而佐以承望押阖之心肠,将来所坏,岂止边事而已。③
> 比来边事未见头绪,而朝堂已先为战场,首寮坐之待罪矣。④
> 彼当局者欲以斗胜立奇,是其习性。而中朝恰更有一番议论,以为主剿即不当怒蛙之勇,当得凭轼敛容而敬之。嗟乎! 此世道之忧,非公一人之辱也。⑤

朝中主战者以边臣厚交内阁,借款贡而谋私利,遂至不言战而言和。万国钦上疏弹劾阁臣,矛头直指首辅申时行:

> 昔有宋当金人横恣之时,张、韩、刘、岳勠力勤王,收复中原犹之反掌,而秦桧力主和议,竟贻宋室亡征,负罪千古……不意明明天朝,复有如桧者得侧其间……自款贡以来,巧媚之缙绅,庸驽

---

① "今国家御虏,当以抚顺剿逆为长策。即西虏内讧,声其罪而剿之可耳。虏王无他端,而并绝之,横挑边衅,委边氓于锋镝,令军兴耗费无已时,非胜算也。"(申时行:《赐闲堂集》卷31《光禄大夫少傅兼太子太傅兵部尚书萧公偕配封一品夫人刘氏合葬墓志铭》,《四库全书存目丛书》集部第 134 册,齐鲁书社 1997 年版,第 638 页)"火酋犯顺当诛,扯酋助逆无征。一火酋不能必胜,乃欲绝扯酋,则诸镇起衅,其祸将不可支。"(李维桢:《大泌山房集》卷 17《萧少傅年谱序》,《四库全书存目丛书》集部第 150 册,第 674 页)
② 参见《明史》卷 222《郑洛传》、卷 228《魏学曾传》,第 5852、5976 页;万国钦《万二愚先生遗集》卷 1《山西道监察御史万国钦奏为大臣互党误国欺君致遗房患恳乞圣明亟赐罢斥决意征剿以保治安疏》,《四库禁毁书丛刊》集部第 78 册,第 10—14 页。
③ 王锡爵:《王文肃公文集》卷 22《梅鹤洲总督》,《四库禁毁书丛刊》集部第 7 册,第 477 页。
④ 王锡爵:《王文肃公文集》卷 22《萧岳峰总督》,《四库禁毁书丛刊》集部第 7 册,第 477 页。
⑤ 王锡爵:《王文肃公文集》卷 22《李霖寰巡抚》,《四库禁毁书丛刊》集部第 7 册,第 481 页。

第二章 作为政治的文学：王锡爵的政治困境及开解策略 | 121

之介胄，皆以边方为捷径，既无战争之险，又有异数之恩，升转赏赉倍于内地，日浚甲士之衣粮以媚时行，岁十数万计。无事则为之援引；有事则代其蔽护。①

尽管"隆庆和议"的施行为朱明王朝争取了西北边陲数十年的安定，以贸易支出换取了大批军费的省俭，但同时亦加重了边防的废弛、边臣的私化与军阀化，为明朝官僚体制乃至政府内部结构性的腐化埋下隐患。② 每岁互市开放，朝廷辄对边臣论功封赏，致使边臣以重金赂阁臣，援为靠山，每遇边事则朝廷内外争言讲和，从中谋利；战败则上下其手，虚报战况，③ 使"中原财赋，辇而之九边，九边之士曾不得一饱，复辇而之长安中贵人"④。而和议既久，遂致边备支离，"将吏以忘战之久而畏事之甚，苟听要挟，急图招抚"⑤，其甚者一镇"兵马一十九营，共计三万七千九百有奇，而堪战之数止于六千"⑥。王锡爵时任次辅，面临着统一内阁意见、控制科道官舆论与运筹边事的多重压力。身居内阁，锡爵自难逃庇护边臣、以图招安的质疑：

---

① 万国钦：《万二愚先生遗集》卷1《山西道监察御史万国钦奏为大臣互党误国欺君致遗房患恳乞圣明亟赐罢斥决意征剿以保治安疏》，《四库禁毁书丛刊》集部第78册，第10—11页。

② 小野和子对于此时内阁与边臣、边将私人关系的看法颇具启示："伴随着屯田制的崩溃，当地有势力者和高级武官占有大片土地……投靠到这些大土地所有者的，是家丁等私兵，他们按内地的说法，相当于奴仆。和武官之间由私人的恩情关系相连接，有时也有取拟家族制的形态。平时充当武官的护卫，起着家内奴隶的作用。伴随着大土地占有的发展，当然也会被投入从事农业劳动，而一旦有缓急时，就作为士兵参加战斗。正规军大幅度缺员的情况下，这样私兵的比重越来越增加，如哱拜之乱、朝鲜战争时活跃的李松如和其父李成梁，就是拥有这样私兵的军阀代表。可以认为，与李家父子的情况相同，军阀化倾向深化的边境势力与内阁相勾结，这一情况在思考支撑申时行内阁的社会基盘上，是很有启示性的。"［日］小野和子：《明季党社考》，李庆、张荣湄译，上海古籍出版社2006年版，第73页。

③ 王锡爵《郑范溪经略》："独苦朝堂议论如乱麻，而东西边传报房情一一相左。"(《王文肃公文集》卷22，《四库禁毁书丛刊》集部第7册，第479页）另见万国钦《万二愚先生遗集》卷1《山西道监察御史万国钦奏为大臣互党误国欺君致遗房患恳乞圣明亟赐罢斥决意征剿以保治安疏》。

④ 丁元荐：《国事日非隐忧可惧乞图更化以光中兴疏》，《万历疏钞》卷1，《续修四库全书》史部第468册，第75页。

⑤ 王锡爵：《王文肃公文集》卷35《论边事疏》，《四库禁毁书丛刊》集部第8册，第59页。

⑥ 张栋：《边事久敝亟宜更始敬陈责实之议以创前非规后效永图万世治安疏》，《万历疏钞》卷38，《续修四库全书》史部第469册，第452页。

> 近日边事固坏于边臣之欺蔽，亦坏于辅臣之调停……若大学士王锡爵，本皎然不渣，但常以至诚之心而听欺方之说，每堕小人之术，尚不知，曰："从来杀虏，在所不免。"此亦自是偏护处。成梁扬言曰："太仓王恩府说，渠在位一日，我父子安心做一日总兵。"此言如无，是成梁假虎以吓众，固为可恶；如有之，是锡爵为其所欺而不知也。①

王锡爵屡疏为边臣解纷确为实情，② 战争时期在处理边将与朝廷矛盾的问题上，王锡爵始终以"宽"为准则。即便八疏乞归获允后，王锡爵仍于《辞朝献忠疏》中以"边臣任最钜，心最苦……非大欺大罔，则小败必当容，小胜必当录"③ 相诫，并以此为鸟死鸣哀之忠言。不在其位而仍苦心至此，王锡爵回护边臣当非源于私情。由是，尽管非议在所难免，参奏"边臣御虏不实，朝臣谋国不虚"的胡克俭本人亦肯定王锡爵本"皎然不渣"，其心至诚，只是为边臣欺蔽而不知。

二 困境开解：尺牍的同一化写作

洮河事变后，王锡爵与西北边将颇多尺牍往来，此举对于洮河之役的平息与朝中政局的稳定不无助益。王氏并非不审边臣骄悍之状，亦持"驭之不可不严"④ 之说，但非常时期，欲使边陲靖宁，则不得不倚重边臣：

> 别示镇臣骄悍状，此明因地方有事，挟以自重。阁下先既已忍气下之，则其势自不容过激。⑤

---

① 胡克俭：《边臣御虏不实朝臣谋国不虚疏》，《万历疏钞》卷40，《续修四库全书》史部469册，第510—511页。
② 王锡爵《赵宁宇巡抚》："生之愚论盖阴为边臣解纷，而不意流言汹汹，已先入上心……门下经营功绪景投乌有，可叹哉！"《王文肃公文集》卷22，《四库禁毁书丛刊》集部第7册，第478页。
③ 《王文肃公文集》卷51《辞朝献忠疏》，《四库禁毁书丛刊》集部第8册，第315页。
④ 王锡爵：《王文肃公文集》卷51《辞朝献忠疏》，《四库禁毁书丛刊》集部第8册，第315页。
⑤ 王锡爵：《王文肃公文集》卷25《吴止庵巡抚》，《四库禁毁书丛刊》集部第7册，第549页。

第二章 作为政治的文学：王锡爵的政治困境及开解策略 | 123

轻敌而败，犹愈于避敌而全者，宜从宽处，以劝后来之敢战者。①

各边界上小讧在往年则为常事，在今日则边务一新，有不得尽为诸将官讳者。今据实闻奏，而稍从宽处，谕令立功自赎，乃折衷情法之间。②

边臣长年在外，远离内廷，故其恃功自傲、虚报战情之事或当有之。但若动辄以边臣之过责之，则"当事者愈怯，建议者愈哗，将来必令战士投刃掉臂而去"③；激之过甚，则"兵民士夫杂处弹压"④，将帅割据一方、拥兵叛乱，杨坚、李渊、赵匡胤皆乃前车之鉴。对于阁臣而言，较之争论个人意见的正确与否，掌控全局、平衡朝廷内外各方政治势力往往更为重要，亦更为艰难。⑤ 屡屡"以洁身为高，抗言为直，则事体将愈激愈坏"⑥；且人臣愈力争之，则君王愈疑之，从而使矛盾激化，其人"反因而为累"，适得其反。⑦ 王锡爵深知阁臣当"持定大体"，其屡言"勿激勿阿""诸公幸且小小放过，以就大谋"⑧，并非尽为塞责，亦是持衡之道。身为次辅，调和将权与皇权的矛盾、重建中央王朝的向心力，于战争时期尤为迫切：

---

① 王锡爵：《王文肃公文集》卷 22《塞理庵总督》，《四库禁毁书丛刊》集部第 7 册，第 483 页。
② 王锡爵：《王文肃公文集》卷 22《塞理庵总督》，《四库禁毁书丛刊》集部第 7 册，第 482—483 页。
③ 王锡爵：《王文肃公文集》卷 22《梅鹤洲总督》，第 478 页。
④ 王锡爵：《王文肃公文集》卷 21《李似斋布政》，第 468 页。
⑤ 王锡爵《周青莱知县》："盖仆有三难：以弱植而当大任，一难；以偏衷而调众心，二难；以轻权而塞重望，三难。"《王文肃公文集》卷 23，《四库禁毁书丛刊》集部第 7 册，第 517 页。
⑥ 王锡爵：《王文肃公文集》卷 14《申瑶泉相公》，《四库禁毁书丛刊》集部第 7 册，第 340 页。
⑦ 参见王锡爵《王文肃公文集》卷 25《翁见鹏提举》，《四库禁毁书丛刊》集部第 7 册，第 561 页。又："所谓进者不抟死虎而抟活虎，不争小失而争力体也。安危之机间不容次。然其势不可力争，力争则上滋不信外廷，而言官又复效江陵时。"《王文肃公文集》卷 14《余同麓相公》，《四库禁毁书丛刊》集部第 7 册，第 338—339 页。
⑧ 参见《王文肃公文集》卷 14《余同麓相公》、卷 21《李似斋布政》、卷 24《徐龙环给事》，《四库禁毁书丛刊》集部第 7 册，第 338、468、531 页。

顷之镇巡诸公纷纷谴去，生固知翁独力扛鼎，劳神且十倍也。捧教则已闻鼓番判虏渐有次第，惟两川逋寇复集，不知更作何料理耳。西宁要害，本道虽授节方新，亦恐远水无及近火。翁不得不置身恩怨是非之外，尽力任怨一番……翁但任其外，而使不肖等任其内，其余梦中醉中话，置之不足道也。语云："坚心可以穿石，至信可以格鱼。"翁准备赤忠，请事武侯，余论则鬼神不能违，而况人乎！①

朝中科道官对边臣得失"轻弹舌侮"，求全责备，致使士气低落，边将"不畏敌而反畏议论"②；朝廷欲掣其手足而遥制之，恰予边臣借口逃责之资。③ 对此，王锡爵一则以边臣功绩相赞许（"翁独力扛鼎，劳神且十倍"），再则以论者无知相宽慰（"其余梦中醉中话，置之不足道也"），最后以君臣大义相勉励、成就功业相期许（"翁准备赤忠，请事武侯"）。此种模式化书写屡见于王锡爵与边臣的尺牍往来中：

少年耻于言之，不售且疑且憾。仆阴揣其意，大似淮南王闻人言汉治则怒，言汉乱则喜……适叶中丞言欲泄怒，扯茜革封绝市，而以翁之平处为失策。然翁已是九分功绪。④

少年言胜事则不喜，言败事则争传；言赏功则嗫嚅，言罪罚则踊跃。盖边臣之苦极矣。而口舌不可争，惟有先自处于千牢百实之地，而与纷纷异同之论吐气发挥一番，方成局面，此区区私计，为安危不为毁誉也。⑤

---

① 王锡爵：《王文肃公文集》卷22《郑范溪经略》，《四库禁毁书丛刊》集部第7册，第479—480页。
② 王锡爵：《王文肃公文集》卷51《辞朝献忠疏》，《四库禁毁书丛刊》集部第8册，第315页。
③ 参见王锡爵《王文肃公文集》卷35《论边事疏》，《四库禁毁书丛刊》集部第8册，第59页。
④ 王锡爵：《王文肃公文集》卷22《郑范溪经略》，《四库禁毁书丛刊》集部第7册，第489页。
⑤ 王锡爵：《王文肃公文集》卷22《张弘轩总督》，《四库禁毁书丛刊》集部第7册，第475页。

今日之事，上怒犹可解，而人口最难防。其所以本自贵部，讹传洮河之寇房主实为戎首，于是众怒如火，必欲争食其肉，而督抚阁部俱不免矣……人臣为国家为公道，虽万被戮辱无辞。门下请姑亦少忍，共济艰难。①

"功绩肯定""世风日下""君臣大义"与"政治理想"虽然不必同时出现于单篇尺牍之中，但此四者构成了王锡爵此类尺牍书写的基本要素。程式化的书写模式意味着此系王氏有意为之的策略选择。基本要素的频繁出现，使其意涵逐渐普泛而虚化为近乎空洞的套语。此以"君臣大义"的使用尤为显著。作为官方意识形态的"君臣大义"在历代政治文本的运用中，已难再负载其原初的意义设定与对政治生活的指导功能。然而，此种政治语汇的流行与泛化在强化政治权威的同时，也在潜移默化地影响与形塑着社会成员，尤其是官方政治体制内之成员的行为选择。②"人臣为国家为公道，虽万被戮辱无辞"是人臣不可违背的"政治共识"。王锡爵在尺牍中反复以"君臣大义"为本，劝解边臣"姑亦少忍，共济艰难"，即为身陷舆论的边臣明晰了在道德与政治领域的实践方向，并借助文本结构的"同一化"达成其政治意图。

---

① 王锡爵：《王文肃公文集》卷22《张弘轩总督》，《四库禁毁书丛刊》集部第7册，第475—476页。
② 参见刘顺《经国之大业：中古文学与政治分析初步兼及张说的政治观念》，《上海师范大学学报》（哲学社会科学版）2019年第4期。

第三章 典诰鼎彝：王锡爵的文学观念与制义创作

文学研究对于"纯文学"与"文学性"的强调，常会导致应用文字在文学研究中的边缘化。而在文学为政治合法化与形式化代言的传统中国，应用文字恰恰是传递政治理念与推进政治活动的重要载体，是官方文学理念的集中体现与高度践行。对典型政治人物之文学观念及其应用文字的考察，无疑是理解特定时代下官方文学与政治活动的一种有效途径。制义与奏疏是王锡爵文章写作之大端，在"纯文学"研究理念与政治身份的强势遮蔽之下，王锡爵的文章特色与成就一直蔽而不彰。今日尝试回归嘉、万时期的历史语境，重审王氏的文章创作与其对文学的诸多表述，则不难发现，其文学观念与文章创作对隆、万时期文柄的上移与馆阁文学的走向，均产生了重要影响。

第一节 王锡爵的文学观念

《论语·先进》篇中已见"文学"一词，但此处的"文学"意指"古典文献"，包括一切书籍与学问。[①] 汉代以降，"文学"在"文章博学"的内涵之下，其概念的外延在各时代不尽相同。以"博学"而言，其要指经学、儒学或史学等专门之学；以"文章"而言，则指广

[①] 参见郭绍虞《郭绍虞说文论》，上海古籍出版社2000年版，第17页。

泛意义上的写作才能,尤其偏重国家应用之文。① 传统社会的"文学"观念与朝廷公文写作乃至政治制度密切相连,是一个弹性极大的概念;今日学界在参照西方文体划分基础上所形成的"纯文学"观念,与传统社会的"大文学"观念实有错位。② 以明代的文章演变而言,明初,太祖力祛浮华;宣、正间,"三杨"的出现则将"台阁"文风推向高潮。嘉、隆时期,议臣鹜起,文柄下移于以"七子派"为代表的曹僚之中。王锡爵为嘉靖四十一年(1562)进士,万历五年(1577)以詹事掌翰林院,任馆师,教习庶吉士,万历十二年入阁。馆师"以讲说道德、制作文章为职"③,教授庶吉士"学古为文辞"④;阁臣同样需要制作"大手笔"的文章书写能力。王锡爵供职翰林院恰值文柄下移郎署之际,因此,促成文柄重归馆阁,自然成为王氏所面对的重要问题。

一 "剽猎"与"雕缋":成、弘以降明文演化的两重弊端

明代前中期,文风主要发生了三次演变:立国之初,宋濂、刘基等文士供职馆阁,文章结撰祖法韩、柳、欧、苏,蔚为一时风气。永乐中,伴随稳定的中央文官体制的确立,馆阁文风逐步形成并确立其主导地位。阁臣杨士奇独宗欧阳修,其文质而理,婉而显,时号"台阁体",天下文士一时翕然从之,至李东阳、程敏政而盛极。⑤ 成化中,学士王鏊倡《左传》之体,为文以"先秦两汉为法"⑥,启"文必秦汉"之先声;至弘治末年,康海与李梦阳、何景明等供职郎署的"七

---

① 参见史伟《中国古代文献中的"文学"概念考论》,《苏州大学学报》(哲学社会科学版) 2019 年第 2 期。
② 参见陈国球《文学如何成为知识》,生活·读书·新知三联书店 2013 年版。
③ 李东阳:《赠右谕德谢君序》,周寅宾点校:《李东阳集》卷 2,岳麓书社 1984 年版,第 91 页。
④ 王直:《故祭酒李先生墓表》,李时勉:《古廉文集》卷 12,《景印文渊阁四库全书》集部第 1242 册,第 895 页。
⑤ 参见何乔远《名山藏》卷 61《臣林记六·杨士奇》,张德信等校点,福建人民出版社 2010 年版,第 1645—1646 页。
⑥ 文徵明:《文徵明集》卷 28《太傅王文恪公传》,上海古籍出版社 1987 年版,第 664 页。

子派"摒斥馆阁文风而独尊秦汉文体,"文必秦汉"之论蔚然成风,追随者甚众,至王世贞等后七子出,而此风愈炽。"馆阁文章,天下所视也"①,三次文风转向皆与馆阁密切相关。

明代前期的馆阁文学历永乐、洪熙、宣德、正统四朝,至杨士奇等辈出,而极盛一时。② 此一时期,典范的馆阁文学以"润色鸿业"③为旨归,文风尚简。成化、弘治之间的馆阁文学在依循自身惯性、延续主流文风的同时,亦蕴含着文风新变的若干因子,展现出明显的过渡性特征:一方面,李东阳、王鏊等对学欧之流弊的认知与秦汉古文的重视,下启"文必先秦两汉"之思潮④;另一方面,处于主导地位的台阁文学"面临着前所未有的分化与危机,从一统强势趋向相对衰落,它所营造的文学风气,在文人士子不拘一格的创作欲求冲击下发生某种逆转"⑤,文尚新奇、雕缋遂成一时之风:

> 洪武、永乐之间,其文浑厚;宣德、正统之间,其文简明;成化、弘治之间,其文奇丽。⑥
>
> 盖成化、天顺以前,其文浑厚,各有意见发之,故畔道者鲜。比岁以来,专事捷径,非独文之浮也,甚者于经有所拟议差择,而圣人之言几同戏玩。⑦

针对馆阁文章缓若觊缕的流弊以及国初轻文政策对文章审美特质的挤压,追求"复古"与"奇丽"成为成、弘以降文章演变的两条线索;然而,

---

① 沈懋孝:《凤池鸿笔序》,《长水先生文钞》,《四库禁毁书丛刊》集部第 159 册,第 230 页。
② 参见黄卓越《明永乐至嘉靖初诗文观研究》,北京师范大学出版社 2001 年版,第 68 页。
③ 胡俨:《颐庵文选》卷上《文渊阁大学士兼左春坊大学士赠资善大夫礼部尚书谥文穆胡公墓志铭》,《景印文渊阁四库全书》集部第 1237 册,第 607 页。
④ 参见廖可斌《明代文学复古运动研究》(商务印书馆 2008 年版)第二章第三节的相关论述。
⑤ 郑利华:《李东阳诗学旨义探析——明代成化、弘治之际文学指向转换的一个侧面》,莫砺锋编:《谁是诗中疏凿手——中国诗学研讨会论文集》,凤凰出版社 2007 年版,第 442 页。
⑥ 吴俨:《吴文肃公摘稿》卷 3《顺天府乡试录后序》,《景印文渊阁四库全书》集部第 1259 册,第 399 页。
⑦ 尹襄:《送古田司训谢德宣序》,《巽峰集》,清光绪刻本。

第三章 典诰鼎彝：王锡爵的文学观念与制义创作 | 129

至其末流，则复古近乎剽猎，奇丽伤于浮巧。"明代文化发展至弘、正间而形成一大变局……这种变故至少意味着两点：一是明初以来以台阁为代表的文化、文学特权已处于涣解之中，为更普遍化的文学经验所替代，二是早期盛行的尚质主义受到了新的诗学理念冲击，始向更接近文学化特性的审美主义转变。"① 万历十四年（1586），王锡爵在为会试录所作序文中，亦指出成、弘以降文章"剽猎"与"雕缋"的弊端：

> 臣窃尝叹世有大欺而习焉不察者。夫今主司之程士，其有不扼吭谈成、弘之际者乎？其亦有以成、弘之文课子弟者乎？士之字雕句缋、剽猎诸子二氏之唾余，见谓弗收，至主司自为辞，非诸子二氏弗取也。籍具在此，可谓不欺否？臣以为明兴迨今，太平盛理如日方中，皇上绍隆械朴，弘振典谟，久道之化且日融月浃，士当其扶舆元气尽泻之时，势不得不日趋于文，而主司业受其必趋之势，羞太牢以进，自不得复借口含菽饮水之适也。故臣今者相士，神识藻采，无所偏遗，间亦颇参诸子二氏微言不诡于六籍者，惟剽猎雕缋无取焉。②

较之诸子、二氏之言对文章"尊经明道"的入侵，王锡爵认为"剽猎"与"雕缋"之风对成、弘以降时文写作的不良影响更为严重。弘、正时期崛起的七子派及其追随者以先秦两汉之文为古，至隆、万之际，其甚者已"不师神而师险，专取薤书、竹简中险棘句字以饰陋惊愚，游谈惊坐，而大雅索然"③。时有古今，语言亦有古今，"文之不能不古而今也，时使之也……近代文人，始为复古之说以胜之。夫复古是已，然至以剿袭为复古，句比字拟，务为牵合，弃目前之景，摭腐滥之辞"④。

---

① 黄卓越：《明永乐至嘉靖初诗文观研究》，第 118 页。
② 王锡爵：《王文肃公文集》卷2《丙戌会试录序》，《四库禁毁书丛刊》集部第7册，第45—46 页。
③ 《王文肃公文集》卷1《马文庄公集序》，《四库禁毁书丛刊》集部第7册，第 51 页。
④ 袁宏道：《雪涛阁集序》，钱伯城笺校：《袁宏道集笺校》，上海古籍出版社 2008 年版，第 709—710 页。

伴随语言的演变，秦汉时期的词汇及语法结构已难再适应明代的书面语写作。① 复古末流无视古今语言结构演变的基本事实，单纯自语言形式上模拟秦汉句法，"求所谓薶书竹简于荒邮颓墓中，于是乎说经者玄，陈书者史，务在诡音窜句，以多端叵测为新奇，而卒之雅郑相糅，去古愈远"②，遂有剽猎刻镂之嫌。在娄东人对以王世贞为首的"后七子"趋之若鹜之际，"独太原文肃（王锡爵）、太史（王衡）父子，能自树立，不随时俗为浮沉。文肃序《弇山续藏稿》，诋呵历下，谓'不及三十年水落石出，索然不见其所有'"③。正是在反思成、弘以降文章"剽猎""雕缋"之弊与馆阁文学式微的历史语境中，王锡爵重新思考文学功用、文章复古与文质关系等问题。

二　文学之功用：教化、经世与载道

万历年间，王锡爵曾应李栻之请，为《唐诗会选》作序。序文中，王氏论及诗歌之功用，再度显示了儒家"诗教说"的强大传统与持久的影响力：

> 《诗》之为教，非小技也。其感人，非小用也。夫古昔《三百篇》不过里巷歌谣之语，与夫大夫君子舒泄其胸中之夭绍，并禋祀朝会燕享之乐章耳。然夫子选之，至与羲文周公之《易》、尧舜禹相授受之《书》，垂教万世，且谆谆为训曰"何莫学夫《诗》"，何哉？灼见其发之性情，止于礼义，悲而不伤，忧而不怨，温厚和平之旨溢于言表。其于养性淑身诚哉有赖也。④

---

① 参见刘顺《语言演变及语体完形与"一代有一代之文学"》，《上海师范大学学报》（哲学社会科学版）2011 年第 3 期；安家琪《明代文章"复古"的政治诉求及其路径选择》，《文艺理论研究》2020 年第 4 期。
② 王锡爵：《王文肃公文集》卷 1《重刻名世文宗序》，《四库禁毁书丛刊》集部第 7 册，第 49 页。
③ 陆元辅：《〈烟客诗钞〉序》，王时敏：《烟客诗钞》，潘志万抄本。
④ 《王文肃公文集》卷 1《唐诗会选序》，《四库禁毁书丛刊》集部第 7 册，第 52 页。

第三章 典诰鼎彝：王锡爵的文学观念与制义创作

王锡爵本于正统"诗教说"，认为诗歌之用首先在于对个体的道德训导。但诗歌作者众多，所传达的情感亦良莠混杂，故而其教化功能的发挥往往有赖于圣贤的有意引导，择优汰劣，唯其"发之性情，止于礼义，悲而不伤，忧而不怨，温厚和平"者方能使读者"养性淑身"，达到诗教的目的。"修身"而外，诗歌复有益于"治国"：

> 周历之季，风雅颂之旨亡矣……今之言诗必曰"唐音"，以其原本伦化，陶写性灵，识超景会，不娓娓调声磨韵间，庶几犹有古风焉……谭者称宋元无诗，诗教之兴盛于我朝，而尤莫盛于今日。槩人墨士□大历以后弗取，亦往往矫厉太过。杨榷风雅，助流教化，则是编也。①

诗歌之用不啻在于个体的"养性淑身""陶写性灵"，"杨榷风雅，助流教化"方是诗用之大处。因此，诗歌写作当以风、雅、颂为旨归，有裨于经世治国。

"教化"与"经世"而外，"载道"同样是王锡爵理解中文学之功用的重要组成部分。"诗文经世"的文学观念在王锡爵的尺牍中亦屡被阐发。传统士大夫"修齐治平"的政治理想，令王氏尤为重视文学"教化""经世"与"载道"的政治功能，而颇不以作"文语"为意：

> 世上蜂争膻慕之事，绮词藻句不以之润色典谟，吟弄风月而直为区区，俨然辱重使而致之，奚翅扬雄所谓"劝百讽一"已也。不佞往年与马师相别时，佩有一戒，问无恙外，一不作颂语，二不作文语。今还以相规。多读书、善养身，则同志之惓惓也。
>
> 十日前有读书养身之说奉规。然读书非饾饤，得古文奇字以备睹闻；养身非慕道求空，贱物贵我之谓也。凡少年学问功业，从大处发端则耐久。②

---

① 《王文肃公文集》卷1《唐诗会选序》，《四库禁毁书丛刊》集部第7册，第52页。
② 《王文肃公文集》卷18《舒心矩编修》，《四库禁毁书丛刊》集部第7册，第413—414页。

"颂语""文语"劝百而讽一,非但于"润色典谟"无益,反令作者汲汲于文字之巧,追慕新奇,尚以雕琢,弃本逐末,"愈工愈远"①,与以文修身乃至规讽教化的初衷南辕北辙。而在乱象频显的"极乱世界"(《王文肃公文集》卷21《李养愚抚台》)中,"智施于文巧自营"②,"文语"之盛更意味着世运之衰,"文运之变,每视文理之胜负为盛衰。理盛于文则极治,平则盛,文胜则衰,纯乎文则乱"③。本于乱世之下士大夫的政治敏感,王锡爵秉持"以文经世"的文学观念,不作绮语,当有借助文字而裨正世道人心之寄寓所在。

三 取径秦汉 不废唐宋:通达的"复古"观

有明一代,对文章"复古"的争议主要围绕秦汉与唐宋两个时间节点展开。"三杨"与唐顺之、归有光为首的唐宋派取法宋(唐)文,以郎署成员为构成主体的七子派则针对蝉缓肤廓的馆阁文风发难,以先秦两汉之文为古。王锡爵入职翰林时,适逢"后七子"文学思潮风靡文坛,至其入主内阁,"后七子"之风犹盛;加之王氏与"后七子"领袖王世贞过从甚密,因此,王锡爵在某种程度上亦受到"后七子"文论的影响。④ 而嘉、隆以降,伴随官方学术由程朱理学向汉唐经学的转型,秦汉文风广为应试举子及士大夫所法。⑤ 王锡爵揄扬馆阁文学,但其为文"酉藏汲冢先秦两汉"⑥,"勇肩古道,不屑为今人文章,轨于子长、孟坚"⑦,并曾辑录《荆石王相国段段注百家评林班马英锋选》;而诸如"庄雅典重,有汉人风"⑧"收绾谨严,得汉人体"⑨ 等评点文字,

---

① 蔡献臣:《清白堂稿》卷9《寄汤若士遂昌》,厦门大学出版社2012年版,第353页。
② 《王文肃公文集》卷22《梁霖宇赞画》,《四库禁毁书丛刊》集部第7册,第488页。
③ 吕留良:《吕晚村先生文集》卷5《五科程墨序》,清雍正三年吕氏天盖楼刻本。
④ 参见闫勖、孙敏强《"文章之道"如何"复归词林"——论明代嘉隆之际的馆阁文学》,《浙江社会科学》2016年第9期。
⑤ 参见龚鹏程《晚明思潮》,商务印书馆2005年版,第266页。
⑥ 何宗彦:《王文肃公文草序》,《王文肃公文集》,《四库禁毁书丛刊》集部第7册,第7页。
⑦ 李维桢:《大泌山房集》卷10《〈申文定集〉序》,《四库全书存目丛书》集部150册,第513页。
⑧ 王锡爵:《增定国朝馆课经世宏辞》卷2,《四库禁毁书丛刊》集部第92册,第55页。
⑨ 王锡爵:《增定国朝馆课经世宏辞》卷2,《四库禁毁书丛刊》集部第92册,第71页。

第三章 典诰鼎彝:王锡爵的文学观念与制义创作 | 133

亦显示出对庄典谨严的汉代文风的推重,此已是对明代前期馆阁文风"缓弱枕缕"之弊的潜在扭转。尽管王锡爵论文尚秦汉文风,却反对摹古,以复古不当求其形似,当师其神而不师其辞:

> 今之貌尊元美者,见其诗文辄曰:此《史》,此固,此汉魏,此盛唐。夫必《史》、必固、必汉魏、必盛唐,句字而仪之,则当公之时,盖亦有优于饰画者矣,传未数十年而新陈相变,世已笑其索然而无奇。①

王锡爵推重恬澹自然的文风,对柳宗元游记"皆本色"的文风颇为赞许,② 其评价王世贞之文,以元美早年为文稍矜踔而"不免微露有余之势";迨其晚年阅尽"才品文章之真脉络,而慨然悟水落石出之旨",故其诗文"尽脱去角牙绳缚,而以恬澹自然为宗"③。王世贞晚年"悔其少作,而手子瞻集不置,亦文肃(王锡爵)有以发之"④。王锡爵在文章书写中"畅其意所欲言,纡徐庄重,未尝不酉藏汲冢先秦两汉也,而又未尝有意于酉藏汲冢先秦两汉"⑤,亦乃对其"学古文者,不必似之"⑥ 的文学观念的自觉践行。

王锡爵在推举秦汉古文的同时,亦不废唐宋古文的传统。王氏为文善学苏轼⑦,又熟稔唐宋古文,曾评点韩愈、柳宗元之文。在对《增定国朝馆课经世宏辞》的评点中,更屡屡展现出对唐宋古文的认同:

> 唐人风神,宋人气格,不事藻缋,铺叙天然。
> 气象春容,不激不诡,对扬君父,真得大臣之体。

---

① 王锡爵:《王文肃公文集》卷1《弇州续稿序》,《四库禁毁书丛刊》集部第7册,第48页。
② 参见王锡爵《王荆石先生批评柳文》,明刻本。
③ 《王文肃公文集》卷一《弇州续稿序》,第7—48页。
④ 陆元辅:《〈烟客诗钞〉序》,王时敏:《烟客诗钞》,潘志万抄本。
⑤ 何宗彦:《王文肃公文草序》,《王文肃公文集》,《四库禁毁书丛刊》集部第7册,第7页。
⑥ 王锡爵:《增定国朝馆课经世宏辞》卷10,《四库禁毁书丛刊》集部第93册,第230页。
⑦ 参见王夫之著,戴鸿森笺注《姜斋诗话笺注》,上海古籍出版社2012年版,第247页。

闳肆豪宕，不让唐人。
气脉纯是苏家。①

《增定国朝馆课经世宏辞》于万历十八年（1590）刊行，由王锡爵增定、沈一贯参订，是官方文章写作的典范与参照。王锡爵在对庶吉士馆课之文的评点中，将典范的唐宋古文视作重要的历史资源。唐代的文章复古在词汇及语法构造上取法秦汉古文，尝试在中古汉语的语境中恢复上古汉语的表达方式，刻意追求"文奇句短""以诡卓顿挫为工"的语体风貌，此与以俗为雅、在当世共时性语言的基础上雅化而成、追求"文从字顺"的宋文有别。② 明初以"三杨"为首的馆臣逐步构建起以欧阳修之文为典范的馆阁文风，即取法平易典则的宋文。王锡爵的文章复古观念兼取秦汉与唐宋，当有在后七子"文必秦汉"的理论强势之下努力提升馆阁文学之影响的用意所在：

> 锡爵间颇闻世儒之论，欲以轧茁骫骳，微文怒骂，闯然入班、扬、阮、谢之室。故高者至不可句，而下乃如虫飞蟀鸣，方哓哓鸣世，以谓文字至有台阁而始衰。尝试令之述典诰、铭鼎彝，则如野夫闾妇强衣冠揖让，五色无主。③

> 古之帝王建鸿德者，必有鸿笔之臣褒颂纪载，鸿德乃彰。④

"闯然入班、扬、阮、谢之室"的"世儒之论"，当指后七子末流高标秦汉文章之"骨鲠"，欲借由文学书写中对个体情感的揄扬，以回击馆

---

① 王锡爵：《增定国朝馆课经世宏辞》卷2，《四库禁毁书丛刊》集部第92册，第71页。
② 参见刘顺《语言演变及语体完形与"一代有一代之文学"》，《上海师范大学学报》（哲学社会科学版）2017年第3期；安家琪《明代文章"复古"的政治诉求及其路径选择》，《文艺理论研究》2020年第4期。
③ 王锡爵：《王文肃公文集》卷1《袁文荣公文集序》，《四库禁毁书丛刊》集部第7册，第50页。
④ 王锡爵：《王文肃公文集》卷1《袁文荣公文集序》，《四库禁毁书丛刊》集部第7册，第51页。

阁文字"空疏熟软"之流弊。① 文学文本作为社会生活的表征，通过不同形式的语体形成文体，展现社会生活的本相。文学形式与政治权力的形式化之间同样具有同构效应。② 馆阁文学是政治生活的重要组成部分，在政治权力运作过程中发挥着不可替代的作用，政权的合法性论述、政治行动的展开与政治荣耀的展现均需要文臣借助特定的文体写作来实现。馆阁文学依据言说场合、主题与服务对象的不同而调整语体，以形成适应诸种政治活动的特殊文体。③ 馆阁之文追求"典则正大，明而不晦，达而不滞，而惟适于用"④，故严守文体界限、庄典平和是其内部诸文体当遵循的共同法则，个体情感的激扬直露与写作态度的随意则为馆阁文章之大忌——"夫馆阁，文章之府也。其职颛，故其体裁辨；其制严，故不敢自放于规矩绳墨之外，以炫其奇。"⑤ 馆阁之文对于文体及语体的严格限制，使其非人人而能为之，不熟悉写作规范者为之，则会导致文章语体失当，难以获得润色鸿业、彰显国家气象的预期效果。在文柄下移的形势下，王锡爵有意扭转七子文风，为馆阁文学的存在正名，正本于馆阁文学不可替代的政治功能与其所当具有之语体特征而立论。

四 文质之变与世运更迭

自孔子提出"质胜文则野，文胜质则史"的判断，经由累朝儒者构建发覆，"文质论"已成为儒家政论与文论的重要命题。汉儒在对"文质论"的演绎上发挥了重要作用，一方面，开启了"夏尚忠、殷尚质、周尚文"的历史观叙述，勾勒出"质文代变"对于三代更迭嬗变的图示；⑥ 另一方面，更将质文范畴引入文学批评领域，探讨文章语辞与情感内容、人品与文品的内在关联。南北朝时期，刘勰在阮瑀、挚

---

① 参见李东阳《叶文庄公集序》，《李东阳集》卷2，第110页。
② 参见刘顺《经国之大业：中古文学与政治分析初步兼及张说的政治观念》，《上海师范大学学报》（哲学社会科学版）2019年第4期。
③ 参见朱荃宰《文通》卷10《书记》，《历代文话》第3册，第2832页。
④ 李东阳：《倪文僖公集序》，《李东阳集》卷2，第128页。
⑤ 何宗彦：《王文肃公文草序》，《王文肃公文集》，《四库禁毁书丛刊》集部第7册，第6页。
⑥ 参见赵园《制度·言论·心态——〈明清之际士大夫研究〉续编》，第352页。

虞、葛洪等"文质说"的基础上提出"时运交移,质文代变",以文章发展的总体趋势是随世运推移而由质趋文,对于文质与世运关系的理论言说至此大体定型。① 每逢世运更迭,"质文代变"的话题往往被重新审视,并加以发挥。

万历二年(1574),王锡爵受命会试同考官。其于所作策问中,详细阐述了对文质与世运关系的理解。尽管此篇策问所论之"文质"范畴涵括王道政教,而不仅限于文学写作,但文中论及文风之变颇为典型。王氏以汉儒"三正循环、五德终始"之说为发端,由世变而及文质:

> 夫质文代变之端,与天地之运故相流通者也。乃儒者称皇降而帝、帝降而王,若不可返者。而又有三正循环、五德终始之论,其说果孰为当与?三代而上,历年长者莫如周;三代而下,历年长者莫如汉。二季之世,天下何其文盛也!然势极致至而天下卒反于质,则循环终始之说无亦可征与……质而不能不文也,如春之必有冬也,不可道而止也;文而可使之质也,如冬之复有春也,非有强而为也。一寒一暑收,而岁月日时之序顺;一文一质变,而元会运世之化成。是所谓循环终始之说。②

王锡爵具有浓厚的《春秋》学背景,在"天人相感"的理论话语之下,王氏认可"时运交移,质文代变""文极而返于质"的历史循环观,以"质文代变"伴随"天地运数"而生。作为分别代表三代而上与三代而下的理想之世,汤周与刘汉时期的文章亦展现出"郁郁乎文"的盛况;待盛极而衰,新旧易代,则天下之政教文章亦由华靡而返于质朴。"世道之升降必自质而文",此为自然循环之道,非以人意为转移。然而,个体对于世运代迁与文质之变并非全然无能为力,圣人的洞察与教化于此中更见其功:

---

① "刘勰的文质论,正是在孔子文质论的基础上,对两汉魏晋及南朝宋以来的文学批评中关于文质关系认识的全面总结,并且在此基础上提出了他自己的斟酌乎质文之间、质文代变、质文沿时的文学发展观。"党圣元:《通变与时序》,《西北大学学报》(哲学社会科学版)2015年第6期。
② 王锡爵:《王文肃公文集》卷3《万历甲戌会试策问》,《四库禁毁书丛刊》集部第7册,第110—112页。

第三章 典诰鼎彝：王锡爵的文学观念与制义创作 | 137

> 我国家熙平二百余年，其初上下之所渐濡固甚朴也。迄于今而声名文物郁郁盛矣。乃识者故心忧之。以后风教渐浇，俗化渐侈，议论渐烦，文章渐诡，是文盛之弊也。然欤否欤？圣人能通其变于未穷，未穷之原非尽可以法禁防也……天地有不可已之运，圣人之所顺而不违也。圣人有不可见之权，天下之所用而不知也。何也？圣人教天下以朴，固知其后之必巧也；教天下以简，固知其后之必繁也。然而不能使之不巧且繁者，非圣人之徇天下，而天地之运为之也。不能使之不巧，而能使之朴，不能使之不繁，而能使之简，则圣人之微权所以移易天下，而不可使知之者也。运有所必至，则圣人不能违天。天也，亦人也；权有所必设，则天亦不能违圣人，人也，亦天也。[①]

尽管世运有其必至之所在，而人不能违天，但圣人能识世变于几微，故以教化之微权移易天下，化巧为朴，变繁为简。相较于"令"之"禁于已然之后"，"化"则"渐于未然之前"；"令"之所禁"由之而可知"，而"化"之所渐"用之而不可见"，故圣人之"化"多为春风化雨、润物无声之功，而不为众人所察。三代而下，圣人当行有为之治，以"权"应"变"，渐行风化于政教文章未衰之前。以文章写作而言，则当重申"尊经复古"之道：

> 国家当祖宗时，其简澹无为之理可考镜也。至故老所道说醇美愿茂之俗，又可睹也。令俗化常如是，圣主握道而理，何忧天下？而弘、正以来六、七十年之间，则所谓丰亨豫大之时也。掊固陋而文明，攦淳质而华巧，上销日月之光，下铄山川之精，天地之气皆已流而不韫，而人之智慧已穷。故识者以为文太盛也。试核其大者，夫风教尝淳矣。今也绳之以文法……而民日无聊，则吏之政浇也。俗化常俭矣。今也不事本业而务于淫伎……则民之俗侈也。议论尝简矣。今也一令之布而筐箧纷纭……则议论多而成功少也。文

[①] 王锡爵：《王文肃公文集》卷3《万历甲戌会试策问》，《四库禁毁书丛刊》集部第7册，第110—111页。

尝平正矣。今高者穷极玄眇，而尽去其藻质；不则修先秦西京之业，诘曲亢厉而少恬愉；不则呈烟云月露之形以为纤丽，则文章诡而根本拔也……天下之文致若此也，是世道之忧也。愚窃以为返之至亟矣。夫吏治浇者，名法敝也，其道莫如重化……民之靡侈者，本业微也，其道莫如明法……议论之烦者，政不信也，其道在断而画一……文之以华奇为工者，学不明也。其道在尊经而复古，学术正而蜚遥之辞远，淳雅复而钩棘之调息，则文正而不陂矣。①

王氏前文对质文随世道而变的论证着墨颇多，用意正在稽古以核今。其本于"天人相感"之说，指出弘、正以降，天地之精气与人之智慧皆外流而不韫，因此在政治与文学领域，皆呈现出文胜于质的局面。体现在文章写作中，则文尚诡谲，有华而无实。导致文章"以奇丽为工"的现实原因则在于学之不明，故由文返质之道在于由"尊经"而"复古"，以六经为根底，自义理而及其机杼物采、规模制度，以扭转文风之浮华；② 合政教与文辞、人伦之正与风雅之调为一体，则文章近乎"文质彬彬"的理想范式。

王锡爵对文章"尊经复古"的提倡，反映出文章在成、弘以降日趋剽猎雕缋的语境之下所遭遇的来自官方的价值质疑；而此种质疑正反映出馆臣面对文柄旁落的局面，试图回溯传统、在对明初馆阁文章"发明义理""敷析治道"③ 之经世旨趣的再度阐扬中重新实现对文柄的掌控。明初立国，文归台阁，"尊经"被视作文章写作的核心要素，"太祖高皇帝大明儒学，教人取士一惟经术是用"④；庶吉士学古文辞的目的亦是"以其文章羽翼六经"⑤。包含道德、经术及政事等多重所指在内的"古文辞"及

---

① 王锡爵：《王文肃公文集》卷3《万历甲戌会试策问》，《四库禁毁书丛刊》集部第7册，第112—113页。
② "文章之根本皆在《六经》；非惟义理也，而其机杼物采、规模制度，无不备具者。"王质：《雪山集》卷5《于湖集序》，《景印文渊阁四库全书》集部1149册，第383页。
③ 真德秀：《西山先生真文忠公文章正宗纲目》，《西山先生真文忠公文章正宗》卷首，明刻本。
④ 邱濬：《琼台诗文会稿重编》卷8《会试策问》，明天启元年刻本。
⑤ 杨荣：《杨文敏公集》卷13《送翰林编修杨廷瑞归松江序》，明正德十年建安杨氏重刻本。

其背后的价值理念,被纳入国家政治体制与意识形态建设。① 七子派的崛起使文柄由馆阁下移至郎署,官方逐渐丧失对文学话语权的操控。因此,在"文归台阁"之盛况消歇的百余年后,王锡爵以馆臣的身份再度公开阐发"尊经复古"的为文理念,自然含有对文柄复归馆阁的某种期待。

第二节　王锡爵文学观念的成因

个体文学观念的形成既根植于历史语境及地域文化传统,复与其身份特征及生命经历密切相关。在文学与政治具有较高密合度的明代社会,官方意识形态对特定时代文学观念的形成具有导向作用;较之历史语境与地域文化传统的潜移默化,个体身份与生活经历对其文学观念的影响则更为直接。王锡爵由翰林编修而入阁,翰林院与内阁均为传递官方意识形态的重要机构,因此,入仕经历与政治导向对王氏文学观念的形成具有重要影响。同时,江南的地域文化传统与王氏个人的学术背景,亦参与了其文学观念的形塑。

一　"博古好雅"的地域文化传统

伴随晋室南渡、安史之乱与宋室南迁所引发的北人南下,江南在历经三次大规模的开发之后,在明代已为经济与文教盛极之地,② 洪武二十六年(1393),明太祖诏令户部吏不得用江西、浙江、苏、松人,③ "以其地多赋税,恐飞诡为奸",实已默认江南作为国家财政枢纽的经

---

① 参见陈广宏《"古文辞"沿革的文化形态考察——以明嘉靖前唐宋文传统的建构及解构为中心》,《文学遗产》2012年第4期。

② 李伯重将"江南"界定为包括长江以南的江宁(南京)、镇江、常州、苏州、松江、杭州、嘉兴、湖州以及由苏州府析出的(太)仓州在内的八府一州。上述诸地在自然地理与经济方面均联系紧密。参见李伯重《简论"江南地区"以及由苏州府析出的(太)仓州的界定》,《中国社会经济史研究》1991年第1期。

③ 《大明会典》卷5《吏部四·选官》言:"凡户部官,洪武二十六年准奏,不得用浙江、江西、苏、松人。"李东阳等撰,申时行等重修:《大明会典》,台北:新文丰出版股份有限公司1976年版,第103页。

济地位;① 而江南出版业与印刷业的繁盛,亦促使当地文化事业进一步发展与繁荣。有明一代,南直隶科举进士之数位居全国之首。② 大量文化资源的占有,令以吴地为核心区域的江南自朱明立国之初,即展现出"博古好雅"的地域文化特征:

> 自元季迄国初,博雅好古之儒,总萃于吴……书籍金石之富,甲于海内。景、天之后,俊民秀才,汲古多藏……百年以来,古学衰弱,而老生宿儒,笃经蠹书者,往往有之。③

以苏州为中心的江南经济在明代得到迅猛发展:市镇分布稠密,数量激增,规模与结构日趋完善,逐步形成覆盖江南的一体化经济网络;以丝绸业与棉布业为主导的商品经济结构使全国各地的大量资本流入江南。④ 贸易的活跃与资本的过剩为吴人好古提供了强大的经济与文化支撑,大量金石古器为私人收藏。王锡爵家中即藏有多部书法与绘画真迹,正是诸此藏品,为其族人的书画成就以及娄东画派的开创与延续奠定了丰厚的物质基础与文化优势。⑤ "博古好雅"不仅是王锡爵对书、

---

① 参见杨念群《何处是"江南"? 清朝正统观的确立与士林精神世界的变异》,第 13 页。
② "南直隶人口为 1005 万余,占明朝人口的六分之一强,居全国第一,学校和书院数名列第二,进士数高居全国榜首。"郭培贵:《明代解元考中进士的比例、年龄与空间分布》,《清华大学学报》(哲学社会科学版) 2012 年第 5 期。另可参见[美]何炳棣《科举和社会流动的地域差异》,王振忠译,《历史地理》1993 年第 11 辑;钱茂伟《国家、科举与社会——以明代为中心的考察》,北京图书馆出版社 2004 年版,第 192—197 页。
③ 钱谦益:《列朝诗集小传》丙集《朱处士存理》,上海古籍出版社 2008 年版,第 303 页。
④ 参见樊树志《江南市镇:传统的变革》(复旦大学出版社 2005 年版)一书导论部分。
⑤ "王文肃公书小楷清整秀劲,大可径寸者,尤骨重脉和,特为合作。尺牍多信笔为行草,初不注意求工,闲居喜与后学指摘经义,忽遽出之,自然遒劲,有峻拔之气。盖于光启尤数数也。然不肯对人捉笔,相去寻丈间,但见迅疾如飞,而多造于遒美。学宪公书未获多见,而所睹皆华润充悦,殊有恣态。即此可以得其概矣。编修君天授既优,工力日深,小自指顶而上至径可二寸皆极娟好,更饶风骨;又大而四五寸,拈古人佳句;或为人题斋阁牌额,大至尺余,皆不烦绳削而趣溢出。"(娄坚:《学古绪言》卷 24《书吴光启摹刻太原遗迹后》,《景印文渊阁四库全书》集部第 1295 册,第 277 页)又:"文肃深于书,书尤深于唐碑,晚年犹悬碑刻满四壁,特不欲以书名耳。辰玉虽不沾沾论书,乃眼白一世,鲜所许可,其天骨既尔秀绝,而盘旋唐晋间,工力兼至,或以为学苏子瞻,子瞻实不能尽辰玉也。"董其昌:《容台集》别集卷 3,邵海清点校,西泠印社 2012 年版,第 652 页。

画等艺术创作的追求，其同样影响到王氏对文章写作的理解。王锡爵论文与为文以"古雅"为尚，此当与吴地崇古之风不无关联。

"博古好雅"而外，"研习经术"同样是吴地其来有自的学术传统：

> 我明苏人士为极盛，则夫师之所以教，弟子之所以学，其亦有可得而言者乎？安定尝患隋唐以来，仕进者苟趋利禄，尚文辞而遗经业，其教授诸生一以经术为本，学者之于经术也，譬如昼行之就白日、而夜行之光灯烛也。非是则伥伥乎何所之矣！古之学者九经以为经，注疏以为纬，专门名家，各衲师说，必求其淹通服习，而后已焉。经术既熟，然后从事于子史典志之学……于是儒者之道大备，而后胥出而为名卿材大夫，以效国家之用。师以此教，弟子以此学，岂独安定之于吾苏也哉！①

明季以降，尽管王学风靡一时，然其流传之地多集中于泰州、江右与浙中一带，在吴地则并未引发较大波澜。此与吴人恶言性命、喜读经书密切相关。"本于经术"的学术传统与文化风尚对王锡爵文学观念的形成自不容忽视。② 王氏本人即以善治经术知名，③ 其论文论诗亦主"教化"之说，试图以"尊经"来扭转时下文章写作"远质趋文"的局面。此处之"经"即指正统儒家之《六经》，是为吴人之学中"师之所以教，弟子之所以学"的核心内容，是"儒者之道大备"的前提。由此而言，王锡爵尚"古雅""诗教"与"尊经"文学观念的形成，当部分源于吴地博古好雅、崇尚经术的地域文化传统。

二 《春秋》家学的学术背景

经学是传统中国的主流学术话语，《春秋》学则是经学中最具淑世

---

① 钱谦益：《牧斋初学集》卷28《苏州府重修学志序》，上海古籍出版社2009年版，第853页。
② 对吴地重经术之学术传统的论述，可参见龚鹏程《晚明思潮》，第298—300页。
③ "仲称诗学校学曹学佺，属辞学太史迁，六书学李丞相……以恩义交者，经术则王元驭，文学则李于鳞。"汪道昆：《太函集》卷44《仲弟仲淹状》，明万历刻本。

功能的显学。① 《春秋》本泛指"诸侯之史"②，后为"鲁史"专称。③ 战国以降，《春秋》地位不断提升，在西汉时期被奉为儒家经典，《春秋》之学亦成显学。④ 《春秋》语简而多隐，故后世注者代不乏人，而以《左氏传》《公羊传》《穀梁传》三家注为畅行。《春秋》三传中，《左传》以体例之善扬名，《公羊》《穀梁》则以"辞辨义精"著称。然明辨义理非人人皆可为之，伴随春秋时代渐成隔世，《公》《穀》二传曲高和寡，后世能详其精义者甚微。故汉以前盛行《公羊》，汉以后而《左氏》渐兴。⑤ 至李唐以国家名义纂修《五经正义》，置《左传》为大经，《左传》遂凭借国家力量而跃居三传之首。此后，经学领域内《公羊》《穀梁》几成绝学，唯《左传》一支独显，⑥ 至明、清之世而影响尤盛，并成为官方规定的解经参照，"引用诸儒传注，必以《左氏》为先"⑦。在国家文化政策的导向之下，应试举子奉《左传》为制义创作之教材，家传户习。《春秋》之学大盛。

　　《春秋》学不仅是传统中国国家治理的重要工具，同样是士人借以登科入仕的有效途径。唐代前期科举重文，"明经习《左氏》者十无二三"⑧，《春秋》之学日荒；殆安史乱后，文儒之学由辞章而溯源义理，并致力于阐发"大一统"之说，《春秋》之学遂再度兴盛，依经立义的

---

① 参见李建军《宋代〈春秋〉学与宋型文化》，中国社会科学出版社2008年版。
② 吴曾祺：《国语韦解补正》，中华书局2002年版，第606页。
③ "鲁史似乎没有别的名称，就叫'春秋'。也许是由于鲁史为儒家素所研习，随着儒家势力的张大，'春秋'也就逐渐成了鲁史的专名。"赵伯雄：《春秋学史》，山东教育出版社2004年版，第4页。
④ 《孟子·滕文公下》曰："世衰道微，邪说暴行有作，臣弑其君者有之，子弑其父者有之，孔子惧，作《春秋》……孔子成《春秋》而乱臣贼子惧。"（李学勤主编：《十三经正义·孟子注疏》，第178页）司马迁承孟子之说，认为"孔子明王道，干七十余君，莫能用，故西观周室，论史记旧闻，兴于鲁而次《春秋》，上记隐，下至哀之获麟，约其辞文，去其烦重，以制义法，王道备，人事浃"（《史记》卷14《十二诸侯年表序》，第509页）。
⑤ 参见皮锡瑞《经学通论》卷4《春秋》，中华书局1957年版，第19页。
⑥ 啖助言"今《公羊》《穀梁》二传殆绝，习《左传》者，皆遗经传，谈其事迹，玩其文彩，如览史籍，不复知有《春秋》微旨"。陆淳：《春秋集传纂例》卷1《啖氏集传注义第三》，《景印文渊阁四库全书》经部第146册，第382页。
⑦ 饶秉鉴：《春秋会传》，林庆彰等主编：《经义考新校》卷200，上海古籍出版社2010年版，第3645页。
⑧ 皮锡瑞：《经学历史》，周予同注释，中华书局2004年版，第148页。

策试亦成为科举考试的科目之一。① 至宋熙宁年间用王安石之制，以经义试士，"其后或用或否，为明遵行不废，遂为一代之制"②。明代八股取士，其科制形式虽为文章结撰，却以阐发经义为内容，以文章之体式说解经义，经学与文学合流自是大势所趋。③ 而文人史家对于《春秋》的解读历来重视其"属辞比事"之学，④ 故而本于《春秋》之学而溯源文章撰写之体例章法，亦成为宋代以降时人为应对制义写作而编纂应试书目的社会风尚。此风至朱明而愈炽，官方与民间所编诸种辑录与评释《春秋》的书籍层出不穷，"自有制义以来，坊本五经讲章如此（代指清金瓯《春秋正业经传删本》）者不一而足"。⑤ 科举试经的制度直接促成了《春秋》学官方地位的抬升，朝野之间以治《春秋》为业者殊不乏人。⑥

王锡爵以进士及第，由翰林而跻身内阁，"学而优则仕"的入仕传统意味着王氏须适应官方学术的话语体系，方有跻身权力中心的可能。王锡爵善治《春秋》，以经术登科，曾撰《春秋日录》三十卷、《春秋

---

① "大历时，助、匡、质以《春秋》，施士匄以《诗》，仲子陵、袁彝、韦彤、韦茝以《礼》，蔡广成以《易》，强蒙以《论语》，皆自名其学，而士匄、子陵最卓异。士匄，吴人，兼善《左氏春秋》，以二经教授。繇四门助教为博士，秩满当去，诸生封疏乞留，凡十九年，卒于官。弟子共葬之。士匄撰《春秋传》，未甚传。后文宗喜经术，宰相李石因言士匄《春秋》可读。帝曰：'朕见之矣，穿凿之学，徒为异同，但学者如浚井，得美水而已，何必劳苦旁求，然后为得邪？'"欧阳修等：《新唐书》卷 200《儒学下》，中华书局 2003 年版，第 5707 页。

② 黄虞稷：《千顷堂书目》卷 32《制举类·序》，瞿凤起等整理，上海古籍出版社 2001 年版，第 784 页。

③ "元朝以来，科举功令，考的是经义，评价之准绳则是文学。故世人写文章论经义，乃是普天之下大家都在从事的工作。那些八股墨卷、塾课坊选，其实都是文人的经说。何况，古文运动以来，为文者皆以宗经明道为职志，寝馈经籍以求深植为文之本者，实不乏人……流风所及，亦出现一大批以文学角度去评点阐析《诗经》《尚书》《春秋》的著作。"龚鹏程：《晚明思潮》，第 243 页。

④ "属辞比事而不乱，则深于《春秋》者也。"李学勤主编：《十三经注疏·礼记正义》卷 50《经解第二十六》，第 1368 页。

⑤ 北宋吕祖谦撰《左氏博议》，其自序即言："《左氏博议》者，为诸生课试之作也……凡《春秋》经旨，概不敢僭论，而枝辞赘喻，则举子所以资课试者也。"又如王彦休《春秋解》亦缘"经术训士"而作。蒙元则有朱右《春秋传类编》、黄祖复《春秋经疑问对》等，朱明则有冯梦龙《春秋衡库》《麟经指月》《春秋定旨参新》、朱鳌《春秋词命》、王锡爵《春秋日录》《春秋左传释义苑》、金瓯《春秋正业经传删本》等作。可参见李卫军《明代〈春秋〉学述要》，《历史文献研究》第 35 辑。

⑥ 参见戴维《春秋学史》，湖南教育出版社 2004 年版，第 404 页。

左传释义评苑》二十卷。① 此后,王衡、王挺、王掞、王原祁、王旦复与王玒等王氏族人皆"世业《春秋》",并由此而涉足政途,此亦可见《春秋》学对于王氏家族影响之深远。② 文人解《春秋》本即重其格法体例之明辨,而在重视以制义创作跻身政界的明朝社会,时人对于《春秋》之于文章辨体的影响,则尤为瞩目:

> 夫《春秋》虽为褒贬时事而作,然亦有不尽然者,玩传自见。有入事断者,有论理者,有辨疑者,有公世者,有发明者,有重教者,有重戒者,有征验者,有感慨者,有属望者,体各不同,难以律视。苟于此不明,作文必不入式。欲其科目,胡可得也……苟体一不合,则文字虽佳,允无入选之望矣。故读是经,诚以辨体为急。③

冯梦龙指出,《春秋》的意义并不仅限于史学领域内的"褒贬时事",其体例之多样与谨严——其所传达的"辨体"观念,于文章体式之结撰,尤其是制义写作大有裨益。文人治《春秋》当具"辨体"之眼光。王锡爵论文以"文必有体",体尚"谨严"④;文章当"有体裁,有法度,有门户,有规格"⑤,展现出明显的"辨体"意识,此当于课习《春秋》之学不无关联。

　　文章辨体而外,王锡爵对于文章美学风格的认同与选择同样展现出《春秋》之学的强大影响。王氏以文章当"词雅驯而说理独至"⑥,兼备精严之义理与雅驯之文辞,此与《左传》"其书善礼,多膏腴美辞,张本继末,以发明经意,信多奇伟,学者好之"⑦的行文特征桴鼓相应。

---

① 参见王昶《(嘉庆)直隶太仓州志》卷53《艺文二》,清嘉庆七年刻本。
② 参见吴伟业《吴梅村全集》卷34《王茂京稿序》,第747—748页。
③ 冯梦龙:《冯梦龙全集·春秋定旨参新》第18册,凤凰出版社2007年版,第31—32页。
④ 王锡爵:《王荆石先生批评柳文》卷9,明刻本,第3页a。
⑤ 王锡爵:《皇明馆课经世宏辞续集·凡例》,《四库禁毁书丛刊》集部第92册,第536页。
⑥ 王锡爵:《皇明馆课经世宏辞续集》卷10《知命俟命立命说》评语,《四库禁毁书丛刊》集部第93册,第204页。
⑦ 苟崧评《春秋左氏传》之语。参见朱彝尊撰,林庆彰等主编《经义考新校》卷169,上海古籍出版社2010年版,第3088页。

"善礼""美辞"与"发明经意"的文体特征恰为制义、奏疏等官方应用文体写作的必备要素,故而王锡爵习《春秋》之学自当瞩目于此。

王氏奏疏善于铺排渲染,并能够在不逆上意的前提下曲尽己意,将政治意图迂回转化为现实,此当得益于《左传》叙事"深于情伪,熟于世故"① 与重"铺排"之笔法②。朱国桢《王文肃公请储沥疏跋》论及王锡爵促成立储之事,曰:

> 当神宗在御,其最重、最难得者,惟立储一事。是申文定公为首揆,次许文穆公,次王文肃公,率显诤密揭,为诸臣先。诸臣得罪者,又为之救解。议论鼎沸,中稍涉委蛇,便生疑谤。于是许以强诤先去,申亦继之。文肃公用省假召,继为首揆,其势愈急,其争愈甚。三王并封,举朝大哄,公从中力阻得寝。复坚明前说,始邀俞旨。光宗出阁豫教,定有皇长子之称。夫长子豫教,非太子而何?皇祖虽靳一字,而曲徇公请,显与其实。公数数争一字,暗自回天,得其实即得其名。事既大定,人心释然,公亦气竭,力辞归山。③

在神宗不欲立长子为储君的政治高压之下,阁臣屡因谏言立长而去。王锡爵能够洞察时局,避重就轻,不论立储,而仅以长子出阁读书上请,并铺叙本朝乃至神宗本人早岁出阁读书之故实,于理而强调出阁讲读之于王朝兴废与君王亲政的重要影响,于情则强调在边患、民变的严峻形势之下,长子行豫教之礼的迫切与必要性。此种意在言外、"婉而成章"的书写方式,不仅切中神宗欲独断揽权之意,使神宗于情于理均难驳斥;更巧妙回避了立储的敏感话题可能引发的政治风险,以促成长子出阁之礼为立储行动张本。即便长子"豫教"仍无"太子"之名,然自嘉靖以降,出阁讲读即意味着国家对太子身份名义上的认可。在神

---

① 吕大圭:《春秋五论》之五,《景印文渊阁四库全书》经部第151册,第674页。
② 参见吕祖谦《左氏传说·看左氏规模》(《丛书集成初编》本),商务印书馆1937年版,第2—3页。
③ 朱国桢:《王文肃公请储沥疏跋》,《朱文肃公集》,《续修四库全书》集部第1366册,上海古籍出版社2002年版,第347—348页。

宗"有嫡立嫡,无嫡立长"之谕已成共识的语境下,"豫教"遂暗示着皇长子之太子身份的初步确立。王氏奏疏善于铺排渲染,借铺叙缓和文势、婉转讽谏的书写策略当本于《左传》笔法:

> 东坡云:"意尽而言止者,天下之至言也,然而言止而意不尽,尤为极至。如《礼记》《左传》可见。"①

> 左氏铺叙好处,以十分笔力写十分人情……看《左传》须是看得人情物理出。②

> 左氏疏《春秋》……其词婉而畅,直而不肆,深而不晦,炼而不烦绳削……迁得其奇,固得其雅,韩得其富,欧得其婉,而皆赫然名于后世,则左氏之于文可知也已。③

《左传》叙事对于人情世故的拿捏与上下尊卑分寸感的传递尤可称道,每每能够通过铺排渲染曲尽人情,其词"婉而切""庄而不激"④。王锡爵研习《左传》颇有心得,其批点文章常能于文字之外洞悉作者化用《左传》之意,⑤《左传》的叙事笔法对其理解与定位文章书写的影响当谓深远。王氏曾言"若《春秋》无左氏,《诗》《书》以外无正史,圣人独闻而独书之,决不尔略也……史之不能为经,固之不能为迁,以醇驳论,不以繁简论……人事不蕲核实,而以一人局曲之见

---

① 王正德:《余师录》卷3,《景印文渊阁四库全书》集部第1480册,第784页。
② 吕祖谦:《左氏传续说》,《丛书集成续编》(第270册),台北:新文丰出版公司1989年版,第2—3页。
③ 王鏊:《震泽集》卷13《重刊〈左传〉详节序》,《景印文渊阁四库全书》集部第1256册,第277页。
④ 王鏊:《震泽集》卷13《〈春秋〉词命引序》,《景印文渊阁四库全书》集部第1256册,第277页。
⑤ 如评柳宗元《贺赵江陵宗儒辟符载启》一文,以柳氏化用《左传》"原以间执谗慝者之口"之意(《王荆石先生批评柳文》卷9,第3页a);评柳氏《非国语·不藉》一文,以其化用"左氏征败戎以合则诚非矣"之意(《王荆石先生批评柳文》卷12,第2页b)。

第三章 典诰鼎彝：王锡爵的文学观念与制义创作 | 147

托之乎……词不蕲尽意，而以古今挹损之文托之乎……李焘氏之言曰'至简出于至详，至约出于至繁'，吾取以为法焉"①。其立论虽本于史传书写之法则，然而，"宁繁毋简"的书写观念在其奏议中亦被屡屡践行。一方面，公文撰写之"繁"若欲有效避免冗长枯燥之弊，则意味着以技法的铺排与情感的强化构造行文的波澜变化；另一方面，对于奏议行文"详尽"的追求可能往往并非出自书写者的自觉构想，而是基于政治形势的不得不然——以铺排之"繁"强调作者情感的诚挚与政治立场的正确，缓和谏言可能造成的君臣关系的紧张感。《左传》以铺排之法、庄重平和之言曲尽《春秋》之"大义"，为王氏提供了绝佳的范本。

三 翰林馆臣的入仕经历

文本是政治生活的表征，其通过不同形式的语体以呈现文体，从而展现政治生活的本相。而政治生活中某些"暗箱操作"的"去道德化"行为，更需要借由文字将自身合法化。在政权合法化、权力形式化与政治实践过程中，文学书写是最基本的手段，②秉政者往往需要在知识精英的支持下，在掌控文柄，进而赋予语词以合法性意义的过程中展开政治实践——馆阁制度亦应此而生："前世英主明君，未有不以崇儒向学为先，而名臣贤辅出于儒学者，十常八九。盖馆阁之职，号为育材之地。今两府阙人，则必取于两制；两制阙人，则必取于馆阁。馆阁者，储辅相之地也……祖宗用人，凡有文章、有材有行、或精一艺、长一事者，莫不蓄之馆阁。"③ 馆阁之臣以制作褒颂鸿德的"大手

---

① 王锡爵：《王文肃公文集》卷3《万历癸酉顺天策问》，《四库禁毁书丛刊》集部第7册，第104页。
② "凡王言之制有七：一曰册书（立后建嫡，封树藩屏，宠命尊贤，临轩备礼则用之），二曰制书（行大赏罚，授大官爵，厘革旧政，赦宥降虑则用之），三曰慰劳制书（褒赞贤能，劝勉勤劳则用之），四曰发日敕（谓御画发日敕也。增减官员，废置州县，征发兵马，除免官爵……则用之），五曰敕旨（谓百司承旨而为程序，奏事请施行者），六曰论事敕书（慰谕公卿，诫约臣下则用之），七曰敕牒（随事承旨，不易旧典则用之）。皆宣署申覆而施行焉。"李林甫等撰，陈仲夫点校：《唐六典》卷9《中书省》，中华书局2008年版，第274页。
③ 邱濬：《大学衍义补》卷7，《景印文渊阁四库全书》子部第712册，第110页。

笔"为事业，① 高度仪式化的政治生活与文体形式间具有同构效应，因此，有效呈现政治生活的馆阁文学亦相应受到一系列的规范限制，而展现出典重平和、体颛制严的语体及文体特征。②

王锡爵供职翰林期间，先后任翰林编修、太子讲读，参与制定并宣传官方意识形态，其入仕经历在其文学观念的形成过程中起到了关键作用。③ 王氏在《增定国朝馆课经世宏辞》《皇明馆课经世宏辞续集》等国家颁行的、为翰林馆课所使用的官方教材中，频繁强调馆阁文学以鸿笔为帝王建鸿德的意义价值，④ 为馆阁文学正名，正本于馆阁秉文的必要性及其对当世文风的导向作用。陈懿典论馆阁之体曰：

> 国家简儒臣充文学侍从之官，而政本之地非兹途不与。盖有唐虞三代之遗意焉。用是馆阁之体，与当世作者异，文宗典谟，诗师雅颂，即负异才博学者，不敢稍逾，而以典重和平为范。乃世之妄作者或嗤馆阁体为平平无奇，不知论经济以均平为极治，论文章以平正为至文。盖平之中已苞举世所称为奇者，浑然出之，非其不能奇也……馆阁之体，正如钧天之响，八音具备……其感召谐神人，和上下，仪凤舞兽，天地䜣合，岂与夫繁弦促节、清商哀角、惨澹迸裂而后为快哉！近世七子之流擅霸自雄，举世群然从之，而独馆阁诸先辈不为波靡，令天下得睹大雅之遗意。⑤

---

① "夫馆阁文章，天下所视也。文薄气扬，他年所发挥于勋业者，必乏大力。欲以追踪三五，其何繇焉？元恺在廷，语默成象，爻声音为律度，南面君子，鸣琚戛玉，步武乎道德礼乐之间，宽博简重，美乃在中，亦在厚养之而已。"沈懋孝：《凤池鸿笔序》，《长水先生文钞》，《四库禁毁书丛刊》集部第 159 册，第 230 页。

② 汤显祖《答李乃始》："馆阁之文，大是以文懿德。第稍有规局，不能尽才。"徐朔方笺校，《汤显祖集全编》卷 46，上海古籍出版社 2015 年版，第 1870 页。

③ "凡上徽号、议劝进笺、登极表，并一应奉旨，应制文字，俱从内阁撰进。"《大明会典》卷 221《翰林院》，第 2938 页。

④ 参见《王文肃公集》卷 1《袁文荣公文集序》，《四库禁毁书丛刊》集部第 7 册，第 51 页。

⑤ 陈懿典：《碧山学士集叙》，《陈学士先生初集》卷 2，《四库禁毁书丛刊》集部第 78 册，北京出版社 1998 年版，第 661—662 页。

馆阁乃"朝端清重之地，宇内士风文运关焉"①。"文章之变，则转移之机必自馆阁始"②，作为国家气象的外显，馆阁文学在书写内容上当"宗典谟""师雅颂"，以褒颂鸿业、教化规讽为旨归，制定并维系"政治共识"的内容及其边界；文风则必"典重和平"，气象宏阔，方可"润色大业"，彰显"治世之音"；若流于"牢骚佻巧"或"莽亢之气、悲壮之音"，则为乱世亡国之显征。③ 以树立国家形象与政治宣传为主要功能的馆阁文字，唯与官方意识形态相适应，方能有效发挥其作为政治实践的文本功能，以实现引导公共生活的目的。统治者通过设立馆阁以"育材"，初步实现了国家运转的平稳前进；并通过在政治生活中发挥馆阁文字构造荣耀、凝聚共识的功能，进一步强化政权的合法性与民众的集体认同。翰林词臣作为馆阁写作中最重要的参与者，在推行与渗透官方文学观念的过程中发挥着至关重要的作用。王锡爵身为翰林编修，在文学观念的阐发与文章书写中，明确强调"文体之正"与文风之"温厚平和"，自是本于馆臣之职而对馆阁文字之体式风貌的努力践行。

四 传统士大夫的政治理想与明代中后期"经世"思潮的影响

儒家以"立德、立功、立言"为士人之"三不朽"，而"立言"居其末，重事功的价值追求宛然可见。在传统士大夫对个体生命意义的理解中，文学成就是难以与政治功业比肩的"小道"，纯文学的写作乃"士之末节"④，士者唯政治理想难以践行，方投身于私人性的文学创作当中，作不平之鸣。即便后世对"盖文章，经国之大业"的发挥在某种程度上借由官方之力抬升了私人写作的价值，但其立论仍然以文章为

---

① 沈懋孝：《封太史张太公八十序》，《长水先生文钞》，《四库禁毁书丛刊》集部第160册，第208页。
② 顾潜：《静观堂集》卷10《寿周母吴孺人序》，清玉峰雍里顾氏六世诗文集本。
③ 参见陈懿典《陈学士先生初集》卷2《皇明馆阁文钞序》，《四库禁毁书丛刊》集部第78册，第661—662页。
④ 魏禧：《与休宁孙无言书》，胡守仁等校点，《魏叔子文集》卷6，中华书局2003年版，第268页。

"经世与格物之枝叶",乃事功与义理之附属。此种传统儒家文学观充分体现为对馆阁文学的肯定:

> 本朝夏英公亦尝以文章谒盛文肃,文肃曰:"子文章有馆阁气,异日必显。"后亦如其言。然余尝究之,文章虽皆出于心术,而实有两等:有山林草野之文,有朝廷台阁之文。山林草野之文,则其气枯槁憔悴,乃道不得行,著书立言者之所尚也。朝廷台阁之文,则其气温润丰缛,乃得位于时,演纶视草者之所尚也。①

较之温润丰缛的朝廷台阁之文,枯槁憔悴的山林草野之文终为沉郁下寮者所为,其格局狭窄、气象衰飒、内容消沉,在彰显大国气象与宣传国家意识形态的层面,终难与台阁之文相提并论。彰显私人情感与生存体验的文学创作亦因此而难以完全获得官方的价值认同。根植于儒学传统之中的"格物"与"经世"两种思想进路在不同的历史时段获得了不同程度的生长空间,而每逢世变前夕,"经世"思潮的兴盛则显示出其根深蒂固的传统与强大的感召之力。万历中期以降,面对乏兵乏财、边患民变的时局与心学末流所导致的学术界空疏浮泛、高首虚谈,一众士人开始回溯传统,尝试自儒学内部寻找可能的思想资源以应对危机,而"经世"则成为诸论调中呼声最高者:

> 近世好高迂腐之儒,不知国家养贤育才,将以辅治,乃倡为讲求良知,体认天理之说,使后生小子澄心白坐,聚首虚谈,终岁嚣嚣于心性之玄幽,求之兴道致治之术,达权应变之机,则黯然而不知。以是学也,用是人也,以当天下国家之任,卒遇非常变故之来,气无素养,事无素练,心动色变,举措仓皇,其不误人家国之事者几希矣。②

---

① 吴处厚撰,李裕民点校:《青箱杂记》卷5,中华书局1985年版,第46页。
② 王廷相:《雅述》,王孝鱼点校,《王廷相集》(第三册),中华书局1989年版,第873页。

在儒学用世的传统之下，世变直接促生了士人强烈的经世热忱，甚至形成了一种不无夸张的用事热情，① "使举一世之人，舍其时位而皆汲汲皇皇以治平为事"②。

在传统官僚政治体系中，士大夫兼具文人与官僚双重身份，其政治参与以应用文字（奏议、策论等）为重要的实现方式；因此，士大夫常将对经世之志的理解形诸文章，亦以"大手笔"的文章制作为其政治理想实现的重要方式之一。③ 明代中后期，经世文的编纂蔚然成风，其意图大抵不出"取法取裁""囊括典实，晓畅事情"④ 之用，而与"经世"紧密相连。以儒学为生命底色的士人对于文学之功用的定位，亦本于"文章莫尚乎经济"而发微。⑤ 王锡爵在《少詹葵阳黄公神道碑》中，高度认可黄洪宪"读书有经世志，不专以词艺自喜"的自我价值设定，并以黄氏"雅负公辅材，惜中道中逭去，仅仅以文章名世"为叹，⑥ 展现出重政事的价值取向；其论文亦言"士风文体于世运尤紧"，⑦ 以文章之用关乎时运，诸此论述，当是明代中后期之经世思潮高度渗透于政治与文学领域的集中体现。

第三节　王锡爵制义的语体风貌及其"大手笔"特征

明代科举，科目沿唐宋之旧，而取士之法则约四书五经之旨，制义

---

① 参见赵园《制度·言论·心态——〈明清之际士大夫研究〉续编》，第 5 页。
② 黄宗羲：《与友人论学书》，《黄宗羲全集》第 10 册，浙江古籍出版社 1993 年版，第 145 页。
③ 参见阎步克《士大夫政治演生史稿》，北京大学出版社 1998 年版，第 4—5 页。
④ 任浚：《皇明经世文编序》，《明经世文编》，第 12—13 页；宋征璧：《皇明经世文编·凡例》，《明经世文编》，第 49—57 页。
⑤ 参见方岳贡《皇明经世文编序》，《明经世文编》，第 3 页。又，陈子龙言："俗儒是古而非今，文士撷华而舍实。夫抱残守缺，则训诂之文充栋不厌；寻声设色，则雕绘之作永日以思。至于时王所尚，世务所急，是非得失之际，未之用心，苟能访求其书者盖寡，宜天下才智日以绌，故曰士无实学。"陈子龙《经世文编序》，《明经世文编》，第 40 页。
⑥ 参见王锡爵《王文肃公文集》卷 5《少詹葵阳黄公神道碑》，《四库禁毁书丛刊》集部第 7 册，第 146—147 页。
⑦ 参见王锡爵《王文肃公文集》卷 28《牛春宇巡按》，《四库禁毁书丛刊》集部第 7 册，第 612 页。

为文。① 起初制义写作"不过敷演传注，或对或散，初无定式，其单句题亦甚少"②；及成化之后，体式凝定，"始有八股之号"③。作为一种具有高度规范性的应试文体，制义融合了诗歌、古文、经义、骈文、律赋等诸多文体的特征。④ 方苞将明朝制义的发展分为四个时期："自洪、永至化、治，百余年中，皆恪遵传注，体会语气，谨守绳墨，尺寸不逾。至正、嘉作者，始能以古文为时文，融液经史，使题之义蕴，隐显曲畅，为明文之极盛。隆、万间，兼讲机法，务为灵变。遂巧密有加，而气体荼然矣。至启、祯诸家，则穷思毕精，务为奇特，包络载籍，刻雕物情，凡胸中所欲言者，皆借题以发之。"⑤ 此四分法亦为后世论制义者所祖。王锡爵为嘉靖四十一年（1562）壬戌科榜眼，时逢徐阶与袁炜主掌内阁，尽管徐阶以"青词宰相"著称，但其本人不好文艺，重道轻文的思想尤为明显；⑥ 袁炜则以阁臣身份统领翰林，申时行、王锡爵、余同麓三鼎甲皆其门生。袁氏本人善为文，并致力于文章复古之道，其对于馆阁文学的态度同样影响到壬戌三鼎甲的文学书写。⑦ 加之正、嘉时期"唐宋派"对文章复古的倡导，王锡爵的制义写作亦因之而展现出"以古文为时文"的特征。

---

① 参见张廷玉等《明史》卷70《选举二》，第1693页。

② 顾炎武著，黄汝成集释：《日知录集释》，上海古籍出版社2006年版，第951页。

③ 戴名世：《庆历文读本序》，王树民编校：《戴名世集》卷4，中华书局2000年版，第106页。

④ 参见金克木《八股新论·八股文"体"》："从经书到古文、骈体（对偶）、诗（律诗）、词（上下阕）甚至曲子、小说，都可以照八股分析结构，查出八股发展的来源。"启功、张中行、金克木《说八股》，中华书局1994年版，第129页。

⑤ 方苞：《钦定四书文·原书凡例》，王同舟、李澜校注，武汉大学出版社2009年版，第1页。

⑥ "嘉靖末，文荣公居右相，左相方恶言诗，公卿朝贵相顾以诗为戒，登高能赋之士，莫能见其所长，风雅道几丧矣。"（王稚登：《袁文荣公诗略序》，录于袁炜《袁文荣诗略》，明万历三十三年袁氏家刻本）"昔韩子有言：'儒者之于患难，其玩而忘之以文辞，若奏金石以破蟋蟀之鸣、虫飞之声也。'予言之，文辞之于道浅矣，夫奚足玩之以忘患难？唐时能文词者，莫若韩子，其次莫若柳宗元。韩之于富贵，既不能无婴情，而宗元之在柳州，其愁苦悲思，至今读其言犹使人凄恻，亦乌在其能忘之以文词也？"徐阶：《世经堂集》卷12《赠藩参汸阳周君序》，明万历徐氏刻本。

⑦ 参见闫勖、孙敏强《"文章之道"如何"复归词林"——论明代嘉隆之际的馆阁文学》，《浙江社会科学》2016年第9期。

一 制义的语体特征与嘉、万时文之弊

语体是话语交际过程中标记"说者"与"听者"间相互关系的概念,"正式/非正式"(书面体/口语体)、"庄典/便俗"(庄典体/白话体)是构成语体的两对基本范畴。① 语体在语境中形成,言说场合、言说话题、言说态度与听者身份制约着语体的呈现:一般而言,语体的庄典度与言说场合的公开化程度、言说话题的正式度以及言说态度的庄重度成正相关;说者与听者间情感与身份距离的疏远,同样易促成语体的庄典风貌。自历时性的语言演变而言,古时的语言往往伴随时间的推移而逐渐雅化。语体的呈现则依赖韵律及语法的交互作用。文本由语词编织而成,因此,自"语体"的角度理解文本,不失为一种回应文体之形态及其功能形成的有效途径。

自影响语体呈现的四重基本要素而言,言说话题、言说态度与听者身份对制义语体的影响更为明显。制义之用在于"发挥先圣之义蕴",言说话题具有高度的公开性与严肃性;而"代圣贤立言"②的拟代特征,则意味着作者以圣贤的身份进行论说,"直与圣贤为一"③,言说态度当庄重、严谨。制义以考官与君王为预设的听者(读者),作者与听者身份的疏离亦是制义语体高度正式的重要影响因素。④ 因此,制义当以"理法兼备""规重矩袭"为准绳,以"庄典雅正""词达理醇"为典范的语体特征。⑤ 制义语体之"雅正"在书写内容上表现为阐发六经之义理,⑥ 在写作技法上则体现为韵律和语法的古雅。自韵律节奏而言,汉语的韵律单位经历了由单音节向双音节、三音节、四音节乃至以

---

① 参见冯胜利《汉语韵律诗体学论稿》,商务印书馆2015年版,第67页。
② 戴熙:《习苦斋集》古文卷1《汪虚谷制义序》,清同治五年张曜刻本。
③ 梁章钜:《制义丛话》卷1,陈云水、陈晓红校注:《梁章钜科举文献二种校注》,武汉大学出版社2015年版,第23页。
④ "《钦定四书文》四十一卷,乾隆元年内阁学士方苞奉敕编……我国家景运聿新,乃反而归于正轨……我皇上复申明清真雅正之训。是编所录,一一仰蒙圣裁,大抵皆词达理醇,可以传世行远。"永瑢等:《四库全书总目》卷190《集类四十三》,第1729页。
⑤ 参见梁章钜《制义丛话》卷1,第15—16页。
⑥ 参见梁章钜《制义丛话》卷1,第15—16页。

"一句"为单位的演化过程。不同的演化成果对于新语体与新文体的成立与影响至巨：汉字的单音节化与基础词汇的双音节化是四言诗与楚辞成立的基本条件；双音节与三音节韵律词的出现则是汉大赋发展与五言诗的成立基本要素；有四音节复合韵律词的出现，方有七言诗的兴盛；词、曲与小说的发展则依靠以"句"为整体的韵律单位的出现。① 因此，制义欲自韵律层面彰显语体之古雅，则须避免以"句"为整体的韵律单位的口语句式的出现。此外，韵律单位之间的齐整度亦高度影响着语体与文体的正式度。"二二"节拍的四言句内部，韵律单位组合的齐整度最高，庄重色彩最浓；"一二（二一）"节拍的三言则因韵律单位的比重悬殊较大而正式度较低。故而，制义应尽量避免三音节成句的现象。在词汇的选择上，制义当"引经据史"②，远离尖新佻巧之语。自语法而言，以中古为界，汉语分化为区别明显的前后两期："唐以前句短，唐以后句长；唐以前字华，唐以后字质；唐以前如高山深谷，唐以后如平原旷野。故自唐以后为一大变。"③ 汉语在由综合性语言向分析性语言转变的过程中，副词系统不断完善，④ 词类分化加速，词类活用现象衰减，倒装句、"主之谓"等句式逐渐成为上古时期的标志性句式。在制义中构造上古句式，遂成为作者彰显制义"以古文为时文"之古雅风貌的重要手段。此外，体式的骈偶是凸显制义语体与文体之庄典度的另一方式："夫文之不能有散而无骈，犹物之不能有质而无华也。"⑤ "骈偶"意味着文章之"华"（美），尽管用之过度，易流于"涂饰而掩情，或堆砌而伤气，或雕镂纤巧而伤雅"⑥，但运用适当，则

---

① 参见刘顺《语言演变及语体完形与"一代有一代之文学"》，《上海师范大学学报》（哲学社会科学版）2017 年第 3 期。
② 梁章钜：《制义丛话》卷 1，第 44 页。
③ 邓绎：《藻川堂谭艺》，《历代文话》第 7 册，第 6101 页。关于汉语史分期的描述，可参见方一新《中古近代汉语词汇学》，商务印书馆 2010 年版，第 198 页。
④ 参见柳士镇《试论中古语法的历史地位》，《汉语史学报》第 2 辑，上海教育出版社 2002 年版，第 54—61 页。
⑤ 孙学濂：《文章二论》卷下《源流第一》，余祖坤编：《历代文话续编》，凤凰出版社 2013 年版，第 870 页。
⑥ 永瑢等：《四库全书总目》卷 189《四六法海》，第 1719 页。

第三章　典诰鼎彝：王锡爵的文学观念与制义创作 | 155

能够使文章庄典凝重，气势宏阔："凝重多出于偶，流美多出于奇"①；"文家则单复二法，单者顿挫以取回转，复者疏宕以行气势"。② 同时，骈偶的运用能够使文章表意明晰，说理透彻，增强语势，强化说理文的文学性，所谓"意双则陈理易达，句耦则言情易深"是也。③ 体式的骈偶对"齐整律"的遵循，展现出句式间结构的高度平稳性，增强了文体的庄典凝重之感。因此，典范的制义写作融合了诗歌、古文、骈文、律赋等诸多文体的特点，在语体形式上具有古雅典重的特征，文体形式上则要求在骈偶的结构中彰显古文气脉，即赵吉士所谓"八股者，整古文也"。④ 制义的语体特性正是其语体之边界所在，若对制义语体的边界突破过大，则会导致"破体"的产生："制艺之盛，莫如成、弘，必以王文恪公为称首，其笔力高古，体兼众妙……钱鹤滩风骨不减守溪，惜文多小品而微伤镂刻，其大题则寥寥数篇，已如彝鼎法物。"⑤ 钱福制义之不及王鏊处，其一在于文章立意（言说话题）多为琐细"小题"⑥，有失制义"阐发圣贤道理"的正大之意；其二则在于行文技

---

① 包世臣：《艺舟双楫》卷 1 第 2 册《文谱》，清道光安吴四种本。
② 王闿运：《湘绮楼诗文集》，岳麓书社 1996 年版，第 50 页。
③ 参见王蒔兰《复庄骈俪文権二编序》，姚燮《复庄骈俪文権二编》，《续修四库全书》集部第 1533 册，第 437 页。
④ 赵吉士：《万青阁文训》，《历代文话》第 4 册，第 3316 页。
⑤ 梁章钜：《制义丛话》卷 12，第 278 页。
⑥ 制义据立意、内涵、识见与境界之别，可划分为"大题"与"小题"两类。典范的大题文立意正大、内涵深阔、境界高远、语体清真雅正，多出自大家手笔；小题文或为初学者之作，其立意、识见、境界等均较大题文相差有间，或为制义名家基于炫技而为之（可参见李光摩《小题八股文简论》，《中山大学学报》2006 年第 4 期）。王思任《小题怡赠自序》云："孔孟语言，无有小处。大题小做，小题大做，题外生文，题中归命，一部缩入一章，一章缩入一句，知是者吾与之论文矣。但大题可以逃败，乡愿居之；小题可以见才，狂狷居之。守溪、荆川、昆湖、鹤滩、鹿门、思泉诸老常乐为之，皆从狂狷诣中行者也。嗣后岳阳、倚鹤、海若……诸君子互出旗鼓，各极狂狷之致。"（王思任《谑菴文饭小品》卷 5，清顺治刻本）典范的大题文以识见思力见胜，然典范之作并非人人得以为之，庸常之辈作大题文也即意味着立意上对圣人之语及经典义理的模式化套用与技法上对典范之作的生硬模仿，人云亦云，难能出新。寻常应试者以大题为文，尽管难收"洛阳纸贵"之效，但却能够大体确保文章维持在基础水准，尽量避免因立意偏颇、体格佻巧而落榜。此即王氏所谓"大题可以逃败，乡愿居之"之意。小题文在时人的认知中或不及大题文发挥圣贤道理之庄典正大，然才力大、识见高、富于个性者为之，则能因难见巧，行之远者，更能够于解经与教化功能外，以制义抒写性灵，针砭时弊。此即思任所谓"小题可以见才，狂狷居之"。

法上过分关注词句内部的精细雕琢，导致文章缺少古拙大雅之风貌。而上述对制义主题与技法的突破，恰恰是对典范制义之语体边界的逾越。

制义以"代圣人立言"为鹄的，①"以释经为体，以训诂为功令"②。因此，其立论措辞当本于六经，典重醇正，方为正体。明代中晚期，以"尊经明道"为本的制义写作面临多重挑战，日益偏离经传传统。制义书写所面临的挑战之一，表现之一，为阳明心学与诸子释道之说对制义写作的入侵：

> 呜呼！制举业中始为禅之说者谁与……嘉靖中，姚江之书虽盛行于世，而士子举业尚谨守程朱，无敢以禅窜圣者。自兴化、华亭两执政尊王氏学，于是隆庆戊辰《论语程义》首开宗门，此后浸淫无所底止。科试文字大半剽窃王氏门人之言，阴诋程朱。③

> 周之季，纵横法术之家满天下，而孟子独攻杨墨，则杨墨之深易偶经也；唐宋以后，文章词赋之流接踵比肩，而程朱独辟佛老，以佛老之深更易偶经也……我二祖神武冠古今，而广厉学官，其尊六经也，不啻揭之日月，一切非圣之书俱报罢。都人士兢兢奉功令，通经学古，肩钜树奇皆由兹途以出。即有闳览之士，淹通之儒，博穷竹素，悟涉禅玄，不过聊用以助其笔端，豁尘开缚，未有敢跻之与六经并道者。至今日大异矣。庄、列、申、商诸家无不户诵，而《易》《诗》《书》《礼》《乐》《春秋》有不置之高阁者乎？竺轧龙藏，玉笈灵宝，庄严如球璧，而诸儒先说经之言，有不渺若嚼蜡者乎？甚者制义之制，本以说经，而谬悠恣睢，弁髦传注，且掇拾诸子二氏之余唾以为豪举，尊经之谓何？④

---

① 参见戴熙《习苦斋集》古文卷1《汪虚谷制义序》，清同治五年张曜刻本。
② 陈懿典：《陈学士先生初集》卷3《朱沈两进士丁甲同门稿序》，《四库禁毁书丛刊》集部第78册，第699页。
③ 顾炎武：《日知录集释》卷18"举业"条引艾南英语，黄汝成集释，第1054—1055页。
④ 陈懿典：《陈学士先生初集》卷8《秀水县儒学新建尊经阁记》，《四库禁毁书丛刊》集部第79册，第118页。

第三章 典诰鼎彝：王锡爵的文学观念与制义创作

嘉、隆之际，士子作程文渐弃程朱之说，而阔论阳明心学；隆、万之时，由于秉政者对心学大加推崇，① 官方意识形态主导之下的程文写作遂"大半剽窃王氏门人之言，阴诋程朱"。同时，释、道学说的再度兴盛，与诸子之说形成合力，共同动摇着六经在制义写作中的根本地位。世人追摹"异端"之论而不读书稽古，于明道穷理日离日远，为文无义理充塞以为根基，则必当以语句之奇巧险怪、技法之"机锋""圆熟"求胜。② 故而，嘉、隆以降，制义书写所面临的挑战之二，即文体日趋"奇而险，新而诡"③：

> 良知说充塞天下，人以读书穷理为戒，故隆庆戊辰会试，《知之为知之不知为不知》文，以句为巧，娇吟謇吃，耻笑俱忘。如"战战兢兢，如履薄冰"，而撮云"冰兢"；"念始终典于学"，而撮云"念典"。乃至市井之谈，俗医星相之语，如"精神""命脉""遭际""探讨""总之""大抵""不过"，是何污目聒耳之秽词，皆入圣贤口中，而不知其可耻！此嘉靖乙丑以前，虽不雅驯者，亦不至是。④

> 我明制义，自弘、正以前，其文士名价甲乙，若肆中之帛，尺幅有度，皆先定格，不越其文。要皆自为而可观。嘉、隆之季，声承响接，更相诋谬，混然一途，敝风穷而变化起，遂莫盛于万历之世。至丙戌而大肆，壬辰而奇丽傀诡之观极矣。⑤

"奇险新诡"的文风与正统儒家典重和平、文质彬彬的理想文风相悖，遂为传统儒者所指摘；⑥ 故王锡爵言"极奇极险之文，必为世俗所笑"⑦；

---

① 参见黄宗羲《明儒学案》卷10《姚江学案》，第181页。
② 参见吕留良《吕晚邨先生论文汇钞》，《四库禁毁书丛刊》子部第36册，第99页。
③ 王在晋：《越镌》卷17《正体裁》，明万历三十九年刻本。
④ 王夫之：《夕堂永日绪论外编》，《船山全书》第15册，岳麓书社2011年版，第852—853页。
⑤ 陶望龄：《陶文简公集》卷4《罗澄溪制义序》，《四库禁毁书丛刊》集部第9册，第288页。
⑥ "士见近日时文，承讹袭赝，诞怪千端，遂薄程墨为拘挛。"左培：《书文式》，《历代文话》第3册，第3173页。
⑦ 左培：《书文式》，《历代文话》第3册，第3173页。

"欲复弘治以前之文体,则僻字险语量行戒饬"①。制义书写所面临的挑战之三,则为程文写作弃本逐末,"离经而讲道":

> 可治一室,将《诗》《书》《周易》《戴礼》《春秋》《论语》《孝经》《公穀》《周官》《尔雅》注疏敷之,几学之、问之、思之、辨之、居之、行之,宋以下传解勿接目,举业士讲论勿涉耳,儒体立矣。②
>
> 太祖时,士子经义皆用注疏,而参以程朱传注。成祖既修《五经四书大全》之后,遂悉去汉儒之说,而专以程朱传注为主……自程朱之说出,将圣人之言死死说定,学者但据此略加敷演,凑成八股,便取科第,而不知孔孟之书为何物矣。③

祝允明读经,非五经而不观;注疏则不作宋人以下解,以此为立儒体之法。何良俊认为,在官方学术的导向之下,程文撰写在处理"本经"与"程朱传注"的问题上喧宾夺主,本末倒置。士人对"程朱传注"尊崇有余,而对经义本身知之不足。二人皆道出是时治学之法偏离正统儒家之本源的情状。"离经而讲道",则"贤者高自标目,务胜于前人;而不肖者汪洋自恣,莫可穷诘"。④ 制义立论拘于末节,而失其正大根本之所在,故气象格局渐趋促狭,"萎薾软媚"。⑤ 制义书写所面临的挑战之四,表现为士子多视制义为追名逐利之工具,忽略了文体与士风间的内在关联:

> 我国家制义之坏,坏于进取,利禄悬饵,迎新诡遇,文运凿空,离物为变……我朝科贡而下,原有孝弟才识、贤良方正诸科以

---

① 王锡爵:《王文肃公文集》卷33《辨论科场诬奏三疏》,第8—20页。
② 祝允明:《怀星堂集》卷27《三望一首赠杜子》,孙宝点校,西泠印社2012年版,第576—577页。
③ 何良俊:《四友斋丛说》卷3《经三》,中华书局1997年版,第22页。
④ 钱谦益:《牧斋初学集》卷28《新刻十三种注疏序》,第851页。
⑤ 参见吕留良《吕晚邨先生论文汇钞》,《四库禁毁书丛刊》子部第36册,第99页。

第三章 典诰鼎彝:王锡爵的文学观念与制义创作 | 159

相佐。今止制义一途,不借足于他径,而文始逾涯,无有束其势者矣。绝裾捧檄,岵屺为荣,扶杖肩随,儿童知愧,父兄服牛荷担,子弟叱咤而揶揄之,以为为文当如是也。①

制义既为"代圣人立言",则当以"尊经明道"为价值追求,内容正大醇雅。而欲文章之正大,则首先当以修身为门径:"古文之道正大厚重,非学士大夫立心端悫者莫能习。诗歌之靡,则儇人佻士率往趋之。以故诗人之无行者不可胜数,而古文之传皆正人君子也。"② 士风之高下于文体之尊卑影响深远,"古文不振,古人之道不行也。古人得六经之要旨,修身慎行,不得已而有言,天下信之,君子许之,然后可以命世而行远"。③ 时人以制义为干谒之术,则多取捷径而求速成,无深究义理之精神;既无深厚的儒学素养,则其立身行事缺乏相应的道德制约,人格亦或存疑,陈懿典"今天下人心日坏,而文体为甚;文体日坏,而制义为尤甚"④ 之论即本此而发。其次,则当尽人臣之本分,不以直言犯上为讳:

> 近日一种议论,谓文字忌入衰乱、忧危、震动之言,而务为诌阿、吉祥,自称冠冕得体,是秦始皇之碑铭盛于三代之谟诰也……夫告君尚以危言为得体,岂行文反以阿谀为得体耶?成、弘以前,未尝有此,即题目亦未尝避忌。自嘉靖中,重符瑞祷祀,始以忌讳为戒。流至末年,习成谐媚之俗,闱中专取吉祥,偶有句字之触,虽手拔必黜。⑤

妖孽作而妖言兴,周延儒是已。万历后作小题文字,有谐谑失度、浮艳不雅者,然未至如延儒,以一代典制文字引伸圣言者,而

---

① 温璜:《温宝忠先生遗稿》卷2《文体策》,《四库禁毁书丛刊》集部第83册,第375页。
② 朱仕琇:《朱梅崖文谱》,《历代文话》第5册,第5134页。
③ 张谦宜:《絸斋论文》,《四库全书存目丛书》集部第263册,第3870页。
④ 陈懿典:《陈学士先生初集》卷2《周赞卿辛笑亭新义序》,《四库禁毁书丛刊》集部第78册,第661页。
⑤ 吕留良:《吕晚邨先生论文汇钞》,《四库禁毁书丛刊》子部第36册,第130页。

作"岂不尔思""逾东家墙"等淫秽之词,其无所忌惮如此。①

嘉靖帝笃信道教,重祥瑞之说,遂忌衰乱、忧危、震动之言。此后士子为求进身,作程文大多不言及时局之危,而专为谄媚、吉祥之语,欺己欺人;周延儒以圣人之语解读当朝之诰命典制,牵强附会,以迎合秉政者,诸此行举皆为纯儒所不齿。

二 以古文为时文: 王锡爵制义对古文笔法的吸收

正德、嘉靖之时,制义以古文为时文,熔冶经史,为"明文之极盛"②。至隆庆、万历间,"离经而讲道"③渐成风习,制义为文尚"奇险新诡"④,故"巧密有加,而气体苶然矣"⑤。虽然,批评者的"后见之明"所具有的制作谱系与构建脉络的强势意图,往往会形成对于复杂文学生态的剪裁甚或刻意压制与隐瞒,但自明末艾南英始,"以古文为时文"业已成为后世对正德、嘉靖间制义接受的基本判断,故以此作为考量明代制义演化的当世标尺,非为过当。"古文"与"时文"(制义)相对而称,其因语言演化所产生的语体移位而较时文古雅典重。"以古文为时文"乃借助语言手段提升"时文"的语体位置,并进而以文风改移士风与时气。明人制义,自成化王鏊、吴宽已渐启"古体"之风,至归有光而大盛,王锡爵的制义则处此延长线上。王氏论文推重归有光,⑥但归氏"古文"虽号取法唐宋,然实近宋文,其"古文"之"古",重在体式之散,而于中唐韩、柳所偏重的古今之别,则未多措意。唐宋古文虽共有"古文"之称,但"唐文之句短,宋文之句长"⑦,两者行文的取径与规则存有较大分异:"世人论古文,辄曰唐

---

① 王夫之:《夕堂永日绪论外编》,《船山全书》第15册,岳麓书社2011年版,第866页。
② 方苞:《钦定四书文·原书凡例》,第1页。
③ 何良俊:《四友斋丛说》卷3《经三》,第22页。
④ 王在晋:《越镌》卷17《正体裁》,《四库禁毁书丛刊》集部第104册,第445页。
⑤ 方苞:《钦定四书文·原书凡例》,第1页。
⑥ "王文肃论文,推归太仆,其于弇州公未尝措意。"董其昌:《容台集》别集卷3,第668页。
⑦ 查慎行:《曝书亭集序》,朱彝尊:《曝书亭集》,世界书局1937年影印本,第5页。

宋八家,又曰昌黎起八代之衰。不知唐之与宋,原委既殊,门户自别,非可概论。"① 王锡爵身处隆、万制义的变局之中,欲对治"时文"文体及语体之"俗陋",合道统与文统为一的观念标榜而外,尤须自体式技法层面树立可资摹习的样板,以"典正"扬"气格",以"古朴"针"巧密",故其文多效先秦两汉,与归有光已途径有别。② 在明代中后期的历史语境中,则要在以正统儒家经典之正大厚重贯注文章,彰显文体之"古雅";同时,自音韵、词汇及语法层面模仿古文,彰显语体之"古雅"。

以文体之"古雅"而言,面对制义文体的每况愈下,王锡爵倡以儒家六经之"典正"对治制义文体之"奇诡","独开堂奥"③。尽管有明一代,反思并提倡改革八股取士者不乏其人,④然而,在难以动摇八股取士之根本地位的情况下,对制义文体本身加以变革,无疑是在顺应大势之下重振文风的有效方式。王锡爵制义善本经书之语而加以点化:

> 惟文也,乃修词之业,不择人而可及焉。竭两端之教,而能言吾之所欲言,游六艺之途,而能言人之所共言。盖世有妄许我以善诱,而我亦窃自附于述者……不言而躬行,则实尝掩文,斯为慥慥之君子焉。吾学之未能也。既言而躬行,则文尝副实,斯为彬彬之君子焉。吾学之未能也。⑤

此题语出《论语·述而》篇"子曰:'文,莫吾犹人也。躬行君子,则吾未之有得'"一节。其中"斯为慥慥之君子焉"一句化用《礼记·中

---

① 平步青:《霞外攟屑》卷6,《续修四库全书》子部第1163册,第553页。
② 参见何宗彦《王文肃公文草序》,《王文肃公文集》,第7页。
③ 朱国桢:《省堂张公墓志铭》,《朱文肃公集》,《续修四库全书》集部第1366册,上海古籍出版社2002年版,第93页。
④ "今欲救文,莫如揽其柄于上,而弗使下移……今必如昌黎唱铎于成均,欧阳秉衡与棘舍,网纽一而燕郢鄠下之谭自废也。又莫如清其途于芜,而弗使away乱。"温璜:《温宝忠先生遗稿》卷2《文体策》,《四库禁毁书丛刊》集部第83册,第376页。
⑤ 王锡爵:《文莫吾犹》,俞长城:《名家制义六十一家·王荆石稿》,清抄本。后文中王氏引文随文作注。

庸》"言顾行，行顾言，君子胡不慥慥尔"之语；"斯为彬彬之君子焉"一句化用《论语·雍也》"文质彬彬，然后君子"；"游六艺之途"化用《论语·述而》"志于道，据于德，依于仁，游于艺"；"我亦窃自附于述者"化用《论语·述而》篇"述而不作，信而好古"；"世有妄许我以善诱"化用《论语·子罕》"夫子循循善诱人"；"不言而躬行"与"既言而躬行"化用《周易·系辞》"躬行不言，默而成事"；"行之难也"化用《尚书·说命中》"非知之艰，行之为艰"及《正义》"行之难"。钱吉士评此文曰："用夫子平日所尝言，亦极真切"；俞长城评之曰："四书与五经一例用得确。"① 然而，文字引用经传，易失之陈腐，唯凭作者添字减字，多方变化，方能跳脱陈窠。② 王锡爵能够化用经史之语而不蹈袭之，简辞入婉，篇法温粹，③ 以立论之正大、语词之古雅为时文，遂能于嘉靖文多颓靡之季，"以大笔力起而振之"，天下争相效仿，使隆、万之际的制义写作展现出文质彬彬的风貌。④ 故时人评曰："我朝制义，自太原王文肃独辟一法门，绝无寒酸气。"⑤

自语体之"古雅"而言，文章语体的复古以韵律与语法为主要实现手段。韵律包括语音、韵部及节奏。由于制义书写中，韵律的影响相对有限，故此处不作专门讨论。自语法而言，则主要包括字、词及句式的运用。"韵律词"是汉语中的基本韵律单位，自然诵读状态下，韵律词的长短受到"相对轻重律"的制约，这意味着韵律词的基本形式是由一轻一重两个成分组成。⑥ 由于汉语在上古时期已大体实现了由韵素

---

① 俞长城：《名家制义六十一家·王荆石稿》，清抄本。
② 归有光言："凡文字引用经传，易失之陈腐……韩退之《诤臣论》引孟子说话，全凭自家添字减字，变化出来便不陈腐。"高海夫：《唐宋八大家文钞校注集评·庐陵文钞》，三秦出版社1998年版，第2159页。
③ 参见陈名夏《国朝大家制义》卷14《王荆石先生文》，明刻本。
④ 参见蔡献臣《清白堂稿》卷5《雨殷熊进士新义序》，第159页。
⑤ 胡维霖：《答高安蔡贲□父母》，《胡维霖集·白云洞汇稿》卷4，《四库禁毁书丛刊》集部第165册，第46页。
⑥ "汉语的韵律规则：A：音步最小而必双分；B：轻重相依而必相足；C：虚字最轻而实词重。"冯胜利：《汉语韵律句法学》，商务印书馆2013年版，第20页。另见 Liberman M. and Alan Price, "On Stree and Linguistic Rhythm", *Linguistic Inquiry*, Vol. 8, No. 2, 1977, pp. 249–336。

调声向音节调声的转变,① 故而,最小的韵律词即两个单音节的组合。② 秦汉时期,汉语词汇以单音节为主体,逐步由单音节向双音节形式过渡;与之相应,韵律词的构成则由以"单音节+衬字"的双音节为主体,向不依赖衬字而形成的双音节过渡。至隋唐,三音节与四音节复合韵律词(四字格)已出现并走向成熟。赵宋以降,以"句"为整体的韵律单位逐步发展。由单音节、双音节、三音节、四音节到作为整体的"句",韵律单位的容量不断增加。伴随韵律词的演化,汉语词汇的表义规则由"隐含"向"呈现"转化。"在《论语》、《孟子》等先秦典籍中,单、双音节词的比例为3.7:1;《诗经》较多使用联绵词,单、复音词的比例,仍为2.8:1。这大体反映了先秦汉语单音词占明显优势的情况。到了魏晋六朝时期,新生词大多由双音节组成,单音节退居极为次要的地位。"③ 双音词的衍生加快了词类的分化速度,名词、动词、形容词间的界限日趋明晰,词类活用现象渐衰。因此,王锡爵在制义写作中欲求"复古"之效,则当有意效仿秦汉文章的词汇使用,首先,在词汇的选择上,在单音节与双音节均可用的情况下,首选单音节:

君之<u>有</u>天下,天命之也。(《惟命不予常》,出《国朝大家制义》)
<u>受</u>而载之,其亦有真宰存焉否?(《敢问何谓浩然之气》,出《名家制义六十一家》)

"有""受"均为以单音节词传达双音节词所表之意。"上古存在概念融合的词语主要有三类:修饰成分与中心成分融合、对象与动作融合、动作与结果融合。这三类融合也可理解为三类隐含,即修饰成分隐含于中心成分、对象隐含于动作(或动作隐含于对象)、动作隐含于结果。中

---

① "发一字未足舒怀,至于二者,殆成句矣。"成伯玙:《毛诗指说》,《景印文渊阁四库全书》经部第70册,第177页。
② 参见冯胜利《韵律系统的改变与二言诗体的消亡》,《汉语韵律诗体学论稿》,第115—143页。
③ 骆晓平:《魏晋六朝汉语词汇双音化倾向三题》,王云路、方一新主编:《中古汉语研究》,商务印书馆2000年版,第52页。

古三类'隐含'纷纷'呈现':修饰成分从中心成分中呈现出来,对象从动作(或动作从对象)中呈现出来、动作从结果中呈现出来。"① 据此,则上古之"有"当为近世所言"拥有"之意,属于修饰成分与中心成分融合;"受"为"接受""承受",属于动作与结果融合。由于王锡爵所处之近世距上古已远,单音节词汇在汉语演化的漫长历史时段中已不再是成词主体,故王氏制义中的此种用法当系有意为之。其次,行文中逢以形容词进行状态摹写时,或构造"单音节词+乎/然"的词汇结构;或尚叠字,以彰显文章古朴貌:

恒烔<u>乎</u>其不昧……自湛<u>乎</u>其常存。(《瑟兮僩兮者恂慄也》,出《名家制义六十一家》)

无忝于成性之初,而人物之所同<u>然</u>者。(《唯天下至诚……其性》,出《国朝大家制义》)

生民之始具为秉彝也,岂不亦纯<u>然</u>赤子未雕未琢之天乎?(《质犹文也》,出《国朝大家制义》)

诚有<u>戚戚</u>乎其启予者矣……于是有<u>塞塞</u>匪躬之节焉……诚有<u>飒飒</u>乎其易入者矣。(《迩之事父》,出《国朝大家制义》)

其有<u>熙熙</u>乎旷世而相感者耶……其有<u>优优</u>乎异世而同神者耶。(《伊尹耕于有……道焉》,出《国朝大家制义》)

不同于中古以降词汇的双音节化受制于"意义"的生产,上古汉语时期,词汇的双音节化主要受制于"声律"的要求。因此,双音节拍的形成多赖虚词的参与。"单音节词+乎"的结构即是突出表现。叠字("叠字+乎")则是上古汉语单音节词占主体、双音节词尚未盛行的表现,其在语义传达上以"隐含"为表现形式。后世脱离上古语言环境者欲效仿古体,则当有意与表示"呈现"的词语保持距离。构造"单音节词+乎"的结构与叠字词汇的使用,遂不失为展现文章语体之

---

① 胡敕瑞:《从隐含到呈现(上)——试论中古词汇的一个本质变化》,载《语言学论丛》第31辑,商务印书馆2005年版,第21页。

"古拙"的有效方式。

上古汉语为综合性语言，词类活用现象较多。中古以降，词类分化加快，词类活用现象渐衰。① 故以词类活用入文，亦可强化语体古朴之貌：

勿二也，勿三也。（《君子之中庸》，出《名家制义六十一家》）

此盖论爵而交，以为贵者在是，则举国而臣事之……自夫上之人忘南面之尊以礼士，则有用上敬下者焉……盖事得其宜之谓义，而下宜于急君，上宜于好士，其当理一也……君人者自处于可敬之地。（《用上敬下》，出《名家制义六十一家》）

气非有二也（《敢问何谓浩然之气》，出《名家制义六十一家》）

非所以语臣之义也……非所以全上下之交也（《则君使人导之出疆》，出《名家制义六十一家》）

天命之归于人君，德基之也……（天禄）若有常享矣，而仁者公之以为福，不仁者私之以为祸。（《惟命不予常》，出《国朝大家制义》）

尧舜以道帝天下。（《伊尹耕于有……道焉》，出《国朝大家制义》）

以中古之后的语法演变而言，"二""三""臣""礼""一""君""语""全""基""公""私""帝"等词皆为词类活用，或为名词的动词化，或为形容词、数词活用为动词。中古而下，词类活用已成为文章之"古"的一项重要标志，作为一种特殊的写作技法，词类活用通过形成区别于流行语体的书写风格，而提升文本的语体层次。

中古时期，汉语语法在词序上的变化主要表现在五个方面："一是疑问代词宾语处于由前置向后置的发展过程中……二是否定代词宾语前置的现象进一步减少，后置逐渐成为占主导地位的词序……三是数量词内部先量后数的词序已渐趋淘汰，先数后量的词序已成为主流；而数量词组与名词组合时前附的词序正在逐渐形成规范，后附开始受到种种限

---

① 参见［美］高友工、梅祖麟《唐诗的魅力》，李世耀译，上海古籍出版社1989年版，第90页。

制。四是标识谓语动词动作主体位置的介宾结构改变了先秦时期的词序,以置于动词之前为主……五是表示工具的介宾结构置前逐渐成为通则。"① 故而古文写作当逆此演化而行,王锡爵制义中"何愆之有""何忘之有"(《诗云不愆》)、"何有于莘之尹耶""舍是其何乐焉"(《伊尹耕于有……道焉》)、"果何为者哉"(《往见不义也》)等句,均为疑问代词宾语前置,以此展现文章语体之古朴。此外,"古文语多倒"②,王氏制义诸如"甚矣天命之无常而可畏也"(《惟命不予常》)、"甚矣行之难也"(《文莫吾犹》)、"不韦贱儒,孰与轩冕之为尊"(《往见不义也》)、"吾之议法与朝廷者"(《诗云不愆》)等句,皆为倒语。倒语的运用打破了语法成分紧密结合的状态,降低了句子的语法密度与表义的明晰度。上古时期,数量占优势的单音节词以其"隐含性"特征,使古文呈现出语法成分结合松散而表义隐含的风貌,倒装句法对"呈现性"的刻意抵制,恰恰彰显了古文"质拙"的语体特征。

在句式的构造上,作为上古汉语的一种典型语法结构,"主之谓"是先秦两汉古文写作的常见形态。"主之谓"结构出现在书面语中,始于西周,盛于战国,衰于两汉,因此,中古而后此结构在文章中的大量出现,当为作者对上古语法的有意效仿。③ 王氏制义中"主之谓"结构的频繁出现亦莫能外:

> 以忠臣遇暗主,而栖栖不去,将不唯身之不免,而名与俱丧,义之所不敢出也。(《反覆之而不听则去》,出《名家制义六十一家》)
>
> 吾昔闻鲁子之言勇矣……吾比闻夫子之言心矣。(《敢问何谓浩然之气》,出《名家制义六十一家》)

---

① 柳士镇:《试论中古语法的历史地位》,载《汉语史学报》第2辑,第54—61页。
② "古文语多倒,《汉书》中行说曰'必我也,为汉患者',若今人则云'为汉患者必我也';管子曰'子耶言伐莒者',若今人则云'言伐莒者子耶'。"杨慎:《升庵集》卷52《古文倒语》,《景印文渊阁四库全书》集部第1270册,第446页。
③ 参见王洪君《汉语表自指的名词化标记"之"的消失》,载《语言学论丛》第14辑,商务印书馆1987年版,第158—196页。

第三章　典诰鼎彝：王锡爵的文学观念与制义创作 | 167

　　敬即本体之守也，此心之常明常觉者，无敬之迹，有敬之精。（《瑟兮僩兮者恂慄也》，出《名家制义六十一家》）

　　吾之议法与朝廷者。（《诗云不愆》，出《名家制义六十一家》）

　　人臣之在于其国，而人君之礼恤之者。（《则君使人导之出疆》，出《名家制义六十一家》）

　　自古之言王道者，必本之诚意矣。（《所谓诚其》，出《名家制义六十一家》）

　　夫亦以德之未实，而蔽于人伪之私焉耳。（《唯天下至诚……其性》，出《国朝大家制义》）

　　君子之能尽道者，由德而进之于中焉。（《君子之中庸……时中》，出《国朝大家制义》）

对于"主之谓"结构中"之"字语法功能的定位，传统论者多本于吕叔湘"取消句子独立性"之说而作以发覆。① 然而，"予之不仁也"（《论语·阳货》）、"我之为先并矣"（《史记·孔子世家》）等"主之谓"结构单独成句的情况在上古文章书写中亦所在多有，特不为研究者所重。② 此亦提示研究者，单纯自语法角度对"之"进行功能定位有失偏狭。自"语体"而言"主之谓"结构多见于书写内容与场合具有较高正式度的文本之中，长于议论、感叹或发问，是为庄典语体。③ 由此上推，在中古以降的文章写作中，何以"之"字在"主之谓"结构中的使用成为语体古雅的条件？"主之谓"的表层结构是以"之"字隔断主

———
① 参见吕叔湘《中国文法要略》，商务印书馆1948年版，第84页。
② 何乐士认为此种独立成句的"主之谓"结构多见于对人或事发表评论或表示感叹的对话中，带有浓厚的感情色彩（何乐士：《左传虚词研究》，商务印书馆1989年版，第69页）。陈远秀则通过对《史记》与《论衡》中"主之谓"结构的统计分析，得出"主之谓"可独立成句但其所成之句皆非陈述句的结论（陈远秀：《上古汉语"主之谓"结构的语体考察——以〈史记〉和〈论衡〉为例》，《语言教学与研究》2017年第3期）。
③ 参见［日］大西克也《秦汉以前古汉语语法中的"主之谓"结构及其历史演变》，高思曼、何乐士主编《第一届国际先秦语法研讨会论文集》，岳麓书社1994年版；魏培泉《先秦主谓间的助词"之"的分布与演变》，《台湾"中央研究院"历史语言研究所集刊》第71本第3分，2000年。

谓句中的主语与谓语，"之"的存在与否并不影响语句整体意义的传达，然而，其出现却改变了原有语句的韵律结构。"之"字的嵌入弱化了语句节奏的密合度，将一个韵律单位分割成两个节奏单位，而在句中出现明显的停顿（如"鲁子言勇矣"转变为"鲁子/之言勇矣"）。所谓"之"字有舒缓文气之用，即强调其对语句韵律节奏的改变。[1] 句中节奏单位的分化意味着各语法成分间的结合松散与语法结构明晰度的降低，此正为古文文体特征之所在。有明一代，古文善用"之"字几为学古者之共识，[2]"主之谓"结构遂成为王锡爵制义写作追求复古的常用手法。

上古汉语中，书面语与口语尚未分途，语法结构尚不明晰，文章语句多伴有语助成分。因此，虚词的运用亦成为文章"古朴"的一个重要判断标准：

> 练字之法，其以静字作动字用者，如"春风风人，夏雨雨人"之类，人人知之；其当留意于虚字者，尤不可不知也。昔柳子厚论孟子善用助字，其《复杜温夫书》云："予谓百里奚一章，其所用助字，开阖变化，令人之意飞动。"子厚所指，盖在"可谓智乎？可谓不智乎？不可谓不智也"及"不贤而能之乎？而谓贤者为之乎"数句。[3]

语助成分不承担意义表达的职能，其语法功能主要表现为语气的舒缓或强化。而韵律节奏的改变，同样是语助存在之必要性的内在动因。语助的使用令语句在原有韵律结构的基础上多出至少一个节奏单位，句子内部各语法成分的聚合度减弱，韵律单位增多，而出现明显的诵读停顿。此以句中语气词的使用为典型：

---

[1] 参见马建忠著，章锡琛校注《马氏文通校注》，商务印书馆1988年版，第318—320页。

[2] 参见杨慎《升庵集》卷52《古文用之字》，《景印文渊阁四库全书》集部第1270册，第450—451页。

[3] 吴曾祺著，杨承祖点校：《涵芬楼文谈·炼字第十四》，台北：台湾商务印书馆1998年版，第38页。

第三章　典诰鼎彝：王锡爵的文学观念与制义创作 | 169

此其縻士不以爵禄、相士不以形声明矣。(《往见不义也》，出《国朝大家制义》)

舍是其何乐焉……岂徒得夫古人讽咏之遗音而已也？(《伊尹耕于有……道焉》，出《国朝大家制义》)

人其可以不学乎哉！(《迩之事父》，出《国朝大家制义》)

圣人德纯乎天，则天命在我矣，谁其有不尽乎？(《唯天下至诚……其性》，出《国朝大家制义》)

从上古到中古，由于句法从并列到主从的演化，中古以降，汉语由以并列为结构主体的语言演变成一种以主从为结构主体的语言，① 文章句式明显增长，所谓"唐之文奇，宋之文雅，唐文之句短，宋文之句长。唐人诡卓顿挫为工，宋以文从字顺为至"②，"唐文峭，宋文平；唐文曲，宋文直；唐文瘦，宋文肥"③ 者，均表明李唐与赵宋的"古文"书写所立足的语言学条件不同，因而展现出相异的语体特征：唐人的文章复古宗法先秦两汉，有意自韵律词选择（倾向于单音节韵律词或"单音节+衬字"）、句式构造（倒装句）及语法安排（疑问代词与否定代词的前置、数量词组的后附以及语气助词的大量存在）等方面模仿上古语言，故而较之当世流行的语言，其文语新奇，句式短小廉悍。④ 赵宋时期，词汇的内部演化已大体完成：双音节词的主导地位完全确立，三音节词与四音节词亦已大量产生。⑤ 此一时期汉语语言所发生的重要变化，是以"一句"为整体的韵律单位的发展，以及口语之影响提升所

---

① 参见杨荣祥《"而"在上古汉语语法系统中的重要地位》，《汉语史学报》第十辑，上海教育出版社2010年版，第110—119页；梅广《迎接一个考证学和语言学结合的汉语语法史研究的新局面》，何大安主编《古今通塞：汉语的历史与发展》，台湾"中央研究院"语言研究所2003年版，第28—29页。

② 查慎行：《曝书亭集序》，朱彝尊：《曝书亭集》，第5页。

③ 袁枚：《小仓山房文集》卷35《与孙俌之秀才书》，《丛书集成三编》第56册，台北：新文丰出版公司1996年版，第96页。

④ 参见安家琪、刘顺《中唐韩柳古文书写的可能与规则及其限度——以语体为视角》，《上海大学学报》2019年第3期。

⑤ 参见冯胜利《汉语韵律诗体学论稿》，第173、214页。

形成的"以俗为雅":"秦以前的书面语和口语的距离估计不至于太大,但汉魏以后逐渐形成了一种相当固定的书面语,即后来所说的'文言'……以口语为主体的'白话'篇章,如敦煌文献和禅宗语录,却要到晚唐五代才开始出现,并且一直要到不久之前才取代了'文言'的书面汉语的地位。根据这个情况,以晚唐五代为界,把汉语的历史分成古代汉语和近代汉语两个大的阶段是比较合适的。"[1]宋文之雅,实为当世共识性语言的雅化,与中唐韩、柳刻意跳脱实际语言环境而模仿上古语言构造的取径有别。语气词的使用则割裂了语句作为一个整体韵律单位的可能,使长句内部分化为若干韵律单位,而贴近上古汉语句式短小廉悍的特点。上古汉语是由单音节向双音节演化的过渡时期,因此,语助成分首要而基本的功能体现在与单音节词组合为一个标准韵律词(标准音步),而形成具有稳定感的双音节奏。如孟子《百里奚》"可谓智乎"一句,由两个标准音步构成。"乎"的使用不仅表明疑问语气,更与"智"组成一个标准音步,以适应"相对轻重律"的制约法则。王锡爵的制义中,语气词的运用亦展现出相似的功能:

  甚矣,行之难也!文之不足尚也。(《文莫吾犹》,出《名家制义六十一家》)
  非此之谓乎?(《孝子之至莫》,出《国朝大家制义》)
  果何为者哉?(《往见不义也》,出《国朝大家制义》)
  其意有不诚者乎?(《瑟兮僴兮者恂慄也》,出《名家制义六十一家》)

伴随上古汉语向中古的演化,双音节词汇的绝对优势与词类分化的加速使语句内部的语法结构逐渐明晰,语助成分的意义更多在于标示语气,而其构造标准音步的功能指向遂渐趋弱化。王锡爵所处的嘉、万时代属于近代汉语演变期,其去上古已远,"文言"语法在此时已然定型,新

---

[1] 方一新:《中古近代汉语词汇学》,第198页。

的口语句法正逐步衍生，① 因此，其文中语助成分的出现多基于对标示语气的考虑，以语气助词构造标准音步，则成为对"古文"写作的技术化要求。"甚矣，行之难也"的常规语序为"行难甚矣"，"矣"与"甚"构成一个标准音步，以形成平稳的诵读节奏；"甚矣"的前置与"行难"之间"之"字的嵌入，是标志文章语体之"古雅"的重要方式。而"行之难"作为结句，在韵律节奏上前重后轻，缺乏稳定典重之感，因此，王氏以"也"字缀于句末，与"难"字形成稳定的双音节拍。"非此之谓乎"则为"非谓此乎"的句式变体，句末"乎"的使用与"此"构成一个标准音步，以平衡句内节律。王锡爵不仅能于制义写作中综合化用多种古文技法，更能自古文生长的语境中寻获"以古文为时文"的可能，此方为其高明之所在。

三 "负天下之大手"：王锡爵"大手笔"的时文特征

王锡爵的制义素以"大手笔"见称。② "大手笔"一词首见于《晋书·王珣传》，本缘"哀册谥议"之文而发，其后朝廷公文等应用文章亦被纳入"大手笔"的指称范围。唐代以降，更衍生出对"掌书王命"者的美赞之意。③ "大手笔"首先意味着文章能够润色鸿业，彰显朝廷气象；立意正大、措辞庄典与结构谨严则是实现制义之"大手笔"的有效方式。王锡爵《诗云不愆》一文即为润色鸿业之范本：

即诗人之论治，而得保治之道焉。（破题）
夫法者，治之具也，法立而能守，则于保治之道得矣。何过

---

① 参见孙锡信主编《中古近代汉语语法研究述要》（复旦大学出版社2014年版）第二编《近代汉语语法研究》的相关论述。
② "惟公（按：沈一贯）与王文肃公文魁海内，藻振词林，均负天下之大手；致位卿亚，终养遗荣，均负天下之大美；遭时逾主，起家爱立，均负天下之大望；当青宫危疑之际，一悤出讲，一赞册立，均负天下之大功；迨其末年，一再召而被阻，一将去而丛言，虽逃虚屏迹，哓哓未已，均负天下之大谤。"（蔡献臣：《清白堂稿》卷16《海道祭沈蛟门相公文》，第811页）宋羽皇评王锡爵《事君能致其身》一文曰："凡一股自有一股之变化，真大手笔。"（俞长城：《名家制义六十一家·王荆石稿》，清抄本）
③ 参见刘顺《燕许"大手笔"的成立及其对李唐政治文化的影响》（待刊）。

哉！且夫治理天下以仁，行仁以法，法之裕于治也。盖自古记之矣。（承题）

《假乐》之诗曰："不愆不忘，率由旧章。"夫所谓旧章者，先王之法也，仁心由此行，仁泽由此溥，是万世无弊之道也。聪明乱之，则有过而愆焉。积习臆之，则有过而忘焉。（起讲）

夫惟善保治之主，为能守法；亦惟善守法之主，为能无过。六官之典，即方册而其人存也。吾之议法与朝廷者，循是而经纶之，则朝廷正矣。九牧之政，继治世而其道同也。吾之布法于邦国者，循是而张弛之，则邦国安矣。（起股）

故《诗》之言不愆也，则守法之一效也。何也？法立于先王，而天理顺焉，人情宜焉。其在后世，但一润色间，而画一之规模，自有四达不悖者，何愆之有？《诗》之言不忘也，则守法之又一效也。何也？法立于先王，而大纲举焉，万目张焉。其在后世，但一饰新间，而精详之条理，自有咸正无缺者，何忘之有？信乎心法合而成治，作述合而保治。自尧舜以来，所以置天下于寡过之域者，皆是物也。而诗人岂欺我哉！（中股）

噫！后之有仁心仁闻者，可以得师矣。然使三代以还，人必里居，地必井授，舞必韶夏，服必邹鲁，能为治乎？要之，谨任人，持大体，而王者躬明德于上，虽玄黄异饰，子丑殊建，不害为继述也。（束股）

夫周官月令，试之而不效者，岂法弊哉！故曰王道本于诚意。（大结）（《诗云不愆》，出《名家制义六十一家》）

王锡爵为文"勇肩古道，不屑为今人文章，轨于子长、孟坚"[①]，于嘉靖文多萎靡之季，以大笔力为之起振，遂使词林中衰为一振，隆、万以来，文质彬彬。较之成、弘之际如王鏊所撰之典型八股文，王锡爵此文

---

① 沈一贯：《鸣文集》卷18《光禄大夫少傅兼太子太傅户部尚书建极殿大学士赠太保谥文敏同麓余公状》，《四库禁毁书丛刊》集部第176册，第327页。

第三章　典诰鼎彝：王锡爵的文学观念与制义创作 | 173

已于偶对与排句之中多间散句，"以古文之法行于排比，颇近风雅之调"①；"何怼之有""何忘之有"等倒装句式的运用以及"吾之议法与朝廷者"等"主之谓"结构，彰显出王氏有意效法秦汉古文之体，以此展现文章语体之古雅。尽管王锡爵学养深厚，自负雄才，为文以"雄鬯"为本色，而善创变体②；但作为程文，此文仍然展现出精严的法度："朝廷正、邦国安、天理顺、人情宜、大纲举、万目张，发挥精矣。一润色、一饰新、谨任人、持大体，补衬周矣。前提'过'字，后挽'怼''忘'，'心'字、'法'字、'仁'字、'治'字，段段提掇照应，法度严矣。一字不闲，一笔不乱，真宇宙间有数文字。"③ 更为重要的是，此文于破题处即点出"保""治"二字，而"保""治"二字实为当年诏书中语，王氏以"保治"为开端，将当下的"保治"政令解读为人君对"先王之法"的持守，继而逐一阐发善"保治"者之于正朝廷、安邦国、顺天理、宜人情、举大纲、张万目的重要意义，巧妙系联官方政令与圣贤之法并作以发挥，实为对当朝为政者之政治行举的润色与褒扬。故苏紫溪以文肃此文为"程文变格"，化用当年诏书之语本非题中之义，王氏此文则大开制义为颂扬之风，"一切逢迎、窥伺心术皆缘此起也"④。陈名夏评王氏《惟命不于常（一节）》一文"寓奇于平，篇法温粹，政可得其卓越之致"⑤，亦指出王锡爵制义说理之醇雅典正处，而展现出台阁文字的大雅之风。

润色鸿业而外，行文富于波澜同样是王锡爵制义"大手笔"的题中之义。王夫之言"王荆石学苏氏，止取法其语言气势，至说理处，自循正大之矩"⑥，而苏文"纵横开辟，上下变化"之势恰是其"大手笔"之所在。⑦ 王锡爵"少以雄才称，其文何渰通而多思"⑧，"局大而

---

① 陈名夏：《国朝大家制义》卷14《王荆石先生文·君子所性仁》评语，明刻本。
② 参见俞长城评《诗云不怼》，见俞长城《名家制义六十一家·王荆石稿》，清抄本。
③ 俞长城评《诗云不怼》，见俞长城《名家制义六十一家·王荆石稿》，清抄本。
④ 梁章钜：《制义丛话》卷11，第266页。
⑤ 陈名夏：《国朝大家制义》卷14《王荆石先生文·惟命不于常》评语，明刻本。
⑥ 王夫之著，戴鸿森笺注：《姜斋诗话笺注》，上海古籍出版社2012年版，第247页。
⑦ 参见四川大学中文系唐宋文学研究室编《苏轼资料汇编》，中华书局2004年版，第932页。
⑧ 陈名夏：《国朝大家制义》卷14《王荆石先生制义序》，明刻本。

脉疏"①，识见高阔，气力卓荦，以翻转跌宕见长。② 此正与东坡文之"气高力雄"相仿。王氏能于嘉、隆之际，一变"多肉而少骨""多题外而少题内"之制义而归于雅驯正大，③ 亦多赖其为文善于递推说理，化生波澜：

> 人臣以身而效之君，斯纯臣之道也。（破题）
>
> 夫为人臣者，无以有已也。委身事君，而臣道其纯矣。谓非厚伦之一端也哉！（承题）
>
> 尝谓人之一身，君臣父子之伦属焉。
>
> 方其未事乎君，则身者父母之身也，而所以事之者，固当竭其力而无所懈；及其既事乎君，则身者君之身也，而所以事之者，尤当致其身而无所私。（起讲）
>
> 何则？
>
> 君臣天下之大伦，而纯心以事君，尤人臣之大义。但知有身而不知有其君者，固失其所以为臣；虽知有君而犹知有身者，要亦非纯臣之道也。（起股）
>
> 乃若君子之厚于人伦者则不然。（过接）
>
> 仰观于君，则知君即吾身之元首，而忠于君者，即所以成其身也。兢兢乎捐躯以赴之，而未始乘之以自便之私。
>
> 俯观于身，则知身即吾君之股肱，而不有其身者，乃所以不负其君也。蹇蹇乎匪躬以承之，而未始参之以内顾之念。
>
> 有所畏而不为，与有所利而为之者，皆自私其身者也。吾勿敢也。事系安危，则以吾身之死生当之，而功之成与否，不遑恤焉。盖社稷为重，则吾身为轻，自委质之初，而此身已为国家有矣。尚肯为营私之计乎？
>
> 有所讳而不言，与有所利而言之者，皆自私其身者也。吾勿敢

---

① 俞长城评王锡爵《用下敬上》一文曰："太仓稿中局大而脉疏，会墨亦然。独其式士诸程精当不刊，令人起敬。前辈宦成之后，学问更进，是可师也。"
② 俞长城评王锡爵《反覆之而不听则去》一文曰："踌躇跌宕，一往情深。"又评《用下敬上》一文曰："气格苍雄，识议宏卓，此真台阁文字。"
③ 参见蔡献臣《清白堂稿》卷5《蒋仲旭〈伐檀草〉序》，第168页。

第三章　典诰鼎彝：王锡爵的文学观念与制义创作 | 175

也。事关君德，则以吾身之去就争之，而君之从与否，不遑计焉。盖纲常为重，则吾身为轻，自策名之始，而此身已置之若弃矣。尚肯为固宠之私乎？（中股）

为天子调元赞化，则不敢私其身于内也。凡为启沃，为赞襄，以自效其承弼之义者，盖有全躯自保之士所不能为，而吾独以身徇之者矣。

为天子分猷宣力，则不敢私其身于外也。凡为奔走，为御侮，以自尽其承宣之职者，盖有明哲保身之士所不肯为，而吾独以身试之者矣。（后股）

是何也？

养其身，本欲以自为也。居可为之位，则委此身于王室，而惟君之所任使焉耳。

修其身，本欲以行义也，有不可逃之义，则公其身于社稷，而唯君之所进退焉耳。

此之谓不先身而后君，臣之道所以为统也。（束股）

向使一心以为君，又一心以保身，则虽竭力以事亲，而事君不忠，且不得谓之孝子矣。学者可不勉哉！（大结）（《事君能致其身》，出《名家制义六十一家》）

王氏此文以《论语·学而》篇"事君能致其身"一句为题而铺排发挥。破题句先破"身"字，次及"人君"，自下而上破出，是为"逆破"。逆破之法，将原文"能"字所传达的选择性语气潜在转化为确定性语气，使文章立论根基坚实，刚健有骨，有兀然崛起之势。而将"以身事君"上升为"纯臣之道"，可谓以"冠冕"之法治大题，有庙堂气象。[①] 承题句以"人臣"上承"纯臣之道"，逆破而顺承之，结构浑融而语脉不断；[②] 同时，以"非厚伦之一端"引出起讲对于"身"之所属

[①] 参见唐彪《读书作文谱》卷9，清康熙四十七年敦化文盛堂本。
[②] "承者，接也，因破义浑融，不得挑出题目，故将破中紧要字样捏住一两个，紧紧接下来。"陈梦雷：《古今图书集成·文学典》卷180《经义部·徐常吉论文》，中华书局1934年版，第637册，第21页。

于"未事君"前及"已事君"后之不同的论述,不仅回应了《学而》篇中"事君能致其身"之上句"事父母能竭其力",说理沉实缜密、精细圆融,使文章对"以身事君为纯臣之道"的论述免于突兀浮泛而流于溢美,更在"父母之身"与"人君之身"的两相对照中凸显以身事君当"无所私"。具有否定性意义的"非"的运用,令文势发生逆转,此为文章之第一波澜。起股由"但知有身而不知有其君"推及"虽知有君而犹知有身",逆题反振,使文章劲健骨立而富于腾挪之势,再度化生波澜。首二比自虚处落笔,在以"身"统领全篇要旨的同时,"包笼大势,虚而不泛"①,为下文敷畅详论张本。② 中股前二比以一"身"之首尾喻君臣关系,为点明全篇主旨之句。然此二句渐次说开,仍架虚意,"少带些含蓄,略留些气焰,与后面作地步"③。成、弘以前之程文"叙题面处多,发所以然处少"④,故中股多以二比相对而作结;嘉靖以降,制义写作"多题外而少题内,而每篇往往七八百字"⑤,因此每股文字亦多有生发演化。随后二比承续对"纯臣之道当忘其有身"的正面论述,围绕"自私其身"而作敷衍,对"事君能致其身"展开反向解说,三度构造曲折波澜。此二比分别自"危难之际"与"君德之失"两个维度深化题旨,阐述人臣当以身之死生御邦、以身之去就谏君,一正一反,遂无合掌之弊。⑥ 后股之两比既是对中股"不敢私其身"的补充与总结,又由此而引出束股二比的总结。尽管王氏此文近十二股,然股股皆紧扣"身"字而变化起意,并由题面之意而发挥其所以然,由虚入实,正说反衬,说理缜密精当。虽行文踌躇跌宕、层层化生,然其所

---

① 唐彪:《读书作文谱》卷9,清康熙四十七年敦化文盛堂本。
② "首二比正文章初入讲处,贵虚而不贵实,贵短而不贵长。然虚不可迂远,短不可局促。开口便要见题旨,而又不可说尽。须有含蓄,有蕴藉,而又爽快不滞,则思过半矣。"陈梦雷:《古今图书集成·文学典》卷180《经义部·徐常吉论文》,第637册,第21页。
③ 陈梦雷:《古今图书集成·文学典》卷180《经义部·徐常吉论文》,第637册,第21页。
④ 唐彪:《读书作文谱》卷9,清康熙四十七年敦化文盛堂本。
⑤ 蔡献臣:《清白堂稿》卷5《蒋仲旭〈伐檀草〉序》,第168页。
⑥ "题情每比可分两意者少,只一意者多。不知以一化两之法,对股必有合掌之病,故有一意分出两层者……有一意翻出两层者……有一层衬出两层者……学者能知此三法,题到手自不患文情窘缩矣。"唐彪:《读书作文谱》卷9,清康熙四十七年敦化文盛堂本。

言之理却为题中应有之义。故宋羽皇评此文"从反起六比,每比押'身'字,浅深虚实,凡一股自有一股之变化,真大手笔"①。

王锡爵善造波澜的笔法同样见于《敢问何谓浩然之气》一文。此文一反制义之常态,不用破承,以"昔孟子自言其所长,先知言而继之以养气"为发端,②设"浩然者不得其状"之问难,随即将此问题具化为"'浩然'之名于何而言"与"'浩然'之状于何而见"。在否定"此气之内守,虚而不屈""此气之外溢,动而愈出""出于幻冥"及"出于迹象"四种回答后,王氏以"守气不如守理"与"养气必先养志"进一步质疑养气说,强化公孙丑发问的合理性。文末以"千古未立之名,自夫子创之,而两端未竭之诲不就夫子请之,窃恐后之学者将以异端之守气、用壮之客气,甚且为狂、为侠、为恣睢、为矫揉,一切纷纭四出之气而尽托之浩然。故愿夫子明教之也"作结,回应开篇公孙丑"浩然者不得其状"之疑问产生的缘由。"气"本抽象,难以坐实,即便孟子本人亦难以准确定义"浩然之气",故其采取避重就轻的诠释策略,借助类比、譬喻而使"气"在形象化的场景中得以具体展现。制义写作若正论此题,则文章难免理学气。因此,王氏立论并非着眼于"浩然之气"并为之作解,而是本于"敢问"作以发挥,避实就虚,以"气"之"恍惚变化"、难以具言为依托,通过设问构建逆向阐释空间,明说公孙丑因何不解"浩然之气",暗则以否定性陈述间接阐释了"浩然之气"的特征。设问难而作以分解,"非惟说理透明,文字亦觉精神"③。逆向解说令议论说理"无一句一字不是题目"④,更巧妙回避了"若论题面,一句便完"导致的体制局促,"一层转一层,如入武夷九曲,愈曲愈奇"⑤,"凭空幻出无数波澜,却多是题中所有"⑥。

---

① 宋羽皇评王锡爵《事君能致其身》,见俞长城《名家制义六十一家·王荆石稿》。
② 参见俞长城评王锡爵《敢问何谓浩然之气》,见俞长城《名家制义六十一家·王荆石稿》。
③ 归有光:《归震川先生论文章体则》,《历代文话》第2册,第1729页。
④ 陈仁锡:《无梦园遗集》卷3《王文肃课孙稿序》,明崇祯八年刻本。
⑤ 马素修评王锡爵《敢问何谓浩然之气》,见俞长城《名家制义六十一家·王荆石稿》。
⑥ 俞长城评王锡爵《敢问何谓浩然之气》,见俞长城《名家制义六十一家·王荆石稿》。

"大手笔"不仅意味着内容的醇厚典正与技法的开阖变化，同样标示着文章展现出的识见、才学与力量。陈名夏论王锡爵制义，谓"荆石先生之文可谓高且钜矣。才奇则雄，学富则博，思沉则厚，气足则昌。取前人之简朴张皇而恢廓之，真大家也"①，即道出王氏文章之高才、博学与深思。王锡爵以榜眼入仕，其对于儒家经义自为熟稔。故其为时文亦善本经书之语而加以发挥，以证己意。《践其位》一文，以"虽曰"起首的三大比皆本于经书，谓之"博雅"。② 此亦可见王锡爵对儒家经义之熟识与深刻理解。

识见既表现为思力之深厚，亦展现为对文章内容的剪裁调度。王锡爵《用下敬上》一文，题目本于《孟子·万章章句下》"万章问曰：'敢问友'"一节，而以"用下敬上，谓之贵贵；用上敬下，谓之尊贤。贵贵尊贤，其义一也"为立论之核心。文章以"论上下之交相敬，同归于义者也"为破题，逐一破"上""下""敬""义"字，是为顺破；以一句概括长题而直破四字，可谓简括。此非思深识高之大笔力者不能为。承题句释"义"字，以"义"者"宜"也，居上之敬下与居下之敬上者皆为大贤；此"义"当"达诸上下"，而不可偏废其一："夫义者宜也，下之敬上、上之敬下胥比焉。大贤必而同之，有以哉！且人之相与，必在己尝不见其可挟，而在人尝不见其可轻，然后谓之义交焉。斯道也，达诸上下者也。""挟"字在破题的基础上，点出《孟子》中"不挟长，不挟贵，不挟兄弟而友"之论。起股二比阐发"用下敬上，谓之贵贵；用上敬下，谓之尊贤"之本意，以"论爵而交，以为贵者在是，则举国而臣事之"，故谓之"贵贵"；"论德而交，以为贤者在是，则举国而倚重之"，故谓之"尊贤"。继而以"夫上下，异位也，敬人与敬于人，异施也，何以同归于义哉"为过接，引发下文议论。中股二比自"理"与"情"阐释"用下敬上"与"用上敬下"何以"同归于义"："盖事得其宜之谓义，而下宜于急君，上宜于好士，其当理一也。能行吾敬之谓义，而尊有爵则敬，尚有德则敬，其称情一

---

① 俞长城：《名家制义六十一家·题王荆石稿》。
② 参见陈名夏《国朝大家制义》卷14《王荆石稿·践其位》。

也。"后股二比解释"用下敬上"与"用上敬下"不可偏重一端之因："势分与性分相表里以并立,而亦偏重则亢。盖自有天地以来,而交泰之义如此矣。天爵与人爵相低昂以兼侔,而一偏轻则凌。盖自有国家以来,而一体之义如此。"此二股"发题中深一层意"[1],以"下之敬上"本于天地运转之势,是为"天爵";"上之敬下"本乎人君之性,是为"人爵"。由"天"及"人"次第论证"用下敬上"与"用上敬下"之不可偏,对仗精工,思深且谨,格局宏阔而体制谨严。结句"故观贵贵尊贤,均之为义,则知挟贵挟贤,均之为非义,而君人者自处于可敬之地,毋亦慎所以敬人哉",回应破题"同归于义"与承题"在己尝不见其可挟,而在人尝不见其可轻";"君人者自处于可敬之地"一句,则显示出王锡爵之"大笔力"对文章的剪裁调度。《孟子》此节论交友,以"不挟长,不挟贵,不挟兄弟而友"总括论点而为发端,下文论"友",自"百乘之家"至于"小国之君"、再及"大国之君"的行为,由浅入深对论点进行逐层阐释,而终归结为"贵贵尊贤,其义一也"。尽管孟子言"用下敬上"与"用上敬下""其义一也",然以"非惟百乘之家为然也,虽小国之君亦有之"而及"非惟小国之君为然也,虽大国之君亦有之"的层进递推而观之,则孟氏之论述当偏重对"用上而敬下"的强调,其所论之重点在于"天子而友匹夫"。王锡爵察此几微,在详细阐释"上下之交相敬,同归于义"而不可偏废一端之后,而于文末以"君人者自处于可敬之地,毋亦慎所以敬人哉"为结,委婉指出人君当规己而敬人,暗扣孟子原文之要旨而不悖文题之主意。王世懋论此文,曰:"大凡题中含有主意,不知者无论矣。知之而显自标榜,亦属浅中。如此题偏重敬下,只末后着一语周旋,何等大雅!"[2] 充分肯定了王锡爵通过对文章结构的剪裁调度,以实现程文之雅正而不流于溢美。俞长城"气格苍雄,识议宏卓,此真台阁文字"[3]之评,亦本于王氏思力识见之深阔高宏与馆阁文字"曲终奏雅"之典

---

[1] 唐彪:《读书作文谱》卷9,清康熙四十七年敦化文盛堂本。
[2] 王世懋评王锡爵《用下敬上》,见俞长城《名家制义六十一家·王荆石稿》。
[3] 俞长城评王锡爵《用下敬上》,见俞长城《名家制义六十一家·王荆石稿》。

正笔法。相同技法亦可于《质犹文也（一句）》一文中窥其大略，此题出于《论语·颜渊》"文犹质也，质犹文也，虎豹之鞟犹犬羊之鞟"一句。文章以"质犹文也"为核心论题，言"质""文"虽有本末、先后之分，然要之二者在表里、伯仲之间，而不可以污隆、优劣论之。限于体制篇幅与文旨明晰的要求，王氏所论止于"质不可离于文而独存"，对"文"之意义功能则仅以"天下无灭文之质"为提点，而作不具体铺排，展现出笔法的伸缩有度与对文章开阖走势的把握。故韩求仲评此文"犹文更不推进一层，只说质不可独存，何等调度？真馆阁钜裁也"①。

文章展现出的力量在语词层面表现为反义对举，王氏长于在大与小、多与少、轻与重、弱与强的对比中展现力量的悬殊与张力：

> 利之得小，义之失大，以小得易大失，此贪夫之所徇，而节士之所羞也。节士之所羞也，不有矜一介而不取、渺万钟而不屑乎？（《疑思问忿》，出《名家制义六十一家》）
>
> 宫黝之养勇，孟施舍之养勇，岂不亦磊落奇伟、浩然无敌于天下……蹶者之动志，趋者之动志，岂不亦恍惚变化、浩然充满于一身？（《敢问何谓浩然之气》，出《名家制义六十一家》）

"一介"对"万钟"，此为少与多、轻与重的对举；"天下"对"一身"，此为大与小、强与弱的对举。力量对比形成的张力使文势富于波澜，开阖跌宕，并由此而形成弹性与冲击感。自句法层面而言，则首先表现为运用"夫……且夫"句式强化语气：

> <u>夫</u>尊亲养亲，至舜而极，则孝思之足法者，亦至舜而已矣。夫岂有臣父之理乎哉！<u>且夫</u>圣人以心事其亲，而以分达其心，信如臣父之说，是圣人以分屈其亲也，而岂知圣人之心者乎？（《孝子之至莫》，出《国朝大家制义》）

---

① 俞长城评王锡爵《质犹文也》，见俞长城《名家制义六十一家·王荆石稿》。

第三章 典诰鼎彝:王锡爵的文学观念与制义创作 | 181

夫仁、义、礼、智,皆所得于天之定分也,君子以一心而会其全,焉谓非所性至蕴也哉!且夫一天下之遇者兴也,统天下之兴者心也。(《君子所性仁》,出《国朝大家制义》)

夫尚行则实胜而无愧于文矣。观圣人自谦之辞,而夫人可不勉乎?且夫古之学者文行出于一,今之学者文行出于二。(《文莫吾犹》,出《名家制义六十一家》)

夫德,所以凝道也,而道至于中,则有不可易能者,故君子益修其德而道尽矣。且夫中庸之道,乃斯人日囿于其中而不能至者也。(《君子之中庸》,出《国朝大家制义》)

夫法者,治之具也……且夫治天下以仁,行仁以法。(《诗云不愆》,出《名家制义六十一家》)

制义中"夫……且夫"句式的盛行在嘉、万时期。此前则多以"盖""夫"引出承题句。王氏承题句多用此句式,"夫……且夫"既标志着论述内容的增多及语句的增长,同时也在递推关系的说理中强化语气。王锡爵制义中力量的展现,复体现为反问、感叹与倒装句的使用:

敢谓无闻于外也,而一息所容肆乎?(《所谓诚其》,出《名家制义六十一家》)

岂所以重吾手足之情者乎……岂所以保吾手足之安者乎?(《则君使人导之出疆》,出《名家制义六十一家》)

何莫非因先王之定位,而继述之哉!(《践其位行其(三句)》,出《国朝大家制义》)

诗人又安道其见闻之所不及哉!而奈之何□莫之行也!(《诗云两我》,出《国朝大家制义》)

甚矣,行之难也!(《文莫吾犹》,出《名家制义六十一家》)

何愆之有?(《诗云不愆》,出《名家制义六十一家》)

反问句与倒装句作为常态句式的变体,其在文章中的运用,一则出于对句式单一所导致的行文单调的考虑；再则源于强调内容与强化语气情感的需要，制造语脉关节，以形成诵读节奏的紧迫感，挺立文势。感叹句的基本作用同样系对语气情感的强化，并由此而形成感发人心的力量。

  王锡爵的制义以"大手笔"见称，具体表现为内容之正大醇厚、润色鸿业，技法之波澜变化、开阖有法以及高才博学、富于识见与力量。故蔡献臣评曰："嘉靖之季，文多而靡矣。王文肃、沈文靖二公以大笔力起而振之，隆、万以来，文质彬彬。"[①]

---

 ① 蔡献臣：《清白堂稿》卷5《雨殷熊进士新义序》，第159页。

第四章　政治意图的文学展现：王锡爵奏疏的文体及语体解读

　　奏疏之缘起可上溯至《尚书》之《伊训》《无逸》。① 其演化至六朝而由散入骈，以四六文为典型样态。李唐时期，虽有韩愈、柳宗元等倡导"古文"写作，然而较之作为"时文"的骈文，"古文"实未真正影响并改变上层文坛的创作，骈体文仍然是奏议写作的主导文体。赵宋以降，文风虽趋于平易，但骈体始终是奏疏的典型体式。明人于奏疏尤为重视，有明一代出现了大量编纂前朝奏疏的书目。尽管朱元璋于明初立国强调奏疏当简练平易，力黜浮靡文风，但此政策并未能持久，至三杨等辈出，奏疏开始回归骈体之途。王锡爵作为万历时期的重要阁臣，虽"柄事日浅"，然其奏疏数量颇多，② 更为时人奉为"正体"。③ 由于文学形式与政治形式化之间具有同构效应，文学文本通过不同的语体形成文体，以展现政治生活，参与政治实践，因此，自文体及语体的角度对其奏疏进行解读，当是从"政治与文学"的视角理解王锡爵之文学书写的一重有效路径。

---

　　① 参见吴讷《文章辨体序说・奏疏》，第39页。
　　② 申时行《王文肃公疏草叙》："曩余待罪九年，所尝奏御章牍不及公什之三四，而公柄事日浅，视余独倍蓰。"见《王文肃公文集》，《四库禁毁书丛刊》集部第7册，第2页。
　　③ 参见何宗彦《王文肃公文草序》，《王文肃公文集》，《四库禁毁书丛刊》集部第7册，第7页。

第一节　奏疏的文体特征及其体式演变

姚鼐《古文辞类纂》言："奏议类者，盖唐、虞、三代圣贤陈说其君之辞，《尚书》具之矣。周衰，列国臣子为国谋者，谊忠而辞美，皆本谟、诰之遗，学者多诵之。其载《春秋》，内外传者不录，录自战国以下。汉以来有表、奏、疏、议、上书、封事之异名，其实一类。惟对策虽亦臣下告君之辞，而其体少别。"① 是知奏疏作为臣下对人君言事的上行公文，包括表、奏、疏、议、上书、封事等具有相似文体特征的书写类别。② 西汉中后期，奏疏尚未自成一体，在刘向《七略》的分类中，奏疏并未作为独立的文体而获得一席之地，而是分散于"诸子略"之中。东汉王充以"上书奏记"者为"文人"，其地位仅次于"鸿儒"，奏疏的文体价值获得了较大提升；班固《汉书·艺文志》将奏议附于六经之末，已展现出对于作为文体之奏疏的肯定；至《后汉书》专设"奏议"之门，并录其文，则标志着奏疏文体的独立。魏晋南北朝时期，随着文体分类的渐趋细化与文吏阶层的崛起，对于奏疏的批评文字与选本渐多，③ 奏疏的文体地位不断提升，由秦朝时期的公文簿书一跃而为"经国之枢机"④；此后，奏疏以其有效传递政治意图、书写政权合法性与营构政治荣耀的功能，而成为政治生活中的重要组成部分。

---

① 姚鼐纂集，胡士明等标校：《古文辞类纂·叙录》，上海古籍出版社1998年版，第4页。
② "奏议类　下告上者……后世曰书、曰疏、曰议、曰奏、曰表、曰札子、曰封事、曰弹章、曰笺、曰对策，皆是。"郭象升：《文学研究法》，余祖坤编：《历代文话续编》，第1939页。
③ 对奏疏的批评文字如曹丕"奏议宜雅，书论宜理"（严可均：《全晋文》，商务印书馆2006年版，第81—83页）；陆机《文赋》提出"奏平彻以闲雅"（《陆机集》，中华书局1982年版，第2页）；李充《翰林论》："表宜以远大为本，不以华藻为先。若曹子建之表，可谓成文矣；诸葛亮之表刘主，裴公之辞侍中，羊公之让开府，可谓德音矣。""驳不以华藻为先，世以傅长虞每奏驳事，为邦之司直矣。"（严可均：《全晋文》，第560页）《三国志》裴注引《魏书》言："正始中诏撰群臣上书，以为《名臣奏议》。"（陈寿撰，裴松之注：《三国志》，中华书局2010年版，第638页）
④ 曹丕在《典论·论文》中将奏议置于文学四科之首，视其为"经国之大业，不朽之盛事"；刘勰《文心雕龙》一书以章表奏议为"经国之枢机"。

一　奏疏的文体特征

作为典型的礼仪文学，奏疏具有高度的仪式化特征，行文自有程式。[①] 以"表"为例，先秦时期，谓之敷奏。至秦并天下，改称"表"。"六朝以后，文皆骈俪。至唐宋，章表遂成定式，而贺表、谢表以及进书、进贡、陈情等表，体各不同。贺表之式：臣某言，（或云臣某等言。）恭睹（守臣表云恭闻。）某月日云云者，（祥瑞表云：伏睹太史局奏云云者。守臣表云：伏睹都进奏院报云云者。）云云，臣某欢忭欢忭，顿首顿首。窃以云云，恭惟皇帝陛下云云，臣云云，臣无任瞻天望圣、激切屏营之至，谨奏表称贺以闻。臣某欢忭欢忭，顿首顿首谨言。谢表之式：臣某言，伏蒙圣恩云云者……云云。臣某惶惧惶惧，顿首顿首。窃以云云……皇帝陛下云云。臣云云。臣无任感天荷圣、激切屏营之至，谨奉表称谢以闻……臣某惶惧惶惧，顿首顿首谨言。"[②] 又，"章者，需头，称'稽首上书'"；"奏者，亦需头，其京师官但言'稽首'，下言'稽首以闻'"；"表者，不需头。上言'臣某言'，下言'臣某诚惶诚恐，稽首顿首，死罪死罪'。左方下附曰'某官臣某甲上'。文多用编两行，文少以五行"[③]。文体的形成及功能展现受到语体的制约，自语体角度而言，奏疏出现的场合具有高度公开性，所涉及的话题普遍具有公共性特征，而其作者与读者之间存有不可逾越的尊卑距离。诸此特征深度影响了奏疏体式的形成。

（一）"气势之盛"与"纡余委备"

前人论文，多以"气势"为典范的奏疏书写所当具备的特征：

[①] "古今公牍文字，美恶不同，而实各有程式。古之人循其程式，而精其文辞，故可传之文多。今之人，庸者循程式而文不工；少工文辞者，又往往不循程式。不循程式，则一代制作之体莫辨矣。如清樊增祥札属官，而文末用'檄到如律令'；吴大澂《移伯都讷副都统》称人曰'都护'，自称曰'幕府'。其弊实沿于明人，虽诏谕奏牍，亦称户部为司农、兵部为司马、刑部为司寇，毕以摹古，而实不可通……乃一朝令典，初非里巷之语，奈何避而摹古？刘子玄所谓'怯书今语，勇作昔言'者是已。"孙学濂：《文章二论》，余祖坤编：《历代文话续编》，第839页。

[②] 高步瀛：《文章源流》，余祖坤编：《历代文话续编》，第1451—1452页。

[③] 蔡邕：《独断》，《丛书集成》初编本。

奏疏以汉人为极轨，而气势最盛、事理最显者，尤莫善于《治安策》，故千古奏议推此篇为绝唱。①

陆公文则无一句不对，无一字不谐平仄，无一联不调马蹄。而义理之精，足以比隆廉洛；气势之盛，亦堪方驾韩苏。②

奏疏惟西汉之文冠绝古今。西汉前推贾、晁，后推匡、刘……余尤好刘子政忠厚之忱，若有所甚不得已于中者……是故识精而不炫，气盛而不矜……宅心平实，指事确凿。③

奏疏主陈事，结构上以"辨悉疏通"为典范，④而气势则有助于文章条理的通彻。"气不可以不贯，不贯则虽有英词丽藻，为编珠缀玉，不得为全璞之宝矣；鼓气以势状为美，势不可以不息，不息则流宕而忘返。"⑤若奏章缺乏一以贯之的气势，则难以构成具有内在逻辑的整体，并强化议论说理的可靠度。但作为上行公文，奏疏书写受到言说话题、阅读对象、言说场合与态度的制约，须彰显其作为礼仪文学的高度仪式化特征，从而展现君臣之间的尊卑秩序感，故而奏疏之"势"当限定在相应的范围之内：

朝廷台阁之文，则其气温润丰缛，乃得位于时，演纶视草者之所尚也。故本朝杨大年、宋宣献、宋莒公、胡武平所撰制诏，皆婉美淳厚……王安国常语余曰："文章格调，须是官样。"⑥

陆宣公奏议，妙能不同于贾生。贾生之言犹不见用，况德宗之量非文帝比。故激昂辩折有所难行，而纡余委备可以冀入。且气愈

---

① 曾国藩：《曾国藩全集》第15册《读书录·汉书》，岳麓书社2011年版，第157页。
② 曾国藩：《曾国藩全集》第15册《读书录·陆宣公集》，第303页。
③ 曾国藩：《曾国藩全集》第15册《读书录·汉书》，第149页。
④ "夫奏之为笔，固以明允笃诚为本，辨析疏通为首……酌古御今，治繁总要，此其体也。"刘勰著，詹锳义证：《文心雕龙义证》卷5《奏启第二十三》，第862页。
⑤ 李德裕撰，傅璇琮、周建国校笺：《李德裕文集校笺》外集卷3《文章论》，中华书局2018年版，第802页。
⑥ 吴处厚撰，李裕民点校：《青箱杂记》卷5，第46页。

平婉,愈可将其意之沈切。①

馆阁文字具有特定的体式要求,其形成受制于语境、服务对象、话题等诸多因素,故而必当遵循和平典重的文体特征,格调温润丰缛,平和淳厚,避免过度张扬恣肆、廉悍犀利。此与陆机"奏宜平彻闲雅"(《文赋》)之论同出一辙。王安国自文体的特殊性为馆阁之文辩护,可谓卓见。刘熙载亦认为,贾谊之言之不为文帝所取,其行文"激昂辩折"当是原因之一,文章气势过于张扬,逾越了君臣之间的身份界限。因此,奏疏行文当"纡余委备",平婉深切,得"从容中和"之道。②

(二) 利害·义理·人情

奏疏既为言事而作,则当陈述利害得失;无论奏请抑或奏劾,晓之以义理、动之以人情,均是必要的方式:

> 陆宣公奏议,无不达之情,无不赡之辞,读之令人神往,不觉其为骈四俪六也,而语语中节。③

> 奏议如时文,以"典""浅""显"三字为要。古今超绝者,推贾长沙、陆宣公、苏文忠三人。长沙明于利害,宣公明于义理,文忠明于人情。陈言之道,纵不能兼明此三者,亦须有一二端,明达、深透,庶无格格不吐之病。④

尽管奏疏写作以"审利害、明义理、达人情"为得体,⑤然而,作者在奏疏的书写过程中须措辞谨慎,保持情感与态度上适当的尊卑距离。故

---

① 刘熙载撰,袁金琥校注:《艺概注稿》卷1《文概》,中华书局2009年版,第98页。
② "四六贵出新意,然用景太多,而气格低弱,则类俳矣。唯用景而不失朝廷气象,语剧豪壮而不怒张,得从容中和之道,然后为工。"孙梅:《四六丛话》卷12《表》,李金松校点,人民文学出版社2010年版,第262页。
③ 章廷华:《论文琐言》,《历代文话》第9册,第8394页。
④ 王葆心:《古文辞通义》卷17,熊礼汇标点,武汉大学出版社2008年版,第721页。
⑤ 来裕恂:《汉文典·文章典》卷3《文体》,《历代文话》第9册,第8633页。

而,"人情"的彰显须有节制,过度拉近或疏远君臣之间的身份距离即属语体失当:

> 表章自叙以两"臣"字对说,由东坡至汪浮溪多用之。然须要审度君臣之间情义厚薄,及姓名眷顾于君前如何,乃为合宜。坡《湖州谢表》云:"知臣愚不适时,难以追陪先进;察臣老不生事,或能牧养小民。"……刘梦得《代窦群容州表》有"察臣前任事实,恕臣本性朴愚"之句,坡公盖本诸此。近年后生假情作文,不识事体,至有碌碌常流,乍得一垒,亦辄云"知臣""察臣",真可笑也。①

"表"为臣上于君,身份距离较远,语体当庄重典雅。但以两"臣"字对说,拉近了言说双方的身份与情感距离,展现出作者与读者间的亲密度,故而,非"君臣之间情义相厚"者,则不当动辄以"知臣""察臣"之语入文,弱化奏疏语体的庄重度。

(三) 典·显·浅

奏疏的阅读对象、出现场合、言说话题及言说态度共同制约着其语体风貌的呈现。作为正式度极高的公牍文体,奏疏的语言体式须庄典雅正,以彰显君臣之间的身份距离,强化人君地位之尊。此外,奏疏以言事陈情为主要功能,故当简明精当、情辞深切:

> 奏疏总以明显为要,时文家有"典、显、浅"三字诀,奏疏能备此三字,则尽善矣。"典"字最难,必熟于前史之事迹,并熟于本朝之掌故,乃可言"典"。至"显""浅"二字则多本于天授,虽有博学多闻之士,而下笔不能显豁者多矣。②
>
> 章表奏议,则准的乎典雅。③

---

① 洪迈:《容斋随笔·容斋四笔》卷14,上海古籍出版社1998年版,第780—781页。
② 曾国藩:《曾国藩全集》第15册《读书录·东坡文集》,第361页。
③ 刘勰著,詹锳义证:《文心雕龙义证》卷六《定势第三十》,第1125页。

第四章　政治意图的文学展现：王锡爵奏疏的文体及语体解读 | 189

奏以奏事，贵明白体面而感上应下……表以明通下情，贵切当而无冗长。①

文章贵于精当，章奏之类亦须详细简要。②

议：宜方直明切　奏：宜情辞恳切，意思忠厚。③

"典雅"即意味着语言远离日常话语，厚重凝练，不失浮泛，此须借助用典与炼字来实现。④ 用典系"据事以类义，援古以证今"⑤，作者熟悉前朝历史与本朝掌故，用事恰切，则能够在增强事理说服力的同时，委婉劝谏，有效维系上下尊卑的秩序感，实现"辞婉意如，得告君之道"⑥。但"引据经史，宜有镕裁"⑦，用典过多或不加剪裁、堆砌沉滞则导致文章体式冗长、文意晦涩而中心模糊，"动辄千万言，泛滥无纪，失其本情"⑧，对于上奏与批阅均强调时效性的奏疏而言，无疑是缺陷。⑨ 因此，语句简练切当、文意明晰显豁而抒情恳切忠厚，遂成为奏疏文体的另一重要特征。

二　奏疏体式及其演变

奏疏之源可上溯至商周，"唐、虞、禹、皋陈谟之后，至商伊尹、

---

① 陈绎曾：《古文矜式》，慈波辑校：《陈绎曾集辑校》，人民文学出版社 2017 年版，第 123 页。
② 中国第一历史档案馆整理：《康熙起居注》，中华书局 1984 年版，第 1156 页。
③ 陈绎曾：《文说》，慈波辑校：《陈绎曾集辑校》，第 196 页。
④ "骈文以古雅为宗，字用古文，至为称体，惟当罗之于胸，若临时寻检，必为恒饤矣，斯则古字之可用也。彦和论炼字四法，惟诡异重出，不可不戒。然虚字重出难免，实字重出毋多。而四者之外，更有三陋：自趋小道，俗字满纸，一陋也；惟随流俗，不求甚解，二陋也；以巧字矜峭，以华字为谀，徒饰皮毛，都无实蕴，三陋也。"孙学濂：《文章二论》，余祖坤编：《历代文话续编》，第 907 页。
⑤ 刘勰著，詹锳义证：《文心雕龙义证》卷 8《事类第三十八》，第 1407 页。
⑥ 陆贽著，郎晔注：《注陆宣公奏议》卷 3，元至正十四年刘氏翠岩精舍刻本。
⑦ 孙学濂：《文章二论》，余祖坤编：《历代文话续编》，第 822 页。
⑧ 《明太祖实录》卷 149 "洪武十五年冬十月壬寅"条，第 2354 页。
⑨ 洪武四年（1371），宋濂因考祀孔子礼不以时奏，谪安远知县。同年，魏观亦因考祀孔子礼不以时奏，谪知龙南县。洪武十二年，"贡使至都，中书不以时奏。帝切责垂相胡惟庸、汪广洋，二人遂获罪"。分别参见《明史》卷 128《宋濂传》，第 3785 页；卷 140《魏观传》，第 4001 页；卷 324《外国五》，第 8384—8385 页。

周姬公遂有《伊训》《无逸》等篇,此文辞告君之始也"①。先秦时期,统称上书;至秦立国,遂改称"奏"。② 至汉代,奏疏内部文类增多,封事、对策、书对、上言、上变事、谏议等文体相继出现,而以章、表、奏、议四体最为常见,其中"章以谢恩,奏以按劾,表以陈请,议以执异"③。西汉奏疏以气势与雄辩见称。汉初战国纵横之风犹在,故贾谊、晁错等的奏疏铺张扬厉,常伴有诸子散文的思辨底色;句式短小廉悍,运用对比、对偶、比喻等修辞格反复申说,以增强语势,强化论理的说服力。在论辩之中彰显观点,是汉初奏疏的鲜明特征,亦为后世的奏疏撰写所法。④ 伴随"罢黜百家,独尊儒术"之时代的到来,儒学以其在构建君民秩序上的优越性而成为官方意识形态,经义之学由之大盛;因此,西汉中后期的奏疏言及义理,则以经义为准的,措辞雅洁,较之前期的强势论辩而趋于平易畅达,从容舒缓;依经立义,论证周详严密,以理胜辞,文风渊懿宏博,以"深纯温厚"为本,⑤ 显示出由诸子文风向经术文风的变易。⑥ 东汉前期奏疏承西汉遗风,议论缜密而条理清晰,文风畅达;中期以降,伴随国祚渐衰,士大夫已失却西汉士人宏阔开朗的格局气象,故而言政措辞犀利,文风骨髓劲健,却渐失西汉奏疏汪洋恣意的挥洒:"东京以降,论辩诸作,往往以单行之语,运排偶之词,而奇偶相生,致文体迥殊于西汉。"⑦ 偶对的运用失衡,亦会影响语义的传递,数句同义、辞肥义瘠:

    西汉文思倍于辞,东汉及魏思辞相称,晋宋而思少绌,齐梁而

---

① 吴讷:《文章辨体序说·奏疏》,第39页。
② "降及七国,未变古式,言事于主,皆称上书。秦初定制,改书曰奏。"刘勰著,詹锳义证:《文心雕龙义证》卷5《章表第二十二》,第822—826页。
③ 刘勰著,詹锳义证:《文心雕龙义证》卷5《章表第二十二》,第826页。
④ "刘彦和曰:'自汉以来,奏事或称上疏。'……古今名臣奏疏,其善者不可胜举,而当以西汉为极则。"高步瀛:《文章源流》,余祖坤编:《历代文话续编》,第1448页。
⑤ 吕本中云:"近代诏书,或用散文,或用四六。散文以深纯温厚为本,四六须下语浑全。"吴讷:《文章辨体序说》,第39页。
⑥ 参见许结《说"渊懿"——以西汉董、匡、刘三家奏议文为例》,《文学遗产》2008年第5期。
⑦ 刘师培著,舒芜校点:《论文杂记》,人民文学出版社1959年版,第116—117页。

第四章　政治意图的文学展现：王锡爵奏疏的文体及语体解读 ｜ 191

思益绌。大约排叠之句，或数句同意，或前后复出，宜彦和愤嫉时流，为《文心雕龙》所大声疾呼、深恶痛绝者，则在乎肥辞瘠义也。然其时俪文，一篇之中犹有意旨，至唐人始随题敷衍。试观"四杰"文，无论弘纤，而其无一贯之意，则可断言。盖徒知骈文尚辞，故专工涂泽。①

晋文之不逮汉魏者，以四六句多也；东晋之不逮西晋者，以四六句尤多也。盖语有排偶，实顺自然之势，如贾山、邹阳之作，层层比喻，皆用偶句，而气自能达。骈四俪六，句皆成联，是则有意为之，故辞愈巧，而气愈靡。裁对调声之功多，则运思通玄之功少。徒能隶事，而不能辨理；徒能饰辞，而不能达诂；徒能排比铺张，而不能以气贯注。②

顺随情感及语势而自然成文的排偶句能够丰富文章的音辞与结构之美，而无碍于文气的流动顺畅；③但通篇刻意追求语句的工稳整饬，则失之板滞，缺少疏朗错落的变化之感；而对于语词的过分雕琢，则工巧有余而浑厚不足。东汉奏疏句法变奇为偶、文体由散入骈，与西汉奏疏以散体为主、温醇渊懿之气象格局相对照，已有不同。汉末以降，奏疏气格渐趋卑弱、拘谨，此风至李唐张说、陆贽、韩愈等辈出，方形成整体性变易与革新。

自建安七子出，"偶有撰著，悉以排偶易单行；即非有韵之文，亦用偶文之体，而华靡之作，遂开四六之先，而文体复殊于东汉"④。而曹植以骈体结撰奏疏，"合二语成一意，由简趋繁"⑤，六朝骈文奏疏之风遂由此而兴，故后世奉之为"骈文家不祧之祖"⑥。其后之陆机、谢

---

① 孙学濂：《文章二论》卷下《思绪第十》，余祖坤编：《历代文话续编》，第 904—905 页。
② 孙学濂：《文章二论》卷下《晋第三》，余祖坤编：《历代文话续编》，第 880 页。
③ "文之不能有散而无骈，犹物之不能有质而无华也。然其华质实自天赋，匪可造作，是知临文当赴自然之势。"孙学谦：《文章二论》卷下《源流第一》，余祖坤编：《历代文话续编》，第 870 页。
④ 刘师培：《论文杂记》，第 117 页。
⑤ 刘师培：《论文杂记》，第 117 页。
⑥ 尹恭弘：《骈文》，人民文学出版社 1994 年版，第 71 页。

灵运、颜延年等辈踵其轨而扬其波,骈偶体奏疏大盛于时;至徐陵、庾信出,而六朝奏疏之骈俪程度登峰造极:

> 东汉人文,辞赋毋论矣,其他诸作,亦莫不参入骈语,特不尽排而语亦质实者多,雕饰者少。降及三国,曹子建以文雄一世;今观其集,所载之赋四十篇,杂文九十三篇,无一非俪体,亦无一不摛藻调声,遂为后世骈文家不祧之祖……及陆士衡务为隶事,益趋四六;刘宋则谢灵运、颜延年四六尤工;垂至齐梁,文章之途,一归骈俪……徐孝穆、庾子山遂为主盟……汉代笺、疏、颂、赞,莫不有排,而四六未兴,整散并行。王子渊出,而骈始多;曹子建出,而骈始工;陆士衡出,而四六乃昌;徐、庾出,而大开近代骈文之径。故时至齐梁,骈散文分道而驰,亦自然之势也。①

徐、庾奏疏以四字句与六字句间隔作对,首开奏疏四六之风②,"启隋唐之四六,所系者尤匪细焉"③。"四六施于制诰表奏文檄,本以便于宣读,多以四字六字为句"④,而行文中固定句式的铺排以及强烈个人情感的抒写,又令其奏议展现出明显的赋化与诗化特征。徐、庾奏疏对四六体式的广泛应用与鲜明的诗赋化倾向,成为六朝奏议文的典型样态。

唐初奏疏承六朝余风,以骈体偶对为主要体式。即如魏征倡以合江左、河朔文风之两长者,其奏疏仍以骈对与排句为主;稍后的陈子昂高标汉魏风骨与风雅比兴,然其奏疏虽仍展现出句式之整饬,但骈体奏议两句之中意义偶对的情况有所减少,代之以两句相同字数内上下句意之承续,寓散文笔法于骈文体式之内,变化与流动感增强,为骈体奏疏注入朗健之气。陈氏有意以散体精神打破骈体行文滞塞、文

---

① 孙学濂:《文章二论》卷下《源流第一》,余祖坤编:《历代文话续编》,第872—873页。
② 参见刘麟生《中国骈文史》,东方出版社1996年版,第54页。
③ 钱基博:《中国文学史》上册,中华书局1993年版,第222页。
④ 谢伋:《四六谈麈》,《景印文渊阁四库全书》集部第1480册,第21页。

第四章 政治意图的文学展现:王锡爵奏疏的文体及语体解读 | 193

意割裂之弊,① 下启盛唐奏疏文质彬彬、俊朗雅正之风,并开陆贽骈体奏议新变之先。盛唐奏疏上承陈子昂化散入骈的书写技巧,虽以骈体文为主,但间以散句出之;上下对句之间意义相承而非相偶,如流水对一气贯之,明白晓畅,疏朗错落,具有散体贯注流动的精神气脉。盛、中唐之交,元结、独孤及、萧颖士、李华等辈敏锐感知社会危机的暗伏,有意将文章"复古"作为一种话语策略,传递其对政治变革的诉求,以文风之变促政局之变,在奏议文的体式结撰上追求简洁古朴,② 并影响了陆贽对奏疏文体的变革。

中唐时期,面对政治危机的全面爆发,尽管韩愈、柳宗元所倡导的"古文运动"盛极一时,却难以真正改变公文写作中以骈文为主导的局面。③ "古文运动"之于奏议体式变革的意义在于以古文笔法改造程式化的骈体写作,陆贽则是中唐骈体奏议转关之先导:

  故圣人之立教也,贱货而尊让,远利而尚廉。天子不问有无,诸侯不言多少,百乘之室,不畜聚敛之臣。夫岂皆能忘其欲贿之心哉!诚惧贿之生人心而开祸端,伤风教而乱邦家耳。是以务鸠敛而厚其帑楶之积者,匹夫之富也;务散发而收其兆庶之心者,天子之富也。天子所作,与天同方,生之长之,而不恃其为;成之收之,而不私其有。付物以道,混然忘情,取之不为贪,散之不为费,以言乎体则博大,以言乎术则精微……臣昨奉使军营,出游行殿,忽睹右廊之下,榜列二库之名,愯然若惊,不识所以。何则?天衢尚

---

① "'四杰'首推子安,久有定论。观其《续书序》《难经序》,犹略具疏朴之致;《游山庙序》《梓潼南江泛舟序》,亦能忘情四六,上攀魏氏。惟《滕王阁序》,千载同冇,而写景佳句,实袭开府;至其感慨唏嘘,杂引冯唐、贾谊、梁鸿、李广,于主宾时会,皆不关合,其'关山难越''胜地不常''临别赠言'诸联,空滑浅俗,至为不称,乃当时客座惊叹,才人搁笔,可知唐初骈文,惟知'落霞''秋水'之为警句,视齐梁而益陋,甚至《游冀州韩家园序》,有'祥风塞户,瑞气充庭'之语,俗而近恶矣。"孙学谦:《文章二论》卷下《隋唐第五》,余祖坤编:《历代文话续编》,第886页。

② 参见元结《元次山集》卷8《谢上表》,孙望点校,中华书局1960年版,第123—124页。

③ "窃观今之人,于文章无不慕古,甚者或失于野;于书疏独陋古而汩于浮。两者同出于言而背驰,非不能尽如古也。盖为古文者得名声,为今书者无悔吝。"卞孝萱校订:《刘禹锡集》卷10,中华书局1990年版,第133页。

梗，师旅方殷，疮痛呻吟之声，噢咻未息，忠勤战守之效，赏赉未行，而诸道贡珍，遽私别库，万目所视，孰能忘怀。窃揣军情，或生觖望，试询候馆之吏，兼采道路之言，果如所虞，积憾已甚。①

陆氏奏议之新变，首先在于上承陈子昂及盛唐诸家，以上下对句句意之关合承接改造骈体数句同意、前后复出之弊，② 散句双行，运单成复，寓散体的流动与变化感于骈体之中。其次，则体现在句式长短灵活，节奏多变。骈体对句不唯传统上四下六之格式，短至三字句、长至十字句，皆可为其所用，以适应意义的传达。而中唐以降，伴随藩镇势力的壮大，地方之间以及地方与中央间的权力关系日趋复杂，具有仪式化的公文书写成为权力集团之间传递政治意图、发动政治事件的有效方式，藩镇与朝廷间的公文往来随之频繁；而以公文在复杂的权力关系之间传递政治意图，当尤为注重书写策略与技巧，以表层字意传递深层意图。四六文骈四俪六，以两句为一个语义与韵律的完整单位，上下句之间可相比成文，亦可相对成文。前者可增强语气，宣泄情感；而后者则有"上抗下坠"的妙用，言多委屈，尤便于尊卑之间的文字往来③；其语义密度极高，而又进退纡徐，既可扬己之才，复能藏欲于术，实为极精巧、极应世而其下又极媚世之文字。在中唐以及后世的官方公牍文体中，有着难以撼动的位置。故而骈体奏疏再度兴盛。

北宋初期，杨亿、刘筠及宋郊、宋祁等的奏议延续晚唐骈俪之风，对仗务工，平仄务调，④ 成为此时奏议文的典型代表。自欧阳修出，则

---

① 王素点校：《陆贽集》卷14《奉天请罢琼林大盈注二库状》，中华书局2006年版，第421—423页。

② 参见孙学濂《文章二论》卷下《思绪第十》，余祖坤编《历代文话续编》，第904页。孙氏论及四六文之弊者，又曰"堆砌功多，往往数十联不出一意，架叠可厌"（第886页）。

③ "及阅《无邪堂答问》有论六朝骈文，其言曰：'上抗下坠，潜气内转。'于是六朝真诀，益能领悟矣。盖余初读六朝文，往往见其上下文气似不相接，而又若作转，不解其故，得此说乃恍然也。试取刘柳之《荐周续之表》为证：'虽汾阳之举，辍驾于时艰，明扬之旨，潜感于穷谷矣。'上用'虽'字，而于'明扬'句上，并无'而'字为转笔，一若此四语中，下二语仍接上二语而言，不知其气已转也。"孙德谦：《六朝丽指》，四益宦刊本，1923年。

④ 参见郭象升《文学研究法》，1932年太原中山图书社铅印本。

第四章　政治意图的文学展现：王锡爵奏疏的文体及语体解读 ｜ 195

奏疏体式为之一变：

> 文史艺学，至宋而古意尽失……独骈文以粗率为健举，以割裂为工巧，有句无章，以文为戏，由其治俪体，一如后人之为诗钟、联句，只知争一语之妍捷，不复计全局之经纬然也。而其朝廷制作，士夫贺谢，莫不用骈，故宋代骈文甚多，而亦甚陋，殆不足伦列矣……至欧阳永叔，始以三排两叠，自成一体，对皆隔句，气阻不畅，故其文鲜巨制，两汉朴茂之风、魏晋疏通之美、六代之工絜、唐人之整丽，并归屏除，专务伸缩成语，斗巧争奇。子瞻承之，风靡一代；王介甫更以强嵌经子语鸣高，宋体遂成。垂及南渡……若子俊、梅亭、橘山，有四六专集，求能入格，已同绝响。①

传统骈体奏疏遵循"上四下六"、叠两句为排的书写规范，②叠三句为排始自"四杰"之杨炯、卢照邻诸辈，然终唐之世，此调不盛；至欧阳修则变本加厉，广而大之，诸如"臣闻神功不宰，而万物得以曲成者，惟各从其欲；天鉴孔昭，而一言可以成功者，在能致其诚"的"叠三句为排"的句式结构，于欧阳氏奏议中为常见。③ 其甚者，更有"叠四五句为排"④。"叠三句为排"导致作为整体的每一对句句式过长，上下对句中相偶对的分句间隔距离过远，对句之间意义断裂，故行文滞塞，"气阻不畅"。"叠三句为排"的骈体句法下启朱明八股文"两小比"之句式特征。欧阳氏对奏议体式的另一变革为长句的增多。传统骈体奏议以四字与六字句的交错运用为主，自陆贽以来，不唯四六是从，句式长短随语义之需要而调整变化。至欧阳永叔，则长句的运用成

---

① 孙学濂：《文章二论》卷下《宋第六》，余祖坤编：《历代文话续编》，第888—889页。
② "若通体排骈，或三四句隔对成句，累八九字，固末流陋习；即上联四六，下联六四，亦非大雅。"孙学濂：《文章二论》卷下《字句第十一》，余祖坤编：《历代文话续编》，第907页。
③ 参见欧阳修《文忠集》卷93《亳州乞致仕第二表》，《景印文渊阁四库全书》集部第1102册，第763页。
④ 孙学濂：《文章二论》卷下《宋第六》，余祖坤编：《历代文话续编》，第913页。

为奏议文之常态。① 自此，骈体奏疏中句式的增长成为趋势，有宋一代"不可偻数"②，余波延至清朝中叶。长句增多导致散体化程度加深，文风由典雅转向平易。王安石、苏轼等辈上承欧阳氏对骈体奏议体式之革新，复援经史子集之语入文，遂成奏议之"宋体"。与"宋型诗"追求声律之严整相仿，作为骈体奏议的"宋体"声律更趋精严，"唐人声律，时有出入，而不失乎雄浑之风；宋人声律，极其精切，而有得乎明畅之旨"③。"叠三句为排"、句式增长、声律精切成为宋代骈体奏议异于前朝的突出特征，故而郭象升云"宋人骈文，非古之骈文也，而精微之处，亦不可废……《宋四六选》为彭元瑞所辑，仅诏、制、表、启、上梁文、乐语六体，而文则多至六百六十六首。宋初杨亿、刘筠、胡宿及宋郊、祁兄弟，皆工骈体，至王珪，尚不失风格，是以有至宝丹之诮。彭氏以此非宋代本色，故悉从刊落，专取当时体格，以成一书，名曰四六，从其实也……（宋人）盖无骈体，而有其骈体也。论骈文而至宋，当别具一副眼光观之，彭氏得之矣"④。"宋体"于后世影响甚大，遗风远播。

　　元人奏疏在沿袭宋代文风的基础上，不拘一格。⑤ 明初奏疏承赵宋文风，展现出明显的骈体化与繁缛化特征：

　　　　（骈体文）降而愈坏，一滥于宋人之启札，再滥于明人之表判。剿袭皮毛，转相贩鬻。或涂饰而掩情，或堆砌而伤气，或雕镂纤巧而伤雅，四六遂为作者所诟厉。⑥

　　洪武时，刑部主事茹太素论时务累万余言。太祖令人诵之再三，采其切要可行者才五百余言。因叹曰："朕所以求言者，欲其切于事情而有益于天下，彼浮词者，徒乱听耳。"遂令中书行其言

---

① 参见孙学濂《文章二论》卷下《宋第六》，余祖坤编《历代文话续编》，第889—890页。
② 孙学濂：《文章二论》卷下《宋第六》，余祖坤编：《历代文话续编》，第889页。
③ 徐师曾：《文体明辨序说》，罗根泽点校，人民文学出版社1998年版，第122页。又："宋代使用于公牍方面的所谓'四六文'，平仄声律，更为严格要求。"褚斌杰：《中国古代文体概论》（增订本），北京大学出版社1990年版，第171页。
④ 郭象升：《文学研究法》，1932年太原中山图书社铅印本。
⑤ 参见许同莘《公牍学史》卷7，第174页。
⑥ 永瑢等：《四库全书总目》卷189《四六法海》，第1719页。

第四章　政治意图的文学展现：王锡爵奏疏的文体及语体解读 | 197

之善者，且定为建言格式，颁示中外，使言者陈得失，无烦文。①

骈偶的运用令文章庄典凝重，气势宏阔，语气舒缓而言情易深，② 因此成为高度形式化之奏议文的首选体式。然而，动辄万言的篇幅既不利于读者在短时间内掌握有效信息，降低了行政效率；同时亦对读者的知识水准提出了较高的要求。因此，洪武九年（1376），成祖因茹太素奏议冗长，遂颁布《建言格式序》，"立上书陈言之法，以示天下：若官民有言者，许陈实事，不许繁文。若过式者问之"③；洪武十五年，朱元璋又敕令："虚词失实，浮文乱真，朕实厌之。自今以繁文出入入罪者，罪之。"④ 尽管文风变革的举措短期内取得了一定成效，⑤ 然而，时入成化，伴随"雅正"文学观念的确立，骈体奏疏在台阁体的主导之下强势回归。万历年间，奏疏繁缛化的现象有增无减："李化龙将兵二十余万平播州蛮，王文成平瑶后第一功也。《平播全书·叙功疏》历陈将士战功，凡六万余言。"⑥ 而言事与美颂之奏议缘其功用各异，故而在文体选择上亦明显分流：奏事文多辅以散体，以美颂为主旨的表类则由骈体承担。⑦ 此后，直至明末，篇幅的扩展与排偶的运用成为奏疏发展的大势所趋。⑧

---

① 余继登：《典故纪闻》卷3，中华书局1981年版，第55页。
② "意双则陈理易达，句耦则言情易深。"王蓂兰：《骈俪文权二编序》，姚燮：《复庄骈俪文榷二编》，《续修四库全书》集部第1533册，第437页。
③ 朱元璋：《明太祖集》卷15《建言格式序》，第305页。早在洪武六年，朱元璋即谕中书省"其自今凡诰谕臣下之词，务从简古，以革弊习。尔中书宜遍告中外臣民，凡表笺奏疏，毋用四六对偶，悉从典雅"（余继登：《典故纪闻》，第49页）。
④ 《明太祖实录》卷149 "洪武十五年冬十月壬寅"条，第2354页。
⑤ 参见如宋濂《进元史表》、朱善《婚姻议》等文，皆少有用事与雕琢之迹，条理分明，流利晓畅。
⑥ 许同莘：《公牍学史》卷7，第191页。
⑦ 明制"论政事者曰题，陈私情者曰奏，庆贺者曰表"。张传斌：《文辞释例》，1935年百一斋石印本。
⑧ "文章贵于简当，可施于日用。如章奏之类，亦须详明简要。明朝典故，朕所悉知，知其奏疏多排偶芜词，甚或一二千言。每日积满几案，人主讵能尽览？势必委之中官。中官复委之门客，此辈何知文义？讹舛必多。奸弊丛生。事权旁落，此皆文章冗秽以至此也。"《清实录》，中华书局1987年版，第1530页。

明代奏疏的另一特征是鲜明的制义化倾向。"明人为公牍,制义之变体也。"① 八股取士既为明代科考之大端,则科举入仕者在奏议撰写中自难免制义的潜在影响。明代八股文的盛行对于当时文学创作与批评的影响自不待言,而其对公牍文体式结构之影响尤甚:

> 今之作八韵律诗者,必以八股之法行之,且今之工于作奏疏及长于作官牍文书者,亦未有不从八股格法来,而能文从字顺,各识职者也。②

八股文典雅的文风、精严的体制与契合奏疏的文体规范,其"因体立格"与"顺题成文"的创作方式,亦与奏疏在既定格式中写作的特征相仿。③ 是以梁章钜言,奏疏文书之工,多从八股格法来。而成化以降,"八股盛行之际,文士于四子书与八股文之外,可以不读他书,凡所为散文、骈文,无非空疏饾饤"④,制义自身过度形式化的缺陷亦潜在影响到明代奏疏的写作:

> 明祖削平群雄,廓清函夏,宜乎声明文物,继轨汉唐,而开国制度,乃循元人之旧,不惟无以过元人也,并元人之精意而失之。元制兼容并包,元牍亦不拘一格。至明祖则师心自用,而又峻法以绳天下,故明牍之视元,由纵而敛,由杂而纯。能敛而纯,善矣,

---

① "明人为公牍,制义之变体也。其初科举之文,虽异于宋经义之用讲义体,而格式尚不甚拘,兼以老师宿儒,流风未尽,故宣德正统以前,文章气体虽卑,犹有驰骋自得之妙。及成化以后,八股行之已久,出身科甲者,先入为主,陈言俗调,摇笔即来,高者沉酣讲章,下者浸淫程墨,而公牍之体变矣。"许同莘:《公牍学史》卷7,第176页。
② 梁章钜:《制义丛话》卷2,第42页。
③ 参见刘尊举《"顺题成文"与"因体立格"——明代八股文的结撰模式及创作空间》,《四川大学学报》2014年第5期;李光摩《八股文的定型及其相关问题》,《文学遗产》2011年第6期;金春岚《明清八股文程式研究》,博士学位论文,华东师范大学,2013年。
④ 陈柱:《中国散文史》,东方出版社1996年版,第280页。又:"当时程序,以四书义为重,故五经率皆庋阁,所研究者惟四书,所辨订者亦惟四书,后来四书讲章浩如烟海,皆是编为之滥觞,盖由汉至宋之经术,于是始尽变矣。"永瑢等:《四库全书总目》卷36《经部·四书类二》,第301页。

第四章 政治意图的文学展现:王锡爵奏疏的文体及语体解读 | 199

而其敝空疏无实,空疏而不知自返,遂流于叫嚣猖狂,而国事随之。盖历代文章公牍之敝,及国家受士大夫之害,无过于明人者。①

过度窄化与纯化应用文体的创作格套,导致文本写作空洞肤泛而强化对形式的追求,从而遮蔽内容的有效传递与理解。加之明代中晚期言路壅闭的政治高压,奏议写作遂渐趋空泛,而流于政治生活中的仪式彰显。

长句的增多是明代奏疏的又一突出特征。文章语句的增长伴随口语体文学的演进而发生。汉语的演变大体经历了书面语与口语由不分到分化再到以白话为主导的漫长过程,与之相应,汉语文学在主导文体上,以晚唐五代为界,同样经历了由散而韵再入散的过程。② 赵宋以降,口语的影响大幅提升,并逐渐入侵书面语,从而影响书面体的表达;而以俗为雅又渐成一时风气,故宋文句长,以文从字顺为至。③ 此风习沿至朱明,则突出表现为戏曲、小说等俗文学的兴起。而书面语口语化的程度亦日趋加深,即便举子应试之文亦未能免:

> 自李贽以佞舌惑天下,袁中郎、焦弱侯不揣而推戴之,于是以信笔扫抹为文字,而诮含吐精微、锻炼高卓者为"咬姜呷醋"。故万历壬辰以后,文之俗陋,亘古未有。④

> 夫制举文,至嘉靖之季靡极矣。隆、万初元而一振……嘉靖末年,文以词胜,第取饾饤推叠,炫目饰观而止。今之文以意胜,乃有求新异于题外者,有袭字句以铺演者,意缓语漫,使观者猝难索解,而文乃滋敝。故昔之为长也易,而今之为长也难。⑤

> 嘉靖之季,举子之文,支离冗长,如蔓草,大费芟除。⑥

---

① 许同莘:《公牍学史》卷7,第174页。
② 参见吕叔湘《近代汉语指代词》,学林出版社1985年版,第1页。
③ 参见查慎行《曝书亭集序》,朱彝尊《曝书亭集》,第5页。
④ 王夫之著,戴鸿森笺注:《姜斋诗话笺注》,上海古籍出版社2012年版,第236页。
⑤ 蔡献臣:《清白堂稿》卷5《题郭德周〈松风轩草〉》,第170页。
⑥ 朱荃宰:《文通》卷9,《历代文话》第3册,第2790页。

口语通常以整句为韵律单位，句子内部的语法与语义的密度较小，一句之内只存在一个重音成分，并在整体上呈现出音高下倾的特点。① 故长句"必须有坚劲之质、雄直之气，运乎其中，最忌字句薄弱，无声光以辅之"②。奏疏中语句字数增加、体制增长会引发文章节奏的改变。宋代之前的奏议文句式以四字与六字句为主体，其句式紧凑，节奏短促而鲜明；宋代以降，奏议文中长句日渐增多，文章节奏趋于舒缓平易。试以唐人陆贽与明人刘应秋之奏疏作比：

> 伏以制事之体，所贵有常，顺人之情，尤重改作。革而能当，尚恐未孚，动且非宜，曷由无扰？臣等每承睿旨，常以百姓为忧，审知事不可行，安敢默而无述。每年蓄聚刍藁，所司素有恒规，计料税草不充，即便开场和市，既优价直，复及农收，人皆乐输，事不劳扰。陛下追想往年之事，岂尝有缘草不足，上关宸虑者乎？（陆贽《论度支令京兆府折税市草事状》）③

> 臣谓即财莫先于省赏，省赏莫先于省事。省事则出入自裕，不必量借于各部，不必量借于太仓，又不必量借于太仆寺……臣自公车来，所过郡邑率奢纵无度，而三吴及青徐都会之处尤甚……父老有识之者曰："当今衣服、车马、宾客、燕乐，非但不可望成弘之淳朴，且较之嘉靖初年相去什佰矣。"（刘应秋《治安要务疏》）④

陆贽奏议为唐代骈体公牍文的典范之作，⑤ 其文以明辨骏发、笔力劲健

---

① 参见刘顺《语言演变及语体完形与"一代有一代之文学"》，《上海师范大学学报》（哲学社会科学版）2018 年第 3 期。
② 来裕恂：《汉文典·文章典》卷 1《文法》，《历代文话》第 9 册，第 8532 页。
③ 王素点校：《陆贽集》，第 655 页。
④ 王锡爵、陆翀之辑：《皇明馆课经世宏辞续集》，《四库禁毁书丛刊》集部第 92 册，第 591 页。
⑤ "古以四六入章奏者有矣，贺谢表而外，惟荐举及进奉，则或用之，品藻比拟，此其长也。若敷陈论列，无往不可，而又纂组辉华，宫商谐协，则前无古，后无今，宣公一人而已。指事如口讲手画，说理则缕析条分。旁延景物，则举会飞骞；远计边琐，则武库森列。大抵义蕴得自六经，而文词则《文选》烂熟也。惟公兼体，是以独擅。"孙梅：《四六丛话》卷 32，第 651—652 页。

见称。① 其句式体制短小，廉悍凌厉，因偶对与句式字数所限，语句结撰上或将一长句划分为两个短句（如"制事之体，所贵有常""岂尝有缘草不足，上关宸虑者乎"），或将单句内部语法成分做出适当简省（如"人皆乐输"中省略"输"的宾语，"事不劳扰"实为兼语式结构"有劳陛下烦扰"的省略）。而刘疏相较陆文，则节奏平和舒缓，口语化程度较高，长句内部语法成分少有省略（如"不必量借于各部，不必量借于太仓，又不必量借于太仆寺"一句中，"各部""太仓""太仆寺"三个宾语共享相同的主谓结构，而同样的主谓结构在刘文中三次出现，并无简省，此亦伴随有强调之义）。奏疏中短句的运用能够强化行文的顿挫之感，形成强劲的语脉节奏，彰显锐利锋芒，突出议论说理的强势；长句语法成分的完整令语句内部及语句之间转换承接较多，节奏缓和，更倾向于平实客观的详细叙述。马绹章谓明代奏疏"多用排句，俗俚若八比，轻薄若小说"，亦从"文辞不工、不宗古法"的角度回应了长句激增对明代奏疏文风俗白的强化。②

奏疏作为高度形式化的礼仪文学，追求庄重典正、平婉深切而言辞精当的文体特征。六朝时期，奏疏确立了以骈体为主导的文体范式；此后，直至明末，伴随文言与白话的分流以及口语影响的逐步扩大，繁缛化与口语化成为奏疏语言演变的两重显著特征。

第二节　王锡爵奏疏的文体特征

文体是单一或是多重语体的组合，语体决定着作为文体之基础单位的语词的呈现方式，影响着文体的功能走向。文体的语体越单一，功能

---

① 参见周必大《鸿庆居士集序》，孙觌《鸿庆居士集》，《景印文渊阁四库全书》集部第74册，第2页。

② "公牍文字，汉以上则诏令、章疏、文檄传于世者多矣；自唐以后，仅传奏议；降至明清，则奏议亦鲜可传者，固由其文辞之工不工，而文辞之工不工，则由宗古与不宗古也。明代奏疏，多用排句，俗俚若八比，轻薄若小说；清代奏疏，叙述例案，颂扬圣德，读一行则十行可知。其不工也，弗宗古也。"孙学濂：《文章二论》卷下《宗古第六》，余祖坤编：《历代文话续编》，第838页。

越趋于具体而典型，使用范围亦更为明确，所谓"奏议宜雅，书论宜理，铭诔尚实，诗赋欲丽"①是也。"疏者，陈言而条析疏通，奏书之属也。汉兼施于王侯，魏晋六朝专上王侯，后世专上天子。今制，陈事曰疏。主于陈事通彻，条理明序。"②奏疏作为公牍文体，为臣下上呈君主之文，以言事为用，故其语言须明白晓畅，条理分明，以势夺人，以理服人，遣词造句则应避免生僻古奥，用典晦涩。但奏疏之言者（作者）与听者（读者）之间具有不可逾越的身份距离，其所涉及的言说话题正式度较高，展现出明显的书面化与庄典化语体特征，其文体写作亦由之形成相应的程式而具有高度的形式化特征。言者在以下言上的陈述，特别是以下劝上的谏言过程中，尤当注意以言传意的分寸感，在维系尊卑位次的前提下，通过委婉之辞达到讽谏的目的。

一 美颂类奏疏的骈偶特征

王锡爵的奏疏按功用可分为美颂与言事两类。前者的功能近于（谢）贺表，虽自古谓"章以谢恩，奏以按劾，表以陈情，议以执异"，然朱明已降，"唯伸贺谢恩，则仍用表式"，其余则通曰奏议。③美颂类奏疏以颂圣为旨归，援古以颂今，赋笔铺排与用典是此类奏疏写作的常见笔法。"骨采宜耀"是美颂类奏疏写作的典型风格。④"骨采宜耀"意味着说者与听者之间存有不可克服的身份与情感距离，此种尊卑距离决定了美颂类奏疏写作所涉及的题材多为公共性话题，追求语体之高度典正，并通过韵律节奏、词汇、句式及语法的相互作用而具体展现。

凡国家有大庆典，臣子献文为贺，则用贺表之体，"多以骈俪为之"⑤。美颂类奏疏"皆谢恩之语，纯以骈俪为之，与贺表同"⑥。王锡

---

① 曹丕：《典论·论文》，《曹丕集校注》，魏宏灿校注，安徽大学出版社2009年版，第313页。
② 王兆芳：《文章释》，《历代文话》第7册，第6298页。
③ 参见王兆芳《文章释》，《历代文话》第7册，第6357页。
④ 参见刘勰著，詹锳义证《文心雕龙义证》卷5《章表第二十二》，第843页。
⑤ 吴曾祺：《涵芬楼文谈》附录《奏议类第三》，第132页。又，高步瀛《文章源流》曰："（表）六朝以后，文皆骈俪。至唐宋，章表遂成定式。"余祖坤编：《历代文话续编》，第1451—1452页。
⑥ 吴曾祺：《涵芬楼文谈》附录《奏议类第三》，第132页。

第四章 政治意图的文学展现：王锡爵奏疏的文体及语体解读 | 203

爵所撰此类奏疏大多平仄相协，措辞典丽，句式尚骈偶，以四字与六字句的运用最为常见：

伏念臣猥以孱庸，久尘密勿，力未输于犬马，病已中于膏肓。方蒙优假以偷安，更轸鸿慈而赐赉。缀衣辍御，惊颁使之自天；尚食匪颁，荷多仪之及物。启芝囊而授粢，兼赢杂欤之芬；分桂醑以调羹，载备嘉牲之俎。岂揆残息，获此嘘培？承露金茎，清燕恍陪于法从；含香积宝，大药疑授于医王。臣蒲质早凋，葵心凤矢，望九重而扶拜，期一饭以不忘。①

臣碌碌凡庸，硁硁狷狭，身欲修而人不信，名未立而谤已随。止棘青蝇，既屡烦于曲照；依巢乌鸟，恐再及于危机。爰抒至恳之诚，冀柱盖高之听。而温纶续被，命使专临，收之三衅三浴之余，示以勿贰勿疑之信。遗簪在御，真以辱而为荣；驽马当轩，庶策功而补过。②

句内及句与句之间的对偶，展现出句式结构的高度平稳性，增强了奏疏文体庄典凝重的风貌。句式的构成以双音节韵律词为基础单位，以四音节复合韵律词（四字格）为成句主体（碌碌凡庸、硁硁狷狭、缀衣辍御、尚食匪颁、承露金茎、含香积宝、蒲质早凋、葵心凤矢、遗簪在御、驽马当轩、止棘青蝇、依巢乌鸟），在密集使用四音节的同时，运用三音节（身欲修、人不信、名未立、谤已随）与双音节词（曲照、危机、策功、补过），形成"四四""六六""七七""四六"等组合形态，以调节句式与行文节奏，并推进文章语义的延展。在平仄的选择上，两组对句之间的核心词多为平仄相对，如：<u>孱庸</u>—<u>密勿</u>、<u>犬马</u>—<u>膏肓</u>、<u>方蒙</u>—<u>更轸</u>、<u>偷安</u>—<u>赐赉</u>、<u>惊</u>—<u>荷</u>、<u>天</u>—<u>物</u>、<u>启</u>—<u>分</u>、<u>芝囊</u>—<u>桂醑</u>、<u>授粢</u>—<u>调羹</u>、<u>兼赢</u>—<u>载备</u>、<u>杂欤</u>—<u>嘉牲</u>、<u>金茎</u>—<u>积宝</u>、<u>蒲质</u>—<u>葵心</u>、

---

① 《王文肃公文集》卷32《谢赐猪羊粥米疏》，《四库禁毁书丛刊》集部第8册，第3页。
② 《王文肃公文集》卷32《谢宣谕疏》，《四库禁毁书丛刊》集部第8册，第26页。

早凋—凤矣（横线表示平声；波浪线表示仄声）①，在调节语音单调性的同时，同样形成"平仄相对"的格式，强化了韵律节奏与句式结构的稳定性，提升文体的庄典性。

声律相协、句式齐整而外，王锡爵的美颂类奏疏亦善用典故，上文所引"一饭不忘""病中膏肓""止棘青蝇""承露金茎"分别化用韩信"一饭之恩"、晋景公"病入膏肓"、《诗经·青蝇》"止棘青蝇"、汉武帝"承露盘金茎"之典。而典故的运用则是提升文体庄重感的有效方式：

> 作文必须用典，骈文中尤当引证故实，为之敷佐。②
> 典雅　典者，法也。必熟于前史事迹，并当代掌故，乃可言之。雅者，有精理，有名言，有微情，有妙旨。③

美颂类奏疏需要远离日常语体、高度仪式化的语言形式作为载体，"嘉、隆以来，（奏疏）以富俪为工，于是起止有定式，铺次有成辙"④，因此，整饬而不失变化、言多委曲而便于尊卑往来且具有较高写作技巧的骈体，自然成为表类文体之首选。然"四六其语，谐协其声，偶丽其辞"⑤，骈文对于声调、词汇与句式的选择空间有限，因而易流于空洞浮泛⑥。而奏疏中典故的运用使文章"比物连类，借事喻意""婉而成章，抑扬在文字之外"⑦。一方面，在借古喻今、昭示圣德的同时，能够含蓄委婉、构而不破，以暗示性话语传递意义，避免直白浅俗而流于诡媚；另一方面，能够提升文章的语义密度，扩大信息含量，扩充文章体制。即便在以言事为主体的奏疏中，运用典故同样是必要的写作方

---

① 平仄的判断参见郭锡良《汉字古音手册》（增订本），商务印书馆2014年版。
② 孙德谦：《六朝丽指》，四益宦刊本，1923年。
③ 来裕恂：《汉文典·文章典》卷2，《历代文话》第9册，第8575页。
④ 来裕恂：《汉文典·文章典》卷3，《历代文话》第9册，第8634—8635页。
⑤ 陈绎曾：《文筌·四六附说》，慈波辑校，《陈绎曾集辑校》，第72页。
⑥ 参见孙梅《四六丛话》卷32，第651—652页。
⑦ 俞安期：《启隽类函》卷首，《四库全书存目丛书》集部第349册，第2—4页。

式——以前车之鉴为当下提供可资借鉴的历史资源，强化文章的感染力与说服力。王锡爵所撰美颂类奏疏通过声律、语词、句式的偶对与典故的运用，展现出齐整典重的语体特征。

二 言事类奏疏的散体特征

较之美颂类奏疏句式的骈偶化，王锡爵的言事类奏疏则展现出明显的散体特征，主要表现为长句的大量出现、口语化程度的提升、语气词的高频运用以及寓骈于散的句式结构。王锡爵奏疏中长句的增加十分频繁，即便在以骈偶句为主体的谢表与贺表中，对句字数亦明显增加：

> 臣因窃自惟从古人臣得君如臣比者，何代无之？顾其君不过委国授政、以竭尽其可用之力，何暇恤乎其私？迨其力尽命穷，而后以帷盖恩之，亦何益矣！夫孰知如臣衔宠以出、衔宠以归，臣及母之尚存，母及臣之未死，考之载籍，曾有如此遭遇、如此侥幸，而臣尚能以捐糜称报者乎！①
>
> 况如臣者无阶遇合，劳未展于一筹；不次延登，宠洊叨于三命。重以八旬衰疾之母，上累九重盱盼之私。鄙贱姓名，至屡尘于御简；道途寒暑，亦仰轸乎宸怀。仍假以昏晨反哺之缘，且赐之绵惙再还之息……上念臣母年垂耄耋，惜安享之不终；下悯臣躯质本尪羸，恐哀思之致损……睠此殊常之渥典，实为振古之希闻。兹盖伏遇皇上达孝因心，至仁造命，不以犬马无用而忘帷盖之施，不以苦块不祥而辍簪履之恋……惟当敬章君赐，展告母灵，庶籍九原微福之余，即臣万死犹生之日。②

长句绵延连贯的节奏感使之更适于潜在情绪的传达，字数的增加同样为句意的扩充提供了可能。因此，王锡爵善用长句抒写个体遭际与心绪，

---

① 《王文肃公文集》卷51《抵家谢恩疏》，《四库禁毁书丛刊》集部第8册，第318页。
② 《王文肃公文集》卷51《谢赐赙疏》，《四库禁毁书丛刊》集部第8册，第321—322页。

并通过疑问、反问、强调与感叹等句式强化情绪的抒发。排句的激增是王氏奏疏中长句增多的重要标志：

> 一床上下必得数人挽扶，而尚虑倾跌矣；咫尺之书必经众眼翻译，而身不能自辩矣。可怜千载遭逢，一生遇合，而支离困苦如此……恳求尽削原官……不惟示天下至公，且使臣粗安畎亩，生为续命之人；永绝尘氛，死为瞑目之鬼，其何荣如之！何感如之！皇上若犹未听，何不试比类而推：即今一命登朝之吏，人人莫不求荣，而臣求辱；繁言继及之臣，人人莫不自辩，而臣自劾，亦足明臣病之必不可为、臣力之必难奔命矣。①

> 只今得患膝挛胸胀、怔忡健忘等疾，往往六时之内五时卧床，今日之言明日不记。自家及门，仅仅数步，非数人扶掖，肩舆传送，必不能前……皇上倘亦以去年谢恩疏内颇及时政，间进谠言，幡然有动圣心，宜忤得褒，不惜借一人以励众乎？如此真圣德、真圣度矣。乃臣则谓顾其言可用否耳。使言果见用，则万里如一堂，不必见臣面也；万美归一人，亦不必借臣之口也。②

> 臣今进难见皇上之面，退难捍众人之口，如父母疾而子不能操药，父母怒而子不能操棰，臣身何惜，臣心何安！为此日夜倾耳瞪目，以候德音之下，虽诟责交萃不敢言羞，疾病支离不敢言困，七十九岁老母委顿近京，百里之内不敢言私，笥有皇上赐衣不敢服，椟有皇上赐金不敢用，考满过期而不敢报余忠，欲献而不敢陈诚。③

来裕恂《汉文典》谓"叠句者，重叠其句以取势也。排与叠异，叠以简单胜，排以复杂胜。文用排句，则有震荡之气势，跌宕之丰神"④，排句较之叠句，结构复杂，能够壮大文势，强化情感表达，因此，王锡

---

① 《王文肃公文集》卷53《十辞诏命疏》，《四库禁毁书丛刊》集部第8册，第367页。
② 《王文肃公文集》卷52《辞诏命一疏》，《四库禁毁书丛刊》集部第8册，第337页。
③ 《王文肃公文集》卷40《催发阁中密奏疏》，《四库禁毁书丛刊》集部第8册，第146页。
④ 来裕恂：《汉文典·文章典》卷1《文法》，《历代文话》第9册，第8535页。

爵常于规谏及乞归疏中，以之传递个体在政治困境中进退失据的无奈与悲凉之感。而伴随宋代以降口语影响力的提升，明代口语的应用范围进一步扩大，在制义、奏疏等庄典度较高的公牍文体中，亦可见口语体的渗透。王锡爵的言事类奏疏中，不乏"未尝如今日之朦胧到底""此亦是吃紧事""未尝一毫干与""大加改革一番"①等口语化的表述。在不逾越等级秩序的前提下，适当在奏疏中运用口语，能够凸显言者态度之恳切，适当拉近君臣间的情感距离，从而令谏言易于为人君所接受。

长句的增多，则会引发语气词的高频出现。由于长句内部语法密度大，语法结构较短句复杂，故而需要特定的标识作以区隔，以疏朗文脉、明晰结构、连属文意。语气词则是有效的区隔标志。王锡爵奏疏善用语气词，而尤以言事类奏疏为最：

今臣之右目盲矣，左目又昏翳矣。无论他疾，即此已成废人，而一步难移，万事俱已矣。况其职又在主领文书，文书至前，将瞑目而阅之邪？将使人诵而听之邪？此又势之必不可以能者。昨日臣母手调粥汤饮臣，臣欲强慰其意，间进数口而呕晕复大作……夫病有真伪，时有缓急，以臣之病，若再留少时，天气益热，舟中调理益难，而万万无生还之望矣。又得无以阁中无人而重于臣之一去乎？是则臣与同官皆念之，而曾两揭以请矣……此又臣报主未了之忠，身虽去而神留者也，伏冀府怜而少垂听焉。②

诸如"矣""者""邪""乎""焉""夫"等语气助词在王锡爵言事类奏议文中甚为常见，甚至在如《谢赐祭父母疏》一类以传达美颂之意为旨归的谢上文中，语气词亦见于骈偶句式之中。语气词不啻为强化语句感染力的有效方式，同时又能够改变行文节奏。王氏奏疏中句末语气词的运用，使原本体制较长、语义密集、节奏急促的语句变得节奏疏朗

---

① 参见《王文肃公文集》卷54《再恳早定册立大计疏》；《王文肃公文集》卷53《六疏外密奏》；《王文肃公文集》卷43《请会推太宰疏》；《王文肃公文集》卷52《辞疏外密奏》。
② 《王文肃公文集》卷49《乞归三疏》，《四库禁毁书丛刊》集部第8册，第289—290页。

缓和，在不失君臣身份尊卑之感的同时，拉近听者与说者的情感距离。

寓骈于散，是王锡爵言事类奏疏的又一突出特征，亦是其奏疏长句增多的又一重要标志。排句由两个以上的分句组成，各分句间遵循大体一致的句式结构，其内部的语法结构可简可繁；典型的骈句则限于两两相对，上下对句字数相同，声律及语词的偶对更趋精工。王锡爵言事类奏疏虽以散句为主体，却常常寓骈句于散体之中：

> 伏念臣名迹至微，身命至贱，入官之始已分捐糜。今齿发向衰，报国之日短矣。敢复顾惜犬马之身、偃蹇功名之会乎！近者烦言叩阍迫于诚叹，未蒙严谴，更荷温纶，毋论臣之感激，不敢偷一日之安，即臣母亦不能安……一路戴星而进，兼道而驰，历过风涛之险，臣窃自喜，以为见圣之期决在旬日，不意行至某处某驿地方，宿疾大举，脑风、肠风及寒热呕泄等症并于一时，势甚危剧。①

此段以散句为主体，"之""矣""乎"等语气助词的运用是其明显标志；而散句内部则间杂以骈偶句式。"寓骈于散"不仅体现在奏章行文的骈、散句交错运用，亦见于散句内部：

> 大臣主持朝纲，乃一味濡忍涵纳，原非中道。今大学士申时行泊然处中，唾面不拭，以强陪诸臣之嚬笑，不过为重国体、惜人才耳。乃诸臣见其弱，则愈以为不足畏而凌之；受其容，则愈以为縻我而疑之；被论则以为嗾人攻之求去，而票允则以为逐之，票留则又以为苦之。或票虽行而旨欠温，则又以为阳顺上意而阴忌之。喘息纵横，千荆万棘，令人无路可趋，无门可解。皇上试观典籍，自古及今，岂有人臣操天子之权、小臣制大臣之命一至此极，而朝纲不乱、国是不淆乎！②

---

① 《王文肃公文集》卷31《召中途引疾疏》，《四库禁毁书丛刊》集部第7册，第678页。
② 《王文肃公文集》卷30《因事抗言求去疏》，《四库禁毁书丛刊》集部第7册，第683页。

第四章 政治意图的文学展现：王锡爵奏疏的文体及语体解读 | 209

  顾惟自古忠臣事不避怨者，谓身任怨而遗其君以安也。若怨归之己，而君不得安甚者，或疑外生疑，一年深一年，一日多一日，使圣心为臣而反晦，圣德为臣而反损，则臣敢无惧乎！①

  乃皇上犹惓惓瘝瘝思臣，虚席待臣；多设更端之词以致臣，预悬再归之约以安臣。臣之受知受眷至此，千欺万欺，何忍以七十八岁之母疾病垂危为欺？千负万负，何忍当今日千载之遇而负？②

刘勰谓"造化赋形，支体必双；神理为用，事不孤立"，以文章中偶对的出现本为天地自然之理在语言文字层面的体现。③ 此论为后世论骈者所祖，众家之说虽各有侧重，然其旨要则不离其宗。④ 对偶既是文章语脉的要求，同时也对应着特定的宇宙观念与生活秩序："文之为德也大矣，与天地并生者，何哉？夫玄黄色杂，方圆体分，日月叠璧，以垂丽天之象；山川焕绮，以铺理地之形：此盖道之文也。仰观吐曜，俯察含章，高卑定位，故两仪既生矣；惟人参之，性灵所钟，是谓三才。为五行之秀，实天地之心。心生而言立，言立而文明，自然之道也。"⑤"言之文也，天地之心"，⑥ "文质彬彬"是对文章成体的基本要求。言事类奏疏虽"固以明允笃诚为本，辨析疏通为首"⑦，但作为典型的礼仪文学，其成体则需遵循相应的书写规则："《文筌》云：'四六其语，谐协其声，偶丽其词，铺叙其篇。一约事，二分章，三明意，四属词。此唐人故规，苏子瞻取则也。又用事亲切，属对奇巧，变法裁剪、融化，此宋人新规，王介甫取法也。'台阁之诏、诰、表、笺、檄、牒，时俗之

---

① 《王文肃公文集》卷40《答圣谕并请豫教疏》，《四库禁毁书丛刊》集部第8册，第142页。
② 《王文肃公文集》卷36《辞召命三疏》，《四库禁毁书丛刊》集部第8册，第100页。
③ 参见刘勰著，詹锳义证《文心雕龙义证》卷7《丽辞第三十五》，第1294页。
④ "一奇二偶而后成文，全奇不足以为文，全偶亦不足以为文，无论古骈，皆不能逃此公例也。"（马绳章：《效学楼述文内篇》，清光绪三十四年刻本）
⑤ 刘勰著，詹锳义证：《文心雕龙义证》卷1《原道》，第2—24页。
⑥ "人文之元，肇自太极。幽赞神明，《易》象惟先。庖牺画其始，仲尼翼其终，而《乾》《坤》两位，独制《文言》。言之文也，天地之心哉！"刘勰著，詹锳义证：《文心雕龙义证》卷1《原道》，第11页。
⑦ 刘勰著，詹锳义证：《文心雕龙义证》卷5《奏启第二十三》，第862页。

启、贺献、昏聘、通问、请谢之类。"①"齐整律"是韵文文学成体的基本规则，对偶则是强化齐整度、展现文体形式化特征的重要手段："在于文章，皆须对属。其不对者，止得一处两处。若以不对为常，则非复文章，若常不对，则与俗之言无异。"②散体文学中"齐整律"的介入，则使长句内部富于层次，语义曲折，宜于叙事议论；而在句中"间入排偶"，则能够顺应文脉，增强语势，强化抒情与说理的力度。于散句之中"间入排偶"，不仅是突出核心内容的需要，同样是基于对书面语体之"典正"的考量。作者与读者的身份距离与言说话题的正式度，直接影响了奏疏"庄典"语体的形成；而"庄典"需要形式的"不俗"——较高写作技法之下对文章结构的反复琢炼，对偶则是促使文章典重雅正之风貌形成的基本方式。因此，奏疏中对偶的广泛运用，在意义传递的需要之外，在文章技法层面亦隐含着对远离日常语体之"典正"语体的考量。

作为上行公文，奏疏的写作受制于阅读对象（君主）的身份特征，因此，单一语体之下的庄典与正式度成为美颂与言事类奏疏写作的共性追求。但美颂类奏疏以颂圣与谢恩为内容主体，旨在传递下对上、卑对尊的尊重与感谢，言说双方的身份距离在行文中被有意突凸。"世俗施于尊者多用俪语，所以表恭敬也"③，骈句以其结构的平稳性与语体的庄典性而成为美颂类奏疏写作的首选句式。言事类奏疏以奏事、陈情或劝谏为旨归，较之表类奏疏，更加注重意义传递的层次性与明晰度，故而以散句为主体结撰篇章。因此，王锡爵的美颂类奏疏以骈句为主体，通过声韵的平仄相对与典故的运用，营造庄重典雅的文章风貌与阅读感受；其言事类奏疏则以散句为主体，并展现出长句化、口语化的特征。而骈句在传达庄典度与仪式感方面所具有的优势地位，使寓骈于散成为王锡爵言事类奏疏书写的又一基本策略。

---

① 谭浚：《谭氏集》之《言文》卷下，明万历刻本。
② 上官仪：《笔札华梁》，张伯伟：《全唐五代诗格汇考》，江苏古籍出版社2002年版，第67页。又："凡文章不得不对。上句若安重字、双声、叠韵，下句亦然。若上句偏安，下句不安，则名为离支；若上句用事，下句不用事，名为缺偶。"（《全唐五代诗格汇考》第67页）
③ 唐彪：《读书作文谱》卷11《后场体式》，清康熙四十七年敦化文盛堂本。

第三节　王锡爵奏疏体式的语体成因

以"文体"为衡量标准，王锡爵的美颂类奏疏展现出骈体化的特征，言事类奏疏则彰显出散体化的特质；而散体语句内部，又表现出寓骈于散的偶化倾向。以此而言，"骈偶"是贯穿王锡爵奏疏写作的显著特点。郭象升《五朝古文类案叙例》谓："古文者，文术之最高者也，而不足以尽世间一切文字之用，是故诏令、奏议之类，元明以下，遂绝于古文家集中。"① 认为元明以降，骈体成为奏疏等公牍文体的首选体式。后世多以四六文"谐协其声""偶丽其词""便于宣读"来解释制诰表奏文檄"多以四字六字为句"的原因。② 但对于为何以"四六句"为主体的骈句能够承担典型奏疏的文体特征——奏疏之文体要求与骈句之特征功能的内在关联，则多语焉不详。文体以语体为主要实现手段，因此，以语体为视角对骈文的特征加以考量，遂不失为一种有效的解释途径。

一　韵律词与四六成体

作为汉语的基本韵律单位，"韵律词"是汉语最小的语用单位。自然诵读状态下，韵律词的长短受到"相对轻重律"的制约。"相对轻重律"是人类语言节律的一个重要法则，意味着韵律词的基本形式由一轻一重两个成分组成。③ 由于汉语在上古时期已基本实现了由韵素调声向音节调声的转变，故而，最小的韵律词即为两个单音节的组合，可称为"标准音步"或"标准韵律词"。④ 标准音步在韵律词构成中占据主导地位时，汉语文本在诵读时，其最长的音节组合以双音节为主体，这对汉语文学的文体形式影响深远。⑤

---

① 郭象升：《五朝古文类案叙例》，1921 年铅印《山西图书馆丛书》本。
② 参见谢伋《四六谈麈》，《景印文渊阁四库全书》集部第 1480 册，第 21 页。
③ 参见冯胜利《汉语韵律句法学》，第 20 页。
④ 参见冯胜利《韵律系统的改变与二言诗体的消亡》，《汉语韵律诗体学论稿》，第 115—143 页。
⑤ 参见刘顺《语言演变及语体完形与"一代有一代之文学"》，《上海师范大学学报》（哲学社会科学版）2017 年第 3 期。

骈文语句对于"整饬"的追求与古典诗歌相仿,其行文节奏同样遵循在重复中寻求变化的法则。① 由于自然诵读状态下一个韵律单位通常遵循音高下倾与末尾重音的规则,② 故而,一组对句中以两个韵律单位为最小组合,方能体现节奏对变化的要求;同时,又因为重复的要求(上下行之间在韵律单位的构成上以相同为最佳原则),从而形成以一联为节奏与语义相对闭合的单位结构。③ 循此原则,"二二"节奏的四字句遂为骈文的最基本亦即最简句式:

> 骈文造端为四言,演而为六字,变则为三五,若二则促不成句,七八则烦而难读。④

汉末为骈文的滥觞期,此时汉语词汇双音节的优势已然确立,三音节的形式也在逐步发展,而单音节则呈现出明显的衰颓迹象,作为韵律单位之组成部分而出现的语气词在文本中的使用频次逐步降低。⑤ 因此,"二二"节奏的四字句已从上古时期依赖虚词或衬字作为语助、以形成双音节奏过渡至可不依赖语助以成句的程度——两个双音节词的组合。⑥ 其后,伴随三音节复合韵律词(超音步)与四音节复合韵律词(四字格)的出现,五言(标准音步+超音步)与七言(四字格+超音

---

① "骈文整饬,思多涵蓄。涵蓄则以思拓局,无恣肆之痕;以思运辞,无堆砌之迹。"(孙学濂:《文章二论》,余祖坤编:《历代文话续编》,第904页)

② 关于"音高下倾"的分析,参见邓丹《汉语韵律词研究》,北京大学出版社2010年版,第24页。

③ 参见刘顺《语言演变及语体完形与"一代有一代之文学"》,《上海师范大学学报》(哲学社会科学版)2017年第3期。

④ 孙学濂:《文章二论》,余祖坤编:《历代文话续编》,第906页。

⑤ "上古汉语有一些用于句首的助词,训诂家称之为'发语词',如'繄'、'惟'、'诞'、'盖'、'夫'、'伊'等,这些句首助词多用于先秦典籍,汉代以及后世文言只有少数一两个如'盖'、'夫'继续沿用,大多数已经自然淘汰了。到中古特别是近代时期,整个句首助词一类在口语中已经埋没不存。"孙锡信:《中古近代汉语语法研究述要》,复旦大学出版社2014年版,第11页。

⑥ "与之同理,中古诗歌中产生大量的双音词,一个重要原因,是同步构词。同步构词包括两个方面:一是一组意义相近的单音词可以同样的方式构成双音词,也表示同样的意思,这就是我们所说的同步构词;另一个类型是同义词,往往同样与一个语素结合而构成双音词。"王云路:《中古诗歌语言研究》,世界图书出版公司2014年版,第445页。

第四章　政治意图的文学展现：王锡爵奏疏的文体及语体解读 | 213

步）诗句相继诞生。① 两个双音节构成的四字句形成"二二"节奏的诵读方式，遵循"轻重轻重"稳定平衡的重音模式，② 较之晚出的"二三"节奏之五言（"头轻脚重"）与"上四下三"节奏之七言（"头重脚轻"），"二二"节奏的四言对于齐整律的遵守最为严格，③ 亦由此而具有了五、七言难以超越的典重之感。然而，双音节在传达整齐、稳定与庄重感的同时，也会造成句式节奏的固化与僵滞：

<blockquote>
由于《诗经》的《大雅》和《颂》诗兮字等虚字用得较少，其语词和内容又正符合雅正的诗学观，因此，雅颂体得以在实字四言中长期延续。而在汉魏到两晋长达四百年的重构体式的探索中，实字四言所找到的新句序主要是与二二节奏最相配的对偶句的连缀和堆砌。尽管对偶句也有一些变化，但是对偶句对虚字和连接词的排斥消解了句意之间的自然连接，使四言最适合于需要罗列堆砌的内容，自然就成为颂圣述德应酬之首选。实字四言对偶句序的单调和高密度，造成了四字四言节奏的板重凝涩，从而迫使诗人们设法寻求化密为疏的方法。④
</blockquote>

西汉以降，伴随双音节词汇逐渐成为汉语词汇的构成主体，由两个标准音步构成的四字句则因其结构短小、容量有限，缺乏必要的虚词彰显语句结构、提供更为明确而具体的信息内容，故其措辞往往流于厚密，以提升语义密度，丰富有限字句之中的意义传达。因此，标准的"二二"

---

① 参见刘顺《唐代前期七言近体的韵律规则与句法机制分析——兼及杜诗"沉郁顿挫"的生成》，《文学遗产》2018 年第 4 期。
② "'音步最小而必双分'是说'音步是韵律结构的最小单位'，同时必须是一个双分枝的单位，因为韵律是由轻重比次相间的节奏组成的，而'一轻一重'为一最小韵律单位。因此这'一轻一重'之和便成为一个音步。"冯胜利：《汉语韵律句法学》，第 20 页。
③ "凡上一字为一句，下二字为一句，或上二字为一句，下一字为一句。（三言。）上二字为一句，下三字为一句。（五言。）上四字为一句，下二字为一句。（六言。）上四字为一句，下三字为一句。（七言。）"[日]遍照金刚撰，卢盛江校考：《文镜秘府论汇校汇考》天卷《诗章中用声法式》，中华书局 2006 年版，第 173 页。
④ 葛晓音：《先秦汉魏六朝诗歌体式研究》，北京大学出版社 2012 年版，第 204 页。

节奏四字句通常难以避免偶对罗列之弊，呆板滞重而缺乏流动变化之感。此外，"二二"节奏的四字句因其诵读节奏的平稳固化，常会导致文章节奏的单一。因此，以"四言"造端的骈文必然要寻求句式的突破。

"骈文大体出于赋，赋则根于《骚》也"①，《骚》体较之《诗经》的四言句，行文具有明显变化错落的流动感。陈绎曾《文章欧冶》论楚赋式句法曰：

六言长句兮字

（正）上一字单　　（体状字　呼唤字　作用字　虚字　实字）

次二字双

中一字单（之、乎、而、以、於、于、其、与、余、吾、我、尔、汝、曰、夫、又、孰、惟、焉、乃。）

下二字双。②

典型的楚赋六言句第一字与第四字单出，第四字为间拍，多由虚词充当；第一字则可实可虚（如"路幽昧以险隘"则首字为实词，"惟庚寅吾以降"则首字为虚词），与次二字构成一个超音部（1+2）节奏单位。次二字与下二字双出，唯先秦时期，汉语词汇正经历由单音节向双音节形式的过渡，单音节词仍处于优势地位，故双字的构成既包括由两个单音节形成的双音节词（如"恐皇舆之败绩"），又包括"单音节+语气助词"的组合模式（如"后悔遁而有他"③）。随着虚词在双音节构词中的逐渐消失，实词比重扩大，双字构成亦以实词为主。四六文中的六字句由楚赋六言句演化而来，常规组合形式为三音节+间拍+双音节，如曹植《宗圣侯孔羡奉家祀碑》：胤轩辕之高踪，绍虞氏之遐统。应历

---

① 孙学濂：《文章二论》，余祖坤编：《历代文话续编》，第909页。
② 陈绎曾：《文筌·楚赋小谱》，慈波辑校：《陈绎曾集辑校》，第87页。
③ "有，语助也。一字不成词，则加'有'字以配之。若虞、夏、殷、周皆国名，而曰有虞、有夏、有殷、有周是也。推之他类，亦多有此。"王引之：《经传释词》卷3，中华书局1956年版，第74页。

第四章　政治意图的文学展现：王锡爵奏疏的文体及语体解读 | 215

数以改物，扬仁风以作教。六言句中的三音节以"1＋2"的动宾结构最为常见，亦最能呈现场景与过程的动态。但由于其节律构成为1∶2式，后二字作为一个双音节的韵律整体而与前一字构成更高层级的韵律单位，相较四字句"二二"节奏的平稳，三言中第一字落单，无法形成节奏稳定的标准音步；同时，在后二字作为一个工稳的标准音步而存在的对照之下，前一字的存在被孤立与弱化，三音节由此而形成"头轻脚重"的悬殊对比，平稳度较低。而三音节其后的间拍则有效缓解了此种"头轻脚重"的不对等感，间拍多为虚词，诵读时发音轻细短促，置于"1＋2"结构的三音节之后，能够调节三字句的轻重对比，使之处于中间重、首尾轻的未完结状态。而间拍后所连接的双音节韵律词，则是最小而最基本的平衡单位，使语句以最精练的文字保持节奏与轻重的稳定：

　　予谓四言、五言、七言、杂言皆天地自然之节奏，惟六言操调恒促，而无依永之音，布格易板，而乏转圜之趣。古今殊少佳制，非结撰之不工，乃作法之弊也。请后贤绝轨，无复迂辔。①

郎瑛此论虽专为诗歌而发，然四六文成体之语言学条件则与七言诗相仿，皆为四音节复合韵律词的产生。由此，其论诗之语对于四六文成体亦当有所启示。六言诗以"上四下二"为基本节奏，四字格与双音节均有着内部结构的稳定性，因此，六言"布格易板，而乏转圜之趣""非结撰之不工，乃作法之弊"——继"二二"节奏的四言而后，六字句实现了最短句式下的固化与平衡，遂因乏流动与变化之感而渐衰，此其内部体制使然。故而骈文的六字句必辅以必要的虚词作为间拍，以连属上下文意，调节句式节奏，克服"六字格而非缓"②的体式缺陷。

---

① 郎瑛：《七修续稿》卷3《诗言数目》，《续修四库全书》子部第1123册，第357页。
② 刘勰著，詹锳义证：《文心雕龙义证》卷7《章句第三十四》，第1265页。

二　四六句式的演变与虚词之弊

骈文滥觞于汉末，体制大备于南朝，发展至李唐，而变体渐生；[①]至赵宋则登峰造极，极尽变化腾挪之势：

> 叠三句为排，始自初唐之杨、卢，然终唐之世，此调不盛；义山且多用对句，独存古法。至入北宋，欧阳变本，务为排纍，于是有叠三句为排者。如洪迈《进帝纪表》之"禹继舜，舜继尧，顾三圣而守一道；事系时，时系月，定一经以垂无穷"……可谓弄巧成拙矣。而永叔《乞致仕表》中之"臣闻神功不宰，而万物得以曲成者，惟各从其欲；天鉴孔昭，而一言可以成功者，在能致其诚"，直后来制艺中之两小比，害雅孰甚？又有长句累至十字者，若《上皇太后宫名表》中之"必尽万物之报以种其礼，必得四表之心以宁其亲"，亦前此所无，而宋则不可偻数。观诸家集中，表判笺启为多，碑志鲜见。盖已知尽能索于一排一联之中，安有余力克衍巨幅？[②]

初唐"四杰"始创骈文叠三句为排之体，但有唐一代，此调终不入四六创作之正体；至北宋欧阳修，则叠三句为排之创格渐兴，欧阳氏更扩充"四六"之对句为长至十余字之偶对，下开明代八股文体式之先河。欧阳氏于骈文体制的拓展自有开掘之功，然此举却恰恰打破了骈文之正格，导致文章"气阻不畅"。语句的加长使句意平易浅显，句句连而不断，少曲折之意，其甚者流于粗滑，失却骈文自身紧凑凝练、雅正庄典的特质，故孙学濂谓"后人学骈，或取法陆敬舆，以为条畅，实则尽

[①] "六朝承汉代词赋之遗，而为骈文，虽务雕缋，而其气醇古。齐梁稍稍泛矣。唐初王、杨、卢、骆继之，声音格律，尽失古意。韩公崛起为复古之文，为当日文坛开一新生面。宋欧、苏诸家，继踵叠迹，日新月异，古文之学，遂以大昌。自是以降，古、骈各占一体，相沿不绝。南宋理学盛而古文又衰。明代中叶复盛。至本朝经学诸家，夸多斗富，骈文复盛。"郭象升：《五朝古文类案叙例》，1921 年铅印《山西图书馆丛书》本。

[②] 孙学濂：《文章二论》卷下《宋第六》，余祖坤编：《历代文话续编》，第 889—890 页。

第四章　政治意图的文学展现：王锡爵奏疏的文体及语体解读 | 217

俗。公牍、词章，固自殊制也。汉文承接之句，多至六语；唐人承接句虽少，然堆砌沉滞，并丝而断；宋人叠四五句为排，则连而拔，花落实坠矣"①。在骈文"上四下六"的句式中，魏晋以降，四字格渐成书面语的习用格式，"四字密而不促"则表明：由四音节复合韵律词构成的四字句节奏紧凑而语气舒缓，既具备庄重典雅的形式结构，又不失其变化流动的节奏感，是书面语中较为贴近时人自然诵读状态的句式形态，也是骈文中较为理想的句式选择。而六字句与四字句同为内部节奏稳定的句式形态，字数对比既不悬殊，又能拉开距离，呈现错落有致、疏朗明快的诵读节奏，故亦为骈文所取法。孙学濂谓"（骈文）四言六言各自为对。气疏以达，间参四六，对以隔句，亦自排奡。若通体排骈，或三四句隔对成句，累八九字，固末流陋习；即上联四六，下联六四，亦非大雅"②，即指出四字、六字句交错而行、隔句相对为骈文之正体，③句式疏朗变化而无密集单调之弊；通篇骈偶或上下对句皆为长句，则文气壅塞板滞。

尽管在四六句的交替运用中，六字句中虚词的存在对于调节文句节奏及强化情感表达有所助益，但虚词的频繁出现则会导致文章语势靡弱而流于软滑无骨：

> 上古文字初开，实字多，虚字少。典谟训诰，何等简奥，然文法要是未备。至孔子之时，虚字详备，作者神态毕出。《左氏》情韵并美，文彩照耀。至先秦战国，更加疏纵。汉人敛之，稍归劲质，惟子长集其大成。唐人宗汉，多峭硬。宋人宗秦，得其疏纵，而失其厚懋，气味亦少薄矣。文必虚字备而后神态出，何可节损？然支蔓软弱，少古人重厚之气，自是后人文渐薄处。④

周秦以上，辞以宣意，语皆简重，为修辞之正宗；自周末至初

---

① 孙学濂：《文章二论》卷下《宋第六》，余祖坤编：《历代文话续编》，第913页。
② 孙学濂：《文章二论》卷下《字句第十一》，余祖坤编：《历代文话续编》，第907页。
③ "四六格句，须衬者相称，乃有（上）[工]，方为造微。盖上四字以唤下六字也，此四六之格也。"彭元瑞：《宋四六话》，清道光二十六年刊《海山仙馆丛书》本。
④ 邹寿祺：《论文要言》，清光绪三十一年刊本。

唐，则偏于用饰辞；自中唐至前清，则偏于用助辞。偏于用饰辞者，虽肤泛而不失为雅训，以必五色相宣乃成文章也；偏于用助辞者纤佻，或流为时文、小说、无复古文面目矣。①

文章中的虚词虽有"神态毕出"、疏朗语脉之用，然运用过多，则结构散漫、言辞俗熟、内容肤泛，铺排有余却缺乏紧凑感；语句支离，难以架构全篇。② 同时，虚词的使用会改变文句的节奏，或为延长句子的诵读时长，以舒缓语气（如"帝高阳之苗裔兮"中"兮"的使用），或为通过顿断制造语脉关节（如"马之千里者"中"之"的使用、"风萧萧兮易水寒"中"兮"的使用），故"行文非如歌骚之谐韵，则助辞不宜数数复用，以其有害音节也"。③ 此外，虚词的使用使语句体制加长，在提高其语法密度的同时，却降低了语义密度：

> 然其（按：骈文）要旨，炼字为先，欲字无妄用，宜先通训诂……曹孟德赋诗，恶用"兮"字，以为语助虽偏而实豪，诚以一句之中语助多则精采尽失。汉魏文四言居半，用助少而辞以弥健。陈、隋以降，长言渐众，用助多而辞遂渐靡，至于俗调盛行。"之""于""焉""乃尔""未免""岂其""良有以也""何足知之"之类，不可胜数，要皆甚陋，斯则用助之当检也。④
>
> 文法之高者，其造句必简，承接少而龠合多，已具前论；其尤高者，为诗赋，为骈文，省去代、助、连、介诸字，自生变化，此为专门之学。唐以后古文次之，小说家又次之，最下为公牍、报章文字。⑤

---

① 孙学濂：《文章二论》卷下《修辞第四》，余祖坤编：《历代文话续编》，第 826 页。
② "凡大比文字，不能无虚字落脚之处，然太多则散漫不合适；必有短句撑架之，乃能整炼也。"张时中：《蘅社笔谈》，清光绪十六年廪延徐氏校刊本。
③ 孙学濂：《文章二论》卷下《修辞第四》，余祖坤编：《历代文话续编》，第 828 页。
④ 孙学濂：《文章二论》，余祖坤编：《历代文话续编》，第 913 页。
⑤ 马绚章：《效学楼述文内篇》，清光绪三十四年刻本。

典型的诗歌语言须高度凝练，通过意象的勾连营造诗句间的张力，强化语义密度而弱化语法密度，以收似断实连、言近意远之效。曹操讳以"兮"字入诗，正缘其存在削弱语义密度、打破诗歌含蓄蕴藉之美的可能。骈文的语言特征同诗歌相仿，"含蓄""尚辞"是其内在要求，① 过多的虚词入文则会令句意趋于直露，降低其写作的技术难度，使之渐趋俗熟而大众化。

三 骈文与奏疏式的内在关联

自齐梁以降，骈文与散文分道而驰，② 逐渐成为历代奏疏的主导文体。③ 明代中后期，骈文再度复兴，四六文频繁应用于官场社交之中，"上至制诰，下至笺启，其用甚广，未尝废也"。④ 骈文自结构而言，具有明显的仪式化特征，是礼仪行为在语言文字层面的彰显⑤：

> 夫太极一而仪耀两焉，则宇宙间有奇而不能无偶……有如措辞天设，寒暄尽洽其素心；命意日新，妍媸各开其生面。双声叠韵，聊展其恭敬之忱；合璧连珠，爰立其端严之体。又事君使臣朋友相遗，礼文之不可废者也。故语表笺启至今用之。⑥

---

① "散文纵论，思易发皇；骈文整饬，思多含蓄……试观'四杰'文，无论弘纤，而其无一贯之意，则可断言。盖徒知骈文尚辞，故专工涂泽。"孙学灏：《文章二论》，余祖坤编：《历代文话续编》，第904—905页。

② "故汉代笺、疏、颂、赞，莫不有排，而四六未兴，整散并行。王子渊出，而骈始多；曹子建出，而骈始工；陆士衡出，而四六乃昌；徐、庾出，而大开近代骈文之径。故时至齐梁，骈散文分道而驰，亦自然之势也。"孙学灏：《文章二论》，余祖坤编：《历代文话续编》，第872—873页。

③ 孙梅《四六丛话》引《钦定四库全书简明目录》评夏子乔曰："集中所载，多庙堂典册之文，盖所长在是体也。"（孙梅：《四六丛话》卷33，第670页）马端临《文献通考》卷234《经籍考六十一》："（夏子乔）善为文章，尤长偶俪之语，朝廷大典策屡以属之"，是知骈文为朝廷公牍文的主要文体（中华书局2011年版，第1866页）。

④ 许同莘：《公牍学史》卷5，第141页。

⑤ 此外，时风的影响亦为时人选择骈体创作公牍文之要因："明以八股取士，士之欲有所进者皆尽其能于八股""一代之治，承乎一代之气运，而文章亦随之……明承元之迷谬，故整饬。"王葆心：《古文辞通义》卷6、卷14，《历代文话》第8册，第7323、7759页。

⑥ 钟惺：《四六新函》卷首，《四库禁毁书丛刊补编》第44册，北京出版社2005年版，第4—5页。

> 四六者，文章家之整齐语也……古之大臣所以贡忱宣略于庙堂者，语皆灿然，特未尝以意铸炼之而要其对。尊严之体，常贵整齐，而不尚纷错，即说训足以镜也，又奚俟格调之下衰至李唐赵宋乎……盖皆出于自然，故骈其四，乃四之不得不骈也；俪其六，乃六之不得不俪也。所称辞合璧而意贯珠，亦当是不得不合、不得不贯也。①

骈文通过声律与句式的偶对（"双声叠韵""合璧连珠"），② 彰显节奏的稳定与整齐之感，"音圆故便于宣读，体方则易于模拟"；且语庄而丽，"善诵不为谈"，"施于笺奏启牍尤为惬当"③。而形式的高度整齐同样能够有效传递言说双方的语体距离以及言说话题的正式度。随着骈文格式的定型，程式化特征亦使其更易于表现"共相"与"一般性"：

> 六朝骈俪，三唐雕琢，其源远矣。第后之风云月露，止习虚词；藻缛纷华，全无旨趣。是以壮夫嗤之小技，贤者薄而不为。岂尽病其排哉？亦鄙其浮耳……行之久而套袭之生，用之广而假借之习起。故山龙火藻，尽优孟之装；麟脯驼蹄，半市沽之味。何怪乎世之吐弃而厌观也。④

> 四六至南宋之末，菁华已竭。元朝作者寥寥，仅沿余波。至明代，经义兴而声偶不讲，其时所用书启表联，多门面习套，无复作家风韵。⑤

---

① 张师绎：《张梦泽评选四六灿花》卷首，《故宫珍本丛刊》第 1620 册，海南出版社 2000 年版，第 2—3 页。
② "王文恪公陶尝言：'四六如"萧条"二字，须对"绰约"，与"据鞍矍铄"，须对"揽辔澄清"。若不协韵，则不名为声律矣。'"彭元瑞：《宋四六话》，清道光二十六年刊《海山仙馆丛书》本。
③ 邓浅：《启隽类函序》，俞安期：《启隽类函》卷首，《四库全书存目丛书》集部第 349 册，齐鲁书社 1997 年版，第 2—4 页。
④ 钟惺：《四六新函》卷首，《四库禁毁书丛刊补编》第 44 册，第 4—5 页。
⑤ 孙梅：《四六丛话·凡例》，第 11 页。

第四章 政治意图的文学展现：王锡爵奏疏的文体及语体解读

随着骈文出现日久、用途日广，骈文写作套袭假借之风亦日炽，大多"陈陈相因，移此俪彼，但记数十篇通套文字，便可取用不穷，况每类皆有熟烂故事，俗笔伸纸便尔挦撦，令人对之欲呕"①，故彭元瑞遂有"四六须只当人可用，他处不可使，方为有功"之语。② 程式化的书写模式通常只用于描述特定的行为状态或公共话题，较之"散文之途阔，可泛滥百家"，骈文则"键严"而"当谨循格律"，③ 个体情感的发挥空间较散体文更为有限，从而更适于传递恭敬、庄严之意与雅正、典重的美学风格，适合应制等公开度较高之场合下的文章书写。此外，典型的骈体文以四六格为主，"表启中最以短句中四字为难，以其语少而意多，因旧为新，涵不尽无穷意故也"④。由于语句字数的限制，信息传达过于紧凑凝练，故四字句的说理、描写与抒情功能较之长句皆更为有限；而六字句中以动宾与中补结构为主的三音节更长于行动与场景的动态描摹，因此能够有效弥补四字句过于简省的不足，遂使骈文能够于"比物连类，借事喻意"⑤ 之外，同样适用于笺奏启牍等公文之中。

骈文以"四六句"为典型的句法结构，基于对行文节奏重复与变化的考量，"二二"节奏的四字句作为骈文的基本句式而出现，却在传递整齐与稳重感的同时，造成了诵读节奏的固化与僵滞，而六字句"三音节+间拍+双音节"的常态组合形式，则为以"四言"造端的骈文寻求句式节奏的突破提供了可能。六字句继"二二"节奏的四言而后，实现了最短句式下的平衡，却亦因缺乏流动变化而渐衰，故而骈文的六字句必辅以必要的虚词作为间拍，以克服其节奏固化的缺陷。滥觞于汉末而体制备于南朝的骈文，在唐后的发展演变过程中，变体渐生，日趋繁缛，语句增长，隔对成句乃至通体排骈，其对明代奏疏的写作影响深远。骈文通过声律与句式的偶对彰显内部节奏的整

---

① 程昊：《四六丛话序》，孙梅：《四六丛话》，第7页。
② 参见彭元瑞《宋四六话》，清道光二十六年刊《海山仙馆丛书》本。
③ 参见孙学濂《文章二论》卷下《集部第十三》，余祖坤编《历代文话续编》，第911页。
④ 彭元瑞：《宋四六话》，清道光二十六年刊《海山仙馆丛书》本。
⑤ 俞安期：《启隽类函》卷首，《四库全书存目丛书》集部第349册，第2—4页。

齐与稳定之感，程式化的书写模式同样限制了个体情感的发挥，而更适于彰显恭敬、庄重之意，传达典正的美学风格。由是，骈文遂成为奏疏写作的首选体式，以散句为主体的奏疏亦展现出句式内部的骈偶倾向。

第五章　日常交际与政治行动：王锡爵的序文与尺牍写作

作为日常交际的重要手段，文学写作借由特定的文体形式传递意图，彰显态度；而文学所具有的政治功能，又使其在介入政治生活、开展政治行动的过程中，扮演了重要角色。明代嘉靖以降，尺牍以其"体简而用繁"的体式特征，在政治生活与社会交际中日趋重要，[①] 亦因之成为王锡爵在政治生活中借以暗示意图、展演姿态的重要助援。尺牍而外，序文是知识精英之间开展社交活动、传达政治观念的另一有效方式。在序文书写渐趋格套的局面之下，王锡爵在序文写作中亦尝试探寻跳脱格套的可能。而王锡爵的序文与尺牍，在中晚期的历史语境中，也提示着王氏于私人领域与公共空间中生命样态的差异。

第一节　"避同求变"：序文写作的别样可能

序者，绪也。[②] "序"又作"叙"，"言其善叙事理，次第有序，若丝之绪也"[③]。序之体有二，一为议论，一为叙事，"以叙事为正体，参

[①] 参见苗民《论明代中后期的散体尺牍观——兼与四六启观之比较》，《暨南学报》（哲学社会科学版）2014年第3期。

[②] 郭璞注，邢昺疏：《尔雅注疏》卷1，《丛书集成续编》第7册，台北：新文丰出版公司1989年版，第187页。

[③] 徐师曾：《文体明辨序说》，第135页。

以议论者为变体"①。序文包括书序、文序、诗序、杂序、游宴序、赠序等多种类型,② 尽管先秦时期或已出现具备序文特征的文章,③ 但"序"作为一种明确的文体而出现,当在秦汉时期。④ "序"在内容书写上,"当序作者之意""又当随事以序其实"⑤。伴随序文写作的发展,对所序对象的颂扬亦成为序文写作的重要组成部分。而作为特定文体的序文在魏晋南北朝时期趋于成熟,至唐代韩愈、柳宗元之时,其体式已大体完备。朱明以来,伴随刊刻印刷业的发展,请序、作序蔚然成风,大量序文纷纷面世,并出现了前朝未有的"寿序"写作。⑥

《王文肃公文集》中收录王锡爵序文三十五篇,包括书序八篇,族谱序四篇,赠序二十三篇(贺序六篇,别序三篇,寿序十四篇)。另有为《荆石王相国段段注百家评林班马英锋选》《增定国朝馆课经世宏辞》《皇明馆课经世宏辞续集》《左传释义评苑》等书所作序文。序文发展至明代,其作为应用性文字而在日常交际与政治生活中发挥着日益重要的社交功能。⑦ 因此,时人已逐渐淡化序文作为一种特殊文体所应具有的文学特征,序文写作蹈袭套语,顺沿成规,乃至"千里赠言,一面未卜,虽赞叹之语满堂,祝颂之章充栋,举其实而质之主人,主人

---

① 朱荃宰:《文通》卷10《序》,王永照:《历代文话》第3册,第2598页。

② 每一大类下又可细化为若干小类,如赠序在共时性与历时性的演化中,生发出寿序、别序、贺序、名序、字序等多种子文体。可参见赵厚均《赠序源流考论》,《文艺理论研究》2008年第4期;张静《序文之体与古今嬗变》,《华南理工大学学报》(社会科学版)2012年第2期。

③ "序跋类者,昔前圣作《易》,孔子为作《系辞》、《说卦》、《文言》、《序卦》、《杂卦》之传,以推论本原,广大其义……《诗》、《书》皆有序,而《仪礼》篇后有记,皆儒者所为。其余诸子,或自序其意,或弟子作之,《庄子·天下篇》、《荀子》末篇皆是也。"姚鼐:《古文辞类纂·叙录》,第3页。

④ 参见褚斌杰《中国古代文体概论》,北京大学出版社1990年版,第378页。

⑤ 吴讷:《文章辨体序说》,第42页。

⑥ "以文为寿,明之人始有之。"(方苞:《望溪集》卷7《张母吴孺人七十寿序》,上海古籍出版社1983年版,第206页)又,毛奇龄《古今无庆生日文》:"唐后作序者无所不序,而独不序寿。近即俨然有生日序见文集间,则其非古法端可验也。"(《西河集》卷123,《景印文渊阁四库全书》集部第1321册,第332页)

⑦ "赠序文是明代作家别集中最常见也最具实用特征的一种文体,可以说几乎没有一个作家不写赠序文。赠序文在明代别集中高度出现频率,昭示着这一文体在士人政治、交际活动中扮演的重要角色。"刘洋:《明赠序文创作的应用诉求与夸饰规避》,《中南大学学报》(社会科学版)2016年第5期。

第五章　日常交际与政治行动：王锡爵的序文与尺牍写作　｜　225

不受；掩其姓名以示邻里，邻里亦不知为何许人也"①。在此历史语境之中，王锡爵的序文写作既展现出特定时代之下文体写作的共性特征，又展现出对避同求变的主动探索。尽管同属序文，但书序、族谱序与赠序体式有差；而王锡爵文集中，以赠序为其序文数量之大端，故下文遂以赠序文为中心，考察王锡爵序文写作的因袭与突破。

一　时间层次的构造与真实感的强化

作为以社会交际为主体功能的应用性文体，赠序文写作自有其程式，以内容而言，当具备序事实、序己意与颂扬写作对象三重意涵；自结构而言，序文既以对人/事的叙述为主体，则应当把握过去、当下与未来三层时间结构，并以相应的叙述策略作为支撑。王锡爵的赠序文写作亦莫能外：

> 方今宇内清醇龢睟之气锺于东南，故吴越间多钜人，其进而振佩鸣珂，藻帝暮而恢皇绪，退且为洛者商皓，有安居几杖之适。图经所载相望比比，乃进退称两荣，集有全福者，莫如吾师董先生云。先生产于湖郡，郡界在吴越之交⋯⋯先生始释褐读书中秘，广意于大雅之林，当嘉靖时，天子方向意文学，而先生优游奉璋橐笔之务，荐历清华，繇少宰进大宗伯⋯⋯悬车以来，开绿野之堂于苕霅之上，遗荣铲采，翛然葆天倪而友造化者廿有余年。而及是为先生八十初度之辰⋯⋯顾小子游门墙最久，日习于先生，二十余年事，则请先征已往，而后及将来。先是，先生七十⋯⋯（《寿大宗伯浔阳董座师八十序》）②

文章以"方今"为发端，赞美董份为吴越间之"进退两荣而有全福"者；随之通过"始⋯⋯嘉靖时⋯⋯悬车以来⋯⋯廿有余年"等表示时间变化的语词，在过去的时间结构中追述董份的辉煌政绩。继而以

---

①　顾大韶：《赠李颙所序》，黄宗羲编：《明文海》，中华书局1987年版，第2951页。
②　《王文肃公文集》卷2，《四库禁毁书丛刊》集部第7册，第81—82页。

"二十余年事，则请先征已往，而后及将来"一句为过接，上承前文对董份之功绩的概括，下启对董氏自昔及今之所以荣享福寿的议论。时间的在场是序文写作的常态，作者对此或多以为格套，遂袭而不察。然而，王锡爵在此句中明确提出"已往"与"将来"，有意识地将此篇序文划分为"方今""过往"与"将来"三部分，起笔始于过寿者当下之荣福，由此而追述其人过去的文章功烈，在对过去与当下交织的时间流中，阐发其德行的始终如一之于自我及家族的重要影响。结尾则由当下而及未来，以《诗经》"如南山之寿""如川之方至"诸句，寄予一己对董份未来的祝愿。对于时间的敏感和强调在王氏的其他赠序文中亦属常见：

> 始公为御史大夫，视师海上，爵方在髫鬌……既而爵从武衢毛先生游，执经之暇，犹指以诧语于先生……（公不久而去）公自海上别且廿年，途辙几遍于南北……亡几何……（毛先生）得谒公于堂上（《寿太宰两洲王先生序》）①
>
> 万历元年秋，吏部左侍郎刘公上书请告归……明年，上意若曰："兹予且察吏，而刘某摄守尚书久，所差次贤否得其人，其留佐予。"越明年既竣事，会南京工部尚书缺……公承命以行……先是，锡爵尝一再南徙……锡爵因是以知两公……是时两公皆适少事，而其风烈耿耿……今张公一入为天子冢卿，而刘公方以盛年……（《送南京大司空应谷刘公序》）②

值得注意的是，王锡爵在对大部分过往场景的追述中，几乎都伴随叙述主体——王氏本人的在场，叙述者同样是事件的参与和见证者，因此，其对事件的叙述在理论上具有更高的可信度。而在对具体时间的清晰记忆中凸显时间节点，并以之构造时间层次，正是王锡爵赖以传递文本真实性与有效性的保证。此种叙述策略在缩短焦距、拉近叙述距离的同

---

① 《王文肃公文集》卷2，《四库禁毁书丛刊》集部第7册，第77—78页。
② 《王文肃公文集》卷1，《四库禁毁书丛刊》集部第7册，第64—65页。

第五章　日常交际与政治行动：王锡爵的序文与尺牍写作　｜　227

时，也意味着叙述者对叙述对象持有相当的了解，知其人而后论其事。叙述者与叙述对象间的主体关系奠基于若干共识之上而趋于融洽，① 序文内容的真实性亦由此而得到强化。

王锡爵试图强化叙事真实感的叙述策略，不仅包括对时间层次的构造与对叙述者在场的强调，叙述的场景化同样是其序文写作中的惯用方式。而叙述的场景化在王锡爵的赠序文中，主要借由对话加以展现：

> 万历甲午，应天巡抚缺，天子若曰……命既下，则东南士民舞手相贺曰……于是，使君进曰……锡爵手额曰……使君又进曰……某曰……（《贺抚台赵公考绩加恩序》）②
>
> 当是时，王君绝意于功名之会矣。久之相过，见王君渐健，谓之曰……王君且行，过予曰……予曰……王君唯唯，予曰……王君曰……余曰……（《送顺阳令王君序》）③
>
> （陈君）窃问往来人（家大人）起居饮食状，对者曰："甚适。"问口传何语，曰："戒无思归已。"又问："大人独不念而远乎？"而其人喑呜不能对也。（《陈东桥先生夫妇双寿序》）④

在此，王锡爵作为叙述者，同样以事件参与者的身份屡见于对话场景之中。王氏序文中的此类对话通常发生在公开度较低的非正式场合，具有一定的私人性。叙述者将本应为特定人群所掌握的对话内容展现于公众视野中，当有以之强化文本真实性的用意所在。由此，王锡爵在序文中运用场景与对话描写，不仅能够调节叙述节奏，彰显动态的画面感，更通过具有私人性质的对话内容，缩短了叙述者与叙述对象之间的主体间性，以制造文本内容的"真实感"。

---

① 参见王润英《论王世贞书序文的书写策略》，《文学遗产》2016 年第 6 期。
② 《王文肃公文集》卷1，《四库禁毁书丛刊》集部第7册，第66—67页。
③ 《王文肃公文集》卷1，《四库禁毁书丛刊》集部第7册，第68—69页。
④ 《王文肃公文集》卷2，《四库禁毁书丛刊》集部第7册，第79页。

以场景描写弱化叙述者与叙述对象的情感距离，进而强化文章的真实性，在王锡爵的书序中亦可见一斑。在《王文肃公文集》收录的3篇文集序中，王锡爵为座师袁炜所撰《袁文荣公文集序》一文，其场景描写明显低于《弇州续稿序》与《马文庄公文集序》。袁炜待人刻薄狂傲，① 每遇应酬文字、醮章以至馆中高文大册，即召申时行、王锡爵及余有丁三门生至私寓，代为属草，"稍不当意，辄厉色呵叱，恶声继之……有时当入西内直房，供上笔札，竟扃门而去，亦不设酒馔，三人者或至昏暮不得食，遂菜色而归，以此为常"。王锡爵数年之后回忆在袁炜府邸撰文"饿几死"之情状，仍心有余悸，"颦蹙不堪"②。因此，王氏在为袁炜文集作序时，情感流露程度较低。文章以颂圣为发端，由"世宗肃皇帝始定大礼，和宁天人"而及"文学之士"，引出叙述对象。在简述袁炜生平后，借袁氏"平生著作于代言应制为多"阐述一己对馆阁文学功用体式的理解。下文言及袁氏文才，则语多泛泛，且于文才之外，对其人格品行未有涉及。文末"时锡爵忝为公高第弟子，服义未深，而公已升为列星，故于中书君之请序，书以志感，非敢曰知文也"，更暗示出自己与袁炜情感距离之疏远。此文采用常规的写作程式，情感节制，实有异于《马文庄公文集序》与《弇州续稿序》中以场景描写强化序文可信度的方式：

呜呼！此吾师马文庄先生遗集也……先生往在礼部，数发愤叹息文体之坏，以谓文者直写厥衷，行止一寓之自然耳。好古之士近乃不师神而师险，剚取薤书竹简中险棘句字以饰陋惊愚，游谈惊坐，而大雅索然。盖尝欲稍抉其尤慢不经者闻上禁绝，会病不果。是集行，读者亦足以知先生之志矣。昔薛简肃公在政府，欧阳子称其挺立，无所牵随，欲尽绳天下细大一入于规矩，而文章纯深劲

---

① "炜自负能文，见他人所作，稍不当意，辄肆诋诮。馆阁士出其门者，斥辱尤不堪，以故人皆畏而恶之。"《明史》卷193《袁炜传》，第5118页。

② 沈德符：《万历野获编》卷10《鼎甲召试文》，第265页。

正，如其人甚矣。其言之似先生也。(《马文庄公文集序》)①

明兴二百年，至嘉隆之际，而文章始大阐。缨绅家结轸而修竹素，其结撰之富，体制之备，莫如大司寇元美王先生……公弱冠登仕，中所经大艰大危沉废者数年，又服官四方十余年，末又倦而逃于玄。当其时，予与公比居，四方之士延慕光尘者踵相属，余波及予，予不胜苦，距户谢之，而公独泛应不辞，清斋对客，每至夜分，谐唱与呗诵两出而不相夺。(《弇州续稿序》)②

同为师长，王锡爵在为马自强文集作序时，以"呜呼"统领全篇的情绪展开，其情感之深挚甚于为袁炜作序系显然易见；王世贞同王锡爵交善，因而，王锡爵在为弇州文集作序时，同样通过细节的展开表现与王世贞的相知。王锡爵在两篇序文中不仅肯定了作者人格之美，亦通过由阅读作品所生发的个人感受，来展现自己对于作品的熟知。而"先生往在礼部，数发愤叹息文体之坏"与"当其时，予与公比居"则均为具体场景的凸显。场景描写能够缩短叙述者与叙述对象间的距离，遂成为强化文章真实性的重要方式。

二　文体层次的提升

文体的雅俗自历时性角度而言，产生时间越早，其趋于古雅的可能性越大；自共时性角度而言，流行度越高，流于俗白的可能亦越大："雅俗有代降，其初尽雅，以雅杂俗，久而纯俗，此变而下也。"③ 赠序文在明代社会的高度流行，令其逐渐俗化而文格日靡："近日文字中间为上官而作，如考满入觐，贺寿送行，连篇累牍，有一而至二三首者，非不美观，然套语谀辞若出一辙，其于文格益靡且远。"④ 赠序文逐渐流于内容泛化空洞，放之四海而皆准。因此，王锡爵欲提升赠序文的文

---

① 《王文肃公文集》卷1，《四库禁毁书丛刊》集部第7册，第51页。
② 《王文肃公文集》卷1，《四库禁毁书丛刊》集部第7册，第47—48页。
③ 黄侃：《黄侃日记》，江苏教育出版社2001年版，第214页。
④ 朱国桢：《涌幢小品》卷8，明天启二年刻本。

体层次，则首先当着力于强化文章的真实性。上文所论王氏构造时间层次、强调叙述者在场与叙事的场景化等写作策略，正是提升赠序文文体层次的重要方式。

强化文章的真实性而外，对经史典故的运用同样是提升赠序文文体层次的有效方式：

> 《周雅》之《祝》曰"如南山之寿"；又曰"如川之方至"。夫先生实锺山川之气以生，方其动之，徵静也，则小子为之歌山，得寿体；及其静之，复徵动也，则小子为之歌川，得寿用。(《寿大宗伯浔阳董座师八十序》)①
>
> 《诗》不云乎："乐只君子，遐不眉寿。"请为翁介寿而佐一觞。(《寿表兄怡洲吴翁七十序》)②
>
> 予常观两汉《循吏传》，见始元、元凤间，匈奴乡化，百姓殷富，犹举贤良文学，问民所疾苦。而建武中，引公卿郎将列于禁座，广求民瘼，采纳风谣，故为郡邑者竞能其官，而所居民富，所去见思，厥有繇也。(《送顺阳令王君序》)③
>
> 燕蓟故多慷慨士，于今为受朝上计之所，人材凑聚，如通都大隧，百货列陈，而后美恶贵贱乃可辨识焉。以子之才，杖策往游其间，即不必弹冠鼓瑟，会有当食吐哺、延子周公之坐者。(《送陈云浦序》)④

引文中有对《诗经》语句的直接引用，亦有对韩愈《送董邵南序》(燕赵古称多感慨悲歌之士)、曹操《短歌行》(我有嘉宾，鼓瑟吹笙)、《楚辞·渔父》(新沐者必弹冠，新浴者必振衣)等诗文以及两汉之循吏与周公吐哺等典故的化用。典故作为意象符指，能够以简洁的文字开

---

① 《王文肃公文集》卷2，《四库禁毁书丛刊》集部第7册，第83页。
② 《王文肃公文集》卷2，《四库禁毁书丛刊》集部第7册，第87页。
③ 《王文肃公文集》卷1，《四库禁毁书丛刊》集部第7册，第68页。
④ 《王文肃公文集》卷1，《四库禁毁书丛刊》集部第7册，第74页。

启特定的历史场域。王锡爵对经史典故的援用，不仅能在对历史人物与事件的展开中彰显文字之雅正，更能够强化文章的语义密度，借由典故增大语句的弹性与上下文结构的紧密程度，制造表义的隐含性，以提升文章语体的古雅风貌与文体层次。

序文以叙事为正体，以议论为变格，"夫序之与论，故属悬殊。序譬之衣裳之有冠冕，而论则绘象之九章也"①。而王锡爵的序文则展现出好议论的特征，或为针砭时局，或为阐发文学观念，或为阐明政治理念：

> 盖古人贵不闻不见之功，今人反之，往往张小为大，中缓外急，口哆鼍张，见谓能忧时，目不亲伍阵，耳不闻金鼓，足不履边墙，纷纷议增兵增备，一切取办于不能自言之小民，足寒伤心，本末倒甚……盖今天下最患者，上不忧文法而忧议论，下不忧倭虏盗贼，而忧在流离涣散与诪张好乱之民。（《贺抚台赵公考绩加恩序》）②

> 尝窃慨于今之士大夫，一旦得志，其精神日驰于求田问舍、撞钟舞女之乐，盖有千金饰裘马而族人裋褐不完，潘陆之门与槐柳齐列。而至其敖舞车上，有见宗长而不下者。今儒者动称立宗有君道，有如宗立而藉愈厚，则宗之人势愈卑，以衡世教，岂有补万分一哉！故予谓议宗法于今，犹舟之不可行陆也。礼失求野，则谱法近之。然作谱又多在士大夫贤有文者，贤有文者又或惟侈大阀阅之务，无所载嫩惩邪，诎薄训厚，则谱不如无作也。（《南昌高氏族谱序》）③

王锡爵在贺序中，以颇多文字阐发本可作为背景性信息而一笔带过的时局，在古今对比中凸显当下世风与人心之卑下。"今天下最患者，上不忧文法而忧议论"之意，亦屡见于王氏的尺牍与奏疏之中。在奏疏与尺牍中书写对时局之忧本属常见；然而，在以美颂为旨归的贺序文中植

---

① 孙梅：《四六丛话》卷20《序》，第399页。
② 《王文肃公文集》卷1，《四库禁毁书丛刊》集部第7册，第67页。
③ 《王文肃公文集》卷1《南昌高氏族谱序》，《四库禁毁书丛刊》集部第7册，第54页。

入对世道之忧的议论，则不可不谓之变体。在为南昌高氏所作族谱序中，祖述世系、颂扬德行而外，王锡爵同样于当下宗法与谱法之弊着墨颇多。有意识地在赠序文中以古文笔法传递自我感受始于韩愈，赠序文亦自昌黎而始扩大其书写范围与表现力。王锡爵效昌黎笔法，将序文视为能够书写个体思想情感的文体；亦其在序文写作中，寄予了不作泛语、有为而作的自我期许。蔡献臣谓王锡爵"以大笔力起而振之，隆、万以来，文质彬彬"，非仅就其制义而言，在王氏的序文中，同样展现出"大笔力"的特征。

三 跳脱常理 翻新出奇

翻案者，反其意而用之。① 翻案之妙，在奇与警。跳脱窠臼，不落人言，则新奇；能抽离常态而反思其弊，则警策。善作翻案者，当具高识见，大才力。王锡爵以"文魁海内，藻振词林，负天下之大手"② 著称，其序文亦好行翻案之法，而尤以《送南京大司空应谷刘公序》为著。③ 此文系王锡爵为刘光济赴南京任工部尚书而作，送别序多叙离别之幽怀，叹往而期来；且刘光济南下，系由京城迁往留都，南京工部尚书虽曰司空，然远离政治中心，有名无权，实为闲职。刘氏此行系外迁而非升调。如何拿捏言辞与情感分寸，既不失序文惜别之旨，又不过分放大主体的失落感而流于消沉；同时，能够跳脱惯常的思考模式，于常人不以为喜的事件中发现新的积极因素，则是此文写作能否翻新出奇的关键。王锡爵以刘光济请辞而未获允为开篇：

> 万历元年秋，吏部左侍郎刘公上书请告归。是时，天下吏当朝。明年，上意若曰："兹予且察吏，而刘某摄守尚书久，所差次贤否得其人。其留佐予。"

---

① 参见冯惟讷《古诗纪》卷152，明万历刻本。
② 蔡献臣：《清白堂稿》卷16《海道祭沈蛟门相公文》，第811页。
③ 参见《王文肃公文集》卷1《送南京大司空应谷刘公序》，《四库禁毁书丛刊》集部第7册，第64—66页。

此语表面上旨在突出神宗对光济的赏识,却隐去了引发光济"请告归"的关键因素:此前,刘光济任吏部左侍郎,"慨然以登进贤哲为己任,典选公平,考核精审"①;后因与张居正意见不合而落落不得志,遂三疏请归,然未获批允。光济为江陵所衔,遂有此次之南迁。② 尽管王锡爵或碍于政治立场,而对前因并无交代,然此自当是时人共知的潜在语境,并对文章的主题与情感走向具有决定性影响。序文以请归未果为发端,引出光济南迁一事:

> 越明年,既竣事,会南京工部尚书缺,上意又若曰:"兹维根本之地,且长寮也。其择予左右在事久者居之,以应古均劳之义。"于是公承命以行。

王锡爵以神宗之旨解释刘光济外调的原因,并突出刘氏此行伴随高度的"政治荣耀":南京大司空担负着"维根本之地"的重要职能,唯在事久而稳重老成者方能任之,故而刘氏此行事关重大。尽管神宗"维根本之地"诸语更近乎空洞的政治话语,其存在不过是为刘光济南迁寻找一个更为堂皇的理由;然而,王锡爵对光济请归未果、进而被"重用"的铺叙,仍然在公开的层面传递出南官之职为刘光济所带来的政治光环。此种政治荣耀虽无实质性意义,却能够为政坛中缺乏资源的弱势者积累声望。因此,王锡爵上述语句遂可视为其对刘光济的潜在暗示:在政局不利的形式之下,较之政治斗争中血腥杀戮的惨烈,刘公南迁已属幸运,非当以失意观之。下文所言"公江阴人,于南都若东西州,可宿春往来也,而曹务稀简,雅适公初志",则向刘光济传递了三

---

① 王世贞:《弇州续稿》卷123《资政大夫南京兵部尚书参赞机务致仕应谷刘公墓志铭》,《景印文渊阁四库全书》集部第1283册,第722页。

② 王世贞《资政大夫南京兵部尚书参赞机务致仕应谷刘公墓志铭》曰:"一日,忽慨然曰:'可以止矣。'三上章,乞骸骨。江陵公居正时当国,使人语公:'得无有所不足耶?非老非疾,何以名去?'公谢曰:'疾自知之,且人各有耳实。'竟不得请。第迁公南京工部尚书,公治装不六日即行……江陵公意衔之。然以朝议藉藉,谓公迁为左,不自得,乃稍转公吏部,仍南京,百僚肃然。"《弇州续稿》卷123,《景印文渊阁四库全书》集部第1283册,第722页。

重意涵：其一，刘氏既为南人，则较之北京，其自当更习惯于南京的地理环境；其二，南京距江阴未远，刘氏往返于家乡与官居地之间颇为便捷；其三，南京大司空一职政务清简，无案牍之劳形，切合刘氏不喜繁政与倾轧的性情。由此三点而言，刘氏迁为南官，当为幸事。王锡爵列举了"朝廷重视南京大司空之职""此职政务简要""南京、江阴往来近便""刘氏于南方的自然环境更为适应"四重理由，以劝慰光济应欣然就职。以常理视之，刘氏南迁本为谪迁，然而，在王锡爵笔下，南迁却化为刘应谷政治生涯中"雅适其志"之乐事。行文至此，是为文意之第一翻转。但诸此理由或有牵强，尚属差强人意。因此，在后续展开中，王锡爵以自己亲身经历展开论说，试图使"刘应谷当欣然履职"具有难以动摇的说服力：

> 先是，锡爵尝一再南徙，曳裾两司空之门，其一则退斋林公，其一则今太宰元洲张公。每遇谒，未尝不相见，坐语津津，移日不厌也。锡爵因是以知两公：林公驯行笃古，媛媛姝姝，而不刓矩矱；张公肃括而安明，而好尽人，其陈义榷理如屑輠。盖是时，两公皆适少事，而其风烈耿耿，业为后生所指目如此，故贤者常好慕为南官。

王锡爵联想到自己亦曾"一再南徙"，看似远离京师而难展其才，然而，却在南京结识林、张二司空。两公"风烈耿耿"，为后生所慕，是故时之贤者皆以能履职南京为荣。随后，王锡爵笔锋陡转："非南官之为重，而所以养重者在也。若是，则兹行之为公适，即负辀前驱，衣锦昼游，又勿论之矣"——并非南京之职本身为重，其所以为重者，恰在于其能够为负王佐之才者提供机遇，为其日后一展雄才做铺垫。此为文章之第二翻转。王锡爵随即借助譬喻及典故，论述南官"所以养重"之原因所在：

> 夫辟闾巨阙，完而用之则利，垂天之翼，以六月息则一飞万

第五章　日常交际与政治行动：王锡爵的序文与尺牍写作 | 235

里；士君子之能致远肩钜，奉厚履盈，固难以圭撮效功而旦夕决策也。昔杨绾以王佐之才淹于卑散，迫其一旦拜相，元勋耆士为之腼眙敛衽；吕申公挹举嵩山、从司马君实游时，有二龙闲卧之叹。其卒遭会蹶起，佐成元祐之治。何者？以彼其才，使一旦都卿相之位，天下之大也，能尽信而深服之乎？惟其沉汩黮黯，提提左辟，而不争于一日之用，使夫官评物望必在乎此，而不能舍而之彼，乃后因其固然，用其有余，以酬隆遇而享大名，犹掇之也。此养重之说也。

士君子之任大业，非一日之功；杨绾、吕公著能成就相业，不仅源于其王佐之才，更在于二人能"不争于一日之用"，常居下位而愈自谦卑，和光同尘，使众望所归，方能巩固其政治根基。王锡爵意在以此提示刘应谷：尽管赴南京任职远离京师，在常人视为谪迁；但此行恰可远离朝中倾轧，淡出政治纷争的焦点，在自我保全的同时，为一己积累政治声望与资源，厚积而薄发。继而，王氏叙述刘公之人格声望，并以"四方士大夫之知公，甚于公之乡人"宽慰刘光济：

公言不矫厉，行无藩饰，其在朝如玉立而山峙，巍然为士林表望，而宏厚宽简，又如沧溟万顷，挠之不浊，澄之不清。盖锡爵，公乡人，以数尝望见，窃所以评公如此……四方士大夫之知公，甚于公之乡人，而及是公行，其相与咨咨慨噫，惜朝廷大用公晚，甚于为公贺。

刘应谷虽为左迁，然其政治声望的积累亦由此而展开。但"惜朝廷大用公晚"与"为公贺"似乎更近于不明政治之"暗箱操作"者的管见与狂热，并掺杂着王锡爵为宽慰刘光济而对事实的某种剪裁与夸张；诸此表象皆不足以成为说服刘公欣然南下的有力理由，更为直接劝勉的呼之欲出。至此，文章以叙述为主体的部分亦在"四方士大夫"的咨咨云云中结束，随之进入更为明了而具有感发力的议论部分：

> 夫尚书非卑散，而留曹非闲卧也。然人情如此，则兹行为公重乎？轻乎？盖锡爵前所见两司空与今刘公皆贤者，负天下之望，独林公从废起，老不屡事而归。今张公一入为天子冢卿，而刘公方以盛年久次，养其不尽之用，何可量也！

自此而下，王锡爵开始由前文暗示性的叙述转向直陈本意："尚书非卑散，留曹非闲卧"——王锡爵对南京工部尚书之职并非尸位素餐的明确强调，恰恰显示了其为扭转固有的强大传统所付出的苦心经营。尽管于理而言，前文对南官"所以养重"的阐发已属明晰；但以情言之，理论之可能或难敌自古人情之强大。既如此，以人情观之，刘公之南迁又当作何定位？王锡爵曰：既然南官能养天下之贤者，则南京当为时贤会聚之地。刘公与之前的林、张二公皆无负天下重望，是为时贤。而如今，林公以老致仕，张公已作古，南京之贤者，唯刘公尚在；又唯刘公年富力强，于今已崭露头角，将赴要职，则其他日发挥大用当可期待。

文章结尾，王锡爵化离愁为勉励，不作悲切之语，将刘公南下视作其政治生涯的曙光与仕途转机的开始：

> 古之人为辞送远，往往叹息于其去，而望其亟来，如曰"式遄其归"，曰"无疾其驱"，至今学士祖之。顾锡爵新为南官，窃独见两公之望如此，又以为公大人也，大人之道，不正不行，不郁不发，愈迟久则愈重。故其为说差与古异，且以慰卿士大夫咨咨慨噫之私云。

此系文意的第三次翻转。王锡爵一反别序自《诗经》而下"叹息于其去，而望其亟来"的书写传统，更能翻常态为文之悲调而转作健语，"大人之道，不正不行，不郁不发，愈迟久则愈重"的鼓舞，寄寓了"天将降大任于斯人"的期许。众人以刘光济南迁为憾事，但在王锡爵看来，刘公之南迁正意味着其政治生涯的另一重开启。王锡爵此文三次翻案，变化开阖，新奇警策，然却皆在情理之中，堪称"大手笔"。

王氏《马文庄公文集序》一文，同样展现出对前人之语的翻案："呜呼！此吾师马文庄先生遗集也。先生生平于学问经术要为根蒂古人，其于身心实际及行世传远有实用，不苟随俗骩骳，以是晚而后遇。既簪笔入承明，典三朝著作供奉之事。会天子咨于旧学，简在政府，而先生且老矣。其所为文章自应制外，日力苦短，不能一意据槁梧而吟，以攻羁人窶士之业。乃其篇帙致多如此。将昔人所称穷而后工，固无足信欤！"① 王锡爵将欧阳修"非诗之能穷人，殆穷者而后工"（《梅圣俞诗集序》）之语反其意而用之，以马自强既有之职，又有之文，可谓"非穷且工"。是化前人之语而翻作新意。

在明代序文写作"套语谀辞若出一辙，文格益靡且远"的语境之下，王锡爵的序文既展现出与时相近的书写特征，又展现出尝试突破序文写作瓶颈、避同求变的若干因子。其试图求变的方式具体表现为：以构造时间层次、强调叙述者的在场与叙述场景化的方式凸显文本的真实性；以化用经史典故与生发议论的方式提升序文的文体层次；以翻案之法跳脱常理，翻新出奇。王锡爵的上述努力，拓展了其序文写作的宽度，提升了序文的文体层次，展现出其文章之"大笔力"的风格特征。

第二节　"自省"与"避世"：政治危机中的自我展演

明代是尺牍写作的辉煌期，尺牍的内容与功用皆获得了前所未有的扩展。② 自内容而言，明代尺牍包罗万象：理想之寻觅、仕宦之苦楚、一时之情怀、日常之玩好、游赏之见闻……几乎无不入尺牍；以功用言之，明代尺牍不仅仅用于信息的传递，同样实现了自我情绪的宣导——个体郁积的情愫通过尺牍写作得以宣泄。而尺牍体式的灵活性与阅读对象的明确性，亦令作者情感相对自由的传达成为可能。王锡爵平生所撰尺牍颇多，其政治身份决定了尺牍所涉内容多与政治生活相关。待其致仕归乡，则书写主题又转变为帝国余晖之下传统士人对于世路人心的慨

---

① 《王文肃公文集》卷1《马文庄公文集序》，《四库禁毁书丛刊》集部第7册，第51—52页。
② 赵树功：《中国尺牍文学史》，河北人民出版社1999年版，第310—311页。

叹。由此，对于王锡爵尺牍内容的解读，亦当成为理解王锡爵生活世界与生命选择的有效途径。

一　"不言时事"的姿态书写

隆庆五年（1571），王锡爵因忤首辅高拱而被贬南京，掌翰林事。次年六月，穆宗驾崩，万历继位，复召其出任穆宗实录副总裁一职。万历五年（1577），张居正"夺情"之议起，以王锡爵、吴中行、赵用贤为首的朝臣力谏其不可，王锡爵更"质居正于丧所，辞甚峻"①，又力救被夺职并施以廷杖的吴、赵二人，遂与张居正交恶。次年，张居正辞朝归乡，为亡父服丧，一众朝臣联名请其回京主持朝政，王锡爵拒绝签名，自知忤逆首辅，仕路凶险，遂辞官归乡以避风波，至万历十二年张居正被籍家，方得以礼部尚书兼文渊阁大学士之职入内阁，翌年出任次辅。六年谪居期间，王锡爵又逢政敌借"昙阳子事件"攻其"妖言聚党"，②身处政治旋涡之中，故而论及朝纲时政尤为谨慎。两次迁谪经历令王锡爵深感仕路险恶，常自叹"人情至险巇处，首阳不能避而薇蕨难为饱"③"世路如此，觉得愈远愈苦，愈高愈危"④。"闭门谢客""不言时事"一度成为其乡居之法则：

> 大抵仕宦觉苦，则种种疵物厌事之念，千绪萌起。公虽身未当事，眉端意气颇已为世所指名。今迹处岩廊而系情丘壑，位非衡宇而私论世故，仆已误矣，公又可再误乎？今海滨生计止办渔樵，一不泛交宾客，二不出远游眺，三不读文，四不言时事，如此可以免过否？⑤

> 抵家冉冉，遂成隔岁。教中二事，其一戒言时政，仆幸已先得

---

① 王世贞：《嘉靖以来首辅传》卷8，明刻本。
② 《王文肃公文集》卷14《吴平山郎中》，《四库禁毁书丛刊》集部第7册，第319页。
③ 《王文肃公文集》卷14《郝卫阳御史》，《四库禁毁书丛刊》集部第7册，第326页。
④ 《王文肃公文集》卷14《翁见鹏州判》，《四库禁毁书丛刊》集部第7册，第333页。
⑤ 《王文肃公文集》卷14《周二鲁主事》，《四库禁毁书丛刊》集部第7册，第318—319页。

第五章　日常交际与政治行动：王锡爵的序文与尺牍写作 | 239

之；其一戒远游，仆日事闭关，欲粗理性情，未暇及此。①

弟虽愁病，然亦得借此口实，一切谢绝门外……世上原自有一种痴人，所贪闲茶冷饭，何名高致？且忧病何人不有，而时情好评论、多爱憎，以为区区别有避托，必欲强交而就见之。入山以来，独此最苦。上有老亲，又不敢投迹无人之地，惟有小舟一叶，信潮来往于出城数里间，晨出夜入，如伏鼠耳。②

王锡爵不仅以"不言时政"自诫，即于友人处亦屡以"肯为我闭口""乞免通贱名"相请托，③"京师故人有相问者，第为言一秋病床，奄奄垂死，使忌我者心冷，爱我者望绝"④，以求远避宦海风波。与此相应，"自省"与"避世"亦成为此一时期王氏尺牍书写的常态：

国家二百余年，士气推于公等，为批龙料虎，万死一生，痛乎方正之孤植也。仆抱有婺妇私忧，连日但为足下叩穹礼佛，而不能通咫尺之疑。长途苦役，想圣祖在天之灵，必当为社稷培扶善类，足下幸强食自重。仆迂疏抵忤，兹已自分遣逐。不知握手更何日也。临楮瞻怅。⑤

门下业已飘然拂衣，不肖且编籍妖党，自分此生与君子绝矣。不意远教再辱，重以珍遗捧次，岂胜衔悚！窃尝谓门下之德如沧海千顷，而砥柱屹然，撼之固难，知之亦不易。今身游世外，何物腐鼠复能吓人？不肖虽罪谤弥天，颇亦引钟期自解，悠悠素心，期各黾勉，白首不相负也。⑥

不肖罪逆弥天，一身俯仰，宰物者既割裂且尽，而顷之脾疾侵

---

① 《王文肃公文集》卷14《戴忠斋给事》，《四库禁毁书丛刊》集部第7册，第321页。
② 《王文肃公文集》卷14《戴愚斋掌院》，《四库禁毁书丛刊》集部第7册，第322—323页。
③ 参见《王文肃公文集》卷14《戴忠斋给事》《王麟洲学宪》，《四库禁毁书丛刊》集部第7册，第318、321页。
④ 《王文肃公文集》卷14《戴忠斋给事》，第321页。
⑤ 《王文肃公文集》卷14《吴复庵、赵定宇编修》，《四库禁毁书丛刊》集部第7册，第317页。
⑥ 《王文肃公文集》卷14《林璧峰尚书》，《四库禁毁书丛刊》集部第7册，第318页。

寻，朝露之生，喘焉濒死者又数月于兹矣。①

追忆囊时卤莽角奔于名誉意气之场，譬如梦呓，觉而后知其真梦也，公尚欲以仆梦境为觉境耶？②

锡爵流浪半生，退而尽屏去雕虫刍狗，少憩空门，聊以忏罪业、遣情累耳。③

仆兹有莼羹一杯手献二亲，舍旁三亩地穿池艺蔬，且分为农夫没世。去年十一月十八日举一孙，眄笑可爱。南还时尝发三问琅琊公：一曰奈何使州县不知有此官，二曰奈何使世上不知有此人，三曰奈何使盗贼不知有此家。琅琊公无以应也。足下便中幸教之。身险而文，古人所戒。今不肖已自托于玄牡之间，足下无复问我造诣矣。④

自今以往，愿与为一窍不通、乡党无闻之人，庶可保守灵龟、永邀上寿耳。⑤

王锡爵笔下的"自省"既是对现有"政治过失"的"认可"，亦是对昔日执迷官场的悔过。在传统的儒家思想语境之中，"避世"即意味着远离权力中心，独善其身。由此，王锡爵屏居期间生活的重心亦由家国天下而转向莳花种树，日常生活遂为此时尺牍书写中高频出现的对象：

向蒙惠芍药，内有一种深红密瓣者极佳，偶被园工删去，公有，便乞于秋时再惠一两株，盖家君老年笃好名花，故不嫌烦聒耳。⑥

仆此者止办莼羹一杯献笑老亲，余则滋兰艺药学为老圃。二者无恙良足矣。⑦

---

① 《王文肃公文集》卷14《蔡拱朋吏部》，《四库禁毁书丛刊》集部第7册，第333页。
② 《王文肃公文集》卷14《萧复观太守》，《四库禁毁书丛刊》集部第7册，第322页。
③ 《王文肃公文集》卷14《西亭王府》，《四库禁毁书丛刊》集部第7册，第325页。
④ 《王文肃公文集》卷14《邹聚所金事》，《四库禁毁书丛刊》集部第7册，第319页。
⑤ 《王文肃公文集》卷14《郭鲲溟参政》，《四库禁毁书丛刊》集部第7册，第323页。
⑥ 《王文肃公文集》卷14《李继泉同知》，《四库禁毁书丛刊》集部第7册，第324页。
⑦ 《王文肃公文集》卷14《沈少林修撰》，《四库禁毁书丛刊》集部第7册，第321页。

舍后治方塘一区，屋数楹，插以小竹篱落，家君拈花朵、抱瓜蔓其中，此所谓菜圃，非园也。邻翁见之，以为寒俭可笑，而弟自谓得罢吏病客之体……世上原自有一种痴人，所贪闲茶冷饭，何名高致？①

种花、种菜、布置庄园，凡此种种皆为日常生活中屡见之微末琐事，鲜能进入官方的政治书写传统之中。"老圃""篱落""菜圃"等意象标志着公共空间之外私人领域的开启，是一种远离政治生活与宏大叙事、具体真实的个体生活的再现。② "二老亲无恙，儿衡亦既抱子，于不肖始愿足矣"③，昭示着王锡爵对于屏居生活的自足，此种自足无关一位政治家的身份与行为，而是基于平凡个体对常态生命的满足。昔日的政治生涯已成追忆，并逐渐消解于逸离官方传统的个体叙事之中；"退就林壑、摄衣从游"已然成为王氏屏居期间对自我生命样态的重新定位。④

二 从"不言时事"到"为所欲为"

然而，王锡爵对于"独善"生活的认同与摹写恰恰旨在为"兼济"张本，其"避世"与"自省"的人生姿态既是面对政治权力的自我展演，亦是自我保全、待时而动的政治策略。王氏致书同僚余有丁云："老相国之峻词，二兄长之温谕，敢不拜承……男儿四十年间，重为同

---

① 《王文肃公文集》卷14《戴愚斋掌院》，《四库禁毁书丛刊》集部第7册，第322—323页。
② "小者作为大者的微观缩影乃是中世纪的观念，而此处的变动一定会引致别处相应的变动。小中映大，在杜甫和中唐诗人那里作为一种诗歌修辞手段保留了下来，但这常常只是展开反讽的基础，诗人由此唤起对大与小之间差别的关注。这实际上意味着，小者不再能够被大者所吞并和包涵；它不是'严肃'的，因此成为一种可以被拥有的私人领域……所有这些私人天地的活动，都是以诗人为中心的，这个诗人不是社会的存在，也不是感性的存在，而是善于想办法满足自己欲望的心智。诗人策划安排一幕'大自然'的戏剧，他自己则作为一个'自然的人'占据了舞台中心。"[美] 宇文所安：《中国"中世纪"的终结》，陈引驰、陈磊译，生活·读书·新知三联书店2006年版，第76—82页。
③ 《王文肃公文集》卷14《顾学海编修》，《四库禁毁书丛刊》集部第7册，第320页。又："弟二毛以种种……得此一归，今已抱孙，侍二老亲，行年四十有六，无意人间事矣。"见《王文肃公文集》卷14《张起潜副使》，《四库禁毁书丛刊》集部第7册，第20页。
④ 《王文肃公文集》卷14《董浔阳尚书》，《四库禁毁书丛刊》集部第7册，第325页。

朝观笑，复何情绪，暂抛妻子，向人乞斗升相活耶？兄今责我，不过曰狂，曰迂。此两款罪名甘心招伏……但愿为我善词相国之前，及老亲处亦望鼎言。万里陈情，实非得已。兄肝膈至爱，善处人父子师弟之间，其余闲话祈请打叠一边。人之相知，贵相知心。不尽。"[1] 余有丁与王锡爵为同年，位列探花，时与王锡爵、申时行同事座主袁炜，供职翰林。此书作于王锡爵与张居正交恶而辞官乡居期间，落难之际致书密友，以"为我善词相国之前""善处人父子师弟之间，其余闲话祈请打叠一边"相请托，则不仅意味着王锡爵期待友人能于复杂的权力关系之中为自己转圜开解、消除猜忌，更暗示着王锡爵等待时机、试图东山再起的潜在意图，并期待余氏能够为自己在恰当的时机美言。而王氏欲再为世用，则必先于"获罪"期间彰显自己一贯正确的政治立场与自省姿态。故而其对同僚友人反复申明一己"竖顽无耻，无所逃罪"[2]"生平懒病，颇厌世氛"[3]，刻意构建一己自绝于国家权力而外、与世无争的隐逸姿态与"在野"形象，使"寻我者无端，慕我者无声"[4]，而后蓄势待发。待江陵获罪，王氏遂一改其屏居"不言政事"之原则，指摘时政之语屡见于笔墨之间：

> 江陵事乃沧海桑田，庄周蝴蝶，变幻只在目前，彼愔不知，直欲以有涯之生作千年之计，真可笑可悲也。昨敝门生谷道长谈江陵事甚详，上睥睨数年，发于一息……报中称总旗郑如金者，乃国子旧官，开揭考退旋投冯保门下，诏旨俱出其手。孤深恨此人，今亦一网打尽矣……窃谓此时政府言路大动之后，各宜稍镇以安静。凡事有余快，必有余忧，壮阳之下一阴潜起，亦不可不早计也。[5]

> 今群奸止贬罢，而江陵、夷陵诸子亦遂无再登仕路之理。吾兄但正色屹足，使天下晓然知其向来持议原不为楚党，然后为所

---

[1] 《王文肃公文集》卷14《余同麓相公》，《四库禁毁书丛刊》集部第7册，第317页。
[2] 《王文肃公文集》卷14《吴平山郎中》，《四库禁毁书丛刊》集部第7册，第319页。
[3] 《王文肃公文集》卷14《董浔阳尚书》，《四库禁毁书丛刊》集部第7册，第325页。
[4] 《王文肃公文集》卷14《沈少林修撰》，《四库禁毁书丛刊》集部第7册，第321页。
[5] 《王文肃公文集》卷14《李及泉宪使》，《四库禁毁书丛刊》集部第7册，第331页。

欲为，一清言路，尽反旧辙，譬之着脚高处，顺风而呼，谁不响应者？①

庙堂景色大可忧。不肖窃于局傍观之，正如大海中一般，人人可柁师，此全在老成不动声色而持其间。若与之力争，未必能胜。②

伴随政治环境的改变，王锡爵相应的言说策略亦发生改变，由绝口不谈政事到"谈江陵事甚详""深恨此人""庙堂景色大可忧"诸语的出现，展现出鲜明的政治态度；其对于申时行"为所欲为，一清言路，尽反旧辙"的建议更显示出高度的参政热情。万历十年（1582），张居正卒，张四维出任首辅，翌年丁父忧，申时行遂继任首辅。③作为同年兼同郡，申时行的升迁使王锡爵重新看到了政治曙光，尽管王锡爵对于张居正的政绩评价颇高，以"江陵破败，我辈在今日决当哀矜，而不以为喜"④"江陵相业亦有可观，宜少护之，以存国体"⑤；但"江陵、夷陵诸子亦遂无再登仕路之理""为所欲为，一清言路，尽反旧辙"诸语，字里行间仍透显出王锡爵对于以张居正为首之"楚党"大势已去、内阁权力即将重组的期待，以及一己压抑已久的政治雄心。其甚至毫不掩饰自己尚未入阁却已急于指点江山的迫切。此篇尺牍不失为王氏向申时行投递的结盟信号，果不其然，在万历十三年王锡爵出任次辅后，遂联合申时行弹劾为排挤申氏而举荐自己入阁的门生李植，在新的政治格局中与盟友达成政治共识，重建权力关系网。⑥

三 "自省"与"避世"的程式写作

王锡爵之"自省"与"避世"既为权力面前的自我展演，其对于

---

① 《王文肃公文集》卷14《申瑶泉相公》，《四库禁毁书丛刊》集部第7册，第336页。
② 《王文肃公文集》卷14《余同麓相公》，《四库禁毁书丛刊》集部第7册，第340页。
③ 《明史》卷218《申时行传》，第5748页。
④ 《王文肃公文集》卷14《吴复庵谕德》，《四库禁毁书丛刊》集部第7册，第339页。
⑤ 王昶：《（嘉庆）直隶太仓州志》卷27，清嘉庆七年刻本。
⑥ 此后王锡爵与申时行联手除去张鲸同样展现出二人政治同盟的稳固。

谪居期间"自省"心态与"避世"生活的书写亦当展现出典型的模式化特征,"自谓得罢吏病客之体"即意味着迁客具有特定的生活样态,其对于此种生活样态的书写亦因循既定的程式。自屈原《离骚》开启对迁人骚客政治放逐的文学书写,后世效此者代不乏人。① 对隐逸生活的抒写与对"边缘"可怖环境的刻画,成为后世书写放逐体验的两种重要模式。前者以不触犯现有政治结构为前提,游弋于意识形态边缘,以消极避世的隐遁姿态为自我行为与生活设定畛域,展现"道不同不相为谋"的独善其身(如陶渊明"归去来兮"的人生选择);后者对于谪迁之地的描摹与生命体验的书写极尽其喻象之惊恐,② 以此昭示国家权力借由"移投荒服"惩罚"罪者"的合法性与意义所在(如韩愈、柳宗元被贬的生命行迹)。而作为一种被国家权力预设与形塑的社会行为,被放逐者模式化的场景与心态书写背后所传递的,恰恰是能够被主流政治认可的、"政治正确"的写作意图。在此意义上,被放逐者模式化的书写成为政治权力授权之下的公共产品,有意或无意间以文学的姿态完成了与政治的合谋。谪迁之地"异服殊音不可亲"的"荒蛮",遂成为被放逐者"应然"的地缘感受,"宦情羁思共凄凄"亦理所当然地成为谪迁者应有的生命体验。王锡爵对现有"政治过失"的"认可"即本于对"政治共识"的尊重而对官方意识形态所作出的积极回应,其自谓"祖宗烈圣何负于士大夫",遂以一己"偏心病狂""得此果报"之谪迁现状为"理所当然"③;而其对昔日执迷官场的悔过,则展现出逸离主流价值选择的消极避世与自我安顿。然而,无论是积极应和抑或消极避世,被放逐者对于此种潜在"书写规则"的沿袭,即意味着对皇权之合法性的认可、对自我"罪责"的"默认"以及被国家权力再度接纳的期待。

王锡爵既以尺牍书写作为传递政治意图的信号,则其在语言的运用

---

① 参见尚永亮《贬谪文化与贬谪文学》,兰州大学出版社2003年版。
② [日]户崎哲彦:《惊恐的喻象——从韩愈、柳宗元笔下的岭南山水看其贬谪心态》,《东方丛刊》2007年第4期。
③ 《王文肃公文集》卷14《郭鲲溟参政》,《四库禁毁书丛刊》集部第7册,第322页。

第五章　日常交际与政治行动：王锡爵的序文与尺牍写作 ｜ 245

上，往往须借助语法、语义密度以及修辞等技术策略，在复杂力量关系的角逐之中寻求平衡：

> 山居虽适，未可效区区自同寒蝉，世事方新，贤者以时为击楫运甕计，即此是学问也。①

王锡爵此语虽缘江缵石而发，然亦流露出自我对于谪迁"在野"的理解与一己现状的审度——人臣处江湖之远，亦当注目时事，潜居抱道，以待其时。"击楫运甕"不仅意味着人臣当尽其忠君之职分，以中流击楫为大义；更旨在传递参政者对于政治生活当持有较高的敏感性与参与度。祖逖"中流击楫"之典的运用，不啻为通过古今类比而对现状的回应，更暗示出"元帝逆用为徐州刺史"的君臣相知，密合无间；而"运甕"则援引王安石之语——"譬如运甕，须在甕外方能运，若坐甕中，岂能运甕？今欲制天下之事，运流俗之人，当自拔于流俗之外乃能运之；今陛下尚未免坐于流俗之中，何能运流俗，使人顺听陛下所为也"②。王锡爵在传递政治失意者仍当保持对时事的热情、以旁观者清的立场参与政治生活的同时，也在向同盟者传递政治信号——暗示自己身陷政敌制造的事端之中，百口莫辩，唯高屋建瓴、拔于流俗之贤者，方能一清迷雾，明辨真伪。"寒蝉"之喻恰恰揭示出王锡爵如履薄冰、"戒言时政"的真实处境。③ 王氏表面以"未可效区区自同寒蝉""世事方新，贤者以时为击楫运甕计"诸语彰显人臣大义，有意模糊事件本末，标明一己"政治正确"的立场，而实则借助典故传达自我身不由己的政治处境与尚未泯灭的参政热情。以尺牍为媒介，通过看似非官方的私人书写、而实为政治权力所形塑的社会行为，王锡爵强化了自我与国家权力关系的联系以及政治意图的委婉表达。

---

① 《王文肃公文集》卷14《江缵石郎中》，《四库禁毁书丛刊》集部第7册，第324页。
② 陈瑾：《四明尊尧集》卷3，《四库全书存目丛书》史部第279册，第725页。
③ 《王文肃公文集》卷14《戴忠斋给事》，《四库禁毁书丛刊》集部第7册，第321页。

第三节 "境遇体验"与"身体隐喻"：
王锡爵的"疾病"书写

"疾病"不仅意味着身体的"非常态"，同时也映射出个体与特定社会文化环境间的双向互动。作为身体或心理"非常态"的"疾病"，在文学书写中更易见出历史、社会以及审美等多维度因素的影响与制约，其意义指向的层累叠加应身体隐喻的扩展而成为书写者表达遭际与感受、认同与区隔的重要方式，甚而成为态度与感受之外的社会行动的结构性成分。① 而"非常态"所隐含的向"常态"回归的内在冲动，也意味着疾病在提供特定生命感受框架的同时，亦提供着重建平衡的独特契机。② 在王锡爵的奏疏与尺牍书写中，"疾病"是一个被密集呈现的意象符号，王氏由此传递感受、确立价值、表达姿态。故而，考察王锡爵对自我与他人"疾病"的书写，遂成为理解王锡爵思想与生活样态及其变化的有效途径。

一 身体病痛的直观呈现

"常态"的身体作为一个隐含的法则，鲜能构成一个清晰的事件而为人们关注。"疾病"作为身体的"非常态"，意味着个体与"常态"生活的断裂；痛感与不适作为疾病形诸身体的外在呈现，因其打破"常态"而受到瞩目。在王锡爵笔下屡被提及的"疾病"，首先是身体感受的直观呈现。王锡爵在奏疏与尺牍中不乏对自我病症的详细描写：

> 一路戴星而进，兼道而驰，历过风涛之险。臣窃自喜，以为见圣之期决在旬日，不意行至某处某驿地方，宿疾大举，脑风肠风及

---

① "人们可以借助疾病引申涉笔一些经验和认识，这些经验和认识超越了生病这一反面基本经验。患病这一基本经验在文学中获得了超越一般经验的表达功用和意义。在文学介体即语言艺术作品中，疾病现象包含着其他意义，比它在人们的现实世界中的意义丰富得多。"［德］维拉·伯兰特：《文学与疾病——比较文学研究的一个方面》，《文艺研究》1986年第1期。

② 参见安家琪《境遇体验与家国隐喻：唐诗中的疾病书写》，《贵州社会科学》2018年第5期。

第五章　日常交际与政治行动：王锡爵的序文与尺牍写作　｜　247

寒热呕泄等症并于一时，势甚危剧。①

连日痰涎壅盛，步履艰难，饮食滞停，泄痢频数。心脾项背腰脊之间，无处不痛。②

方病初发时，犹谓是常年寒热虚晕之证，按方调理，可再图侥幸，复见天日，不意绵延日久，壮热未退，冷汗如沐，口苦不能辨味，耳聋不能辨声，闻人语则晕，闻谷气则呕。右体痿废，镇夜不复交睫。③

本月二十六日接敕之后，寒热暴作，痰喘壅盛，犹以为偶然感冒，仍于次日勉强谢恩，拜起，支离几不能成礼。当即令人挽扶到家，犹恐病母惊惶，对之强饮茶汤数口。不意随饮随吐，吐至半夜方止，遂成虚脱。至次日连晕三次，左臂左足麻木不能屈伸。迨今水米不入口者三日矣。④

今脾胃尽倒矣。虽欲慎用药食，而药食不得下矣……今虚火上冲，右目已成翳，湿痰下注，左足且渐痿。⑤

在对自我病痛的描述中，风疾、痢疾、耳病、目盲的先后出现，是困扰王氏的主要症状，具体表现为"虚火上冲"，痰多昏聩，语塞体寒，泄痢虚脱。而诸此病症，恰恰符合时人对"中风"的理解："大抵人之有生，以元气为根，荣卫为本。根气强壮，荣卫和平，腠理致密，外邪客气焉能为害？或因喜怒，或因忧思，或因惊恐，或饮食不节，或劳役过伤，遂致真气先虚，荣卫失度，腠理空疏，邪气乘虚。而入及其感也，为半身不遂，肌肉疼痛；为痰涎壅塞，口眼㖞斜，偏废不仁，神智昏乱；为舌强不语，顽痹不知，精神恍惚，惊惕恐怖；或自汗恶风，筋脉挛急，变证多端。"⑥ 明人朱橚在《普济方》中，将中风的主要症状归

---

① 《王文肃公文集》卷31《赴召中途引疾疏》，《四库禁毁书丛刊》集部第7册，第678页。
② 《王文肃公文集》卷31《引疾求去疏》，《四库禁毁书丛刊》集部第7册，第687页。
③ 《王文肃公文集》卷35《因病乞休疏》，《四库禁毁书丛刊》集部第8册，第48页。
④ 《王文肃公文集》卷49《因病乞归疏》，《四库禁毁书丛刊》集部第8册，第285页。
⑤ 《王文肃公文集》卷49《乞归再疏》，《四库禁毁书丛刊》集部第8册，第288页。
⑥ 朱橚：《普济方》卷87《诸风门》，《景印文渊阁四库全书》子部第750册，第3—4页。

结为暗哑、惊悸、半身不遂、神智昏乱，面部表情、语言表达及肢体功能受到损伤。中风者一旦获病，虽时似稍减，却终成沉疴而难以痊愈。① 王锡爵将自我病因归结为"本自忧生"②"七情忧患所感"，致使"脾气积伤，渐成鼓胀，非医药所能即愈"。③ 以此观之，王氏之病当为脾虚导致风气入侵体内而成中风，由中风引发耳聋、目盲等多种并发症。宋代以前，医家对于中风病因的理解多自风邪入侵的"外风"立论；伴随宋代文化的内转，赵宋医家开始提出"阴阳不调，脏腑久虚"的中风内因说，并为明代医家所本：

> 若内因七情而得之者，先当调气，不当治风；外因六淫而得之者，先理其气，次依所感六气，随其证而治之。④

在此，"七情"郁结而致中风的内因得到了强调，"体虚而后风入"的内因致病说在明代获得了更加广泛的认同。⑤ 王锡爵自言因"七情忧患所感"而致病，亦成为其罹患中风的又一佐证。

王锡爵自中风后，"脾气久困、元阳将绝，故畏寒而不畏暑"⑥，服食丹药遂成为王氏的无奈选择：

> 李继泉父子送一山东眼医，谓不肖疾尚可活，但须箭头透明砂一二斤，炼和诸药，而市中无堪用者。有如尊箧中贮有好砂，乞随多寡见赐以济急，不敢祈足数也。⑦

> 别致箭头砂尤济急须，今遂以付之蔡医。修炼且成，而客又有

---

① 参见安家琪《唐代"风疾"考论》，《唐史论丛》2014 年第 19 辑，第 275—301 页。
② 《王文肃公文集》卷 31《谢遣医视疾疏》，《四库禁毁书丛刊》集部第 7 册，第 688 页。
③ 《王文肃公文集》卷 31《引疾求去疏》，《四库禁毁书丛刊》集部第 7 册，第 687 页。
④ 朱佐：《类编朱氏集验医方》卷 1，清嘉庆宛委别藏本。明人朱橚所撰《普济方》论治风，即本于此说。
⑤ 王肯堂：《证治准绳》卷 69，《景印文渊阁四库全书》子部第 769 册，第 888 页。
⑥ 《王文肃公文集》卷 50《乞归七疏》，《四库禁毁书丛刊》集部第 8 册，第 302 页。
⑦ 《王文肃公文集》卷 27《申瑶泉相公》，《四库禁毁书丛刊》集部第 7 册，第 591 页。

谓丹砂经火燥热，必不可用者。①

李唐时期，以服食治疗中风已是世人普遍接受的常识，所服丹药的主要成分多为丹砂、雄黄、云母、石英、钟乳等矿石以及金、铜等金属物，长期服用，具有很大副作用。尽管时人已然意识到服食潜在风险，但孙思邈仍将寒食散方录于《千金翼方》之中，并视为治疗"恶寒风痹"的"五石护命散"。以此而言，李唐以降，世人服食之举，于求养生、成仙及世俗享乐而外，自可视作身陷困境遂孤注一掷、为求缓解"风疾"而不得不然的行为选择。② 王锡爵为疗中风而乞砂之举，亦成为久患风疾者的又一重沉痛言说。

自我病症的描写之外，对于亲者的疾病书写同样屡见于王氏笔端：

> 臣母今日一言一喘，一步一踬，皆外证也。其最苦在痰气内壅，精神恍惚，不寒而常栗，无事而数惊。③

> 今母惊为臣，母忧为臣，连日以来，一盂之食必三噎，一夕之梦必数魇，此其为老年七情之症无疑。④

> 今独有舐犊一念，不忍判割，而小儿正又会咽喉痛剧，朝夕呻吟。生非病狂，能遽下铁石肺肝，舍之而出否也？⑤

王锡爵自万历十三年（1585）次辅任上上疏请辞，至万历二十二年辞朝归乡，其间上请辞疏近五十道，"引疾"始终是贯穿始末的重要因由——既包括自我的病痛，同时也源于身边至亲（母亲、胞弟与独子）的诸种疾病所引发的责任感。王氏一门人丁不兴，家门薄祚，王锡爵父王梦祥于万历十年病逝，享年六十八岁。母亲吴氏素有痰疾，⑥ 所出四

---

① 《王文肃公文集》卷27《张洪阳相公》，《四库禁毁书丛刊》集部第7册，第593页。
② 参见安家琪《唐代"风疾"考论》，《唐史论丛》2014年第19辑，第275—301页。
③ 《王文肃公文集》卷38《辞召命三疏》，《四库禁毁书丛刊》集部第8册，第100页。
④ 《王文肃公文集》卷33《乞休五疏》，《四库禁毁书丛刊》集部第8册，第25页。
⑤ 《王文肃公文集》卷30《王宇泰编修》，《四库禁毁书丛刊》集部第7册，第669页。
⑥ 《王文肃公文集》卷34《母疾请给假疏》，《四库禁毁书丛刊》集部第8册，第42页。

人中，王锡爵胞弟王鼎爵于万历十三年（1585）闰九月二十五日病逝，时年五十岁。① 后长妹寡居，少妹继亡。② 次女昙阳子于万历八年坐化，时年二十三岁；③ 子王衡于万历三十七年正月二十九日病亡，年四十九岁。因此，王锡爵对于疾病所引发的家庭变故尤为敏感，自我与亲人的"疾病"，在王氏的奏疏书写中得到频繁而具体的呈现，在传递个体生命遭际与感受的同时，亦强化了内容的真实感与可信度。

二 政治失意的生存体验

"身体"既为私人拥有，同时又活动于社会之中，是融感受、构建与展现为一体的功能体。作为一套社会实践，"身体"具有双重属性：一方面，具体的身体为个体所独有；另一方面，作为一个整体类属而存在的身体，又是在日常生活中被历史与文化规约的"社会化"身体。具体身体的特殊性因社会、文化等公共话语的形塑，而彰显出社会环境加之于身的经验特征。因此，疾病的出现便不单纯是私人的身体感知，同样也是个体生存境遇与体验的表达。④ "非常态"的疾病在王锡爵笔下，常常成为政治失意的自我写照：

> 朝廷且生轻士疑贤之心，势重必反。公其试冷眼视之，谓何如哉？病人自归山七年，再经家难，而犬马体未填沟壑，以佛子还债之说观焉，知人之不足，未必非天之有余。⑤

---

① 《王文肃公文集》卷31《引疾三疏》，《四库禁毁书丛刊》集部第7册，第691页；《明神宗实录》卷168"万历十三年十一月丁酉朔"条，第3038—3039页。
② "今日正当草疏之际，会又闻家中亡妹之计……臣兄妹四人皆臣母吴氏所出，自先臣梦祥背弃，则臣母固已无聊。尚幸臣与弟妹出入更侍，粗遣旦夕。而一自臣被召入京以来，则臣弟先故，长妹继寡，今少妹又故矣。同胞之外，臣母所恃以持门户、承颜色者，在家为臣叔，在京惟臣女，而臣叔、臣女又相继故矣。通计一门，内外五丧，偏聚在臣。"（王锡爵：《王文肃公文集》卷34《引疾乞归再疏》，《四库禁毁书丛刊》集部第8册，第29—31页）
③ 徐渭：《徐文长逸稿》卷2《昙阳大师传略》，《续修四库全书》集部第1355册，第448—449页。
④ Erving Goffman, *Notes on the Social Organization of Gatherings*, New York: The Free Press, 1963, p.135.
⑤ 《王文肃公文集》卷30《许甸南给事》，《四库禁毁书丛刊》集部第7册，第646页。

第五章　日常交际与政治行动：王锡爵的序文与尺牍写作 | 251

  爵也疲癃潦倒，仰荷圣主投闲之赐，得尽捐笔研故业，已从事于灌园种树间。尝勒门帖，控辞笺。①
  爵也病伏海滨，不复关公私一事。②
  爵也归骸十载，卧疾多时。仰借余福，幸及长年。此生意望不啻过已，顾自愧平生出处悠悠，身名汶汶，不敢以山麋野鹿仰托蜚鸿，折鼎覆𫐓，更尘华衮，此亦其器之所极，庶几挹盈补漏，少借余生耳。③

身体或心理"非常态"的疾病往往作为隐喻，用以说明个体与其周遭世界的关系发生了变化，生活的进程不再是正常和理所当然的。④ 王锡爵善以"疾病"传达生命窘境，其两度离职归乡皆源于政敌制造的政治事件；因此，乡居期间对于病中自我"非常态"的反复申述，遂为王氏对仕路偃蹇的另类言说。所谓"勒门帖，控辞笺""不复关公私一事"，不啻为逆境之中对自我"政治正确"的刻意展演，亦暗含政治抱负难展的苦楚。在"疾病—政治失意"的书写中，尽管疾病或可成为导致个体难以继续政治活动的部分原因，但作为政治人物的王锡爵显然更加倾向于传达仕路艰险对于"疾病体验"的影响：

  独念连年宛转进退间，疾病不谒医，谗毁不置辩，腐心抉眼，端为何人何事……杜门月余，目眚加痼，盖至是而生趣转索然矣。⑤

在此，身体的病痛远非"疾病"的全部意义，世风日下、"君子不乐仕"的政治环境，方是士人疾病体验的深层喻旨。⑥ "移病"是士大夫

---

①《王文肃公文集》卷 28《王霁宇总督》，《四库禁毁书丛刊》集部第 7 册，第 609 页。
②《王文肃公文集》卷 28《马北溟郎中马见素给事》，《四库禁毁书丛刊》集部第 7 册，第 615 页。
③《王文肃公文集》卷 29《费唐衢布政》，《四库禁毁书丛刊》集部第 7 册，第 639 页。
④ [德] 维拉·伯兰特：《文学与疾病——比较文学研究的一个方面》，方维贵译，《文艺研究》1986 年第 1 期。
⑤《王文肃公文集》卷 27《许颖阳相公》，《四库禁毁书丛刊》集部第 7 册，第 586—587 页。
⑥《王文肃公文集》卷 18《耿楚侗总台》，《四库禁毁书丛刊》集部第 7 册，第 425 页。

对政治高压的消极应对，而此种应对方式更强化了"病态"视角之下"反常"的生命体验与行为特征。王锡爵于尺牍中屡屡感慨仕宦之途如履薄冰，①"疾病不谒医，谗毁不置辩"的"非常态"行举与"目眚加痾，生趣转索然"的人生感受，恰是政治生涯"宛转进退间"的强化与外显。传统政治语境下的"疾病"已非个体单纯的身体感受，更是夹杂着政治生态加诸生命的心理体验。与"疾病—政治失意"书写紧密相关的则是对自我"衰老"的慨叹：

> 吾辈老矣。末年光景，即尚能至百年，亦何足玩把？惟是目前遣得一分情，避得一分事，庶几日当一日。②
>
> 人生六十年来日短矣，而国谋身计且一切在支离莽渺之中，衰慈喘喘，惟其疾之忧；众目睽睽，惟其败之俟。老丈以为此时可宴然称寿否？③
>
> 犬马体入秋病卧三月，却喜儿衡长休命下，为之安寝。谁无父母？谁不欲儿子荣进者？而老衰之意独不然。想吾台自得之言外也。④

疾病与衰老相随，政治失意在强化"反常"的"病痛"体验之际，亦强化了王锡爵对于"廉颇老矣"的感受。"国谋身计且一切在支离莽渺之中"，王氏对于衰老的消极认同与接纳不啻源于世风日下，施政步履维艰；同样源自政治生涯不复从前的幽怀难遣，此后生命再无实现政治理想的可能。"遣情避事"正是远离权力中心之下"应然"的书写姿态。政治失意强化了王锡爵对于人生"非常态"的敏锐感受，而此种生命感受又通过对"疾病"与"衰老"的具体书写加以呈现。

---

① "今宫闱之内，保躬是第一义，而生等最难为词。发挥太激，则有漏泄之嫌；证引太多，则有株连之累"；"世风日下，士争以少犯长、下讦上为风节。此已病在膏肓。救病之术，当一切以实政为殿"。《王文肃公文集》卷 18《赵瀔阳侍郎》、卷 25《吴止庵巡抚》，《四库禁毁书丛刊》集部第 7 册，第 419、549 页。

② 《王文肃公文集》卷 28《钱丰寰员外》，《四库禁毁书丛刊》集部第 7 册，第 610 页。

③ 《王文肃公文集》卷 24《许敬庵巡抚》，《四库禁毁书丛刊》集部第 7 册，第 536 页。

④ 《王文肃公文集》卷 29《耿叔台操台》，《四库禁毁书丛刊》集部第 7 册，第 630 页。

三 跳脱"常态"的生命契机

"疾病"既是个体失落感的直接传达，同时又作为潜在的开解之机而出现，是个体生存体验的一体之两面。当王锡爵身陷政治困境之际，"引疾"遂成为其借口摆脱政治危机的有效方式：

> 仆年来触藩进退，几忘却本来面目，幸而天假病缘，弛于负担，顾今右目已盲，母子疟疾，朝不谋夕，儿衡亦未敢遂卜行期。①

> 小子因思年来物情汹汹，止坐胜心、忌心横于胸中，以为口吻利害、眉睫雌雄可与天争权，不知苍苍者阴玩而弄之。即如今日鹿鸣燕笑之主人，不审回面而思前事，以为祸耶福耶？恩耶怨耶……小子独类而推，亦知此病此归皆天所以成之。自今以往，小子当以从前口舌为谢世之本，而我师亦当以一切睚眦尽摄入无诤之门。②

> 十年流浪，止以一归借口，而疾病驱之，原不成勇退。今天厌神恫，祸罚自贻，而门下尚以谁慰耶？③

> 至如病身潦倒，恰正答瑶老书以早休逃责为幸。而吾台猥责以东山之事，此常文套语，不望之于深知也。④

> 世味不过如此，翁咀嚼已厌，尚何所须，不佞亦何所劝？顾以常理言之，脱身先谢病，谢事先让忙，乃得中耳。⑤

> 大疏三至，岂云套哉？而世人亦岂敢以套待翁？然不识翁之所谓套者，其世俗且留而言去、以尝朝廷之套乎？抑古大臣移病洁身之套乎？⑥

王锡爵在"三王并封"与"癸巳京察"中所处的被动局面，令其几成

---

① 《王文肃公文集》卷27《冯文所副使》，《四库禁毁书丛刊》集部第7册，第585页。
② 《王文肃公文集》卷27《董浔阳座师》，《四库禁毁书丛刊》集部第7册，第585页。
③ 《王文肃公文集》卷27《沈季山侍郎》，《四库禁毁书丛刊》集部第7册，第587页。
④ 《王文肃公文集》卷28《李修吾总漕》，《四库禁毁书丛刊》集部第7册，第614页。
⑤ 《王文肃公文集》卷21《杨渐川尚书》，《四库禁毁书丛刊》集部第7册，第457页。
⑥ 《王文肃公文集》卷21《孙立亭副都》，《四库禁毁书丛刊》集部第7册，第467页。

箭垛,责难之声纷起。在王氏进退维谷之际,"天假病缘"恰恰为其提供了"早休逃责"、远离是非纷争的契机,尺牍中"脱身先谢病"之语,当可视作王锡爵对以"疾病"跳脱困境的策略言说。

"疾病"的出现不仅意味着"常态"身份的变化,同样促成了活动空间与生命态度的转变。个体的社会身份与其活动空间密切相关,"存在着,就意味着拥有空间。每一个存在物都努力要为自己提供并保持空间。这首先意味着一种物理位置——躯体、一片土地、一个家、一座城市、一个国家、世界。它还意味着一种社会'空间'——一种职业、一个影响范围、一个集团、一段历史时间、回忆中或预期中的一种地位、在一种价值和意义结构中的位置。不拥有空间,就是不存在。所以在生命的一切领域之中,为空间奋斗都是一种存在论的必要……没有空间,就既无呈现,也无现在……不拥有任何确定的和终极的空间,就意味着最终的不安全"。① 公共空间是彰显个体社会价值的重要场域,然而,公共空间在以其开放性提示未来、启发个体积极行动的同时,亦蕴含着不确定性所可能引发的个体恐惧之感;私人空间作为具有较高私密度的场域,则使个体感受与理解自我成为可能。② "疾病"的出现打破了个体的"常态"生活方式与身份饰演,亦随之引发日常活动空间与生命态度的转变:

> 不肖老病支离,但有痞白云,企想黄石,此易道损益之理固然。③
> 昨使者口传台指,云尚欲枉道一就见,爵病废余生,贪见知己,未暇审答。既而思之,爵身远朝市,且抱宿疴,外而邦君诸侯,内而乡党亲戚,既一切谢不相见矣。今若台驾一临,病人一出见,风声踪迹,有目者伺,有口者疑,必将曰"何昔者疾而今日

---

① [美]保罗·蒂利希:《蒂利希选集》,何光沪译,上海三联书店 1999 年版,第 1119—1120 页。
② Yi-Fu Tuan, *Space and Place*, 转引自高彦颐《"空间"与"家"——论明末清初妇女的生活空间》,《近代中国妇女史研究》1995 年第 3 期。
③ 《王文肃公文集》卷 30《于谷峰尚书》,《四库禁毁书丛刊》集部第 7 册, 第 642 页。

愈也"。①

爵此一病，不轻以荣为惧。若复得陇望蜀，鬼神将速杀之矣。②

病居无事，觉得以前口口争胜，步步全差，若复转眼笑人，鬼神将恶而杀之矣。③

王锡爵引疾归乡后，其对于生命的理解由从前"口口争胜，步步全差"转为"今让前一步，恰是留后一步"。④"僻居人事少，多病道心生"⑤，疾病的出现为病者提供了一种异于"常态"的观照视角，一次自我反思的可能：在疾病所引发的痛苦无法直接被药物有效控制的情况之下，病者多会求仙问道，"因病寻师"（李昌符《寻僧元皎因赠》），为求开解而悟道入空；同时，病者在远避尘嚣、闭门静养的过程中，回眸过往、反思人生，遂由之产生种种对自我与生命问题的思考。而伴随活动场域由公共空间向私人领域的转变，"园林"取代"庙堂"而成为王锡爵晚年理解与定位生命意义的重要场所：

园居莳花种菊，间临晋唐帖，批评古书。客至，款语移日，绝口不谈时事。微行山水间，不知其为贵人，有物色得之者，亟避去。自少手不识衡量，室不畜姬滕。古有三不惑，先生饶为之。集若干卷，藏于家。虽文笔妙天下，不欲与词人墨士争长。⑥

明代嘉、隆以降，经营私家园林蔚为时风，⑦王锡爵在太仓即筑有南园、东园等私人园林，南园在太仓州城南，"中有绣雪堂、潭影轩、香

---

① 《王文肃公文集》卷26《沈蛟门相公》，《四库禁毁书丛刊》集部第7册，第581页。
② 《王文肃公文集》卷29《耿叔台操台》，《四库禁毁书丛刊》集部第7册，第621页。
③ 《王文肃公文集》卷29《杨荆岩侍郎》，《四库禁毁书丛刊》集部第7册，第627页。
④ 《王文肃公文集》卷29《冯琢庵尚书》，《四库禁毁书丛刊》集部第7册，第630页。
⑤ 于良史：《闲居寄薛华》，《全唐诗》卷275，中华书局1999年版，第3113页。
⑥ 焦竑：《光禄大夫少保兼太子太保吏部尚书建极殿大学士赠太保谥文肃荆石王先生行状》，《王文肃公文集》卷55，《四库禁毁书丛刊》集部第8册，第417页。
⑦ 朱丽霞：《园林宴游与文学的生态变迁——以明清之际云间几社的文学活动为例》，《文艺理论研究》2007年第4期。

涛阁诸胜，皆种梅花"①；东园，亦名东郊园，在州城东门外半里，为王锡爵种芍药处。后其孙时敏拓为园林，"有藻野堂、揖山楼、凉心阁、期仙庐、扫花庵、春晓台、幽绿步、梅花廊、剪鉴亭、镜上蜻蒨诸胜"。② 王锡爵于日常他物无甚所好，"顾独好花，于花独好菊、牡丹"③；因此，其辞朝乡居期间，常于园中莳花种树，并邀友人赴园中赏花觞咏。④ 即便是在尺牍书写中，王氏亦毫不掩饰自己对于园艺种植的热忱：

> 南还忽忽逾五月……当此之际，仆可往，公不可来，慎之慎之……仆此者止办莼羹一杯献笑老亲，余则滋兰艺药学为老圃。二者无恙良足矣。⑤

> 世情扰扰，以形踪为别端。处者有羡乎廊庙之建立，出者有慕乎江湖之萧远。仆所患不闻过耳。屏居以后，与世事益迂阔……若仆林野生计、药瓢藜杖之外，损之又损，是吾师也。⑥

> 官舍丛竹间有士冈隐起，系区区编篱种菊处，及兄未行，幸为我沥酒问之，颇思故主否……二三里囷户盛种芍药，惜乎不见发花时。⑦

> 侧闻云卧百花藂中，陶阮风流未足多羡。弟屏居无事，颇慕为

---

① 钱泳：《履园丛话》卷 20《南园》，张伟点校，中华书局 1997 年版，第 539 页。
② 王昶：《（嘉庆）直隶太仓州志》卷 52《古迹》，清嘉庆七年刻本。
③ 王世贞：《弇州续稿》卷 60《太仓诸园小记》，《景印文渊阁四库全书》集部第 1282 册，第 785—786 页。
④ "南园本王锡爵别墅，恭时寻往迹，集朋好觞咏其中。"［王昶《（嘉庆）直隶太仓州志》卷 36］锡爵之友王世贞亦言"花时，（王锡爵）驰价募购，亡论近远，而姻党家有奇本，往往辄以赠公。大合乐高宴酬之，时积岁累，殆不可指屈"（王世贞《弇州山人四部续稿》卷 60《太仓诸园小记》）。锡爵同年暨同僚申时行曾作《娄东荆石公饷菊赋谢》（申时行《赐闲堂集》卷 4）、《秋暮同王子幻赴荆石公看菊之约追忆燕中旧会三十年所矣即席漫赋》（《赐闲堂集》卷 6），王世贞亦曾作《王学士元驭留饮花下作》（《弇州四部稿》卷 42）、《元驭宗伯留赏菊忽有紫牡丹一株异而赋之》（《弇州续稿》卷 15）记述赴南园赏菊之乐事。
⑤ 《王文肃公文集》卷 14《沈少林修撰》，《四库禁毁书丛刊》集部第 7 册，第 321 页。
⑥ 《王文肃公文集》卷 14《张和阳谕德》，《四库禁毁书丛刊》集部第 7 册，第 321 页。
⑦ 《王文肃公文集》卷 13《余同麓谕德》，《四库禁毁书丛刊》集部第 7 册，第 299 页。

第五章　日常交际与政治行动:王锡爵的序文与尺牍写作　｜　257

门下抱瓮老圃,吾丈亦何以教之?①

　　作为公共空间中政治活动的重要参与者,"内阁首辅"始终是王锡爵典型的身份归属,此即意味着王氏在公开场合的行举,应当符合其社会身份,诸如莳花种树等私人性的日常生活,在公共空间中难以有效展开。因此,借"病体"摆脱常态的公共空间与政治身份,是王锡爵得以投身园艺生活的前提。当王锡爵因病告归、摆脱公共空间对其常态身份的束缚时,私人领域中个体性活动的展开遂成为可能,亦成为填充自我生活的重要内容。

　　王锡爵笔下的"疾病"不仅是对身体病痛的直观呈现,更是对政治失意与跳脱常态的另类言说。"病体"既意味着王氏在公共空间中难展抱负的政治困境,却又为其摆脱公共空间中的"社会态身体"而进入"自然态身体"所处的私人空间提供了可能。在以"园林"为标志的私人天地中,王锡爵莳花种菊,临帖楷,评古书,参禅道,与客畅谈,微行山水间——绝口不谈时事,发掘生活中情韵雅趣之所在,甚至从前为政期间目为小道的散曲,在此时亦成为其装点生活、游戏笔墨与传递心志的方式——王锡爵的政治身份、活动空间与生命态度皆由此而发生了转变。疾病书写对政治生活与私人言说的双向展开,开启了王锡爵在世的两重空间,成就了其生命意义的两个面向——"修齐治平"与"私人天地"的兼容不悖。而由王锡爵对疾病的书写,亦可窥斑见豹,对中晚明士大夫的政治生活与精神世界作一了解。

---

① 《王文肃公文集》卷13《李继泉同知》,《四库禁毁书丛刊》集部第7册,第316页。

第六章　王锡爵的政治史与文学史再定位

在官方的明史书写中，王锡爵以"三王并封""癸巳京察"与晚年的"密揭事件"为时人訾议；然修史者或缘未审王锡爵密奏，或缘党争之下的有意构建，其对王锡爵的历史定位尚有可商榷处。以文学研究而言，自现代学术建立以来的漫长历史时期，中国古典文学研究在学术话语古今转换及中西互动的双重影响之下，常不免研究诉求与基础理论间的错位失衡。在"文学与政治"关系的考量上，研究方法与观念的相对保守，导致"大文学"主张的实践却常常相左于"中国文学"语境化的研究初衷。王锡爵的文学观念与文学书写不仅是明代中后期文风转向与文柄重归台阁的重要助援，同样在政治生活中发挥了不可替代的作用。因此，在明代文史研究方兴未艾、"语境"文学研究异军突起之际，有必要对王锡爵的文学史与政治史定位进行重新考量。

第一节　清人诗歌中的王氏"南园"

明代嘉靖以降，伴随经济的迅速发展，江南园林大量出现，营筑私园成为江南士大夫重要的精神寄托。王锡爵在太仓城即筑有南园与东园，南园乃王氏种植梅菊之地，中有"绣雪堂""潭影轩""香涛阁"诸胜，[①]

[①] "七年丁卯三十六岁四月七日，华亭董思翁其昌、陈眉公继儒过南园绣雪堂话，雨留宿。思翁题'话雨'二字于壁，附公书。问梅禅院题额后云：先文肃种梅数百株于此园，每值早春，寒香竞发，萼绿红白，花相错如绣。故有'绣雪'之称。"顾文彬：《过云楼书画记》卷6，清光绪刻本。另见钱泳《履园丛话》卷20《南园》，第539页。

后舍为僧寺。乾隆年间,为毕沅所购。① 王锡爵曾于园中手植梅树一株,号"一只瘦鹤舞",至清尚存。② 东园位于太仓州东门外半里,亦名东郊园,乃王锡爵种芍药处。"孙太常卿时敏拓为园林,有藻野堂、揖山楼、凉心阁、期仙庐、扫花庵、春晓台、幽绿步、梅花廊、剪鉴亭、镜上峭蒨诸胜。"③ 此后,王时敏又于西城外十余里处营建别墅,号"西田",亦曰"归村"。④ 在王氏诸园中,以南园最负盛名,"环流花竹,瀚郁峭蒨"⑤,是文肃与东南名流赏花觞咏的雅集之地。南园由繁盛到衰落,由胜极东南到换代易主,承载着丰富而厚重的文化意涵,遂因之而成为清人诗作中频繁出现的意象。

一　却忆先朝王相国：易代者的缅怀与留恋

"记忆"并非对历史图景的单纯"再现",而是立足当下对过往展开的反思与重构。特定时代对历史记忆的书写与传播,不断构造着一种超越个体的、文化的"当下",⑥ 并成为身在其中的个体理解历史、确立自我认同与应对当下危机的重要途径。⑦ 明末清初的遗民,正是在夹杂着对易代之创痛与过往之缅怀的复杂感受中,来理解王锡爵及其南园：

　　干戈天地醉乡宽,令节招寻得暂欢。已喜高秋苏肺气,还愁短发落南冠。来宾白雁关河杳,无主黄花霜露寒。却忆先朝王相国,东篱采菊笑颜看。⑧

---

① 洪亮吉：《更生斋集》卷4《消寒第四会,汪刺史廷昉座上赋南园古梅歌,梅为前明王文肃公手植,名"一只瘦鹤"》,清光绪三年洪氏授经堂增修本。
② 彭兆荪：《小谟觞馆诗文集》诗续集卷1《游南园》,清嘉庆十一年刻、二十二年增修本。
③ 王昶：《(嘉庆)直隶太仓州志》卷51《古迹》,清嘉庆七年刻本。
④ 王昶：《(嘉庆)直隶太仓州志》卷51《古迹》,清嘉庆七年刻本。
⑤ 王世贞：《弇州续稿》卷200《屠长卿》,《景印文渊阁四库全书》集部第1284册,第827页。
⑥ 参见安家琪《〈全唐诗〉中的南朝记忆》,《殷都学刊》2013年第1期。
⑦ [法]莫里斯·哈布瓦赫：《论集体记忆》,毕然、郭金华译,上海人民出版社2002年版,第53、71页。
⑧ 陆元辅：《九日侯砚德病起招寻王氏南园》,沈德潜：《清诗别裁集》卷6,中华书局1975年版,第112页。

此诗为陆元辅寻南园而作,题下自注"次老杜《九日蓝田崔氏庄》韵"。老杜此诗"用自嘲语,正悲世也"①,而"悲世"亦当为陆氏由寻南园而生发的情绪体验。在"干戈天地"的变局之下,承受"短发落南冠"的痛楚,象征着故国的"南园"自然成为易代者的情感寄托。"东篱采菊笑颜看"一句化用王锡爵乡居之故实:"王荆石相公家居晨起,带毡帽行园视菊。其邻人误为园丁,隔藩唤曰:'王老官,汝许我菊花,今有否?'既见公面,惊而走,公唤回抚慰,取菊数本与之。"②而此段对王锡爵乡居生活的记述,展现的是在明代稳定的时局中,乡绅治理之下的基层社会井然有序、民得其所的生活场景。王锡爵能够营园、视菊,与邻翁隔藩笑谈,源于时代的安定与生活的富足。基层社会是国家的缩影,乡绅引导之下官民同乐的生活画面,亦成为陆氏心目中的理想样态。在明代中央与地方的互动关系中,代表官方力量的"州县"与乡里社会中的宗族,是引领日常生活、构建地方秩序与民众精神世界的主体,而乡绅及其宗族的示范效应对于基层社会的治理,助益尤甚:"或言风俗须得良有司。余曰:不如乡宦。乡宦者,乡人所属耳目也。乡宦以澹约朴素持身训家,子弟僮仆皆澹约朴素,则华侈者自将愧缩而无所容。今士夫日以华侈教人,风俗安得不坏?闻太仓王荆石相公居乡乘小肩舆,太仓人无大舆者。太仓士夫不多,相公位尊,荆翁望重,故其化益易。或云舆亦有体,过损非宜。余以为矫俗不嫌小过,先示之以俭,然后示之以礼耳。"③陆元辅对王锡爵南园赠菊的追忆,实乃由王氏而及太仓,由太仓而及江南,由江南而及华夏,诉说对前朝风美俗淳的留恋,对一个时代去而不返的哀痛与缅怀。清初讲史小说《樵史通俗演义》开篇追忆万历时代曰:"且说明朝洪武皇帝定鼎南京,永乐皇帝迁都北京,四海宾服,五方熙皞,真个是极乐世界……传至万历,不要说别的好处,只说柴米油盐、鸡鹅鱼肉、诸般食用之类,那一

---

① 黄白山、朱之荆:《增订唐诗摘抄》,海洋浣月斋本。
② 冯梦龙:《古今谭概》卷10《观乐赠菊》,栾保群点校,中华书局2007年版,第134页。
③ 李廷机:《李文节先生燕居录》,《四库禁毁书丛刊》集部第67册,第674页。至王时敏去官家居,奉"孝友敦睦"为乡居之准则,于宗族内部世代劝导,以家化乡,远近宗之。

件不贱……皇帝不常常坐朝,大小官员都上本絮聒也不震怒,人都说神宗皇帝真是个尧、舜了。一时贤相如张居正,去位后有申时行、王锡爵一班儿肯做事又不生事,有权柄又不弄权柄的,坐镇太平。至今父老说到那时节,好不感叹思慕。"① 王锡爵——连同他的时代,在遗民对前朝的思慕与述说中,成为大明盛世的回忆。

于是,"南园"不再仅仅意味着一方物理空间、一个地理概念,更是一重文化隐喻,一种符号象征,一个时代坐标:

> 登州姜如农先生有别业在吴门,曰"敬亭山房"。敬亭者,宣城之山也。盖先生以直言忤旨廷杖,诏免死,戍宣州卫。未几国变,先生曰:"吾不可以归也。"转徙浙东,久之侨吴门,得故相国文肃公园居之,曰:"我宣州一老卒,君恩免死之地,死不敢忘。"遂以"敬亭"榜其堂云。②

对于姜如农、陆元辅等怀有浓厚前明情结的遗民而言,"南园"是前朝首辅的居所,亦因此而成为华夏正统、先朝气脉的象征。易代遗民寻访旧址,凭吊遗迹,在南园所绽开的历史场景中,怀着无限的留恋追念"残山剩水"昔日的辉煌;而深埋心中的,则是矢志不渝的持守,与挥之不去的隐痛。

二 余家娄东有南园: 占有者的欣喜与骄傲

南园自入清以来,几经修葺,然终因王氏家境不复昔日而被转赁,为毕沅所有。毕氏籍贯江苏镇洋,隶属太仓州;乾隆二十五年(1760),毕沅中进士,状元及第,授翰林院编修,赐一品顶戴③——与王锡爵生活地域的相近与政治生涯的相仿,令毕沅在南园之中找到了某种似曾相识的归属与认同之感:

---

① 江左樵子:《樵史通俗演义》,人民文学出版社1999年版,第2—3页。
② 魏禧:《魏叔子文集》卷16《敬亭山房记》,胡守仁等校点,中华书局2003年版,第734页。
③ 王钟翰点校:《清史列传》卷30《毕沅传》,中华书局1987年版,第2305—2309页。

采采秋英里碧绸，曲屏短榻晚香浮。便教南墅多归梦，真是东篱可卧游。白发无从添鬓上，黄金长得在床头。北窗昔日陶彭泽，也解高眠制此不？①

二月春风未放颠，清游同酿杖头钱。平泉废入香林界，名士同参老衲禅。庐拜人称诗弟子，飞行公是活神仙。传笺不惜金尊倒，清思新添瘦鹤边。②

毕沅于"真是东篱可卧游"句下自注云"余家娄东有南园，明王文肃公种菊处"；又于"清思新添瘦鹤边"句下注云："园中老梅一株，王文肃公手植。里人称为'一只鹤'。""白发无从添鬓上，黄金长得在床头。北窗昔日陶彭泽，也解高眠制此不"，显然是一位成功者的自足姿态。对于一位成功者而言，对南园旧主往事的反复强调，显示了其在今昔对比中强化南园现状的用意。在对南园的书写中，毕氏展现出了明确的身份归属意识——从前相国的南园，如今为"我"所有，成为"我"借以想象东篱高致、卧游其中的私人天地，虽未及自由之极致，却成就了精神的超越。不仅如此，南园更担负着展现家族伟业的现实功能；今日的"南园看梅，欢饮尽醉"，正是昔日王相国与友人游园雅集、飞觞传盏之盛况的再现。而这一切，实源于"我"对南园的占有与安排。因功业带来的荣耀感，毕沅诗句字里行间洋溢着一位旧园占有者的欣喜与自豪，其笔下的南园亦成为雅致与奢华生活的缩影。

三 园林之主先后殊：后来者的追忆与想象

清朝统治阶层在对"大一统"历史观的不断构造与对"正统观"的反复书写中，逐步在士人群体中确立了其自身政权的合法性地位，遗

---

① 杨焄点校：《毕沅诗集》卷7《和宝田舅咏物四首·菊枕》，人民文学出版社 2015 年版，第 169—170 页。

② 杨焄点校：《毕沅诗集》卷10《仲春上浣毛罗照李云襄元锦何畹芳王石亭邀同竹素先生南园看梅欢饮尽醉薄暮而返遂各赋诗以记清赏》，第 228 页。

民文化的内在精神集体坍塌。① 伴随清朝统治的日趋稳固，汉人对于自我华夏身份的认同以及对于前明旧事的追缅情感已趋淡化；因此，在清代中晚期诗人的理解中，南园已属前朝旧迹，荒芜的遗址，似乎不再承载着对国破家亡的深切痛悔与沉重凭吊，而更近于对个体之生死、朝代之兴替、人事之流转所展开的历史反思与理性言说：

> 一双凤去不回，一只雀翩然来。翩然下啄莓与苔，渺尔化作罗浮梅。罗浮仙梦何时醒，幻作梅花尚朱顶。三生落落出世姿，七尺亭亭照波影。不飞不鸣作高格，四出枝犹排逸翩。亭空月冷露欲零，仙客欲骑骑不得。百余年来丁令威，游戏倘复时来归。人民城郭纵非是，尚认一树冲寒开。幽人几日园南住，香气横飞海东路。沧溟今已作桑田，此树应须憬然悟。园林之主先后殊，昔者太保今尚书。围棋赌墅偶然得，瘦骨尚欲凌高株。研芗居士开宾阁，邀客咏梅如咏雀。长身安得居樊笼，复恐化雀飞横空。②

前明旧事之于园中古梅，不过"罗浮仙梦"；人事的起落、朝代的更迭，并未真正影响梅树生命的伸展与延续。然而，恰恰是在梅树之"恒"与人事之"变"的对照中，"园林之主先后殊，昔者太保今尚书"的警示方更为深远而沉重——南园方其兴盛之时，号称名胜，内有梅树三四百株；今皆芜废，而仅存一梅。③ 王锡爵"有牡丹、菊花二癖，今两种无一株；祖孙皆好花木，而前之所取，后之所弃"。④ 个体之生老病死、人事之兴衰成败，在恒久的自然面前，转瞬而墟矣。南园的兴废易主，不仅仅在诉说王锡爵及其家族的命运变迁，更昭示着古往今来每个生命皆难以改变的历史循环。昔日象征着荣耀与身份的南园，今已等

---

① 杨念群：《何处是"江南"？清朝正统观的确立与士林精神世界的变异》，生活·读书·新知三联书店 2010 年版，第 230—345 页。
② 洪亮吉：《更生斋集》卷 4《消寒第四会，汪刺史廷昉座上赋南园古梅歌，梅为前明王文肃公手植，名"一只瘦雀"》，清光绪三年洪氏授经堂增修本。
③ 李兆洛：《养一斋集》卷 5，清道光二十三年活字印四年增修本。
④ 姚希孟：《循沧集》卷 2《娄上观园小记》，明清阁全集本。

闲视之。面对此时的南园，王锡爵们曾经的功过是非已不重要，当界限与区隔在时间中被抹平，过往的"意义价值"伴随构造"意义"的"权威"遂一并坍塌、堙没，沦为拼凑历史的沙砾。

与朝代更迭、人事兴废相伴而生的，是对个体生命逝去的慨叹：

> 梅花过眼万万枝，惟有一树长相思。相思在何许，乃在南国之南白云圃。云是调羹手自栽，曾识昙阳散花女。当时平原庄，万木暗林坞，痴肥臃肿皆云烟，一树清癯独千古。孤根偃蹇皮半枯，槎枒老干花全无。一枝别起势飞动，夭矫直欲离根株。旁枝四起左右翼，下覆错落千明珠。绝顶一枝忽返掉，有若振翮凌天衢。我时欲攀不得攀，遥望缥渺如云闲。春风一吹倘飞去，月明何日衔珠还。五十五年如一霎，昔日儿童今白发。先我看者已如化崔之丁公，后我看者孰为放崔之逋翁。人来人往不可悉，花落花开干如铁。不知更寿几千春，枝头犹戴尧年雪。①

孙原湘此诗自序云："太仓南园古梅一株，王文肃手植也。余八九龄时，居外家陆氏。花时，舅氏润之先生过花下，曰：此所谓'一只瘦崔'也。事阅五十余，稔儿时所见都不记忆，独瘦崔之状轩轩心目前，乃知瑰奇古异，别于俗物之难记。花木犹如此矣。"五十余年逝去，孙原湘已由昔日之垂髫变为今时之黄发；然而，梅树依旧，清癯千古。个体生命之有限亦因瘦梅之长存而更显其微渺。此外，孙氏的序与诗尚透露出另一重值得注意的讯息：诗序虽明言梅树之奇，但细加玩味，不难读出孙氏对王锡爵平生功业的暗许；"云是调羹手自栽，曾识昙阳散花女"，不仅表达了对王氏相业的赞许，亦对昙阳子飞升事件予以肯定及包容。而此种观点亦可视作乾隆以降政治型诗人对王锡爵的典型看法：

---

① 孙原湘：《天真阁集》卷27《忆崔行》，清嘉庆五年刻增修本。

南园老屋香涛阁，百年剩有孤山鹤。归来华表问人间，那是平泉旧邱壑。酒深梦远逢缟衣，扣门月下香霏微。翩跹瘦骨清而颀，不食烟火何由肥。①

"翩跹瘦骨清而颀，不食烟火何由肥"一语双关，不仅指梅树之清癯，亦指王锡爵一生为相"清介方刚"，廉正自守。②作者汪学金，太仓州镇洋县人，乾隆四十六年（1781）探花及第，官至翰林院编修，后升侍读，充文渊阁校理、日讲起居注官。③同毕沅相仿，汪氏的生活地域及仕途经历与王锡爵高度相似。翰林院编修刘凤诰《瘦鹤图题句》诗云："雪生香处月生华，清寄诗家瘦画家。借个羽衣名色好，神仙不下不开花。根干无多阅岁华，春风谁问相公家？分明养就丹砂顶，长为昜阳守此花"，并在末句自注"乙巳作昜阳观记，曾证明旧事"。④尝为明人视作荒诞而屡加嘲讽的昜阳飞升事件，⑤在刘氏笔下，则化作凿凿可证的美谈。中议大夫蒯德模曾"修王相国南园，移建安道书院，花木竹石，极东南园林之胜"⑥；院成而作《南园安道书院落成》四首，其一云："冠盖南园盛昔年，文章安道接薪传。先生杖履春常在，相国梅花老更妍。一代鸿泥留旧迹，三更鹤梦喜重圆。莫言仰止芳徽远，兴起端须让后贤"⑦，以王锡爵之文章可为后学之典范，并以此相为勉励；其四云"从来经史贵兼通，但得专家已不同。海国文章谁角胜，旧时坛坫久称雄。山川得助多奇气，风俗偕游悟圣功。理学名臣犹在望，莫

---

① 汪学金：《娄东诗派》卷26《南园古梅，名"一只瘦鹤舞"，相传王文肃公手植》，清嘉庆九年诗志斋刻本。
② 神宗祭锡爵之文曰："惟卿忠贞直亮，清介刚方，文章允冠乎士林，孝友久孚于闾党。"朱翊钧：《谕祭文》，《王文肃公文集》卷54，《四库禁毁书丛刊》集部第8册，第374页。
③ 王钟翰点校：《清史列传》卷72《文苑传》，第1949—1950页。
④ 刘凤诰：《存悔斋集》卷20，清道光十七年刻本。
⑤ "近代辅臣无愁得谤者，莫冤于王经（按：'经'当作'荆'）石公。其子衡本真才也，而仪郎高桂弹之，直至覆试而始白。后中式辛丑科第二人，廷试亦居第二。其女昜阳本真仙也，而浮议猬起，以污之至登白简。昔贤谓佛仙不产于微贱心，生国王大臣之家，恐受人凌慢。观世人毁昜阳子，而此说又不验矣。"沈长卿：《沈氏日旦》卷2，明崇祯刻本。
⑥ 蒯德模：《带耕堂遗诗》卷5《别江南》，民国十八年刻蒯氏家集本。
⑦ 蒯德模：《带耕堂遗诗》卷3《南园安道书院落成》其一，民国十八年刻蒯氏家集本。

教小技误雕虫",则强调相较于文章之炳焕千秋（海国文章谁角胜,旧时坛坫久称雄）,王锡爵之相绩方为其平生之大功业所在（理学名臣犹在望,莫教小技误雕虫）,后生治学,亦当作如是观。诸此诗人,皆为跻身政治核心圈的江南士人,基于地缘与对王锡爵人格、功业的认同,由"南园"而生发出对王氏及其家族的高度评价。高层政治人物的态度,往往是官方价值理念形成的先导或是对官方意识形态的传递;因此,汪学金等对于"南园"的美赞,当可视作官方对于王锡爵的逐步认可、肯定与接纳。

由繁盛到衰落,由胜极东南到换代易主,王锡爵的"南园"以其丰富而深沉的文化意涵,成为清人笔下不断追述的文化意象。"南园"之于遗民,不仅仅是地理空间中的具体场域,更是一个朝代与文化的隐喻,承载着亡国者内心挥之不去的隐痛;对于作为占有者的毕沅而言,"南园"彰显着自我的功烈与荣耀,是毕氏政治功绩的象征与雅致生活的缩影;在后来者的理解中,"南园"作为身份的区隔与标志,展现了一代首辅称雄一时的文章与政事,是王锡爵彪炳相业的再现。而乾隆以降,政治高层对王锡爵的主动认可,亦显示出官方价值体系对于王锡爵功业文章的逐渐认同与接纳。

第二节　王锡爵政治理想的践行及其政治史意义再评估

"政治与文学的交叉地带"在当下的古典文学与政治学研究中,依然是鲜受关注而身影暗淡的领域。政治研究较少聚焦于文学自身的政治与思想史意义,文学研究则难以从"文学书写"的角度具体考察政治人物意义生成的可能。"作为政治的文学"不仅是确立政权合法性的有效途径,同样是传递政治意图、开展政治行动、扩大政治效应与营构政治荣耀的重要手段。王锡爵是明代政治史上为数不多的能够自觉与有效发挥文学之政治功能的人物,其不仅通过奏疏、尺牍、制义等文体写作传递一己对政治生活的理解,更能够在作为政治行动的文学书写中,婉转达成政治诉求。通过王锡爵的文学书写考察其政治理想的践行及其政治史意义，既是对明代历史与文学研究对象的扩展与补充，同样也旨在为古典文学研究中政治型文人的研究提供一种方法论的参照。

一 政治荣耀的展现

政治荣耀化是政治权力合法化的重要组成部分，国家政治权力的合法化依赖于武力与政治共同体的构建，而在传统的"君主官僚制"社会中，"天下无二君"，① 君主享有超越一切制度的权力，② 皇权即建立在传统权威与卡里斯玛权威兼而有之的合法性基础之上。③ 因此，对君主政治荣耀的展现遂成为构建政治认同的重要内容。政治荣耀的形式化需要借助语言文字（文本）、图像、仪式行为等方式以具体展开；然而，在时间之流中，昔日的图像、仪式行为等方式仍然需要借助语言文字的诠释，方能为当下及后来者所理解。由是，语言文字（文本）遂成为政治荣耀化得以实现的重要方式。政治荣耀的书写往往通过特定的文学形态及话语模式来传递，刘勰论及文章的政治功用，谓"五礼资之以成，六典因之致用；君臣所以炳焕，军国所以昭明；详其本原，莫非经典"④，作为政治生活的重要组成部分，"五礼""六典"的有效发挥与国家治理的有序运行，均有赖文本书写而得以记录、诠释与传达，文学书写是政治荣耀化与政治权力合法化的重要手段；而典、诰、诏、谕、章、奏、表、疏等公文文体的划分，则意味着政治权力的层级性展现需要以相应的文体形式与话语结构为依托。

在政治荣耀的构建中，诏令敕诰等文体中"冒头"的存在是彰显政治荣耀的基本方式之一。"冒头"多展现为对天命、君德、血统、功绩等内容的书写。王锡爵所撰文章中，此类"冒头"多见于"箴"及"敕谕"开篇：

---

① ［日］西嶋定生：《中国古代帝国的形成与结构：二十等爵制研究》，武尚清译，中华书局2004年版，第43页。
② 祝总斌：《中国古代政治制度研究》，三秦出版社2006年版，第38页。
③ 周雪光：《中国国家治理的制度逻辑》，生活·读书·新知三联书店2017年版，第64页。
④ 刘勰著，詹锳义证：《文心雕龙》卷10《序志第五十》，第1909页。

惟皇睿圣，光嗣丕基，弗宁燕处，有俨若思。厥恩伊何，万几一日，千里应违，谋之几席。惟皇立政，钦若昊天，奉厥无私，覆彼八埏。曰雨曰旸，思其或愆。惟皇立政，宪于烈祖，金科玉条，具在故府。是训是行，思绳厥武……天命不易，为君实难。人亦有言，日中则昃，无疆惟休，无疆惟恤，思之思之，鬼神通之，户牖有箴，蒙史诵之。（《奉敕撰思政轩箴》）①

圣人作易，次豫于谦，喜起之歌，始以敕天。我皇鉴止，弗懈于位，有毖斯斋，惟以乐志。（《奉敕撰乐志斋箴》）②

皇帝敕谕内外群臣：顷者星天垂戒，灾异洊臻……朕仰承天心仁爱，且感且惧。（《星变拟进敕谕疏》）③

皇帝敕谕东征将士：顷者倭奴猖獗，攻陷朝鲜。朕远惟东人徯后之思，迩切内地震邻之虑，肆彰天讨，授钺往征。（《拟进东征敕谕疏》）④

"箴"与"敕谕"作为程式化的应用性文体，具有特定的话语模式。箴者，规正之意，"箴兴于补缺"⑤，规戒以御过者。⑥箴之用有二，一为自励，二为尽规。⑦而在奉敕所撰、以规正君王为旨归的箴文中，"圣王求之于下，忠臣纳之于上"⑧，故而美颂君主、构建政治荣耀的冒头必不可少："惟皇睿圣，光嗣丕基"是对君德的书写，"惟皇立政，钦若昊天""喜起之歌，始以敕天。我皇鉴止，弗懈于位"则是对君王上承天命治理烝民的刻画。在代君立言的敕谕写作中，冒头需传递君权天授的合法性；而在灾相频出的特殊时期，对君权受之于天命而不可动摇的强调则尤显必要。上引两则敕谕均为王氏于灾变期间所拟，此时正值

---

① 《王文肃公文集》卷1，《四库禁毁书丛刊》集部第7册，第42页。
② 《王文肃公文集》卷1，《四库禁毁书丛刊》集部第7册，第42页。
③ 《王文肃公文集》卷43，《四库禁毁书丛刊》集部第8册，第191页。
④ 《王文肃公文集》卷40，《四库禁毁书丛刊》集部第8册，第147页。
⑤ 萧统：《文选·序》，第2页。
⑥ 陈懋仁：《文章缘起注》，学海类编本。
⑦ 孙梅：《四六丛话》卷23《铭箴赞》，第435页。
⑧ 谭浚：《言文》卷下，载《谭氏集》，明万历刻本。

人心思乱之际，因此，敕谕旨在重振君主威望，强化民众对君王的信心，以稳定社会秩序，维系国家的正常运转，其内容则不外君主的自我反省与对民众的鼓舞。而重建君主权威的主要方式即对君主政治荣耀的强化：《星变拟进敕谕疏》中，冒头处"仰承天心仁爱"旨在强调神宗为君乃是受命于天的必然结果；暗示出即便人君存有过失，然其仰承天意、治理万民的使命不可更改。《拟进东征敕谕疏》"肆彰天讨，授钺往征"的书写则意味着神宗代言天意，奉天命而行事，明朝出兵攻打倭寇具有上天赋予的合法性，东征将士实本于天命而战。在此，王锡爵借由君权天授的话语凸显神宗的政治荣耀，从而稳定军心，鼓舞士气。

王锡爵奏疏中对政治荣耀的书写既表现为"冒头"的存在，亦表现为对象征权力的华丽物象的描摹。王锡爵的贺表与谢表中，对珍稀、华美之物的摹写所在多有：

> 自谓君臣之相信，可质鬼神而无疑。以此讹议数腾，而臣不为动；迁期累岁，而臣不为惊。乃至于今，竟成左验，出片纸于半夜，扬休命于大廷。瑞叶星晖，首正青宫之位；明申泰砺，旋分赤社之封。(《贺册立册封上徽号疏》)①
>
> 臣伏在海隅，旬月之间，两睹宫闱大庆，不胜犬马一念欢戴踊跃之私，谨稽首顿首称贺者。璇宫毓庆，茂延百世之本支；宝册归尊，永介重闱之燕喜。(《贺生皇孙疏》)②
>
> 臣猥以近僚，叨陪末从，周旋大麓，徒瞻佳气以增欢；肃奉清游，欲赞睿谟而莫措。讵期特眷，曲轸微劳，宠涣玉音，荣颁珍绮，三英炳若，出巧制于天机；五采烨然，分奇章于银汉。(《谢赐罗衣疏》)③
>
> 伏念臣猥以孱庸，擢自废隐，沐浴大造，思尘露以何裨；荏苒流光，感岁月之易得。兹当满考，积有余愆，上无弼谐謇謇之忠，

---

① 《王文肃公文集》卷52，《四库禁毁书丛刊》集部第8册，第327页。
② 《王文肃公文集》卷52，《四库禁毁书丛刊》集部第8册，第333页。
③ 《王文肃公文集》卷31，《四库禁毁书丛刊》集部第7册，第685页。

下鲜弘济元元之略……岂意未捐之旧物，更廑蕃锡之殊恩。发上币于汉庭，宝锱倍千缗之算；分大烹于周鼎，珍牢兼九醖之甘。(《考满谢赐羊酒钞锭疏》)①

盖心惭于负国，志决于引身，而不欲援病臣在告之例，以干圣主推食之恩也。乃兹温綍方颁，大烹洊辱，玉粒备苾芬之藪，金浆兼毛鬣之牲。(《谢赐猪羊粥米疏》)②

"瑞叶""星晖""青宫""赤社""璇宫""宝册""汉庭""周鼎""千缗""九醖"，皆珍稀而华美的物象，传递出庄严华贵的场景；"青""赤""银""玉""金""五采"等表示色彩绚丽的词语，同样传递出场面与器物的华贵。贺表"颂圣宜详"③，谢表既缘"感激君父殊恩"而作，④亦当颂圣，展示人君异于众人的荣耀与光环。体现在文本书写中，则多用具有皇家特质的华美物象，凸显人君以盛德而载厚物的政治光环。王锡爵的谢表以"三王并封"为界，而前后文风有别：为官早期的谢表多为程式化写作，善用骈句，物象精致华美；至其主政，因"并封"事件而备受攻讦，身兼老病，则谢表的写作中亦逐渐淡去对精美物象的描摹与政治光环的勾画，而代之以强烈个体情感的抒发。作为应用文的谢表因此而具有了抒情特质，近乎私人写作。两相对照中，更体现出谢表作为应用文字在政治生活中彰显君主政治荣耀的重要意义。

二 政治行动的展开

"三王并封"是王锡爵仕宦生涯中的重要政治事件之一，其影响不仅在于制约着王锡爵个人政治生命的走向，更表现为以王锡爵为首的朝臣与神宗在建储事件的政治博弈中所产生的历史效应。王锡爵曾增订《国朝馆课经世宏辞》，并为之作序，以"文政合一"为士大夫的身份

---

① 《王文肃公文集》卷32，《四库禁毁书丛刊》集部第8册，第7页。
② 《王文肃公文集》卷40，《四库禁毁书丛刊》集部第8册，第150页。
③ 王之绩：《铁立文起·后编》卷9，《四库全书存目丛书》集部第421册，第800页。
④ 王之绩：《铁立文起·后编》卷9，《四库全书存目丛书》集部第421册，第800页。

第六章　王锡爵的政治史与文学史再定位 | 271

进行定位;① 又曾编纂《皇明馆课经世宏辞续集》，于文本之政治效用尤为注目。② 而诸种权力关系交错之下，文本中政治意图的有效传递又必借助于高度技术化的修辞方始可能。由此，对王锡爵相关奏疏的言说策略进行解读，展现其于特定历史场景之中如何借用语词的修辞手段传递意图、实现目的，当有助于理解当时政治生态的复杂性与王锡爵的政治意图、策略及其历史效应，并以此为出发点，重新考量与定位王锡爵的政治史意义。

政治行动的具体展开通常需要以文章为媒介，在形诸文字的仪式展演中为其提供公开的合法性说明。而局势发展以及博弈双方在力量对比、身份距离、情感亲疏等因素上的差异，使行动参与者在文章书写中尤当注意把握分寸，综合考虑对象、场合、主题等制约条件，以恰当的语体传递政治意图。奏疏作为臣下对人君言事的特定文体，其作者（说者）与读者（听者）之间有着难以逾越的情感与身份距离。因此，当奏疏中涉及某些难以回避的敏感话题时，尤需书写者采取相应的言说策略，或暗示或转化。"立储之争"是万历年间诸多政治事件的导火索，持续数十年的君臣对峙由此拉开序幕，内阁与言官的相互攻讦亦由此展开。而在立储一事上，神宗始终欲占据强势地位。万历二十一年（1593），申时行、许国、王家屏因置身建储未就、言官攻讦的政治旋涡中而相继请辞，内阁无人，王锡爵屡辞诏命未果，遂再度入阁，出任首辅，在神宗的强势与言官直谏的夹缝中促成册立一事，遂成为王氏所面临的政治难题。远有万历十四年姜应麟、沈璟、杨廷相等相继谏言立储而被革职之例，近有申时行因密奏"惟宸断亲裁"而为言官所劾、被迫致仕以及王家屏"因争豫教一事忤旨"辞官的前车之鉴，故王锡爵以因势利导为基本策略：

---

① "自洪永以迄庆历无不综，自诏奏以逮诗歌无不采，虽宫商杂奏，而并出推音；丹素互施，而悉呈藻绩者也。含经之生，缀词之士，岂惟摅写性灵，藉为司南，而扬榷时务，不将较若左券矣。"王锡爵：《经世宏辞序》，《增定国朝馆课经世宏辞》，《四库全书存目丛书补编》第18册，齐鲁书社2001年版，第148页。

② 参见王锡爵《国朝馆课续集序》，《皇明馆课经世宏辞续集》，《四库禁毁书丛刊》集部第92册，第533—534页。

> 王文肃册储之请，每题揭答诏咸手书，亲自封闭。其以癸巳冬召对暖阁亦独召，诸同官弗与也。才本工于条奏，加之恳叹间止用俚词，如"为主疼热""平白受闲气"等语，越亲切动人。尝被诘"卿揭屡及皇贵妃，何说"，直答云"皇三子系贵妃出，天下不疑贵妃谁疑乎"，憨真至此，遂得出阁谕教旨。事终赖文肃力觉。申文定缓，王文端激，并非其比。①

尽管将出阁旨成全然归之于王锡爵的"憨真"，更近似于一位不谙政治者对理想政治的天真想象；但不可否认，在王家屏等努力未果的情况之下，神宗最终之所以下出阁之旨，主要取决于王锡爵能够"曲意将顺，就事追驳，以婉合其机，开人不敢开之口"②：先肯定神宗独断揽权之美，而后并拟谕旨两道，既不违上意，又以前朝故实委婉规劝神宗俯从后者；"并封"之旨下，王锡爵身受攻击，几无全肤，然神宗对其倍加信任亦由是而始。③ 坚持"延颈为太子死之意"，而"其气弥平，其词弥顺"④；所请不为上允，则以口语俚词为规劝，弱化直言进谏所造成的情感疏离之感。

政治行动须在一定的政治规则中进行，规则使行动参与者之间的相互理解成为可能，并为其行为规定了边界。正是政治规则的存在，相应的言说策略才有其可能与必要。尽管政治运作过程中可能存在暗箱操作，然而政治行为一旦公开化，则政治共识即成为所有政治行为的底线，是最为基础的政治原则，参与者必须在此"共识"之下展开政治博弈。当以退为进的策略无法有效发挥其作用时，不失时机地借助文字对政治共识进行刻意强调、进而争夺政治博弈的话语权，遂成为王锡爵

---

① 黄景昉：《国史唯疑》卷9，《续修四库全书》史部第432册，第147—148页。
② 王艮：《鸿逸堂稿·书王文肃公请储沥疏后》，《四库全书存目丛书》集部第233册，第428页。
③ "闻三王并封诏下，各衙门无疏者惟祭酒曾朝节一人。时王文肃之身受攻击，几无全肤，顾文肃所为得上意，正坐是耳。"黄景昉：《国史唯疑》卷9，《续修四库全书》史部第432册，第151页。
④ 冯琦：《答太仓王相公》，陈子龙等《明经世文编》卷440《冯北海文集》，第4821页。

上奏的另一重策略：

> 夫九重国密之中，苟真有难明之心，难处之事，则太子始亦与二三近臣自信自知，而不必顾外人之议，其后可也。若心本易明，事本易处，则皇上昭昭之天日，何苦而更自立于暧昧之地，以疑人心，臣等凿凿之见闻，又何忍更为含糊之说，以负皇上哉！①

王锡爵深知神宗虽有难明之心，却必定不会为阁臣道之。神宗欲立皇三子的意图不仅违反祖宗家法，更违反常态的政治运作法则，本即处于"无理"之地；一旦为外人言之，则意味着自己将会因个人私欲而受到公论的指摘，丧失在国家政权结构中的优势地位，其权威与施政的合法性亦必当面临挑战。故而，即便万历意欲违反祖制、册立朱常洵为储君，然其行为必须自形式上具备合法性，符合政治共识。神宗既无"难处之事"与阁臣商讨，则表明册立之事当据政治生活中的基本规则公开处理。王锡爵在此次与神宗的政治博弈中，有意利用"政治正确"的底线为神宗设置了一个进退两难的政治困境，意在使之不得不放弃自我设想，基于作为"共识"的政治规则而作出相应决策。万历既无法为一己不合政治共识的行为作出合法性说明，故而只能将奏疏一概留中，不予批答。

政治行动的参与者对政治共识的理解既源于政治运作中所形成的诸种法则，同样以具体的政治事件为参照。在前期上请册立的密揭中，王氏善本于历史典故而立言，有意彰显不可回避的政治共识：

> 昔汉明帝取官人贾氏所生之子，命马皇后养之为子；唐玄宗取杨良媛之子，命王皇后养之为子，宋真宗、刘皇后取李宸妃之子为子，旋皆正位储宫，而三宫妃压于嫡母之下，未尝加进位号。今日事体，正与此同。②

---

① 《王文肃公文集》卷34《再请豫教疏》，《四库禁毁书丛刊》集部第8册，第40页。
② 《王文肃公文集》卷39《答并封圣谕疏》，《四库禁毁书丛刊》集部第8册，第121页。

立储作为国家政治生活中的重大事件，其自对象选定至仪式施行，皆须有相应的明文制度作为支撑。在"立储之争"中，尽管万历对皇三子负有众望，然内阁与言官在立储对象的认定上步调一致，均倾向早立长子为太子，即便有如申时行为政圆滑周详，曾上密奏暗示万历于立储一事"宸断亲裁，勿因小臣妨大典"，欲以此应和圣意、自我保全，但其亦由此而为言官所劾，引咎辞职，结束了政治生涯；①而阁臣更一度因立储之不行而集体离职，导致内阁无人佐政，万历不得不作出退让，以"择期册立"相许诺，数度召王锡爵入阁。而王锡爵自万历二十一年（1593）正月还朝之初，遂上密疏请建东宫。因此，万历深知无论自现实环境抑或历史传统而言，立皇三子为储君均无其合法性优势，祖训"立嫡不立长"遂成为其与阁臣在立储事件的政治博弈中坚持"政治正确"的依据。而"三王并封"之策的提出，表面上以三子皆受封号并出阁读书的仪式作为对大臣屡请立储的回应，实则欲逐步模糊长子与三子间的身份差距，等待时机册立郑贵妃为皇后，继而顺理成章立"嫡子"朱常洵为太子。因此，王锡爵在复疏中罗列汉、唐、宋三朝太子以庶出被册封之故实，在以史实为神宗解除"恐后中宫有生"之顾虑的表相之下，②暗藏当下"立长"具备不容置疑之合法性的实相；而用典的含蓄既可以维系君臣间的身份距离，又能够使言事者在不逾越政治共识的边缘传递意图。同时，王锡爵在《答并封圣谕疏》中并拟圣

---

① "十九年辛卯，已传旨册立东宫，于明春举行。工部郎张有德欲掠之为功，因以大礼届期，仪物未备为请。神庙复大怒，将有德罚处，并停明春册立之典。歙县许国进公揭，谓'有德诚所应罪，但册立之旨既已颁行，皇言如纶，不可逾改，乞照前旨施行。'圣怒方盛，并有旨切责阁臣。时首辅在告，公揭虽列名，实不知也。首辅素得君心，见谕旨严切，虑有意外，特上揭调停，谓'前揭进时，臣方在告，实不与闻。册立大典，圣衷既有主裁，即徐亦自无妨。'旧例：阁揭竟留御前，无发出之理。神庙怒前揭之拂其意也，特将此揭查抄，以塞歙县之口。时接本者于孔兼也。孔兼见有阁揭，即对众验明，然后发科抄传。于是辇下喧传其事，谓首辅实有二心……歙县因席槁待罪，而于首辅不无心嗛焉。首辅执阁，揭无发抄例，遣人至科中索取原揭以归。众论沸然，争罪直日科臣罗大纮。大纮疏辨，并参首辅。中书黄正宾特疏参首辅，谓'国家事无大小，悉咨政府。事孰有大于建储？此而不知，焉用彼相？'于是弹章蜂起。而正宾廷杖，大纮削职，余处分有差。歙县有告，则首辅亦不能安其位矣。"文秉：《先拨志始》卷上，《续修四库全书》史部第 437 册，第 588—589 页。

② 《王文肃公文集》卷 45《召对纪事》，《四库禁毁书丛刊》集部第 8 册，第 213 页。

谕二道，一则为三王并封，二则为效法前朝故实，将长子归于皇后名下，而后立为太子，并恳请神宗顺应众望，俯从后者。此亦为日后朝臣的攻讦留有自我辩白与回转的空间。"并封"之谕下，王锡爵遂成攒矢之的，备受攻击，政治形势的走向已非在其预料与掌控之中，王氏不得不上《误答圣谕引罪请改疏》，自陈罪责，以"三王并封"不可行，请神宗收回成命，早立长子为储君：

> 盖先是三皇子并封谕下，会臣以自陈在家中，使守等回奏，彼一时寮寀既不在前，书籍又无查考，止据臆见匆匆具答。虽首尾词意主于册立一说，而不合拘守阁中故事，两票并拟，其误一也。答谕之后，始从庶子冯琦借得祖训观之，乃知立嫡之条原为藩封入继而言，悔不早见，为皇上分解，其误二也。又初奉立嫡立长之谕，臣见老成相告，以为明妥，亦遂自信，谓可无烦再执，而不知三王并册，礼臣无可具之仪；明旨数更，天下无可凭之信，其三误也。①

王锡爵"自引三罪"同样本于历朝故实，以政治共识为判断准则。在接下来同万历的政治博弈中，王锡爵一则以"先行豫教、再约近期"②作为让步，再则以"为主受辱""患病乞归"作为条件，展现出较为强势的姿态：

> 乃今待嫡之谕三令五申，反执人之疑以破人之疑，而臣之惧益甚矣。然册立待嫡，犹曰有名，至于出阁讲读，原无关于待嫡，事极易处，而时又已极迟。臣前奉皇上别处之谕，因与同官二臣特寻此处法，庶稍为外廷解纷。今并此不行，而臣之惧益甚矣。臣闻明主举事，必信吾心于天下，而使之共知；亦所以信大臣之心

---

① 《王文肃公文集》卷39《误答圣谕引罪请改疏》，《四库禁毁书丛刊》集部第8册，第133—134页。
② 《王文肃公文集》卷40《答圣谕并请豫教疏》，《四库禁毁书丛刊》集部第8册，第143页。

于天下，而责之任怨。今知皇上者独臣一人，而不知皇上者且有千万人，臣纵欲以身为皇上任怨，亦必使身立于朝，而后可以任怨也……然毕竟不敢以疑待皇上，不敢以难事强皇上，惟有先行豫教，再约近期，为易知易从、安上安下之别法。而臣亦不敢再有他觊，以渎宸严。①

尽管神宗最终迫于舆论而收回"三王并封"之谕，然于册立一事始终未曾做出明确答复，因直谏立储而被免官的朝臣亦不在少数。王锡爵作为内阁首辅，调停不当自属失职，面对言官的责难与万历的坚持，亦不得不做出让步，以先行豫教、后定册立为折中之法。嘉靖以降，皇子行出阁讲读之礼，即意味着官方对太子身份的初步认可，王锡爵意在以长子出阁讲读为起点，逐步坐实长子的太子身份。同时，王氏以"皇贵妃苦劝之义"暗示神宗：朝臣对于郑贵妃阻碍立储一事已有所察觉，公愤难平。此后，其上疏措辞日益犀利：

前此在籍时，闻同官王家屏因争豫教一事忤旨，臣以此凡有规谏，皆不以露章而以密揭，此臣赤心苦胆，天日之所鉴也。既而群少年望影疑形，肆口唾骂，臣恐过归于上，一切吞声受之，此臣为主受辱，道路之所怜也。即今患病乞骸，原不敢以去就要君，但逸者方以册立大计比臣于李林甫、许敬宗亘古误国之臣，臣心事既难自明，揭请又不蒙报，委曲将顺，顾使人愈盼愈远，茫无下落，家屏之早归反留得知止不辱之名，而臣之感恩恋主，顾使人愈贱愈鄙，如坐涂炭，岂不苦痛可哀之甚哉！②

臣今日遵谕进阁办事，随蒙皇上发下手札一道，谕元辅"昨卿所奏，朕知道了。且朕览卿累次揭帖俱有'皇贵妃'字，是何说？彼虽屡次进劝，朕亦难允。况祖训有'后妃不许干预外事'，

---

① 《王文肃公文集》卷40《答圣谕并请豫教疏》，《四库禁毁书丛刊》集部第8册，第142—143页。

② 《王文肃公文集》卷40《密奏》，《四库禁毁书丛刊》集部第8册，第141页。

其可辄而听信。今谕卿知之。钦此。"……夫祖训所谓"后妃不预外事"者,不预外廷用人行政之事也。若册立乃皇上之家事,而皇第三子则皇贵妃之亲子,皇贵妃之亲子不为之谋万世安全之计,而又将以谁为乎?且使皇上早定则已矣,一日不早定,则今与皇长子相形者惟皇贵妃之子,天下不疑皇贵妃而谁疑……况臣连揭所指,本出自皇上昔时跪请之言,是皇上明称皇贵妃之贤,欲使臣下知之矣。而今日顾反以干预外事不辄听信,然则必欲使皇贵妃受尽天下之愤愤、忍尽天下之咻咻,然后为不与外事而可信乎?臣老且病,骨瘦如柴,乃皇上所亲见;区区为主,苦辛饶舌,幸蒙哀悯,以为犬马报恩止有此第一义。而今所奉圣谕,顾以臣称引皇贵妃为疑……且六十老臣力捍天下之口,归功皇贵妃,皇上反不快于心乎?臣今日进阁,本谋将昨谕允答之旨稍泄于外,镇压群情,而及是不觉万重疑网,愈锢愈牢;一片热心,愈冷愈淡。①

皇长子年垂长发,渐及冠婚,而尚漠然闭处深宫,不亲师友,曾庶人爱子之不若,而天下得无疑乎?唐臣刘洎以太子日侍寝殿,不行郊迎四方、齿学三让之礼,虑有后悔。夫已立之子,上所爱近,而臣下尚以不讲学为忧,况皇长子名号未定,定省久疏,而并此区区出讲、联属人心之机而亦废之。臣等自非神人,谁能明目张胆而敢保圣心之必无他乎?②

在屡屡上奏未果后,王锡爵在奏疏中明确提示神宗:自己出于君臣之义重返内阁为君主解围,在"三王并封"一事中屡遭弹劾,而碍于密奏难为外臣所言,遂不为一己辩护,全力为神宗承担罪名。但时至今日,神宗对立储的处理方式于情于理均难获得认同,自己亦难以平息众怒而继续行辅佐之职,唯有请辞。以朝纲不振而自劾请辞虽为明代臣子处理君臣关系的惯常模式,然而在内阁乏人之际,王锡爵"原不敢以去就

---

① 《王文肃公文集》卷45《再答圣谕剖明原奏疏》,《四库禁毁书丛刊》集部第8册,第221—222页。
② 《王文肃公文集》卷45《再恳早定册立大计疏》,《四库禁毁书丛刊》集部第8册,第225页。

要君"的自我辩白亦当是借欲盖弥彰之效而警示神宗的政治策略。神宗于情于理于势均难再推脱,终于万历二十二年(1594)行长子出阁讲读之礼。至此,"虽未正储皇之位,而人心遂大定矣"。① 王锡爵通过作为政治的文学书写,在与神宗的政治博弈中初步获胜。

三 政治效应的扩大

政治效应伴随政治行动的展开而出现,依据结果可分为正面效应(与事件制造者的预期相同)与负面效应(与事件制造者的预期相悖),正面的政治效应常常为参与者加以利用,而成为政治意图达成的助推力量;负面的政治效应则意味着事态的发展已超出制造者的掌控,而滑向事与愿违的反面。政治生活中的文学书写在以策略传递意图与制造事件的同时,同样会引发相应的政治效应。文学书写是政治行动的参与者借以强化事件的影响力,从而扩大政治效应、达成预期目的的重要手段。

"三王并封"旨意的拟定对王锡爵的政治生涯产生了严重的负面效应。王氏于万历二十一年(1593)正月还朝,入京七日遂上密揭,请神宗据"立长"之故实早定太子;神宗则密授旨意,示意王锡爵拟定"三王并封"之旨。此前,首辅王家屏已因直谏立储而被迫去职。王氏知神宗之意不可逆,遂作《答并封圣谕疏》,拟圣谕两道,凭神宗择其一而从之。其于文末言"与其旷日迟久,待将来未定之天,孰若酌古准今,成目下两全之美。臣谨遵谕,并拟传帖二道,以凭采择。然尚望皇上三思臣言,俯从后议,以全恩义,服人心",既以"并拟传帖二道以凭采择"表明了自我对神宗"三王并封"谕旨的尊重,又以"俯从后议"为日后舆论的攻讦留下了解释的空间。② 但神宗并未公开王锡爵

---

① 沈德符:《万历野获编》卷4《三王并封》,第104页。
② 文秉《先拨志始》卷上载:"娄东王锡爵之赴召也,有门下某进三王并封之议,既可以结主心,仍无碍于大典。娄东善其说,还朝之日,遂发其端。"而沈德符《万历野获编》"三王并封"条则以王氏受本不欲行"并封"之策,只缘"上多疑猜,未肯遽立",而识者以"并封三王"之说相为主张,锡爵遂信而行之。尽管此二条对"并封"事件的载录有所出入,然皆以"并封"为折中之计则相同。

此前谏言"立长"的密奏,而是径直下发"三王并封"之旨。旨下,王如坚、朱维京相继上疏,抨击王锡爵阿谀媚上:"皇上以手札咨之锡爵,锡爵不能如李泌之委曲叩请,如旨拟敕,难以厌中外之人心。"光禄少卿涂杰,署丞王学曾,郎中陈泰来、于孔兼随即上疏支持王、朱二人,神宗大怒,"如坚、维京谪戍,杰、学曾等为民"。① 王氏对此时的政治困境并非未作预料,其此前所上立储密奏"每揭皆手书,秘迹甚明",即意味着其已预测到并封之旨所可能引发的政治效应,并预留了日后自我辩白的空间,但庶吉士李腾芳与门生王就学对于王锡爵所处政治形势的分析,遂使其悟并封之策必不可行:

> 庶吉士李腾芳上书锡爵曰:"圣明在上,议者俱为杞忧,以公苦心,疑为集菀,此皆妄也。但闻古贤豪将与立权谋之事,必度其身能作之,身能收之,则不难晦其迹于一时,而终可皎然于天下。公欲暂承上意,巧借王封,转作册立。然以公之明,试度事机,急则旦夕,缓则一二年,竟公在朝之日,可以遂公之志否?恐王封既定,大典愈迟,他日继公之后者,精诚智力稍不如公,容或坏公事,飏公功,而罪公为尸谋,公何辞以解?此不独宗社之忧,亦公子孙之祸也。"……语次,锡爵不觉泣下。翌日,上疏自劾三误。②
>
> (三王并封)旨既下,举朝大哗。光禄少卿余杰("余"当作"涂"),寺丞朱维京、王学曾,给事中王如坚,先后疏争……王娄东有门生钱允元、王就学,过娄东寓规之曰:"外廷皆欲甘心于老师,恐有不测之祸。"娄东犹执辨无过虑。就学曰:"老师心虽如此,外廷谁能谅者?迫其发而图之,蔑有济矣!"娄东怃然良久曰:"即当有处。"明日,力请于上,得寝前诏云。③

李腾芳谓王锡爵"欲暂承上意,巧借王封,转作册立",可谓知己;但

---

① 谷应泰:《明史纪事本末》卷67《争国本》,第1065页。
② 谷应泰:《明史纪事本末》卷67《争国本》,第1065—1066页。
③ 文秉:《先拨志始》卷上,《续修四库全书》史部第437册,第589页。

即便王锡爵在两难的政治局势之下，欲先借神宗"三王并封"之意初步争取立长之可能，但作为权宜之计的封王之策既行，则王锡爵在位之时，册立之典极可能遥遥无期。倘若后继者最终未能促成"立长"一事，则新帝即位后，王锡爵定被视作新朝的"反动者"，不仅其自身在责难逃，祸患更会累及子孙。王就学之意与李腾芳相仿，且"迨其发而图之，蔑有济矣"亦在暗示：一旦皇长子在外廷的拥立下继承大统，则王锡爵"三王并封"之票拟自是贻虎为患，其"欲暂承上意，巧借王封，转作册立"之苦心未必能为时人所解。① 尽管神宗欲以重处攻讦者来平息事态，王锡爵起初亦自信其能巧承上意而借作题目，但随着事态的演化，王氏已然成为众人眼中违背政治规则而不可饶恕的"罪人"，甚至可能遗祸于子孙。王锡爵亦知难以控制事态的发展，因此连上四疏，力请收回"并封"成命。在"三王并封"事件中，王锡爵本于"以退为进"的策略而拟"并封"之旨；作为文本的谕旨在公开传播中，却因神宗隐匿王氏密揭与朝臣对立储一事的躁进②而引发了相反的行动效应，令世人"以并封偶误"而对王氏"概訾及之"③。

王锡爵晚年的"密揭"事件，同样展现出文学书写引发政治效应的强大功能。在王锡爵辞朝归乡的第十三年，神宗念及锡爵，寄予厚望，遂召之回朝，再任首辅。王锡爵屡疏请辞，所上密揭中有"皇上但以禽兽畜之（指言官），一切置而不理，以为我之量大，正不烦言；彼之气衰，久当自定。而不知此辈方将恃皇上之不嗔不喜，因的行此卖直沽名之计"之语。④ 王氏本意在以此为鉴，劝诫神宗当"自立于一

---

① "会庶吉士李腾芳投锡爵书，与就学语相类。"《明史》卷234《王就学传》，第6094页。
② 神宗批答《请收回并封圣谕疏》曰："卿等辅弼亲臣，岂不知朕心？何故又为疑阻，不肯担当？倘后有悔，将何以处？朕为天下之主，无端受诬，卿等以忍见之。"（《王文肃公文集》卷39，《四库禁毁书丛刊》集部第8册，第125页）暗示"三王并封"的策划、施行及由之而引发非议当由王锡爵一力承担。而王锡爵在尺牍中言"至于国本未定，则外观甚诧骇，而就中必不有他。赵定宇、王弘阳辈初亦劝乘有嫡立嫡、无嫡立长之旨，且先请出阁，再图后计。而群少年攘臂一呼，其说皆变满盘活棋尽成死局"（《王文肃公文集》卷24《陆五台尚书》，《四库禁毁书丛刊》集部第7册，第524页），则表明"三王并封"实为以退为进的权宜之计。
③ 黄景昉：《国史唯疑》卷9，《续修四库全书》史部432册，第147—148页。
④ 《王文肃公文集》卷52《密奏》，《四库禁毁书丛刊》集部第8册，第344—346页。

毫无过之地,然后令出惟行,法行知畏",然此密揭为政敌所获,在将之大肆改动后公之于世,篡改后的"密揭"直以言官为朋党,奸邪害公:

> 臣窃见近来邸报,奸邪结党,倾害忠良,朋比行私,要名讪上。甚者成倾朝为叔李,目皇上为庸主,揣摩逞臆,颐指捏诬,不能悉举。且以近日参政姜士昌之疏言之,其事虽公,其心实私。渠等布满南北,眈眈虎视,无可谁何。更暗伺朝廷动静,以资唇吻,肆毒善类。①

此封篡改后的"密揭"充满叫嚣怒骂之气,全然不类王氏平素奏疏委婉节制,当非出自王锡爵之手。然而,在东林党人的策划之下,此疏一经公开,声讨者交章纠劾。明代言官本于指陈人君与政事之失而设立,直言敢谏、"悉心封驳"为其分内之务。② 王锡爵对言官进谏的"诋毁"无疑违背了政治共识,因此,巨大的政治污名加之于身,"有虞先生(王锡爵)出而欲扼之者,与乘而修怃者,争以并封及密揭为诟病"③,王锡爵遂至终老而再难回朝。而王锡爵的政敌恰恰利用了"政治共识"的不可逾越,有意制造政治事件,并依赖文本的传播而扩大政治行动的预期效应。

四 王锡爵的政治史意义再评估

作为一种叙述话语,历史编纂受制于多重权力交错之下的特定语境,通过修辞在语言运用的惯性模式,赋予"过去"以意义。④ 因此,话语权的持有者往往凭借自身权力左右着历史事件"应然"的褒贬态度与叙述走向,进而形塑特定时代的主流史观。在以《明史》为代表

---

① 《万历邸钞》万历三十六年九月"段然参劾旧辅王锡爵"条,第1620—1621页。
② 孙承泽:《春明梦余录》卷25,北京古籍出版社1992年版,第389页。
③ 焦竑:《光禄大夫少保兼太子太保吏部尚书建极殿大学士赠太保谥文肃荆石王先生锡爵行状》,《王文肃公文集》卷55,《四库禁毁书丛刊》集部第8册,第416页。
④ [美]海登·怀特:《元史学》,陈新译,译林出版社2013年版。

的官方历史书写中，王锡爵先以"三王并封"为后世所訾，再以"癸巳京察"中逐斥贤臣"不为人谅"，晚年又缘为求还朝，借用密揭"力诋言官"而为举国倾唾。① 尽管明代史学家黄景昉本于"究疑补阙"的初衷而作《国史唯疑》，并于书中充分肯定了王锡爵促成"立长"的政治功绩，然其"不得以并封偶误而概訾及之"之语，仍不免以王氏拟就"并封"之谕为误。②

《明史》对王锡爵三次政治过失的定位本于东林党人的建构，王锡爵政治生涯的衰落与东林党人在政坛的崛起紧密相关，"癸巳京察"中剪除王氏政治同盟者（赵南星、孙鑨、陈泰来等）以及策划并执行"密揭"事件、进而扩大其政治效应者（顾宪成、李三才、王元翰、段然等），均为日后名列"东林"之人。尽管东林党内部在诸多理念的认同上存有明显歧异，上述诸人是否真正能够因具有若干相似的政治理念而归入东林一党亦尚待考证，然而，东林党人将诸此之辈归入"东林"名下，当是基于实现集团利益与构建历史记忆的需要，在东林党人吴应箕的叙述中，"万历癸巳，盖不胜世道消长之感焉。诸君子之被祸也，争并封；未尽者，大计尽之；大计未尽者，会推又尽之"③，显然，东林党人将王锡爵主政期间出现的"三王并封"、"癸巳京察"、"会推阁员"（"密揭事件"）三次政治事件，视为东林集团与内阁抗争的历史，由此亦显示出东林党人对王锡爵政治生涯的密切关注与有意干涉。其后，据此三次政治过失而对王锡爵大加责难者，即以东林党人为发端：

---

① "锡爵惧失上指，立奉诏拟谕旨……以阿并封指被物议。既而郎中赵南星斥，侍郎赵用贤放归，论救者咸遭遣谪，众指锡爵为之。虽连章自明，且申救，人卒莫能谅也……（万历）三十五年，廷推阁臣。帝既用于慎行、叶向高、李廷机，还念锡爵，特加少保，遣官召之。三辞，不允。时言官方厉锋气，锡爵进密揭力诋，中有'上于章奏一概留中，特鄙夷之如禽鸟之音'等语。言官闻之大愤。给事中段然首劾之，其同官胡嘉栋等论不已。"（《明史》卷218《王锡爵传》，第5752—5754页）

② 黄景昉：《国史唯疑》卷9，《续修四库全书》史部第432册，第147—148页。

③ 吴应箕：《东林本末》卷下《会推阁员》，《丛书集成续编》，台北：新文丰出版公司1989年版，第277册，第325页。

予尝读王文肃奏议，未尝不叹服其才，则亦岂未尝学问者？而东宫继嫡之议、三王并封之拟，此何以称焉？重于失君，遂于天下之大计有所不暇顾者，则将焉用彼相哉！幸当时诸部科以死争之，而王亦旋自悔劾，故其事得寝。不然，太仓之肉岂足食乎！争三王与争考功俱一时事，争此未尽者，于考功尽焉！①

吏部自江陵擅权后，诸司仰政府鼻息，即冢宰无能自行其志者……若赵高邑之为考功，则尤异矣。高邑主计，大约先邪佞而次贪鄙，严要津而宽散秩，清夜篝灯，精心衡量，有虫巢于耳而不制。遇一权势姓名，则奋腕抑之，而所斥都给事中则其姻家、所斥吏部主事即冢宰甥也……然则太仓也，新建也，兰溪也，岂非高皇帝之罪人哉？②

吴应箕在《东林本末》中，以王锡爵为"三王并封"与"癸巳京察"之罪魁，并暗示东林党人在同王氏"争并封""争考功"事件中所做的巨大牺牲；其甚者，以王锡爵行"并封"之策，其恶堪为天下所肉食，人人得而诛之，言辞之刻薄可见一斑。钱一本所编《万历邸钞》与吴亮所辑《万历疏钞》③，亦本于强烈的东林倾向，而大量辑录了朝臣攻讦王锡爵的奏章。《邸钞》与《疏钞》在坊间的广泛流传以及东林党在民间势力的壮大，逐步形塑并强化着时人对王锡爵在"并封""京察"与"密揭"事件中"剪除东林君子"的"应然"认知。《明史》中对王锡爵"密揭"内容的概括，即与《邸钞》《疏钞》中朝臣攻击王氏援以为据的"密揭"内容如出一辙。《明通鉴》中对于此三次政治事件的记录则本《明史》而来，大旨相当。王锡爵生前以"三王并封""癸巳京察"与晚年的"密揭事件"为时人所病；入清，又因其玄孙王昭骏

---

① 吴应箕：《东林本末》卷下《三王并封》，第324页。
② 吴应箕：《东林本末》卷下《癸巳考察》，第324页。
③ 小野和子通过考证，认为基本可以断定钱一本为《万历邸钞》的著作者。今从其说。参见氏著《明季党社考》第三章第一节。

于太仓发动尊拥崇祯帝第三子定王的反清起义而受到牵连,① 被康熙目为"亡国之贼",当"剖棺斩首,以祭神宗之陵"②。统治阶层的政治判断无疑是官方价值体系形成的风标,因此,《明史》对于王锡爵的政治史定位亦间有微词。尽管清初以来亦有持论平允者,③ 但以《明史》为代表的官方话语叙述则成为对王锡爵盖棺定论的主调。

政治生活内部参与者利益的复杂性,意味着任大事者,其处世必当"持平而识大体"④,且不得不承受源自多方政治力量的种种误解。清人王艮(原名王炜)曾作《书王文肃公请储沥疏后》,于王锡爵颇能持"同情之了解":

> 尝读太仓王文肃公"为君难、为臣甚易"之语,因叹当时国本一事,本无可疑,乃烦百执事之议,而公潜移默挽于期间,至久而后定。公之心亦久而后彰。当其时,卒难晓然大白于天下,而后知公之为臣甚难也。夫因事论列,人臣之节也,论理欲以辨是非,君子之言也。然而事有不可概,而理有不可执。苟不审其机,断然

---

① 王锡爵曾孙王撰、王掞均为遗民诗人,与陆世仪、顾炎武、吴之振、陈瑚等有深交。康熙四十六年(1707)十一月,王掞第三子王昭骏与钱宝、一念和尚在太仓发动了尊拥崇祯帝第三子定王的反清起义,后因泄密而全部受到处决。是时,王撰亦以八十六岁高龄而卷入此案;时任礼部尚书兼文渊阁大学士的王掞及其已故曾祖父王锡爵亦受到牵连,王锡爵为康熙帝大加诟骂。

② "王锡爵极力奏请建立泰昌,不久而神宗即崩,崩时亦不甚明。泰昌在位未及两月,明系神宗英灵夺其受命。天启庸懦稚子,承继统绪,客氏、魏忠贤等专擅,至使左光斗、杨涟辈皆相继而毙;天下大乱,至愍帝不能保守……故立泰昌耳,亡国之贼,王锡爵不能辞其罪也。应剖棺斩首,以祭神宗之陵。神宗有灵,必为首肯。王锡爵行事,同时之人亦甚恶之,故作词曲,极肆诋詈。至我朝,其孙又入叛党,受伪札付,称为总督兵。不久被擒,朕有其珍灭九族之罪,止戮其身,别无株连。乃王掞不思图报,妄行陈奏,其负恩可知矣……王锡爵已灭明朝,王掞以朕为神宗,意欲摇动清朝。如此奸贼,朕隐而不发,可乎?"《清实录·圣祖仁皇帝实录》卷291"康熙六十年三月丙子"条,中华书局1985年版,第6册,第834页。另见王钟翰点校《清史列传》卷9《王掞传》,第651页。

③ 如清初蒋平阶撰《东林始末》,其对王锡爵之论较之吴氏已为公允;另可参见王艮《书王文肃公请储沥疏后》(《鸿逸堂稿》,《四库全书存目丛书》集部第233册,第427—428页)、朱国桢《王文肃公请储沥疏跋》(《朱文肃公集》,《续修四库全书》集部1366册,上海古籍出版社2002年版,第347—348页)。

④ 王世贞:《弇州续稿》卷193《石拱辰司马》,《景印文渊阁四库全书》集部第1284册,第743页。

第六章　王锡爵的政治史与文学史再定位 | 285

必于伸其说，大臣之用心岂繇是哉……神宗欲显独断而怒众激，身系大臣，但求事济，不嫌婉从。将顺遵谕拟为传帖二道，以凭择用，疏末力请俯允册立，方可镇伏人心，而神宗竟用并封宣谕。于是群下大哗，以公为攒矢之的，谓公逢迎主持此议。不知公于此时疏已十一上，第不欲明言其所以。夫大臣之道，主于格君心之非，然必因时佐理，不敢为一日几幸，期于事集而已。初非欲人知之，谤丛疾薮，固所不计，然而在廷二三老成亦已知之矣……诸君子势疏位隔，不能不责于辅臣，在公露章不允，则为密揭；请册立不得，则请豫教；又不得而群喙莫遏，则请廷议；又不得则请面对；又不得则因□□认罪；不得已后出于乞归。而神宗以"不肯担当"目之，"附众疑阻"归之，"避怨迫朕"责之，"去留要挟"罪之。方是时，身留而志不得行，身去而臣道不尽，上不能以理转君之情，下不能以权塞众之口……前后疏揭三十四，理事俱穷，神宗更不能独持己见，而始允豫教……接"讲官仍以常服出讲"谕，公乃密寝三皇子并讲，而于出阁之官僚仪从默隆礼数，一如东宫。既出讲，而东公（按：当作"宫"）定，公之初心至是方得遂。①

王艮谓王锡爵能审度时机，"因时佐理"，"置身人情之中曲加调剂"，其背后恰是锡爵难为人道的苦楚。王锡爵素来自负相才，自我期许颇高，"直欲追武三代以上人物，汉唐以下名相不屑也"。"然当其时实难，上固英主，恶下擅权，又恶下啖名，而主爵方欲收权，廷臣又欲竞名，臣、主意歧矣。乃公介期间，衡量于上下，调剂于缓急，心亦苦哉！"② 神宗怒众臣以争言立储而邀名，遂再三推迟册封之期，阁臣"若与之力争胜，未必能胜，而徒损国体"③；王锡爵知神宗独断揽权之

---

① 王艮：《鸿逸堂稿·书王文肃公请储沥疏后》，《四库全书存目丛书》集部第233册，第428页。
② 冯时可：《王文肃公传》，《王文肃公文集》卷55，第408页。
③ 《王文肃公文集》卷14《余同麓相公》，《四库禁毁书丛刊》集部第7册，第340页。

意，对上以密揭请奏，不夺人君独断之美，对下以"知命已成，何必再请"①为由，防杜窥伺之口，缓和群臣之躁进，在势不可行之际，欲借豫教转作册立，以退为进；然众臣有失老成，难解此中关紧所在，屡屡激矫进言，欲求速成，却适得其反，激化君臣矛盾。不在其位，不知其难，王锡爵还朝出任首辅，立储之期未定，众臣以谀君渎职归责于锡爵；神宗怒众臣激扰而处之，则众臣又以"剪除异己"论罪锡爵。然王锡爵既担负大任，则当处事持平，其从中斡旋调剂，巧承上意转作己意，以此"所救解十得七八人"②，却因恪守"盛美皆归之独断"③之先言，而难为时人所道。时人鲜能知其本意，遂多以"邀宠媚上"责之，王锡爵亦只如"哑子吃苦瓜，自知自忍"④。及锡爵晚年，神宗复念而召其还朝，尽管王氏本不欲再入宦海，又逢"病儿死矣，家余一稚孙，哭父呕血被地，安危不可知"⑤，必不能还朝，然伪造的"密奏"一经公开，省台诸公诋毁谩骂乃至剥肤刺骨，极尽恶毒之能事。诸朝臣并非不知王锡爵出任首辅所面临的政治困境，只是，欲加之罪在先，王锡爵只能成为残酷党争之下的牺牲品："有虞先生出而欲扼之者，与乘而修忮者，争以并封及密揭为诟病。不知先朝辅臣里居，得密封言事，或赐印章为识者有之。即王文恪讲学亲政之疏，桂文襄知克己之论，具载集中，未有摘其非者。若三王并封，上自法肃皇帝为之，非先生意，众非不知，特欲加之罪，借以为辞耳。"⑥王锡爵诸奏或独请、或密陈，皆为王衡密藏，人莫知之。待锡爵殁，幼孙王时敏将其奏疏与其他文章

---

① 《王文肃公文集》卷39《密请建储疏》，《四库禁毁书丛刊》集部第8册，第120页。
② 冯时可：《王文肃公传》，《王文肃公文集》卷55，《四库禁毁书丛刊》集部第8册，第408页。
③ 《王文肃公文集》卷39《密请建储疏》，《四库禁毁书丛刊》集部第8册，第120页。
④ 《王文肃公文集》卷30《答省台诸公》，《四库禁毁书丛刊》集部第7册，第674页。王锡爵曾言："今之建言者，即尽取若辈七宝庄严之，亦费得朝廷几许官爵，乃吃紧最苦而最难罗络者。中间又有等不逆诈之君子，未练事之书生，此不佞等当事之所以难也。"(《王文肃公文集》卷16《何心泉副都》，《四库禁毁书丛刊》集部第7册，第368页)
⑤ 《王文肃公文集》卷30《李九我相公》，《四库禁毁书丛刊》集部第7册，第674页。
⑥ 焦竑：《学士赠太保谥文肃荆石王先生行状》，《王文肃公文集》卷55，《四库禁毁书丛刊》集部第8册，第416页。

一并结集刊刻，公之于世，时人方渐晓锡爵周旋调剂之难处。①

《明史》以王锡爵为政三十余年，定西疆、罢矿税、黜江南织造、停江西陶器、减云南贡金、出内帑振河南饥、力争不宜用廷杖，皆为世所称，"特以阿并封指，被物议"。②然而，在王锡爵的奏疏、尺牍等文字中，却蕴藏着另一种异于主流叙述话语的意义价值。自其奏疏与尺牍观之，王氏能够在请立国本寸步难行、朝廷众臣一筹莫展之际，应时而动，既善于转圜政治策略，迂回而进；又能于万不得已之时，以刚毅决绝之姿言众人之所不敢言，持之再三，其于促成长子出阁之礼，功莫大焉："光庙出阁功王文肃，册立功沈文恭，非私议仇口所能淹没。"③此外，王锡爵既知神宗欲彰人君独断之英名，遂能巧借时论为发端，顺随上意而借作题目，转为己意，于犯己犯上之臣婉转调护，"直而不激，介而能容"④，并非尽如东林党所谓"挟私心""植私党"者。⑤以此之故，其暗中救解者虽多，然鲜为时人所知。同时之阁臣张位论此，即颇以"王公在纶扉有所执奏，上往往屈己从之，十得六七；即不从，亦必遣使谕其所以，乃发。今则径从中出，而我辈不及知矣"相许慕。⑥最后，王锡爵秉政期间，面对洮河之战、哱拜之变、矿税之议、癸巳京察等政治事件，能够清醒意识到时局之变，准确判断局势，把握政治方向，屡屡以奏疏指陈时事，"笔铓迅利，一刀见血"⑦；从科场舞弊、三王并封、癸巳京察、伪造密揭等政治事件的几微变化之中洞察朋党之争由细微发端到逐渐明朗，"防党祸最先，言党祸最痛悉"，其对于时局

---

① 申时行：《王文肃公草疏序》，《王文肃公文集》，《四库禁毁书丛刊》集部第7册，第2页。
② 《明史》卷218《王锡爵传》，第5754页。
③ 黄景昉：《国史唯疑》卷10，《续修四库全书》史部第432册，第162页。
④ "余与元驭同心辅政者七年，元驭直言敢言，好犯主之颜色，及面折人过。然以太夫人微指抑而从婉委者常十之五。故元驭为相，直而不激，介而能容，终始抱完书，则公与太夫人之教也。"申时行：《赐闲堂集》卷29《赠光禄大夫太子太保礼部尚书武英殿大学士王公偕配封一品太夫人吴氏合葬墓志铭》，《四库全书存目丛书》集部第134册，第595—596页。
⑤ 安希范：《辅臣假托威权纵奸回逐异己疏》，《万历疏钞》卷18，《续修四库全书》史部第468册，第703页。
⑥ 焦竑：《光禄大夫少保兼太子太保吏部尚书建极殿大学士赠太保谥文肃荆石王先生行状》，《王文肃公文集》卷55，《四库禁毁书丛刊》集部第8册，第417页。
⑦ 董其昌：《容台集》别集卷3，第668页。

的敏感判断与敏锐把握,展现出庸庸政客难望其项背的政治卓识:"荆石牗主无不至,诚得古大臣体,而无如郑昵坚何。防党祸最先,言党祸最痛悉。此后且五十年,坐党败而早如烛计。所云天下智力殚于相伺,始于两持,终必所败;又曰贪废弃以自付君子,而旁观故写异同之形,古论朋党,有及此乎?哲人知几,吾顿首其学矣。与高、谭等忤,非主报复,其所伤在国是。且问高、李诸公,以讲学开东林,有曲牗自中、情不外白之一解乎?至于论边事三反,明季坐是耳穷,迄穷时尚未有知其故者。如文肃者,昔三杨犹未能望其项背也已。"① 由是而言,王锡爵的政治史意义值得重新审视并再做考量。

第三节　王锡爵对隆、万时期馆阁文学的影响及其文学史定位

在今日通行的文学史中,以奏疏与制义书写为大端的王锡爵似乎是时代的失踪者,或许,内阁首辅的政治身份,多少掩盖了王氏在文学领域的地位与被瞩目的可能;同时,传统文学史书写对于"纯文学"的过分强调,亦挤压了王锡爵在文学研究领域的存在空间。然而,在文学与政治具有高密合度的传统中国,文本书写是政治权力合法化与自我实现的有效方式。奏疏与制义作为政治文学的典型样态,在政治生活中发挥着举足轻重的作用。"纯文学"的划分无疑囿限了传统社会中文学的丰富形态及其功能。伴随"语境文学"研究的兴起,王锡爵的文章亦应成为值得再做探讨的话题。

一　从"冲夷浑厚"到"雄沉高古":王氏制义与时文文风之嬗变

王锡爵的制义在其生前即为世所赏。时有陈氏,"其人者狂敏强博,素以文倔强,亦勉作薄语,曰:'吾文除太仓王元驭,李老稍架一枪。'"② 王

---

① 查继佐:《罪惟录》卷11《经济诸臣列传中》,浙江古籍出版社2012年版,第1722页。
② 罗明祖:《罗纹山先生全集》卷2《李龙屏先生文集序》,《四库禁毁书丛刊》集部第84册,第68页。

锡爵的制义不仅在明代中后期士子的心目中具有难以撼动的地位,更对"江左三大家"之一的吴伟业产生了巨大影响:

> 辛未会试同考,得士二十有一人。是年榜元为吴伟业,世通家也。填榜只余第二第一尚有推敲。首揆周讳延儒偶思吴卷为太仓人,系余同里,因招余,首问家世以及年貌文望,余一一答之甚悉,且云:"行文直似王文肃公。"首揆喜,大声遍语同考,更首肯文肃公一语,于是遂定吴卷为第一。①

李继贞"行文直似王文肃公"一语,促使吴伟业高中会元,自此步入"学而优则仕"的政途;对作为典范的王锡爵制义的有意效仿,改变了梅村的生命轨迹。而王氏致仕后为课孙所撰之程文,则成为万历以降士子应试所效法的范本:

> 辛丑之役,余泊淮上,一仪部持闱卷寄先君,语溪且移书云:"滔滔莽莽之意胜,即遇不过得魁,以彼其才,何所不到?不若稍加剪裁,以元作为之标,他不必学,他皆养胜其才,不足学,学才养兼到,一览跃如,如荆石相公者足矣。"越明年,就仪部问艺,余每构一篇,摇手不可,徐语之曰:"君何不阅《课孙稿》?试览《敢问何谓浩然之气》,无一句一字不是题目,今人能之否?"余乃悟"才养兼到,一览跃如",认题而已。认题则有步骤,不为学识所使。且才胜养不可,即养胜才岂可哉!学会元,洵当以先生为法。②

学者由王氏之文而悟才学、修养兼备之理。王锡爵于嘉靖末年文多靡之际,以雄沉高古、庄典雅正之笔力格调起而振之,遂成就隆、万文章之彬彬大美,成为嘉靖末期时文由靡弱复归雅正的风标:

---

① 李继贞:《萍槎年谱》,吴伟业:《吴梅村全集》附录二,第1433页。
② 陈仁锡:《无梦园遗集》卷3《王文肃课孙稿序》,明崇祯八年刻本。

每叹我朝制义,自太原王文肃独辟一法门,绝无寒酸气。①

麟经自王文肃崛起,独开堂奥,其子辰玉有隽才,度无可参笔研者。②

胡维霖所谓"独辟一法门,绝无寒酸气"者,即指王锡爵在时文写作中,既着力于为文章之"正体",有意化用古文之构词与句法特征,并援儒家六经之语入时文,以扭转时文写作体俗格卑之状③;又善于构造波澜,穷极腾挪变化之势,"削涤卑琐,振挈高华,有驾鸾凤、捕虬豹之势,而天窍自发,神理自标,上不为古人束,下不为今人徇,所谓'竖立三界'"。④ 在正、嘉以降制义写作日趋"平淡"而无开新之机的语境之下,⑤王锡爵为文论文,力倡风骨挺立以求变;以"王""霸"而论,则近乎"霸":

盛集近王,中集近霸。王之道,正大和平;霸之道,幽深奇诡。隆、万,中集也。然癸未以前,王之余气;己丑之后,霸之司权。盖自太仓先生主试,力求峭刻之文,石篑因之,遂变风气。是故丙戌者,王、霸升降之会也。⑥

俞长城将王锡爵在丙戌会试中对"峭刻"之文的推崇视为明代制义文

---

① 胡维霖:《答高安蔡贲服父母》,《胡维霖集·白云洞汇稿》卷4,明崇祯刻本。
② 朱国桢:《省堂张公墓志铭》,《朱文肃公集》,《续修四库全书》集部第1366册,上海古籍出版社2002年版,第93页。
③ "以古文之法行于排比,实始韩子《原毁》,再见《送李愿叙》。前后宜疏宕行以灏气,不拘于对偶。中幅宜用两意承起处发挥,又当为结束地,亦单行,亦双接,亦单收,方合古文。先辈工此者,独有鹿门、震川两家。荆石理题文,颇近风雅之调,而用之字句太多,遂流为时人表体矣。"(陈名夏《君子所性仁》)锡爵颇能察此古体之法,而其"用之字句太多",亦是中古以降语言演化渐趋口语之形势使然。
④ 冯时可:《王文肃公传》,《王文肃公文集》卷55,《四库禁毁书丛刊》集部第8册,第408页。
⑤ "万历癸未以前,会元墨卷多平淡之篇。平淡而兼深古,惟成、弘以上有之。正、嘉以来,或兼雄浑,或兼敏妙,或兼圆熟,各自成家,亦各有宗派,然皆有平淡之风。"梁章钜:《制义丛话》卷12,《梁章钜科举文献二种校注》,第280页。
⑥ 梁章钜:《制义丛话》卷5,《梁章钜科举文献二种校注》,第100—101页。

风由正大和平转向幽深奇诡的开始，尽管俞氏对隆、万以降的制义不以为然，但"自太仓先生主试，力求峭刻之文……丙戌者，王霸升降之会也"仍然彰显了王锡爵在明代制义史上的重要作用。正、嘉时期为制义极盛之际，然而盛极难继，步入高峰的制义写作亦逐渐彰显出因循蹈袭之弊。在制义"衰儒雷同"而难再出新的局面之下，王锡爵对"峭刻"文风的推重，无疑为制义写作开拓了另一重可能。而明代中后期，民生、士风、吏治、边防等痼疾日渐凸显，针对"理财""纲纪""靖边"等社会问题的策问屡见于殿试之中。① 冲夷平和的文风已难再适应对时弊的回应，由是，王锡爵一变此前制义写作本于唐顺之的"冲夷浑厚"之调，而代之以"雄沉高古，气盖一世"② 之格，不啻为扭转时文之风的先行者，更昭示了其以文章为用、试图化解危机、挽救时局的努力。尽管王氏之文偶有"太露筋骨，或太用识见"之嫌，③ 但置身具体的历史语境而论之，其开新之举与济时之念仍功莫大焉。隆、万而下，"四方识与不识，言制义必趋太原郡邑，望风彬彬"④，王锡爵已然为时人目为时文主盟。⑤

二 王氏文章与"文章之道复归词林"

王锡爵的复古思想既是时代风气使然，更源于其深厚的《春秋》学根底，与对七子复古之流弊保持清醒的认知。⑥ 身为内阁首辅，王锡爵所具有的政治光环尽管在一定程度上弱化了其"纯文学"写作，然而，却恰恰能够为官方文学理念与文学样态的推行提供可能：

---

① 参见陈文新《明代文学与科举文化生态》第四章的相关论述。
② 陈懿典：《陈学士先生初集》卷34《与友人评历科会元》，《四库禁毁书丛刊》集部第79册，第611页。
③ 梁章钜：《制义丛话》卷12，《梁章钜科举文献二种校注》，第280页。
④ 张溥：《七录斋诗文合集·文集》卷1《王文肃课孙稿序》，明崇祯九年刻本。
⑤ 陈懿典：《陈学士先生初集》卷19《祭太仓王阁师》，《四库禁毁书丛刊》集部第79册，第323页。
⑥ "王元驭序《弇山续稿》，诋呵历下，谓不及三十年，水落石出，索然不见其所有。斯固弇州之绪言，抑亦艺苑之公论也。"钱谦益：《列朝诗集小传》丁集上《李按察攀龙》，第430页。

>夫掌教国子者，维祭酒暨司业。自设官来，至今凡几人，其至今可称述者有几人？人言宋先生为祭酒时，严不假人辞色，诸生至不烦仰视。然当时所教士皆贤，率能任职。其次则古廉李先生与王文肃先生，皆以严至，今人称焉。其他率纵驰剿取一时之誉，然竟渐灭，无可颂说。①

>文以老休，而天威赫临，俾伏极典卒之。名卿才大夫彬彬辈出，以师严而道尊故也。嗣后若胡顾庵之务敦实学、陈澹然之力整士纪、王文肃之严立程制、谢芳石之禁刻习套……一时旷逸自傲，颇病其严，而师道卒赖以不坠。②

王锡爵任翰林馆师期间，能严格督促庶吉士进学写作，其门生如焦竑、冯时可、陈懿典等，皆长于馆阁文字。阁师对庶吉士的培养，不仅仅是文学理念的传递，更是在对文章"正体"的书写中，为士子树立典范："太仓稿中局大而脉疏，会墨亦然。独其式士诸程精当不刊，令人起敬。"③尽管王锡爵在时文写作中有意化用六经文意，以提升时文的文体层次，但作为考官，为国选士，其亦能兼容并包，而以"经世"为旨归：

>丙戌，王荆石老师主试，谓不必避二氏百家，且要求真才为世用。故是科得人为多。④

>明兴迄今，太平盛理如日方中，皇上绍隆椷朴，弘振典谟，久道之化且日融月浃，士当其扶舆元气尽泻之时，势不得不日趋于文……故臣今者相士，神识藻采，无所偏遗，间亦颇参诸子二氏微言不诡于六籍者，惟剽猎雕缋无取焉。⑤

---

① 何良俊：《何翰林集》卷28《封翰林检讨余山朱先生暨太孺人寿记》，明嘉靖四十四年刻本。
② 雷礼：《国朝列卿纪》卷160，明万历徐鉴刻本。
③ 俞长城：《名家制义十一家》之《王荆石稿·用下敬上》，清抄本。
④ 袁黄：《游艺塾续文规》卷5，明万历三十年刻本。
⑤ 《王文肃公文集》卷2《丙戌会试录序》，《四库禁毁书丛刊》集部第7册，第45—46页。

第六章　王锡爵的政治史与文学史再定位 | 293

王锡爵能够清楚意识到时代变化对文章风格的影响，因而，其于士子程文的评定标准较为宽泛，但凡不违背六经，即便参以佛老庄禅之语，亦无可厚非。作为政治人物，王锡爵更看重文学对于政治生活的影响与价值，"扬榷时务"而非"摅写性灵"，方是文学之为"经国之大业"的真正意义所在。① 由是，其评论馆课之文，亦多以补救时弊为准则：如其论赵用贤《条陈御用房安边十大策疏》"此段论决战陈；此段论重将权；此段论用土兵；此段论足兵食；此段论息边民；此段论公兵伍；此段论利器械；此段论敕法度……条陈忠恳"；评舒弘志《风霾奏》"近习谗邪、刑法、兵政，一一指陈曲中，子岂素抱忠谠者乎？"② 在成、弘以降为文流于剽猎雕缋以及文柄由馆阁下移至郎署的历史语境之下，王锡爵倡导为文当"尊经复古"，崇尚温厚雅驯、和平恬淡的文风，并高度揄扬馆阁文学。晚明馆臣钱士升论及馆阁文学，将万历年间视作馆阁文学的复兴期："往者文章之权原在馆阁，后稍旁落，正、嘉以前，诸曹大夫暨草泽布衣之雄能文章登坛坫者，好凌出词林上。显皇帝时，化休而融昌，士大夫读中秘书者，麟翔凤集，前唱后喁，文摹两京，诗宗初盛，而文章之权于是复归馆阁矣。"③ 较之钱氏立论对长时段的整体把握，叶向高更突出了万历初期具体馆臣的作用："自公（邱濬）后，而台阁之文浸明浸昌……吴门（申时行）、太仓（王锡爵）、东阿（于慎行）、晋江（李廷机）、南北两山阴（朱赓、王家屏），皆斐然成一家言，遂令文章操柄不在韦布，不在他曹，而在纶扉尺地，为千载政事堂生色。"④ 李维桢持论同样强调了万历前期馆臣个体的努力，并视申时行、王锡爵、余有丁三鼎甲为促使明代中后期文柄由郎署复归馆阁的先驱：

　　明兴，古文辞尚台阁体，朱弦疏越有遗音，玄酒太羹有遗味，

---

① "含经之生、缀词之士，岂惟摅写性灵，借为司南而扬榷时务，不将较若尤券矣哉！"王锡爵：《经世宏辞序》，《增定国朝馆课经世宏辞》，第148页。
② 《皇明馆课经世宏辞续集》，《四库禁毁书丛刊》集部第92册，第583—584、597页。
③ 钱士升：《赐余堂集》卷3《丛筱园集序》，《四库禁毁书丛刊》集部第10册，第455页。
④ 叶向高：《苍霞余草》卷5《丘文庄公集序》，《四库禁毁书丛刊》集部第125册，第446页。

而其末流日趋于萎弱臭腐，汉魏三朝三唐诸论著屏弃不复省览。李文正起而振之，未畅厥旨。自是学《左》《国》《史》《汉》者，稍稍继出，其人多在他署，而翰苑缺焉……至壬戌及第三公，始洗宋元相沿积习，一意师古，翰苑之文，直驰骤三代两京，则三公一变之功也。①

隆、万时期，馆阁文学出现复兴之势。以嘉靖四十一年（1562）申时行榜一甲三人为代表的馆臣重操文柄，与"后七子"的文学创作隐然成抗争态势。②王锡爵于嘉靖四十一年中榜眼，同年，其与同榜状元申时行、探花余有丁入翰林院任编修，多草拟应酬文字乃至"高文大册"等馆阁文章。③ 在七子派主导文坛、文柄由馆阁下移至郎署的局面之下，王锡爵三人为文"一意师古"，成为推动文柄复归的先行者。由此而言，王锡爵"雅正""经世"的文学观念及其书写实践，对于推动隆、万时期馆阁文学在复古中走向中兴的历史进程，促成万历初年文柄由郎署复归馆阁的局面不无助益。④

三 "慧眼识文"与"奖掖后进"：政治认同的凝聚

王锡爵不仅以古文笔法提升了制义的文体层次，有助于万历初年明文体备法圆、彬彬为盛⑤、"文章之道复归词林"之局面的形成，其于文字之优劣同样具有高度的辨识力：

---

① 李维桢：《大泌山房集》卷10《〈申文定集〉序》，《四库全书存目丛书》集部第150册，第513页。
② 郑礼炬：《明代洪武至正德年间的翰林院与文学》，第563页。
③ 沈德符：《万历野获编》卷10"鼎甲召试文"条，第265页。
④ 黄道周于《〈姚文毅公集〉序》中论及万历时期馆阁文学之复兴，亦言："方嘉靖之初年，议臣鹜起，文章之道散于曹僚，王弇州、李历下为之归墟……追万历之初年，阁臣鹜起，文章之道复归词林，李大泌、姚吴门为之归墟。"翟奎凤等整理：《黄道周集》卷21《〈姚文毅公集〉序》，中华书局2017年版，第873页。
⑤ "推有明一代之文，莫盛于隆、万两朝，此其大较也。当是时，能文之士相继而出，各自名家，其体无不具而其法无不备，后有起者，虽一铢累黍毫发而莫之能越。"戴名世：《南山集》卷4，清光绪二十六年刻本。

识见可借，力量不可借。如某题某解，悟者独得，而闻者共窃之，观者不知为窃也，窃其解矣。而临文下笔，精神变化倍蓰百千，是力量不可借也。故但以解定文章，受欺必多。若中解而文工，是其识力俱至，非窃可知也。题题有独得，篇篇有会心，非窃又可知也。所以解高而文劣，明眼弗收；解常而文优，明眼弗弃……先大夫尝述一事，云万历丙戌一举子素擅时名，适事亲，为大题未就，见邻屋各经一友文佳，径录之。二卷并上，王文肃取彼弃此。其评云："以子之才，自足一瞬千里，而孟义竟同书汤七号，何也？"其人愧恨而卒。苟且盗袭，自非令器，然他人必两卷并废，而文肃辨其孰为自撰，孰为袭人，非慧眼能之乎？①

举子才大，然因家事而误考期，遂抄袭他人之作以上呈。王锡爵认为，举子既负高才，其文章格局自当开阖宏阔，而非如试文之窘促，遂断定其为抄袭之作，弃而弗取。王锡爵能具此慧眼，与其对文气的深刻体悟密切相关："王荆石先生与林秀才书曰：'射策取名，一禀于气。气者，受于冥冥不可为也，不可言也。然机在得失之际。足下试揣之胸中，能老至不忧否？能人不知不悔否？能独弦哀歌不落莫否？有一于此，皆足折伤壮夫之气。故思将抽而若断，辞欲前而且却，不得不出于脂韦软熟，以幸无败，而不知骐骥之敝策，不如驽驾之得路也。'荆石此言真文章家妙诀，不独为制举业而已。"② 此外，王锡爵亦颇善以文字奖掖词林后进：

> 庶吉士李大武，苏人。贫落未遇时，尝以诗文呈王世贞。世贞谩置不视，大武即贻书责之。王锡爵适于座见其书，嗟叹其才，随向府县长吏言己乡有才士而不识，大武遂于此得达。及进词馆，皆锡爵力也。③

---

① 陈龙正：《几亭外书》卷7，明崇祯刻本。
② 黄淳耀：《陶庵全集》卷21，《景印文渊阁四库全书》集部第1297册，第860—861页。
③ 许重熙：《嘉靖以来注略·万历注略·卷八》，明崇祯刻本。

对于高度享有政治资源的为政者而言，提携后学不仅是其胸襟识量的外显与政治声望的提升，更是政治资源的再积累——在文章为"经国之大业"的传统中国，词林后进可能成为参政者在政治行动中的同盟力量。王锡爵辞归屏居后，致书友人，仍将密揭言事与荐贤为盟视作改变时下政治生态的重要方式："圣主自聪明，其积疑致愤于外廷，实外廷自为矛盾，以大权归内，而各种恩礼未薄，密揭什行二三，故犹是转移一机……词林后进或可尽力一荐，为同升之助。此羹彼调，渐扶元气，其功又在批鳞引裾上也。"① 而在英宗以降"非翰林不入内阁"的历史语境之中，为文之才是衡量参政者行政能力的重要标准，高超的文章书写技能也因之而成为参政者重要的政治资本。因此，王锡爵以文学之经世功能为鹄的，大力揄扬馆阁文学，提携后进，其意义遂不仅仅在于促成文柄的上移；更在于以文学书写凝聚政治认同，发挥文学之于政治实践的意义价值。

王锡爵由翰林馆臣而及内阁首辅，其文学观念及文学书写既是主流文学观念形成的导向，又是参与推广官方文学理念的重要力量。王锡爵揄扬馆阁文学、倡以文体明辨，化古文笔法而入时文，在促成文柄重归词林的同时，更能发挥文学书写对于政治运作的积极意义。以此而言，王锡爵不啻为隆、万时期馆阁文学复兴的重要助推者，同样是以文学干预政治的重要践行者。

---

① 《王文肃公文集》卷28《沈蛟门相公》，《四库禁毁书丛刊》集部第7册，第617—618页。

结　　语

在今日以"纯文学"研究为主流的古代文学研究中，为政治光环所笼罩的王锡爵自难成为被关注的焦点；然而，在政事与文章具有极高重合度的传统中国，文章常常是确立政权合法性、实现政治意图、开展政治行动与营构政治荣耀的有效方式，并由之而成为衡量个体政治能力的重要标志。以此而言，出身翰林、官至首辅的王锡爵即为理解与诠释传统社会中"文学与政治"的内在关系提供了适恰的个案。20世纪兴起的历史语境主义研究法对文本产生之特定语境的强调，对"文学与政治"关系研究的视角与方法产生了重要影响。对"文学与政治"关系的考察从传统的文学作为政治的副产品，转变为具体语境之下文学之于政治实践的能动影响，也即对语境中的"作为政治的文学"的考量。作为"经国之大业"，文学书写不仅是政治授权之下的文本呈现，同样参与政治实践的构成。文学是政治合法化、形式化、荣耀化与维持公共度的基础元素，也是传递政治意图、展开政治行动、制造政治效应的基本方式。历史语境主义之下的"文学政治观"成为本书研究王锡爵政治与文学活动的重要视角。

太原王氏的名门出身，令王锡爵对以大儒王通为标志的家族事功充满荣耀感与自我期许。因此，在公共空间中，王锡爵以河汾之学为代表的正统儒家学说为用世思想；而在私人空间中，以禅宗思想为主导的庄、禅合流，则成为王锡爵退居林下、开解生命困境的重要助援。

王锡爵在五十余年的政治生涯中，主要经历了四次政敌策划的政治事端：其一为"昙阳子事件"中源自朝中政治势力的攻击；其二为政敌借口其子王衡科考夺魁而制造的"科场舞弊案"；其三为首辅任上，准东林党人针对内阁所发起的"癸巳京察"；其四为王锡爵晚年乡居期间，又受到东林党人策划的"密揭事件"的巨大影响。政治行动的展开，须依赖文学（语词）所提供的共有理解方始可能，文学书写以其在语体及文体上的多样与弹性而成为对政治运作中意图、过程与效应的有效呈现。① 因此，面对四次政治困境，高度仪式化的奏疏写作遂成为王锡爵化解困局的有效手段。王氏奏疏的自我辩白，多本于政治共识，占据人臣道德的制高点；并善于通过将个体性的困境转化为群体性乃至人君一己的政治遭遇，以获得神宗的支持。

以"褒颂纪载，彰显鸿业"为主导功能的馆阁文字在传统政治生活中扮演着重要的角色，政权合法性的确立与政治行动的展开，均有赖馆阁文字的密切参与。王锡爵出身翰林，其对于馆阁文字的揄扬、对文章经世功能的定位、对文章辨体的强调与雅正文风的推重以及"不做文语"的创作实践，自可视作其于成、弘以降为文流于剽猎雕缋以及文柄由馆阁下移至郎署的历史语境之下，对文学"扬榷风雅"之功能的理解与自觉践行。面对"七子"末流"必史、必固、必汉魏、必盛唐，字句而仪之"的偏执，② 王锡爵能够意识到语言演化与时流变的事实，因而展现出对文章"复古"限度的理性反思。王氏的制义与序文写作是其对"雅正"文学观念的明确践行。作为明清时期士人进身的重要凭依，制义是政治与文学高度结合的产物。王锡爵的制义素有"大手笔"之称，"大笔力"与"以古文为时文"共同构成了其制义文的突出风貌。王氏制义之"大手笔"具体表现为对文章润色鸿业之政治功能的发挥、波澜变化的构造与学养、识见及力量的展现；"以古文为时文"则展现为化用儒家六经之语义矫正时文之俗陋、彰显文体之雅正，仿造上古词汇及句法结构、以凸显语体之古拙。对文章"古雅"

---

① 刘顺：《经国之大业：中古文学与政治分析初步兼及张说的政治观念》，《上海师范大学学报》（哲学社会科学版）2019 年第 4 期。
② 《王文肃公文集》卷 1 《弇州续稿序》，《四库禁毁书丛刊》集部第 7 册，第 48 页。

的追求同样体现在王氏的序文写作中。此外，文意的翻新求奇与对叙述内容"真实性"的凸显，是其序文的另两重特征。场景化的叙述方式与叙述主体的在场，则是王锡爵在序文写作中为凸显"真实性"所采用的惯常手法。王锡爵以其文章之"劲健雄豪"又不失其体格，而成为扭转嘉靖以来文章颓靡芜蔓的先行者，对于万历以降文柄自郎署重归内阁不无助力。以此而言，王锡爵在制义乃至馆阁文学发展史上，当是值得关注的人物。

王锡爵常态的政治身份与活动空间，令其长于发挥文学参与政治实践的基本功能。王锡爵文集中为数众多的奏疏与尺牍，已较为清晰地勾勒出其在政治生活中运用文章书写以传递意图、开展行动与日常交往的轨迹。王锡爵在以尺牍书写私人空间中自我生命样态（"病"与"闲"）的同时，更借助其传递一己对政治生活（公共领域）的态度与理解。奏疏虽缘政事而作，但其具有高度的形式化特征，以语体的典雅庄重为前提；而言说双方的身份差距与言说场合的公开性以及言说话题的严肃性，则对奏疏的写作技法提出了更高的要求——奏疏语言应当"平婉深切"，在维系君臣尊卑关系的同时，又能够发挥奏疏的讽谏与警示作用。奏疏在历经由唐入宋"叠三句为排"与长句化的演变后，在明代展现出明显的骈体化与繁缛化特征；并伴随八股取士制度的确立而展现出鲜明的制义化倾向。王锡爵的奏疏按功用可分为美颂与言事两类。美颂类奏疏以颂圣为旨归，需要远离日常语体、具有高度仪式化的语言形式作为载体，故而王氏此类奏疏多平仄相协，措辞典丽，句尚骈偶，以此强化语音节奏与句式结构的稳定性，提升文体的庄典度。王氏的言事类奏疏以散体为主，以排句的激增、语气词的大量出现与句式内部的骈偶化为标志，语句明显增长，文风平易，口语化程度提升。

在主流的政治史书写中，王锡爵以"三王并封""癸巳京察"与晚年的"密揭事件"为时人及后来者所病。然而，王锡爵并非刻意谀君而不欲奉行立长祖训，"三王并封"实为其有鉴于王家屏等人直言忤上的前车之鉴、遂欲巧借"并封"实现"册立"的政治策略。"癸巳京察"与"密揭事件"则与东林党人密切相关，后者更是东林党人为掌控朝政而有意制造的政治事件，旨在以"欲加之罪"阻止王锡爵重回内阁。政治生活并非轻而易举地高标道德与彰显态度，恰当的政治决策的产生往往需要行政者具有高度的应变能力，在大局中平衡多方势力，作出取舍。王氏处理君臣矛盾，能本于"上未忤则不可骤谏以沽己名，已忤又必不可畏威而苟合"的阁臣之体，不激不阿，展现出老成者的明智与老练。尽管在特殊的政治环境下，王氏若干情非得已的行为与难为人道的苦楚不为时人所解所谅，然而，伴随帝国余晖的消逝与政治纷争的冷却，清人开始在对前朝"哀之而鉴之"的反思中，逐渐理性地审视王锡爵；在以王氏"南园"为吟咏对象的诗作中，由易代者"却忆先朝王相国"的缅怀留恋、到占有者"余家娄东有南园"的骄傲欣喜、再到后来者"海国文章谁角胜，旧时坛坫久称雄"的功勋追忆，王锡爵的政治功绩与文章功业在清人的历史书写中被逐步认可与接纳。

附录　王锡爵年谱

嘉靖十三年（1534）　一岁
七月二十一日
生于南直隶太仓州。

王衡《王文肃公年谱》（下文简称《年谱》）："府君之生也，身冷无气，吴太夫人惊谓已死，有邻妪徐氏者，反覆谛视良久，笑曰：'此俗名卧胞生，吾能治之，当活。活则贵，但不免多病累阿母耳……其法用左手搁儿，右手捆背百余，逾时嚏下，而府君醒矣。方未诞，前有群爵万数飞鸣集楼中不止。未几举，府君遂命今名。'"又见焦竑《光禄大夫少保兼太子太保吏部尚书建极殿大学士赠太保谥文肃荆石王先生行状》（《王文肃公文集》卷55）。

嘉靖十五年（1536）　三岁
父梦祥就读于南京国子监，锡爵随父前往南京。
事见《年谱》"嘉靖十五年"条。

嘉靖十七年（1538）　五岁
始就传读书，过目成诵，塾师叹为神童。
事见《年谱》"嘉靖十七年"条。

嘉靖十八年（1539）　六岁
中痘症，颇险，终无恙。

事见《年谱》"嘉靖十八年"条。

嘉靖十九年（1540）　七岁
已展露不慕钱财、狷介廉洁之品性。
《年谱》"嘉靖十九年"条："时大父尚居海滨。府君一日至族人家，适其兄弟以争财相竟，兄以白锭私置府君袖中，盖欲使闻大父，为之主持也。府君出，立桥上，曰：'此何物，而以污我？'遂掷水中。"

嘉靖二十四年（1545）　十二岁
晨起读书，一日见魁星舞于阁上。锡爵谛视良久，神色不异。退而书"会元"二大字粘于楼之正楹。
《年谱》"嘉靖二十四年"条。

嘉靖二十五年（1546）　十三岁
补博士弟子员，入太仓州学。
事见《年谱》"嘉靖二十五年"条。

嘉靖二十六年（1547）　十四岁
已展露无耳目狎邪之好。
事见《年谱》"嘉靖二十六年"条。

嘉靖三十年（1551）　十八岁
娶嘉定黄县知县朱邦臣女。
事见《年谱》"嘉靖三十年"条；王衡《缑山先生集》卷14《诰封一品夫人先母朱氏行实》。

嘉靖三十一年（1552）　十九岁
科试名列第一。
事见《年谱》"嘉靖三十一年"条。

嘉靖三十四年（1555）　二十二岁
科试名列第一。
事见《年谱》"嘉靖三十四年"条。

嘉靖三十七年（1558）　二十五岁
以《春秋》中南京应天乡试第四名。
四月
二十一日　长女王桂生。
事见《年谱》"嘉靖三十七年"条。

嘉靖四十一年（1562）　二十九岁
二月
以《春秋》中会元。
事见《明政统宗》卷28"壬戌嘉靖四十一年二月"条；《国朝典汇》卷128《礼部》"四十一年壬戌二月"条。
三月
廷试中榜眼，授翰林院编修。
事见《明政统宗》卷28"壬戌嘉靖四十一年三月"条。
九月
初九日　王衡生。
事见《年谱》"嘉靖四十一年"条。

嘉靖四十四年（1565）　三十二岁
锡爵三年考满，其父获封编修文林郎，母获封太孺人，妻朱氏获封孺人。本任会试考官，以胞弟王鼎爵应试，遂回避而改赴开封任职，借机归省，为父庆祝五十之寿。
事见《年谱》"嘉靖四十四年"条。

隆庆元年 （1567）　　三十四岁

还朝任经筵讲官。

事见《年谱》"隆庆元年"条；《明政统宗》卷29"戊辰隆庆二年正月"条。

隆庆三年 （1569）　　三十六岁

南迁南京国子监司业。

事见《年谱》"隆庆三年"条；《明政统宗》卷29"己巳隆庆三年五月"条。

隆庆四年 （1570）　　三十七岁

转北京司业，寻升右春坊右中允。

事见《年谱》"隆庆四年"条。

隆庆五年 （1571）　　三十八岁

任会试同考官。以忤高拱而迁南京翰林院，任右谕德。

事见《年谱》"隆庆五年"条。

隆庆六年 （1572）　　三十九岁

六月

张居正疏请并修《世宗实录》与《穆宗实录》，拟以申时行、王锡爵为《穆实录》副总裁。

事见《皇明从信录》卷33"隆庆六年六月"条；《张太岳先生文集》卷37《纂修事宜疏》。

十月

奉命纂修《穆宗庄皇帝实录》，任副总裁。

《明穆宗实录·序》："皇帝陛下……乃于隆庆六年十月命臣溶为监修官，臣居正、臣调阳为总裁官，臣希烈、臣士美、臣铠、臣时行、臣锡爵为副总裁官……参累朝之义例，明征简牍……兹以二年七月恭成《穆宗庄皇帝实录》七十卷。"

万历元年（1573）四十岁
正月

任经筵讲官。

《明神宗实录》卷9"万历元年正月辛卯"条："大学士张居正等请开经筵，命礼部具议，命成国公朱希忠、大学士张居正、知经筵大学士吕调阳同知经筵侍郎等官陶大临、王希烈、汪镗、丁士美、申时行、王锡爵、陈经邦、何雒文、沈鲤、许国、沈渊、陈思育为讲官，罗万化、王家屏、陈于陛、徐显卿、张位、韩世能、林偕春、成宪为展书官。"

掌右春坊印信。

《明神宗实录》卷9"万历元年正月甲辰"条："命右春坊右谕德兼翰林院侍读王锡爵掌本坊印信。"

八月

典顺天府乡试。

《明神宗实录》卷16"万历元年八月癸丑"条："命右春坊右谕德兼翰林院侍读王锡爵、左春坊左中允兼翰林院编修陈经邦典顺天府乡试。"

万历二年（1574）四十一岁
七月

因《穆宗实录》成，升侍读学士，仍与四品服色。

《明神宗实录》卷27"万历二年七月丙戌"条："以穆宗庄皇帝实录成……升副总裁申时行、少詹事王锡爵侍读学士，仍与四品服色。"又见《明穆宗实录·序》。

八月

升国子监祭酒，仍兼经筵讲官。

《明神宗实录》卷28"万历二年八月壬子"条："升翰林院侍读学士王锡爵为国子监祭酒，仍充经筵讲官。"

万历三年 （1575） 四十二岁

二月

上《考察自陈疏》，以"察典届期，遵例自陈不职，乞赐罢免，以肃臣工"。神宗优诏慰留，不允所辞。

《明神宗实录》卷35"万历三年二月丙子"条："国子监祭酒王锡爵以考察自陈，不允。"又《王文肃公文集》卷31《考察自陈疏》："卿辅弼重臣，公忠直谅，清望素隆，朕简任方殷，乞可引例求退？宜益殚猷为赞成治理，不允所辞。吏部知道。"

八月

升詹事府少詹事，兼翰林院侍读学士，仍侍讲经筵，充《世宗实录》副总裁。

《明神宗实录》卷41"癸未"条："升国子监祭酒王锡爵为詹事府少詹事，兼翰林院侍读学士，署掌本府印信，仍侍讲经筵。充实录副总裁。"另见张居正，《张太岳集》卷37《纂修事宜疏》。

万历四年 （1576） 四十三岁

二月

初一日　任修较玉牒官。

《明神宗实录》卷47"万历四年二月己丑"条：以少詹事兼侍读学士掌翰林院事申时行掌府事，王锡爵充修较玉牒官。

六月

重修《大明会典》，任副总裁。

王锡爵《书成辞免恩命疏》有"先是万历改元之四年，有诏重修会典，臣虽备员副总裁"云云。另见《明神宗实录》卷51"万历四年六月乙酉"条；张居正《张太岳集》卷40《请重修〈大明会典〉疏》；万历《大明会典·卷首》万历四年六月二十一日《皇帝敕谕内阁》。

七月

初三日　获赐银币、新钞并书吏人匠银两绢布等。

《明神宗实录》卷52"万历四年七月甲午"条：上视朝毕，御文华殿大学士张居正等进玉牒，赐居正、调阳、四维及纂修官詹事府少詹事兼翰林院侍读学士申时行、王锡爵、中书官乔承华、马继文等十七员各银币、新钞并书吏人匠银两绢布有差。

万历五年（1577）四十四岁

五月二十四日　奉命教习庶吉士。

《明神宗实录》卷62"万历五年五月辛亥"条：命补任詹事府掌府事、吏部左侍郎兼翰林院侍读学士王希烈署掌府事，少詹事兼翰林院侍读王锡爵教习庶吉士。

八月

二十四日　以《实录》成，升詹事。

事见《明神宗实录》卷65"万历五年八月己卯"条。

十月

十六日　王锡爵率翰林自宗伯而下数十人欲谒张居正，论"夺情"之不可，居正以居丧为由，拒不见。锡爵径造居正邸，言辞峻厉，居正勃然下拜，索刀作刎颈状，曰："上强留我而诸子力逐我，且杀我耶？"锡爵大骇亟出，知事不可回。未几，移病归乡。

事见《皇明续纪三朝法传全录》卷1"丁丑万历五年十月"条；《明神宗实录》卷68"万历五年十月乙巳"条。

万历六年（1578）四十五岁

三月

十六日　升詹事府詹事，兼翰林院侍读学士，掌院事。

《明神宗实录》卷73"万历六年三月丁卯"条："王锡爵为礼部右侍郎兼官及经筵纂修如故，锡爵以病辞，不允。"

万历十年（1582） 四十九岁

十月

九日　父梦祥卒，享年六十八岁。

《王文肃公文集》卷11《诰封詹事府詹事兼翰林院侍读学士先考爱荆府君行实》："府君以万历壬午十月九日卒，距其生正德乙亥九月九日，得寿六十有八。"另见《年谱》"万历十年"条。

万历十一年（1583） 五十岁

三月

初二日　父梦祥获赐祭葬如例。

《明神宗实录》卷135"万历十一年三月甲申"条："赐礼部右侍郎王锡爵父王梦祥祭葬如例。"

万历十二年（1584） 五十一岁

十二月

初三日　服阕，神宗下旨，升锡爵为礼部尚书兼文渊阁大学士，入内阁。

事见《明神宗实录》卷156"万历十二年十二月甲辰"条；《皇明通纪集要》卷35"甲申"条。

万历十三年（1585） 五十二岁

正月

二十日　疏辞礼部尚书兼文渊阁大学士新命，神宗优诏慰留，不允所辞。

《明神宗实录》卷157"万历十三年正月壬辰"条："礼部尚书文渊阁大学士王锡爵疏辞新命，上温旨报之，不允辞。"

二月

初五日　葬父于墅沟新阡。

事见《年谱》"万历十三年"条。

三月

初八日　再疏恳辞，神宗优诏慰答，不允所辞。

事见《明神宗实录》卷159"万历十三年三月乙卯"条。

四月

十六日　原定此日启程赴京，因胞弟鼎爵病而改期。

事见《年谱》"万历十三年"条。

二十八日　奉母赴京。

事见《年谱》"万历十三年"条。

六月

十六日　任《万历重修会典》总裁，兼经筵讲官。

《明神宗实录》卷162"万历十三年六月乙卯"条："礼部尚书兼文渊阁大学士王锡爵朝见，命充会典总裁同知经筵，日侍讲读。"

八月

初九日　奉命祭孔。以万寿节获赐白银五十两，彩段四表里。

《明神宗实录》卷164"万历十三年八月丁未"条："遣大学士王锡爵祭先师孔子……以万寿圣节赐元辅申时行银六十两，彩段四表里；次辅许国、王锡爵、王家屏各银五十两，彩段四表里。"

十一日　以圣母慈圣皇太后还御慈宁宫，赐锡爵银八十两，彩段四表里，金银万寿簪、银吉庆字、寿字、黄红符等。

《明神宗实录》卷164"万历十三年八月己酉"条："以圣母慈圣皇太后还御慈宁宫，赐元辅时行银一百两，彩段四表里；次辅国、锡爵、家屏各银八十两，彩段四表里。又赐金银万寿簪、银吉庆字、寿字、黄红符有差。"

九月

十一日　于近行宫处获赐账房一座。

事见《明神宗实录》卷165"万历十三年九月戊寅"条。

闰九月

上《因事抗言求去疏》，言李植、江东之、羊可立等"狂锋愈炽，暗械满胸"，为申时行开解，进言尤切。万历不允所辞，谪李植、江东之、羊可立。

事见《御批历代通鉴辑览》卷111；《明神宗实录》卷164。

十二日　赐罗衣二袭。

事见《王文肃公文集》卷31《谢赐罗衣疏》。

十五日　偶感痢疾，并寒热身痛等症。

事见《王文肃公文集》卷31《引疾给假疏》。

二十五日　虚火上冲，昏晕仆地，上《引疾给假疏》，乞给假调理。神宗不允。

事见《王文肃公文集》卷31《引疾给假疏》。

二十五日　胞弟鼎爵病逝，享年五十岁。

事见《王文肃公文集》卷11《先弟河南按察司提学副使家驭暨妇庄宜人行状》；卷31《引疾三疏》。

二十八日　因病获假调摄，获赐米酒蔬肉等物。上《谢赐猪羊粥米疏》。

《明神宗实录》卷166"万历十三年闰九月甲子"条："大学士王锡爵以病请假，上报曰：'卿偶疾，准暂调摄，痊可即辅理。'""丙寅，赐大学士锡爵米酒蔬肉，中使赍至第，锡爵疏谢"。又《王文肃公文集》卷31《引疾求去疏》："臣于闰九月二十八日荷蒙圣恩，以臣患病，钦准给假调摄，仍谕以痊可即出辅理。续蒙特遣内臣颁赐酒米蔬肉等物。"《谢赐猪羊粥米疏》："伏蒙圣恩，特遣御前牌子孙朝斋赐臣锡爵鲜猪一口，鲜羊一腔，甜酱瓜茄一坛，白米二石，酒十瓶。"

十月

初十日　以疾求去，上《引疾求去疏》，神宗温诏慰留。

《明神宗实录》卷167"万历十三年十月丙子"条："大学士王锡爵以病乞归，上曰：'朕以卿忠猷亮节，特召起家。兹眷倚方殷，岂可遽以微疾求去？宜慎加调摄，痊可即出，不允所辞。'"又《王文肃公文集》卷31《引疾求去疏》："连日痰涎壅盛，步履艰难，饮食滞停，泄痢频数。心脾项背腰脊之间，无处不痛。臣亲检方书，云是七情忧患所感，脾气积伤，渐成鼓胀，非医药所能即愈。"《引疾再疏》："臣于本月初十日，以脾病具疏乞休。"

十四日　上《谢遣医视疾疏》。

《明神宗实录》卷167"万历十三年十月庚辰"条："遣太医院官朱儒等五人诣大学士锡爵第视疾，锡爵疏谢，再具疏乞归甚恳，仍温诏留之。"

十九日　上《引疾再疏》，神宗有旨勉留。

《王文肃公文集》卷31《引疾三疏》："臣于十月十九日再疏乞归，奉圣旨'大臣之义，体国忘家，前已有旨勉留，岂可恝然遽去？卿疾未愈，宜在任调理，副朕眷怀大义。'"又见《明神宗实录》卷168"万历十三年十一月丁酉朔"条。

十一月

初一日　上《引疾三疏》，神宗不允所辞。

事见《明神宗实录》卷168"万历十三年十一月丁酉朔"条。

十九日　以皇太后寿辰，获赐白银四十两，纻丝三表里，金万寿字、金篆字、金书黄符红符若干。

《明神宗实录》卷168"万历十三年十一月乙卯"条："圣慈皇太后万寿圣节，上御皇极门文武群臣致词称贺，赐元辅申时行银五十两、纻丝三表里，次辅许国、王锡爵、王家屏各银四十两，纻丝三表里及讲官沈一贯等六员各银二十两、纻丝二表里。又赐金万寿字、金篆字、金书黄符红符有差。"

十二月

十八日　以年节获赐银四十两，彩段二表里。

《明神宗实录》卷169"万历十三年十二月甲申"条："以年节赐元辅申时行银五十两、彩段四表里，次辅许国、王锡爵、王家屏每银四十两，彩段二表里。"

万历十四年　（1586）　五十三岁

任会试主考官。

事见《年谱》"万历十四年"条。

万历十五年（1587） 五十四岁
一月
二十五日　上《考察自陈疏》，引例求退，神宗优诏慰留，不允所辞。

事见《年谱》"万历十五年"条；《王文肃公文集》卷31《考察自陈疏》。

二月
二十日　《万历重修会典》刊行，诏加王锡爵太子太保。

《明神宗实录》卷183"万历十五年二月戊寅"条："大典告成，礼部尚书沈鲤加太子少保……其余升赏有差。次日，加恩元辅申时行兼支大学士俸、次辅国进兼吏部尚书、建极殿大学士，余官如故。次辅锡爵加太子太保，兼武英殿大学士尚书如故。"

二十一日　上《书成辞免恩命疏》，神宗不允所辞。

《明神宗实录》卷183"万历十五年二月庚辰"条："大学士申时行、许国、王锡爵各辞免恩命，不允。"又见《王文肃公文集》卷31《书成辞免恩命疏》。

二十四日　上《再辞恩命疏》，圣谕"准辞太子太保改太子少傅，余皆令勉承，勿辞"。

事见《王文肃公文集》卷31《再辞恩命疏》。

三月
十三日　获赐白银二十两，彩段二表里。

《明神宗实录》卷184"万历十五年三月壬寅"条："以圣体康宁，赐辅臣申时行银三十两、彩段三表里，许国、王锡爵各银二十两，彩段二表里。"

十四日　获赐白银三十两、纻丝二表里、新钞三千贯。

《明神宗实录》卷184"万历十五年三月癸卯"条："赐辅臣申时行银四十两、纻丝四表里、新钞五千贯，许国、王锡爵各银三十两、纻丝二表里、新钞三千贯。"

四月

初七日　获赐彩扇。

《明神宗实录》卷185"万历十五年四月丙寅"条："赐元辅申时行、次辅许国、王锡爵及讲官朱赓等五员彩扇有差。"

七月

十八日　以视写云梦公主神主圹志，获赐银币。

事见《明神宗实录》卷188"万历十五年七月乙巳"条。

八月

初六日　以万寿节获赐金万寿字。

事见《明神宗实录》卷189"万历十五年八月癸亥"条。

初九日　以万寿节获赐银币。

事见《明神宗实录》卷189"万历十五年八月丙寅"条。

二十四日　以病获赐给假调理，并赐酒米等物。

事见《明神宗实录》卷189"万历十五年八月辛巳"条。

九月

初五日　上《引疾乞休疏》，神宗慰留，不允所辞，并赐猪羊粥米等物，锡爵上《谢赐猪羊粥米疏》。

《王文肃公文集》卷32《引疾乞休疏》云："臣年近六旬，病非一证，自先臣见背之后，内则以死丧怵惕而伤其神，外则以进退狼狈而挠其虑，以致举体气血无一处不虚，项背腰膂胃脘之间，无一处不痛，而复疟痢时作，痰涎上涌，吞酸食噎，渐成关隔。"又见《明神宗实录》卷190"万历十五年九月辛卯"条；《年谱》"万历十五年"条；《王文肃公文集》卷32《谢赐猪羊粥米疏》。

二十二日　上《引疾乞休再疏》，神宗温旨慰留。

《明神宗实录》卷190"万历十五年九月戊申"条："大学士王锡爵再疏乞休，上慰留之，命鸿胪寺官宣谕即出。"又见《王文肃公文集》卷32《引疾乞休再疏》；《年谱》"万历十五年"条。

十月

初十日　受召于朝堂。

《明神宗实录》卷191"万历十五年冬十月丁卯"条:"先是,大学士王锡爵两疏乞休,上谕留之,于初十日廷见。"

上《因言再申前请疏》,神宗温旨慰留,不允所辞。

《王文肃公文集》卷32《因言再申前请疏》:"奏病臣知止,偶触同然,肯乞圣明特采公论,俯遂微诚,以终恩造、以励廉耻事。"请神宗"甄别年力材品,于诸臣中择所宜去,请自臣始"。

十二月

十三日　以皇四子命名,获赐银币。

《明神宗实录》卷193"万历十五年十二月丁卯"条:"以皇第四子命名,赐辅臣申时行、许国、王锡爵及中书徐继申等银币有差。"

万历十六年（1588）　五十五岁

二月

初七日　以撰述圣母慈圣宣文明肃皇太后母安国公夫人王氏诰命,获赐白镪彩币。

事见《明神宗实录》卷195"万历十六年二月庚申"条。

六月

初八日　神宗以王锡爵二品官位任职三年考满,特赐钞二千贯、羊一只、酒十瓶。

事见《明神宗实录》卷199"万历十六年六月壬戌"条。

初十日　上《考满谢赐羊酒钞锭疏》。

事见《王文肃公文集》卷32《考满谢赐羊酒钞锭疏》。

十二日　二品三载考满,加太子太保,余官如故。荫一子入监读书,给予新衔诰命。王锡爵上《考满辞免恩命疏》《再辞考满恩命疏》,两疏请辞,不允。

事见《明神宗实录》卷199"万历十六年六月甲子"条;《王文肃公文集》卷32《考满辞免恩命疏》《再辞考满恩命疏》。

八月

初六日　奉神宗之谕,祭先师孔子。

事见《明神宗实录》卷202"万历十六年八月丁亥"条。

初十日　以万寿节获赐银币。

《明神宗实录》卷202"万历十六年八月辛卯"条："以万寿圣节，赐大学士申时行、王锡爵、许国、讲官朱赓等银币有差。"

十七日　获赐面食、长春酒。

《明神宗实录》卷202"万历十六年八月戊戌"条："万寿圣节，上御皇极殿百官行庆贺礼，赐辅臣申时行、王锡爵、许国面食、长春酒。"

八月

子王衡参加顺天府乡试，名列第一。

《年谱》"万历十六年"条："八月，衡侍府君，因入北场乡试，得领荐第一。"

九月

二十四日　以寿宫兴建顺利开展，获赐银币，荫一子入监读书。

《明神宗实录》卷203"万历十六年九月甲戌"条："谕：朕亲阅寿宫，工程已有次第，朕心嘉悦，诸臣协力效劳，宜加特典。元辅时行岁加禄米五十石，赏银币，荫一子；尚宝司司丞次辅国、锡爵赏银币，荫一子入监读书。"

二十八日　上《寿宫加恩辞荫疏》，神宗未允所辞。

事见《王文肃公文集》卷32《寿宫加恩辞荫疏》；《明神宗实录》卷203"九月戊寅"条。

十一月

十九日　长女以暴疾卒。夫人朱氏因忧伤过度，患痰涌下血诸病。

王衡《缑山先生集》卷20《祭长姊文》："万历戊子十一月十九日，衡长姊以暴疾卒于京师。"卷14《诰封一品夫人先母朱氏行实》："戊子，姊适周氏者，从夫中舍秉忠，来京仅三日暴卒……母哭之，几不欲生，遂患痰涌下血诸病。"

二十九日　上《论救言官公疏》援救御史马象乾，语多激切，马氏获救。

先是，巨珰张鲸挟东厂横恣行威，锡爵与申时行欲除之。言官亦交章论劾，御史马象乾疏论内阁官员阿从失职，语侵辅臣，申时行、王锡爵、许国等具本自陈待罪，神宗温旨勉留，将马象乾拿送镇抚司打问。十一月二十八日，申时行疏救之；次日，许国、王锡爵亦各上书揭救，马象乾因之得解，张鲸亦获罪。事见王锡爵《论救言官公疏》、《明神宗实录》卷205"万历十六年十一月丁丑"条、卷206"万历十六年十二月己卯朔"条。

十二月

初一日 神宗以锡爵女亡，温谕慰之。

《明神宗实录》卷206"万历十六年十二月己卯朔"条："谕元辅：……览次辅锡爵题帖，内说亡女一事，卿可代朕谕，勿悲惜过度，恐失治生之道；亦不必再有托陈，负朕倚协辅至意。"另见《王文肃公文集》卷32《因事陈言疏》。

十二日 给事中李沂论劾张鲸，神宗怒，下旨罚其六十廷杖，革职为民。锡爵上《因事陈言疏》，自劾乞归，且极论重处言官之失，请罢廷杖。神宗温旨勉留。

事见《明神宗实录》卷206"万历十六年十二月庚寅"条；《年谱》"万历十六年"条；《弇州山人四部续稿》卷178《与元驭阁老》；《王文肃公文集》卷32《因事陈言疏》。

万历十七年（1589）　　五十六岁

正月

初二日 与阁臣申时行、许国请诣会极门，行五拜三叩头礼。

《明神宗实录》卷207"万历十六年正月庚戌"条："大学士申时行、许国、王锡爵上言：'恭遇元旦，礼当庆贺，皇上克勤天戒，特免常仪，臣等备员辅弼与在廷诸臣不同，谨诣会极门，行五拜三叩头礼。'"

二十二日 礼部主客司郎中高桂上疏，言万历十六年顺天乡试中，茅一桂等若干举人试卷可疑，又王衡乃辅臣之子，位居榜首亦有嫌疑，请王衡与茅一桂等一并覆试，以去嫌疑。王锡爵上《辨论科场诬奏疏》申辩，以"无端为子蒙疑，大辱国体，乞赐先行罢斥，以公试典"。言辞激烈。神宗温旨勉留，不允所辞。

事见《年谱》"万历十七年"条；《明神宗实录》卷207"万历十七年正月庚午"条；《王文肃公文集》卷33《辨论科场诬奏疏》。《皇明通纪集要》卷35以高桂之疏上于万历十六年闰六月，而考王衡参加乡试之时尚在八月，故知《集要》所述为非。《年谱》以高桂上疏于本年二月，《皇明从信录》卷36与《明神宗实录》则皆录此事于正月条，今从《实录》。

二十三日　上《辨论科场诬奏疏》。

事见《明神宗实录》卷207"万历十七年正月辛未"条；《王文肃公文集》卷33《辨论科场诬奏疏》；《皇明从信录》卷36"正月"条。《皇明通纪集要》卷35误以此疏上于万历十六年闰六月。

二十六日　上《因辨科场诬奏乞罢疏》，再乞去职。神宗温旨慰留，不允所辞。

《明神宗实录》卷207"万历十七年正月甲戌"条："大学士王锡爵再疏乞休，以父子期许甚厚而不见信于高桂为耻，上温旨慰留。"又见《王文肃公文集》卷33《因辨科场诬奏乞罢疏》。

二月

初七日　覆试卷发，王衡仍为多官会拟第一，锡爵上《辨论科场诬奏三疏》，以王衡心迹已明，不愿会试，乞求退回荫籍。神宗不允，令吏、礼二部看议。饶伸复上疏，以锡爵"庇党恃势，殊乏相度，乞速赐罢斥"。

《明神宗实录》卷208"万历十七年二月甲申"条："大学士王锡爵言：'臣男覆试卷见，经多官会拟第一，皇上准留会试，臣之心迹明矣。顾念祖宗二百年来，辅臣子见疑而覆试自臣始，北京解元见疑而覆试自章礼与臣男始，使臣男班于章礼权门狗盗之例，此为谁辱？而又可使再辱乎？臣男本官生，望退回荫籍，量授一官，臣身在事外，亦可昂首谭科场之事。'……上不允其退避，令吏礼二部看议……刑部云南司主事饶伸上疏曰：'大学士王锡爵，辩疏字字剑戟。锡爵为相三年，忠臣贤士悉被斥远，佞夫憸人躐跻显要，其势将为居正之续，吴时来附权灭法，不称台长。王锡爵庇党恃势，殊乏相度，均乞速赐罢斥。'"又见《王文肃公文集》卷33《辨论科场诬奏三疏》。

初八日　上《再论科场事乞避位疏》，神宗不允所辞。

《明神宗实录》卷208"万历十七年二月甲申"条："次日，王锡爵求罢。又次日，申时行求罢。许国方典试，入场诸司章奏送时行私第票拟，时行仍封还。上惊问曰：'阁中竟无一人耶？甚非国体。'乃慰留时行、锡爵，怒伸出位妄言，朋奸逞臆，送镇抚司究问。薄暮三疏并下，皆出宸断。"又见《王文肃公文集》卷33《再论科场事乞避位疏》。

十二日　上《论救被逮部臣疏》，司礼监未报。

《明神宗实录》卷208"万历十七年二月乙丑"条；《王文肃公文集》卷33《论救被逮部臣疏》。

十八日　以母病为由，上《乞休五疏》，神宗不允所辞。

《明神宗实录》卷208"万历十七年二月乙未"条："大学士王锡爵称母病乞休，上命鸿胪寺宣谕，以留锡爵，疏谢。越七日进阁视事。"又见《王文肃公文集》卷33《乞休五疏》。

十九日　因神宗温旨慰留，遂上《谢宣谕疏》。

事见《王文肃公文集》卷33《乞休五疏》。

三月

十二日　乔璧星上疏，以锡爵为辅臣，为科场诬奏一事"屡辩伤激"，"嫌于使气决去，非大臣之体"。

《明神宗实录》卷209"万历十七年三月己未"条："应天巡按乔璧星上疏规大学士王锡爵，言'王衡素号多才，高桂心虽过猜，词实微婉，锡爵即屈抑难甘，一鸣可也。乃至再至三，中间"投笔从军"等语，亦自知动气矣。君父之前，何可使气？锡爵者，世所谓贤人君子也，一着少差，声价顿减，乞念硕辅难得，申谕锡爵养海阔天空之量，庶相道得而国体全矣。'得旨：'乔璧星既称硕辅难得，何必多言？且不究。'"

十三日　以廷士礼部贡士，任读卷官。应乔璧星上疏之旨，上《引咎谢恩疏》，神宗未允所辞。

事见《明神宗实录》卷209"万历十七年三月庚申"条；《王文肃

公文集》卷33《引咎谢恩疏》。

四月

二十六日　上《请视朝建储疏》，疏入，温旨报闻。

事见《明神宗实录》卷210"万历十七年四月壬寅"条；《皇明文征》卷25《请视朝建储疏》。《王文肃公文集》仅存其目，未录其文。

六月

十七日　上《引疾乞归疏》，神宗温旨慰留。

《明神宗实录》卷212"万历十七年六月壬辰"条："大学士王锡爵引疾乞归，温旨慰留。"《王文肃公文集》仅存其目，未录其文。

十八日　以病身极危极苦，又有衰母当奉，遂上《引疾乞归再疏》，神宗温旨勉留。

《王文肃公文集》卷34《引疾乞归再疏》曰："臣昨以风疾成痼，具疏乞休……人生百病，惟虚损为难治，惟痰晕为不测。臣今一病骨立，四肢俱痿。本由脾经下陷，中气积伤，乍热乍寒，时秘时泄，药饵不能攻，饮食不能化，此虚损难治之疾也。四年之间，在阁昏晕者三次，在班一次，在家不计其数。有如造膝五步之内，而一旦忽然震惊万乘，可谓寒心，此眩晕不测之证也……臣兼以衰母颠连哀疚之命，一存两存，一亡两亡。"

十九日　上《乞归三疏》，神宗勉留，不允所辞。

《王文肃公文集》卷34《乞归三疏》云："臣兄妹四人皆臣母吴氏所出，自先臣梦祥背弃，则臣母固已无聊。尚幸臣与弟妹出入更侍，粗遣旦夕。而一自臣被召入京以来，则臣弟先故，长妹继寡，今少妹又故矣。同胞之外，臣母所恃以持门户、承颜色者，在家为臣叔，在京惟臣女，而臣叔、臣女又相继故矣……皇上试遍阅廷臣中，有如臣家之多故者乎？试问臣之乡里，臣除此病身之外，再有一瓜一葛可寄托以母命者乎？"

七月

初八日　以母病上《乞归四疏》，神宗命王衡服侍王母还乡，遣差官护送，王锡爵则留京辅理。

《明神宗实录》卷213"万历十七年七月癸丑"条:"大学士王锡爵屡以母病乞归,上勉留之。再疏固请,命其子扶侍还乡,仍差官护送而从锡爵视事。"另见《王文肃公文集》卷34《乞归四疏》。

十四日　上《辞遣官送母疏》,神宗准奏,命锡爵即出辅政。

《明神宗实录》卷213"万历十七年七月己未"条:"大学士王锡爵辞免差官,奉母留京,从之。"又见《王文肃公文集》卷34《辞遣官送母疏》:"今臣母本阶受封,常禄供养,犹自嫌福薄,常怀盛满之忧,若俨然屈皇华之使,而为之四千里护行,殷天重地,震惊耳目。则臣母之陨越道路无疑,而臣亦岂愿臣母之有此也?此愚分难胜者一……臣属毛离里之身,原从何来?岂有可倩人代忧、分解身痛者?臣之不能一日舍母而独留明矣。此私情难遣者二。"

十七日　湖广道御史王世扬等上疏,以锡爵"日上去国之疏,非所以明臣节也。乞责以君臣大义、不得动以母子为请报"。

事见《明神宗实录》卷213"万历十七年七月壬戌"条。

十月

二十日　以修桥竣工撰碑,获赐白银三十两、纻丝二表里。

事见《明神宗实录》卷216"万历十七年十月甲午"条。

十二月

二十日　以年节获赐银四十两,彩段二表里。

《明神宗实录》卷218"万历十七年十二月癸巳"条:"以年节赐元辅时行银五十两,彩段四表里,次辅国、锡爵、家屏银四十两,彩段二表里。"

万历十八年（1590）　五十七岁

正月

初一日　与阁臣申时行、许国、王家屏同受召于毓德宫,劝谏神宗早日立长子为太子,并请长子出阁读书之事。神宗未作允答。

事见《明神宗实录》卷219"万历十八年正月"条;《年谱》"万历十八年"条。

元日受召后，遂与阁臣共同上疏，请定册立豫教之期。神宗以豫教、册立分为两事，一可一否，进而疑群臣离间父子。锡爵遂上《召对建储豫教事体疏》，阐明众臣并非离间之意，继而请神宗早定皇长子册立与出阁读书之期，以杜外廷之猜疑；并提出将皇长子予皇贵妃为子，遂不必加其生母恭妃之名号，使之凌于皇贵妃之上。疏上，留中不发。

《明史·申时行传》云："十八年，帝召皇长子、皇三子，令时行入见毓德宫。时行拜贺，请亟定大计。帝犹豫久之，下诏曰：'朕不喜激聒。近诸臣章奏概留中，恶其离间朕父子。若明岁廷臣不复渎扰，当以后年册立，否则俟皇长子十五岁举行。'时行因戒廷臣毋激扰。"以神宗"不喜激聒、离间父子"之诏下于万历十八年元旦神宗召见阁臣之际，然自锡爵"臣等昨于元日蒙恩召对，喜不自胜……昨日忽奉御批，以豫教、册立分为两事，一可一否，甚而疑群臣之请为离间"之语观之，元旦之日神宗与阁臣谈话较为融洽，当未下"不喜激聒、离间父子"之诏。又，《明通鉴》卷69："春正月，甲辰，不御殿。召阁臣申时行等于毓德宫，以雒于仁四箴疏示之……居数日，于仁引疾，遂斥为民。自此，章奏留中，遂成故事。顷之上宣皇长子出见，时行请早定大计。上犹豫久之，下诏曰：'朕不喜激聒。近阅诸臣所奏，恶其离间父子，故概置之。若廷臣不复奏扰，当以后年册立，否则俟皇长子十五岁举行。'"虽与《实录》所载略异，然亦以神宗诏下于元旦而后。故此处以《实录》为是。

二月

二十六日　上《再请豫教疏》，请神宗定长子出阁读书之期，疏入，留中未发。

事见《明神宗实录》卷220"万历十八年二月戊戌"条；《年谱》"万历十八年"条；《王文肃公文集》卷34《再请豫教疏》。

四月

初七日　因母病，请给假调理，上《母疾请给假疏》，神宗批允。

《明神宗实录》卷222"万历十八年四月戊寅"条："大学士王锡爵以母病乞暂假调理，许之。"另见《王文肃公文集》卷34《母疾请给假疏》。

以母疾暂缓,进阁供事,上《到阁题知疏》。

事见王锡爵《到阁题知疏》。

五月

初四日　上《因灾自陈疏》,以入京供职五年之间,朝讲日疏,四方告灾,边塞战乱不断,国库亏空,册立之期未定,请引咎辞职。神宗优诏慰留。

《明神宗实录》卷223"万历十八年五月甲辰"条;《王文肃公文集》卷34《因灾自陈疏》。

忽发风疾。

《王文肃公文集》卷34《给假疏》:"臣于本月初四日陡发寒热,转药转病,头不能支枕,足不能扶床。群医拱手,莫能名状。"

初九日　上《给假疏》,因本月初四日忽发风疾,请给假调理,神宗准奏。

《明神宗实录》卷223"万历十八年五月己酉"条:"大学士王锡爵乞假调理,许之,令痊可即出。"又见《王文肃公文集》卷34《给假疏》;《年谱》"万历十八年"条。

十三日　神宗以锡爵患病,特赐鲜猪一口,鲜羊一腔,甜酱瓜茄一坛,白米二石,酒十瓶。

《王文肃公文集》卷35《谢赐猪羊粥米疏》:"本月十三日,钦蒙圣恩,以臣患病,特遣御前牌子(某)颁赐臣鲜猪一口,鲜羊一腔,甜酱瓜茄一坛,白米二石,酒十瓶。臣谨于私第恭设香案,伏枕叩头祗领讫。"另见《年谱》"万历十八年"条。

十四日　上《谢赐猪羊粥米疏》。

《明神宗实录》卷223"万历十八年五月甲寅"条:"大学士王锡爵以疾在告,上命中使赐猪羊米酒甜酱瓜茄等物,旋具疏谢。"

十六日　上《慰劝视朝疏》。此后至七月三十日的两月内,连上五疏告病乞休。神宗以"时事方艰"相慰留,不允所辞。

事见《年谱》"万历十八年"条;《王文肃公文集》卷35《慰劝视

朝疏》。

六月

十六日　在连上《因病乞休疏》《告病再疏》后，于此日再上《告病三疏》，以病势危笃请归，神宗优诏留之。

《明神宗实录》卷224"万历十八年六月丙戌"条："大学士王锡爵再疏乞休，不允。"

七月

十五日　上《告病四疏》，神宗不允所辞。

《明神宗实录》卷225"万历十八年七月甲寅"条："大学士王锡爵四疏乞休，不允。"又见《王文肃公文集》卷35《告病四疏》。

二十六日　神宗视朝，问及锡爵病情，申时行等言其形体羸瘦，神思愁苦，不能强留。神宗命锡爵从容调理，痊可即出，不允请辞。申时行等遂前往锡爵宅邸探视，转达神宗慰留之旨，锡爵哀感而上《恭谢圣问疏》。

《明神宗实录》卷225"万历十八年七月乙丑"条："上御门毕召辅臣时行等见于皇极门暖阁……上复问次辅病安否何如？时行等对：'臣锡爵实病，屡疏求去，情非得已。'上曰：'如今有事时，正宜竭忠赞襄，如何要去？'时行等对：'皇上注念锡爵，是优厚辅臣至意，臣等亦知感激。但锡爵病势果系缠绵，臣等亲至其卧内，见其形体羸瘦，神思愁苦，亦不能强留。'上曰：'着从容调理，痊可即出。'时行等唯唯。"另见《年谱》"万历十八年"条；《王文肃公文集》卷35《恭谢圣问疏》。

三十日　自五月初四日起，患病已三月。上《告病五疏》，神宗优诏慰留。闻旨，复上《恭谢圣问疏》。

事见《明神宗实录》卷225"万历十八年七月己巳"条。《王文肃公文集》卷35《恭谢圣问疏》："今病久加聋，虽钟鼓亦不闻矣……正流涕间，会同官时行等就臣榻前，告以本日召见暖阁，蒙面问王次辅病安否何如，时行等以臣真病真情对……臣闻此不觉失声恸哭，哀感三臣。盖涕洟尚未收，而勉留之旨又下矣。"

八月

初六日　神宗遣鸿胪寺杨宗仲到锡爵私第宣谕："近日西镇屡报虏情，卿辅弼重臣，岂可引疾求去？兹闻卿疾已愈，宜即出辅理，副朕眷倚至怀。"锡爵具《谢宣谕疏》，上温答之。

事见《年谱》"万历十八年"条；《明神宗实录》卷226"万历十八年八月乙亥"条。

十五日　以中秋节获赐上尊珍馔。

事见《明神宗实录》卷226"万历十八年八月甲申"条。

十六日　恭诣午门外，见朝行礼后，入阁办事，上《到阁题知疏》。此距其五月初四日给假，已百日有余。

事见《王文肃公文集》卷35《到阁题知疏》；《年谱》"万历十八年"条。

九月

初七日　上《论边事疏》，神宗嘉锡爵谋国忠虑，命疏中所议着各该经略督抚等官查照举行。

《明神宗实录》卷227"万历十八年九月丙午"条；《王文肃公文集》卷35《论边事疏》。

十二日　神宗令文书官到阁传问"开矿一事节经诸人题请，如何不见该部覆来"，申时行、王锡爵等上《请止开矿公疏》，以为"户部所以迟回未覆之意，一者防患，二者惜财，三者恐差官骚动地方，四者亦不欲宣露国家窘急之状"。开矿之事遂止。

事见《明神宗实录》卷227"万历十八年九月辛亥"条；《王文肃公文集》卷36《请止开矿公疏》；《年谱》"万历十八年"条。

本月，因文书官李文辅传旨"着鸿胪寺官催首辅入阁"，遂上《答传谕疏》，遵旨拟帖，命申时行即出辅理。

事见《王文肃公文集》卷36《答传谕疏》。

文书官李文辅传谕辽东"虏情紧急，着兵部便马上差人传与该抚按官用心防御，务保无虞"，遂上《答辽事公疏》，遵旨拟帖进呈。

事见《王文肃公文集》卷36《答辽事公疏》。

十月

二十一日　上《恳请建储疏》。疏入，留中未发。

事见《明神宗实录》卷228"万历十八年十月己丑"条；《年谱》"万历十八年"条；《王文肃公文集》卷36《恳请建储疏》。

二十三日　因神宗下旨宣慰，遂上《谢宣谕并申请建储疏》。

事见《明神宗实录》卷228"万历十八年十月辛卯"条；《王文肃公文集》卷36《谢宣谕并申请建储疏》；《年谱》"万历十八年"条。

三十日　上《申请册立豫教疏》。

事见《年谱》"万历十八年"条。

十一月

初九日　上《到阁题知疏》。

《年谱》"万历十八年"条："十一月初九日，府君力疾，恭诣午门前，见朝行礼毕，遂进阁供事。"

二十六日　奉命参加冬至祭祀。

事见《明神宗实录》卷229"万历十八年十一月甲子"条。

十二月

十九日　以年节获赐白银四十两，彩段二表里。

事见《明神宗实录》卷230"万历十八年十二月丁亥"条。

万历十九年（1591）　五十八岁

正月

初六日　以誊写累朝《宝训》《实录》事竣，赐太子少傅之职，并白银八十两，彩段四表里。

《明神宗实录》卷231"万历十九年正月癸卯"条；《王文肃公文集》卷37《代同官辞恩公疏》。

代申时行上《代同官辞恩公疏》，神宗准奏。

事见《王文肃公文集》卷37《代同官辞恩公疏》。

三月

遣子王衡送母归乡。

《王文肃公文集》卷37《乞恩省亲疏》："臣母吴氏年来衰病思家之状久已上闻，只缘圣恩深重，既不听臣同归，又必欲遣官送臣母归。臣进退踯躅，公私难处，勉于今年三月中私遣臣男衡挈家送母暂还，庶上不惊圣听，下可以稍宽母怀。"另见《年谱》"万历十九年"条。

六月

十五日 因母病，遂上《乞恩省亲疏》，神宗未允所辞。

《明神宗实录》卷237"万历十九年六月戊申"条："大学士王锡爵奏闻母病乞放归省，不允。"另见《王文肃公文集》卷37《乞恩省亲疏》；《年谱》"万历十九年"条。

十八日 因神宗"不必忧思过虑，即出佐理"之谕，遂上《谢宣谕疏》。

《明神宗实录》卷237"万历十九年六月辛亥"条；《王文肃公文集》卷37《谢宣谕疏》；《年谱》"万历十九年"条。

十九日 上《再乞省亲疏》，神宗准假三个月，赐路费银一百两，纻丝四表里，遣差官伴送。

《明神宗实录》卷237"万历十九年六月壬子"条："大学士王锡爵准假三个月，驰驿归省，特赐路费银一百两，纻丝四表里，仍差官伴送，促令如限前来。"另见《王文肃公文集》卷37《谢赐路费疏》；《年谱》"万历十九年"条。

二十日 上《谢准假归省疏》。

《年谱》"万历十九年"条："二十日，蒙恩准假归省，府君具本亲赍奏谢。"另见《王文肃公文集》卷37《谢准假归省疏》。

二十三日 上《谢赐路费疏》。

《年谱》"万历十九年"条："二十三日，为钦赐路费具本奏谢。又上《辞朝奏谢疏》。"另见《王文肃公文集》卷37《谢赐路费疏》。

后上《辞朝疏》《归省留献忠言疏》《备陈边事疏》。

事见《年谱》"万历十九年"条。

七月

二十四日 为福建佥事李琯弹劾，神宗以"倾陷忠良，扰乱宗社大计"为由，将李氏革职为民。

《明神宗实录》卷238"万历十九年七月丁亥"条。

九月

初九日　抵家，上《还家谢恩疏》。

《明神宗实录》卷240"万历十九年九月辛未"条；《年谱》"万历十九年"条；《王文肃公文集》卷37《还家谢恩疏》。

十五日　内阁四人中，次辅许国、首辅申时行以建储未果，于九月初十、十二日先后谢政，此时内阁仅王家屏与王锡爵在职。王家屏九月十三日乞归不允，遂于十五日上疏，请令王锡爵入阁辅政。

《明史》卷218《申时行传》："（万历）十九年八月，工部主事张有德请具册立仪注。帝怒，命展期一年。而内阁中亦有疏入。时行方在告，次辅国首列时行名。时行密上封事，言：'臣方在告，初不预知。册立之事，圣意已定。有德不谙大计，惟宸断亲裁，勿因小臣妨大典。'于是给事中罗大纮劾时行，谓阳附群臣之议以请立，而阴缓其事以内交。中书黄正宾复论时行排陷同官，巧避首事之罪。二人皆被黜责。御史邹德泳疏复上，时行力求罢。诏驰驿归。"卷219《许国传》："（万历）十九年秋，工部郎张有德以仪注请，帝怒夺俸。时行适在告，国与王家屏虑事中变，欲因而就之，引前旨力请。帝果不悦，责大臣不当与小臣比。国不自安，遂求去。疏五上，乃赐敕驰传归。逾一日，时行亦罢，而册立竟停。"又《明神宗实录》卷240"九月壬申"条："大学士许国四疏乞归，准回籍调理，仍命驰驿去；癸酉，大学士王家屏援许国准予回籍，再疏乞休去位，不许；甲戌，大学士申时行十一疏求去，许之，仍赐乘传差官护送。"

二十一日　神宗命官差敦促锡爵奉母回京。

《明神宗实录》卷240"万历十九年九月癸未"条："以辅臣王锡爵假限已满，差官敦趣奉母驰驿来京。"

十月

初四日　上《乞恩终养疏》，以母病已经成痼疾，乞求在籍终养。疏中并论为李琯弹劾之事。神宗优诏慰勉，不允所辞。

《年谱》"万历十九年"条:"十月四日,乞恩在籍终养,具疏奏闻。先是,数日前府君偶接邸报,见有佥事李琯有疏论及府君,皇上赫然震怒,将琯重处。意虽不专为府君,而府君以此疏适接琯疏之后,恐皇上因事生疑,以为感愤避言之疏,抑不遽允,不敢不一言自明。"《明神宗实录》卷241"万历十九年十月丙申"条:"原任大学士王锡爵求终养,不许。"另见《王文肃公文集》卷37《乞恩终养疏》。

十一月

十五日　钦差行人司行人何崇业抵锡爵家中,传谕锡爵假限已满,当奉母回京,遣差官护送。此后一月内,旨意三下,恩礼隆重。

事见《年谱》"万历十九年"条;《王文肃公文集》卷38《谢遣官敦促申请终养疏》。

十二月

十四日　阁臣王家屏上疏,请锡爵返京辅政。

《明神宗实录》卷243"万历十九年十二月丙午"条:"大学士王家屏疏请王锡爵来京,以图匡济,俟国事稍纾,再许归省,庶臣道可尽,子情亦伸。谨具奏以闻。"

十六日　上《谢遣官敦促申请终养疏》,神宗以"国事多艰",不允所请。

《年谱》"万历十九年"条:"十二月十六日,谨谢遣官敦促并申请终养。"另见《明神宗实录》卷243"万历十九年十二月丁未"条。

万历二十年（1592）　五十九岁

正月

初三日　接神宗敦促启程回京之旨。

事见《王文肃公文集》卷38《辞召命三疏》。

二月

十九日　上《辞召命三疏》,神宗不允所辞,命即日启程。

事见《明神宗实录》卷245"二月庚戌"条;《年谱》"万历二十年"条;《王文肃公文集》卷38《辞召命三疏》。

三月

上《辞召命四疏》，留中月余。至五月二十九日方得神宗批复，所辞不允。

《年谱》"万历二十年"条："三月某日，府君四辞召命疏上，留中月余。至五月二十九日，准吏部咨奉旨'卿疏终养，屡旨慰留，原为边鄙未宁，特资匡济。今叛贼勾虏披猖，奈何坐视？且闻卿母已瘥，何不为朕一出，姑待事平归养乎？行人何崇业着敦促上道，以慰眷怀。'"另见《王文肃公文集》卷38《辞召命四疏》。

五月

初八日　接神宗敦促即日启程回京之旨。

《王文肃公文集》卷38《辞召命四疏》："本月初八接待邸报，奉圣旨'卿以母疾累疏终养，朕岂不知体量？只以国家多事，边鄙未宁，卿为辅臣，旦夕丞弼，匡济时艰，岂得再三陈情？非移孝为忠之道也。卿宜当遵依累旨，即日起程赴召，慰朕眷怀。'"另见《明神宗实录》卷248"五月丁卯"条。

二十九日　神宗批复《辞召命四疏》旨下，锡爵所辞不允。

事见本年"三月"条。

六月

二十九日　携母起程回京。

《王文肃公文集》卷38《中途辞召命疏》："随于六月二十九日，以软舆强扶病母雪涕登舟，除沿途迎医视疾之外，旦暮不敢逗留。"另见《年谱》"万历二十年"条。

七月

初九　上《中途辞召命疏》，以母病危请辞，并献安边定虏之策，神宗优诏答之，仍促单车就道。

事见《王文肃公文集》卷38《中途辞召命疏》；《明神宗实录》卷250"万历二十年七月丙寅"条。

二十一日　得家信，知母病甚危，惊惶痛哭，急驾舟归省，与行人何崇业约定十日后相见于旧馆。

事见《王文肃公文集》卷38《中途再辞召命疏》；《年谱》"万历二十年"条。

二十四日　抵太仓家，母子相见。

事见本月"二十一日"条。

八月

初二日　离家至高邮旧馆待命。

事见七月"二十一日"条。

九月

初二日　上《中途再辞召命疏》，以母病请辞，神宗温旨慰留。

事见《王文肃公文集》卷38《中途再辞召命疏》；《明神宗实录》卷252"万历二十年九月戊午"条；《年谱》"万历二十年"条。

初八日　工部主事岳元声上疏，以时事方艰，锡爵屡以母病辞官，有辱阁臣之职；又锡爵德望才识难以拯救时弊，姑听其去职可也。神宗不允。

《明神宗实录》卷252"万历二十年九月甲子"条。

二十三日　接得神宗九月初二日慰留之旨，携母乘舟起程返京。

《年谱》"万历二十年"条："行至德州，接邸报，有工部都水司主事岳元声之论。"《王文肃公文集》卷38《因言再辞召命疏》："缘臣家乡僻左，前旨闻以九月初二日下，而接邸报乃在二十三日，臣闻命仓皇，言语俱塞。幸而臣母旧疾虽瘳，新疾少瘥，因连夜办某觅船。"

二十九日　接得邸报，知岳元声"听其去职"之论。

事见《王文肃公文集》卷38《因言再辞召命疏》。

十月

初二日　上《因言再辞召命疏》，言岳元声以己诈托观望、苟图自全并非实情，屡辞召命只缘母疾已瘳，一己德望才识难当重任。神宗优诏慰之，不允所辞。

《明神宗实录》卷253"万历二十年十月戊子"条："大学士王锡爵以工部主事岳元声论其诈托观望，奏疏曾云'千欺万欺，何恶以慈母疾痛不祥之言为？谁无父母，当不至如元声语也。第谓身非完璧，才难定乱，元声知臣胜于臣之自知，实以助臣推贤让能之美。乞亟放免，别选才贤。'上温旨慰促之。"又见《王文肃公文集》卷38《因言再辞召命疏》。

十一月

二十一日　首辅赵志皋奏乞谢政，请亟催元辅王锡爵主持国政。

事见《明神宗实录》卷254"万历二十年十一月丁丑"条；卷255"万历二十年十二月戊申"条。

先是，万历十九年九月初十日，神宗准许国以病去职。十二日，申时行亦谢政，此时内阁仅王锡爵与王家屏在职，而王锡爵归省未还，遂以家屏为首辅。万历二十年三月十一日，神宗准家屏辞去首辅一职，由王锡爵出任首辅。时锡爵正以母病归省，虽三月假期已满，然锡爵屡上辞呈，尚未还京。遂由赵志皋暂理首辅之事。万历二十一年正月，王锡爵还朝，接任首辅一职。事见《明史》卷219《赵志皋传》。

是年，孙时敏生。

事见王宝仁《奉常公年谱》。

万历二十一年（1593）　六十岁

正月

初四日　行至德州，接邸报，知赵志皋等题请神宗下发科臣林材论锡爵过失之疏，并请优诏慰谕锡爵。

《明史》卷242《林材传》："王锡爵赴召，材疏论，并及赵志皋、张位。"另见《王文肃公文集》卷38《在途闻言待命疏》。

初七日　以林材上疏劾己，不敢冒昧前进，遂上《在途闻言待命疏》，以明心志。

事见本月"初四日"条。

初十日　接神宗优诏勉慰、敦促入朝之旨。

事见《王文肃公文集》卷38《在途闻言待命疏》。

十五日　入京，诣午门见朝谢恩。

《王文肃公文集》卷38《赴召入阁谢恩疏》："臣仰见皇上以赤心

信臣，虽百口不为动；以大义勉臣，虽十疏不得辞。当即星驰赴阙，以十五日诣午门见朝。"另见《年谱》"万历二十一年"条。

十六日　上《赴召入阁谢恩疏》，出任首辅。神宗特赐银一百两，纻丝四表里，麒麟胸背一袭。

事见《王文肃公文集》卷38《赴召入阁谢恩疏》；《明神宗实录》卷256"万历二十一年正月辛未"条。

十八日　以神宗恩赐，上《谢赐银币疏》。

事见《王文肃公文集》卷38《谢赐银币疏》。

二十二日　自正月十五入朝以来，以立储为第一要务。又不欲居功，以彰神宗独断之美名，兼防外廷众口议论，遂上《密请建储疏》，以神宗前旨定于本年举行册立之礼，届期未有先发一言者，遂上密奏请求预先传谕料理册立事宜，确保长子如期册立。

事见《明神宗实录》卷256"万历二十一年正月丁丑"条。《年谱》"万历二十一年"条以此疏上奏时间为二十三日，今从《实录》。

二十三日　时值京官考察，遵例上《京察自陈疏》，以"六年之任未领事"乞罢。神宗优诏慰留。

事见《明神宗实录》卷256"万历二十一年正月丁丑"条；《王文肃公文集》卷38《京察自陈疏》。《年谱》误以此疏上于十八日。

二十四日　接神宗批答二十二日《密请建储疏》之谕，神宗以祖训"立嫡不立庶"为由，欲行"三王并封"之策。

事见《明神宗实录》卷256"万历二十一年正月丁丑"条；《年谱》"万历二十一年"条。

锡爵知上命难违，遂上密奏《答并封圣谕疏》，一者援史为例，请神宗传谕，命长子以中宫为母，"即系正嫡所生，母亦自不必加封，上则使中宫安心抚养，下则使皇贵妃不失尊重"。再者奉旨拟传帖两道：一为三王并封之谕；一为取长子为中宫之子，并立之为太子之谕，并请神宗俯从后者。

事见《明神宗实录》卷256"万历二十一年正月丁丑"条。

二十五日　神宗批《答并封圣谕疏》，以"卿所拟前论，正合朕意，朕已批发"。

《明神宗实录》卷256"万历二十一年正月癸未"条；《王文肃公文集》卷39《答并封圣谕疏》。

上《再答圣谕疏》。

事见《王文肃公文集》卷39《再答圣谕疏》。

接神宗批答《京察自陈疏》之旨，神宗优诏慰留。

事见《王文肃公文集》卷38《京察自陈疏》。

二十六日　下发锡爵所拟"三王并封"之诏。

事见《明神宗实录》卷256"正月辛巳"条。

二十七日　光禄寺寺丞朱维京上疏，指责王锡爵身为元辅，不能委婉谏言、转移圣意，有悖首揆之职。神宗怒，谪维京戍边。继而刑科给事中王如坚上疏反对并封之策，亦谪边。锡爵后有《恳救建言二臣疏》揭救二人，神宗听之，免发戍边，从轻处置。锡爵复上《答圣谕疏》谢恩。

事见《明神宗实录》卷256"万历二十一年正月壬午"条。《王文肃公文集》卷39《恳救建言二臣疏》附谕札一道："既卿今复恳悃陈救，已免发戍，兹特谕卿知之。"另见《王文肃公文集》卷39《答圣谕疏》。

锡爵上《请收回并封圣谕疏》，神宗不允，以"朕为天下之主，无端受诬，卿等何忍见之？其于国体何？"后锡爵复上《答圣谕疏》请罪。

事见《明神宗实录》卷256"万历二十一年正月壬午"条；《王文肃公文集》卷39《请收回并封圣谕疏》《答圣谕疏》。

二十八日　密揭奏请神宗俯从初议，以皇长子为太子，早定大典。疏上，留中未发。

事见《王文肃公文集》卷39《误答圣谕引罪请改疏》。

二月

初二日　上《请会议册典疏》，以外廷纷扰，请求多官共议册立之事。神宗未允。

《明神宗实录》卷257"万历二十一年二月丁亥"条："大学士王锡爵题'谋国无状，人言朋兴，乞敕多官会议。'报曰：'朕意已定，不必廷议。'"另见《王文肃公文集》卷39《请会议册典疏》。

上《请面陈册储事体疏》，留中未发。

事见本年"正月二十八日条"。又见《王文肃公文集》卷39《请面陈册储事体疏》。

初六日　上《误答圣谕引罪请改疏》，以一己疏于前代祖训与阁中故实、遂误拟"三王并封"之谕，自劾请罪。神宗以锡爵若自认错，则置君主于无地，不允；并撤"并封"之谕，待二、三年中宫无出，再行册立。

事见《王文肃公文集》卷39《误答圣谕引罪请改疏》；《明神宗实录》卷257"万历二十一年二月辛卯"条。

初八日　接神宗批答《误答圣谕引罪请改疏》之谕，神宗以"既是如此，俱不必封。少俟二、三年中宫无出，再行册立"。

事见本月"初六日"条。

初九日　上《请定册典以信初诏疏》，神宗以"册立已有旨了，卿不必附众疑阻"为辞，未允所奏。

《明神宗实录》卷257"万历二十一年二月甲午"条；另见《王文肃公文集》卷39《请定册典以信初诏疏》。

上《再请定册典以息群疑疏》。

《王文肃公文集》卷39《再请定册典以息群疑疏》："乃今始知众疑成城，卒难消释……故臣前此密进平淡处之之说，而皇上亦已为臣含忍矣。含忍而众尚未定，则其说更有可恨可骇之极，而臣一向口不忍道，笔不忍书，以待皇上召见面陈者。"

三月

初四日　上《引疾乞休疏》。

事见《年谱》"万历二十一年"条；《王文肃公文集》卷40《引疾乞休疏》。

王锡爵门生刘道隆弹劾虞淳熙、杨于庭、袁黄三人，因身为赵南星与孙鑨亲信而在京察中受庇护，吏部力加回护，攻锡爵。神宗怒，贬南星三秩，鑨亦夺俸。锡爵上《分解吏部事情疏》，婉转调护赵南星等。

疏入，留中未发。

《明神宗实录》卷258"万历二十一年三月己未"条："刑科给事中刘道隆劾奏吏部稽勋司员外虞淳熙、兵部职方司郎中杨于庭，台省交章摘拾，而该部曲为解说，仅议一袁黄而止非体。上以诘吏部，该部辩之甚力。上怒，夺堂上官俸二月，贬郎中三官，而罢淳熙。刘道隆以不指名亦夺俸二月。于是阁臣上言：'今年郎中赵南星专管考察，虽意见可否时与台省有异，而执法公、任事勇、怨仇不避、请托不行，则南星以此自信，臣等亦可以信南星者。特其是已非人，抑扬太过，致招訾议，情或可原。臣等窃谓仍黜虞淳熙、杨于庭，以从公论，袁黄候征倭事毕议处。'不报。"另见《王文肃公文集》卷40《分解吏部事情疏》。

初九日　接《引疾乞休疏》批答，神宗温旨慰留，不允所辞。

事见《年谱》"万历二十一年"条；《王文肃公文集》卷40《引疾乞休疏》。

十一日　获赐鲜猪一口，鲜羊一牪，甜酱瓜茄一坛，白米二石，酒十瓶。上《谢赐猪羊粥米疏》。

事见《年谱》"万历二十一年"条；《王文肃公文集》卷40《谢赐猪羊粥米疏》。

上《辨论阁中事体疏》，以"阁臣权轻责重，无故蒙疑，乞容解职避贤，以免辱国"。

《明神宗实录》卷258"万历二十一年三月丙寅"条："大学士王锡爵等奏辨礼部郎中陈泰来疏，仍乞罢斥。次日，次辅张位亦以此乞罢，皆不允。"《王文肃公文集》卷40《辨论阁中事体疏》："礼部郎中陈泰来有疏论考功赵南星之得罪，疑臣等主使言官，擅票严旨。臣等一见其揭，相与骇叹，以为白昼大都之中，圣主独断之事，在内则有文书官往来之传命，在外则有会极门出入之记籍，而小臣妄生议论如此，此出于不知，何足与辨。继而通政魏允贞、少卿曾乾亨等交章论及，亦谓臣等有憾于吏部，虚传上怒，乘机处之……所恃者天语之传行，朱笔之改定，皇上自能为臣等证明，可以无辨也；而赵南星见在，臣等曾否干预考察一人，可问而知。"神宗批答"这等明白事情，群小当朕面前辄敢胡言乱扯,可见朝臣结党乱政非止一端。卿等股肱大臣,为国受诬,乃任事任怨之所致,朕因人言愈深信托,既不必辨,又何以避贤为请?宜出辅佐化理,主张国事,毋得畏阻。吏部知道。"

十四日 《辨论阁中事体疏》下发,神宗优诏慰留,不允所辞。又命鸿胪寺卿张栋至锡爵私第传谕,温旨勉励。锡爵遂上《谢宣谕疏》。

《王文肃公文集》卷40《谢宣谕疏》:"今日该臣等乞休疏下,奉圣旨'这等明白事情,群小当朕面前辄敢胡言乱扯,可见朝臣结党乱政非止一端……宜出辅佐化理,主张国事,毋得畏阻。'又该鸿胪寺卿张栋捧皇上手札一道,至臣私第宣读圣谕'卿等同寅协恭,忠诚体国……亟入阁任事,用副朕怀。'"另见《年谱》"万历二十一年"条。

十七日 十六日下发陈泰来劾王锡爵擅票严旨令赵南星获罪一疏,神宗以陈泰来屡屡恣肆狂悖,欺君比于幼年,将独断处分佯作不知,诬赖辅臣,本当拿问,姑着从轻,降极边杂职。贾岩、薛敷教、于孔兼、顾允成、张纳陛,朋谋结党,淆乱政体,都着降三级调外任。锡爵遂于此日上《论救重处诸臣疏》申救诸臣。

事见《年谱》"万历二十一年"条;《王文肃公文集》卷40《论救重处诸臣疏》。

二十四日 上《请释久系罪臣疏》,留中未发。

《明神宗实录》卷258"万历二十一年三月己卯"条:"大学士王锡爵等题:'夫皇上所以怒材,为其欺冒耳。今据材原勘疏,当孟养告急时,材实曾遣兵助战,获金沙之捷,孟养进贡,夷文又明称天朝赏发天兵,则其功不可谓不出于材矣。至于多报首级,不过据将官之报失加查核,轻为人叙功,而未尝自以为功……皇上于罪中原情,或为民,或充军,使万里驰驱之旧臣,数年缧绁之余命,获保首领以没,亦见皇上慈悲无量功德耳。'不报。"另见《王文肃公文集》卷41《请释久系罪臣疏》;《年谱》"万历二十一年"条。

二十七日 上《引疾乞休再疏》,神宗以边事相慰留,不允所辞。

事见《明神宗实录》卷258"万历二十一年三月壬午"条;《年谱》"万历二十一年"条;《王文肃公文集》卷41《引疾乞休再疏》。

四月

十二日 上疏调停邹元标、李材之事，不报。

《明神宗实录》卷259"万历二十一年四月丙申"条："大学士王锡爵等题：'邹元标本以朴愿书生，无他奇略，皇上先已录其微忠，再召入吏部，既而改南，两京一体，亦未见大有摧折，而小臣争之，以为此旷古遗直，不可不亟为超用。臣等尝取其原疏读之，词气甚平，原无触冒，而外廷以皇上之忤为之，故昂其声价；皇上因以外廷之争为之，故抑其升迁。然则摈元标者乃诸臣，非皇上也。李材虽富有学问，年已近衰，不能核实报功，为将官所误，皇上赫然震怒，拿问重处，岂非英断？既而狱久不决，重复行勘，明示可生之机，而小臣争之，以为此旷古极冤，不可不亟为叙录，未卜其生，先卜其用，不平如此，而望转移天听乎？然则锢李材者乃诸臣，非皇上也。臣等职司调燮，故于二臣之事始终不敢苟附人言，归过于上。惟圣明将元标先年条陈与李材近日勘功疏平心观览，酌量处分，于元标则勒令该部改升两司外官，略其虚名，课以实事；于李材则照依刘天俸改发充军事例，但减死罪，不减生罪，如此则用舍操纵，两得其平矣。'不报。"

十三日 上《请处分铨部疏》，不报。

《明神宗实录》卷259"万历二十一年四月丁酉"条："大学士王锡爵等题：适蒙发下吏部尚书孙鑨乞休本，且诘其托疾之意，臣造其卧榻问之，乃为考察时风寒伤足，疼痛至今，退而质之侍郎蔡国珍、郎中刘元霖等，如出一口，鑨乃真病，非别有主意，悻悻诈托……不报。"另见《王文肃公文集》卷41《请处分铨部疏》。

十八日 获赐彩扇。

事见《明神宗实录》卷259"万历二十一年四月壬寅"条。

二十二日 上《请召对疏》，以"到京三月，从未得一睹天颜"，心不自安，请求神宗朝见百官。疏入，留中未发。

事见《明神宗实录》卷259"万历二十一年四月丙午"条；《王文肃公文集》卷41《请召对疏》。

二十六日 上《调停宗藩事情疏》。

事见《明神宗实录》卷259"万历二十一年四月庚戌"条；《王文肃公文集》卷41《调停宗藩事情疏》。

五月

初七日　上《奏报东事疏》。

《明神宗实录》卷260"万历二十一年五月庚申"条："大学士王锡爵等以群倭尽遁，朝鲜复完，请御朝献俘受贺。"另见《王文肃公文集》卷41《奏报东事疏》。

初八日　上《定国论一政体疏》。

《明神宗实录》卷260"万历二十一年五月辛酉"条："大学士王锡爵上泰交要务四事：题覆宜慎，凡一切章奏悉下部议，使天下议论总条贯而归六部，六部题覆别白黑而定一尊。听纳宜公，就言论言，就人论人……甄别宜先，天下人品不齐，然必先用其贤，而徐简其不贤……勘核宜审，论人者务求根据，部覆者必凭实迹……上可其奏，仍令部院悉心确议，着实举行。"另见《年谱》"万历二十一年"条；《王文肃公文集》卷41《定国论一政体疏》。

十四日　上《请定进讲经书疏》。疏入，留中未发。

《明神宗实录》卷260"万历二十一年五月丁卯"条："大学士王锡爵等请讲《诗经》《孝经》，以《诗》得性情之正，《孝》为德教所先。以此进讲，庶乎博而有要，可以羽翼诸经，日新圣学。不报。"另见《王文肃公文集》卷41《请定进讲经书疏》。

上《恭候起居疏》，请神宗"清心寡欲，平气怡神，以养其内；节食戒饮，昼动夜息，以养其外"。

事见《明神宗实录》卷260"万历二十一年五月乙亥"条。

十六日　上《催发紧要章奏疏》。

事见《年谱》"万历二十一年"条；《王文肃公文集》卷42《催发紧要章奏疏》。

二十三日　上《答问东事疏》。

事见《明神宗实录》卷260"万历二十一年五月丙子"条；《年谱》"万历二十一年"条。

二十八日　针对刘四科以科臣外迁乃缘锡爵逐贤之疏，上《辨论科臣转迁疏》以自辩。

事见《王文肃公文集》卷42《辨论科臣转迁疏》。

二十九日　《辨论科臣转迁疏》下发，神宗批答优诏慰之。遂上《谢宣谕疏》。

事见《王文肃公文集》卷42《谢宣谕疏》。

三十日　接神宗批答，优诏慰之。

六月

初三日　上《催发章奏疏》。

事见《明神宗实录》卷261"万历二十一年六月丙戌"条；《王文肃公文集》卷42《催发章奏疏》。

十四日　上《请发铨部乞休原奏疏》。

《明神宗实录》卷261"万历二十一年六月丁酉"条："大学士王锡爵等题吏部尚书孙鑨第十次乞休疏：'臣等先因本官称病甚危，执词甚决，心切苦之，然大臣告休，阁中无径自票允之理，去留通候圣裁。如皇上尚欲留鑨，乞将臣等所票御史牛应元疏，先将鑨所荐邹元标等酌量叙录，行鑨之言，则鑨庶乎可留耳。'不报。"另见《王文肃公文集》卷42《请发铨部乞休原奏疏》。

二十日　上《请处分部臣疏》。

事见《年谱》"万历二十一年"条；《王文肃公文集》卷42《请处分部臣疏》。

二十九日　接《辨论科臣迁转事疏》批答，神宗优诏慰之。

事见《王文肃公文集》卷42《辨论科臣迁转事疏》。

上《答庙享遣代疏》，请神宗亲临庙享，不应代遣；又当善自珍摄，勿忽清净内养之功。神宗以"近年来郁火成疾，不时举发，用药过多，身体无力"为由，未允所请。

事见《年谱》"万历二十一年"条；《王文肃公文集》卷42《答庙享遣代疏》。

七月

十二日　上《召对疏》，以星变请召对。疏入，留中未发。

《明神宗实录》卷262"万历二十一年七月甲子"条；《王文肃公文集》卷42《召对疏》；《年谱》"万历二十一年"条。

十七日　上《请御门宣捷疏》，请神宗亲临御门，举行宁夏宣捷受贺之礼。

事见《王文肃公文集》卷42《请御门宣捷疏》；《年谱》"万历二十一年"条。

十八日　接《请御门宣捷疏》批答，神宗以"正欲出与先生每见，见因数日前中于暑湿，头目眩晕，心胸烦闷，身体无力，但能支撑的就出见先生"为由，未允所请。

事见《年谱》"万历二十一年"条；《王文肃公文集》卷43《请御门宣捷疏》。

上《请发宸翰免口传疏》，以上意未尽下达，而请神宗免除口传，代以书面旨意；复请简化上疏内容，神宗即时批答。奏疏留中未批。

事见《明神宗实录》卷262"万历二十一年七月庚午"条；《年谱》"万历二十一年"条。

八月

初二日　上《星变密奏疏》，以彗星入紫微垣，其咎乃在君身，当以早行立储大典为禳灾第一义。神宗以"今春有旨，候二、三年与出讲一并举行，朕意已定，今又发旨，是又无定言矣"为由，未允所奏。

《明神宗实录》卷263"万历二十一年八月癸未"条；《王文肃公文集》卷43《星变密奏疏》。

初三日　密上《答御札疏》，以神宗屡言建储而未行，故彗星现，此乃上天怒神宗食言。奏请早行册立之典。奏疏留中未批。

《明神宗实录》卷263"万历二十一年八月甲申"条；《王文肃公文集》卷43《答御札疏》。

初四日　上《请处降倭疏》，以倭寇侵朝实为觊觎中国，当严整兵马、防扼要害、储蓄粮刍，为相持之计。

《王文肃公文集》卷43《请处降倭疏》："倭奴本情，实欲占朝鲜以窥中国。中国兵之救朝鲜，实所以自救，非得已也……夷情尚不可测耳。臣等与本兵商议，行令宋应昌、李提督严整兵马、防扼要害、储蓄粮刍为相持之计，彼日久乏食，自然遁去，务保完全。"另见《年谱》"万历二十一年"条。

初五日　神宗以彗星示异为不祥，降谕修省，锡爵遂上《星变拟进敕谕疏》，凡数百言，遍责内外任事之臣。

事见《王文肃公文集》卷43《星变拟进敕谕疏》；《年谱》"万历二十一年"条。

初六日　以八月十七日万寿节将至，获赐金银万寿字、金银书符。

《明神宗实录》卷263"万历二十一年八月丁亥"条："以万寿圣节赐三辅臣及讲官金银万寿字、金银书符有差。"

初十日　以万寿圣节获赐白银六十两，彩段四表里，内斗牛胸背二表里。锡爵上《谢赐服色疏》。

《明神宗实录》卷263"万历二十一年八月辛卯"条："以万寿圣节赐大学士王锡爵银六十两，彩段四表里，内斗牛胸背二表里。"另见《王文肃公文集》卷43《谢赐服色疏》；《年谱》"万历二十一年"条。

十一日　上《请万寿节受贺疏》，言前两年以疾传免，若岁以为常，非所以"昭大庆""肃大观"，遂请神宗出朝受贺。

《明神宗实录》卷263"万历二十一年八月壬辰"条。

十四日　上《请减免制造钱粮疏》，请求减免江南制造钱粮之赋。奏疏留中未发。

《明神宗实录》卷263"万历二十一年八月乙未"条；《王文肃公文集》卷44《请减免制造钱粮疏》；《年谱》"万历二十一年"条。

上疏请召对，不报。

《明神宗实录》卷263"万历二十一年八月己未"条："大学士王锡爵上疏求面，不报。"

二十七日　上《再请召对疏》。

事见《年谱》"万历二十一年"条；《王文肃公文集》卷44《再请

召对疏》。

九月

初八日　上《三请召对疏》。

事见《年谱》"万历二十一年"条;《王文肃公文集》卷44《三请召对疏》。

十月

初九日　上《请处分部臣疏》,以"户部郎中郑材因本部侍郎李桢驳奏其所论赵、吴婚姻事,语侵其父,愤激争辩,应拟处,以存堂属之体"。

事见《明神宗实录》卷265"万历二十一年十月己丑"条。先是,都御史李世达疏奏赵用贤、吴之彦两家离婚事,奉旨会同该科再议,郑材落井下石,上疏诬用贤。锡爵从中调解未果,遂上《议处婚姻事情疏》,以为当折中处之,将二人一并宽处,用贤准令病愈叙用,之彦免其降处。批答尚未下发,而接郑材参世达之疏。锡爵复上《请处分部院事情疏》,以郑材"书生之见,不通时宜,且世达清望大臣,岂可使小臣摧辱至此?臣等因僭拟稍加切责,虽非圣意,实系国体。"户部侍郎李桢驳郑材疏,语侵郑父,郑材遂上疏激愤争辩。锡爵上《请处分部臣疏》,以"人臣进言,必先自处无过之地也,而后可以攻人之过……若后生少年犹有未快于心,则不妨和平其辞色,参伍其议论,以听我皇上持衡悬鉴、引经诹律而断之,何至相与愤气谇骂如妇人儿子之争言乎!"后李世达以郑材劾己,负气乞休,锡爵上《请处分部臣疏》为之开解慰留。

十八日　上《恳请建储疏》,奏疏留中未发。

《明神宗实录》卷265"万历二十一年十月戊戌"条;《王文肃公文集》卷44《恳请建储疏》;《年谱》"万历二十一年"条。

十一月

初六日　上《再请册储疏》。

事见《王文肃公文集》卷44《再请册储疏》。

十六日　接《再请册储疏》批答,神宗未置可否。

事见《王文肃公文集》卷44《再请册储疏》。

十七日　以本月十九日为皇太后诞辰,神宗例该出朝受廷臣致辞称贺,遂于此日上《请圣母寿日受贺疏》,先期具题以闻。

事见《王文肃公文集》卷44《请圣母寿日受贺疏》。

十九日　皇太后万寿节致辞称贺毕,锡爵独受召至暖阁,再进立储之言,神宗以"卿所奏洞悉苦心"作答,然意未决行锡爵之言。锡爵退朝后撰《召对纪事》。

《明神宗实录》卷266"万历二十一年十一月己巳"条;《王文肃公文集》卷45《召对纪事》;《年谱》"万历二十一年"条。

以万寿节获赐酒饭烧割。

《明神宗实录》卷266"万历二十一年十一月己巳"条:"是日,以圣母万寿圣节赐三辅臣上尊珍馔,又颁赐各酒饭烧割。"

上《召对谢恩并恳请册立豫教疏》,言已自受命元辅以来,饱受六苦。条分缕析,语辞忠恳。奏疏留中未批。

《明神宗实录》卷266"万历二十一年十一月己巳"条;《王文肃公文集》卷45《召对谢恩并恳请册立豫教疏》;《年谱》"万历二十一年"条。

二十日　为三皇殿撰文,获赐银币。

《明神宗实录》卷266"万历二十一年十一月庚午"条:"以三皇殿工完撰文,赐元辅锡爵、次辅志皋、位银弊有差。"

二十一日　诸臣以锡爵万寿节受召暖阁、当谏册立之事相问,锡爵一则虑当日既劝神宗独断,遂不当与诸臣言此,以彰人君独断之美;二则虑若将神宗已决之意告人,则嫌于张皇邀功,非此前屡上密揭之本心;若将神宗未决之词告人,又恐激众生事,遂以"皇长子年至十三,早请豫教"一说为解,缘此备受诸臣责难。锡爵无计,遂上《再恳请册储疏》,乞"称病杜门,一两日不见人,以待中旨之下,事成之后,始终若为不闻者"。神宗优诏慰之,以"卿不必托疾,有废政务,可即出入阁"。

事见《王文肃公文集》卷45《再恳请册储疏》;《年谱》"万历二

十一年"条。

二十三日　上《申明候旨册立本意疏》，请早定册立之期，以成郑贵妃从中力赞之美，杜外廷哓哓之口。

《王文肃公文集》卷45《申明候旨册立本意疏》："臣功不自归可矣，而善不归上可乎？皇上为臣成避功之美可矣，而不早成皇贵妃苦劝之义可乎？况此系国家大典，非今日降旨而明日遂可举行……万一再有迟缓，冉冉岁终，则诸事皆不能及，而皇上又为空言，外廷又成妄想，皇贵妃又以从中力赞之盛美而转为家门不拔之危机矣。大抵昔之所忧在已定而疑于不定，今之所忧在不早定而同于不定。"另见《年谱》"万历二十一年"条。

二十四日　锡爵进阁办事，接神宗下发手札，以锡爵近日累次奏疏具有"皇贵妃"字样，有违"后宫不得干政"之祖训，皇贵妃之言不足为信。锡爵遂上《再答圣谕剖明原奏疏》，言辞犀利，此中亦可见锡爵之刚性负气。

《王文肃公文集》卷40《再答圣谕剖明原奏疏》："夫祖训所谓'后妃不预外事'者，不预外廷用人行政之事也。若册立乃皇上之家事，而皇第三子则皇贵妃之亲子，皇贵妃之亲子不为之谋万世安全之计，而又将以谁为乎？且使皇上早定则已矣，一日不早定，则今与皇长子相形者惟皇贵妃之子，天下不疑皇贵妃而谁疑？皇贵妃不自任以为己责而谁责……臣今日进阁，本谋将昨谕允答之旨稍泄于外，镇压群情；而及是不觉万重疑网愈锢愈牢，一片热心愈冷愈淡。臣惟有恸哭拊膺，痛其负皇上，以早填沟壑为幸耳。"另见《明神宗实录》卷266"万历二十一年十一月甲戌"条；《年谱》"万历二十一年"条。

二十五日　上《言处各官争论事情疏》，以杨应宿攻高攀龙、顾宪成辈之疏当与高攀龙之疏一并下发，责令户部查问明白杨氏所奏高氏数罪所据者何；若偏听杨氏，则人情、公理皆有失偏颇。

事见《明神宗实录》卷266"万历二十一年十一月乙亥"条。先是，高攀龙因申救赵用贤、李世达等人而获罪，言官以攀龙获罪乃缘锡爵嫌之，并指杨应宿为诡谀。

二十六日 接神宗《再答圣谕剖明原奏疏》批答，温旨慰留。锡爵复上《谢圣谕疏》，情辞甚哀。

《王文肃公文集》卷45《谢圣谕疏》："臣锡爵今日又奉手札，谕元辅'昨卿所奏揭帖朕已详览。甚见卿归功于上，不矜不伐美意，朕知道了。卿可安心，不必忧疑。今谕卿知。钦此。'……惟是区区赤忠为主之诚，一年以来肝肠腐尽，口舌干尽，面皮滥尽，骸骨瘦尽，社稷宗庙之忧担尽，满朝四海之诟受尽。此则蝼蚁虽贱，其命可怜。"另见《年谱》"万历二十一年"条。

此前上《再恳早断大计疏》，连日未见传达，遂于此日复上《再恳早定册立大计疏》，援引故实，力劝早日立储，言辞直接，语带锋芒。

事见《王文肃公文集》卷45《再恳早断大计疏》《再恳早定册立大计疏》；《年谱》"万历二十一年"条。

闰十一月

初一日 神宗以皇长子、皇三子年岁相仿，欲一并行出阁读书礼，锡爵接神宗手谕，遂上《谢允豫教分别长幼疏》，以册立之事无关人君之老疾；又以皇长子、皇三子时年相距四载，一并行出阁豫教之礼，有模糊两皇子长幼位次之虞。遂主张分别行礼。

《明神宗实录》卷267"万历二十一年闰十一月辛巳"条；《王文肃公文集》卷54《谢允豫教分别长幼疏》；《年谱》"万历二十一年"条。

初二日 接《谢允豫教分别长幼疏》批答，神宗拟采锡爵"分别行礼"之论，然言辞之间并非情愿。此亦表明神宗在立储问题上开始向阁臣妥协。锡爵复上《答豫教圣谕并拟传谕疏》自明，言令皇三子稍迟出阁乃源于年初"三王并封"事件去犹未远，廷臣以"并"字为嫌。"并出"与"并封"无异，易贻人话柄。

《王文肃公文集》卷45："朕之言老疾者，非疑于卿等。朕思今古人心殊异，义利之心不同，难以古证。其敕谕卿可撰拟来看。"另见《王文肃公文集》卷45《答豫教圣谕并拟传谕疏》；《年谱》"万历二十一年"条。

十一日　高攀龙攻锡爵以惜才为词，而以喜同恶异剪除异己；又以锡爵阿谀圣意为非。锡爵遂上《因言辨论并劝录用人才疏》以自明。

《明神宗实录》卷267"万历二十一年闰十一月辛卯"条；《王文肃公文集》卷54《因言辨论并劝录用人才疏》。

十二日　上《论救台臣疏》。

先是，御史吴弘济上疏揭救高攀龙，并侵锡爵斡旋前后。神宗以其党救渎扰，降二级调用。锡爵遂于此日上《论救台臣疏》予以揭救，以吴氏之言近理，"词气颇平"，望神宗宽宥，免其重处。事见《王文肃公文集》卷45《论救台臣疏》，《明神宗实录》卷267"万历二十一年闰十一月壬辰"条；《年谱》"万历二十一年"条。

十三日　上《请传暖耳疏》，以连日雪后风寒，百官尚未蒙恩传带暖耳，具揭上请。

《王文肃公文集》卷46《请传暖耳疏》："祖宗二百年来，岁传暖耳，示体恤于等威之外，乃故事中之特恩，所以百官传衣不谢，而传暖耳独谢。此燔肉酒体之类，物微礼重，不可忽也。"另见《年谱》"万历二十一年"条。

十四日　高攀龙上疏劾锡爵剪除异己，使朝廷善类几空。

事见《明神宗实录》卷267"万历二十一年闰十一月甲午"条。

十六日　上《请宽降罚部臣疏》，请处分刑部纳贿官员一事，除张廷相降罚调用外，余皆宽宥。神宗允奏。

事见《王文肃公文集》卷46《请宽降罚部臣疏》。

二十四日　上《请处织造疏》。

先是，浙江巡按御史彭应参请罢减织造，锡爵拟票暂准每年一运，以苏民困，未蒙批答，遂于此日复上《请处织造疏》。《王文肃公文集》卷46《请处织造疏》："今东南民力已竭，而内有连年水旱之灾，外有沿海盗贼之备……虽上供钱粮正额方且议蠲议减，而织造一节乃独未蒙些须之惠……惟幸皇上宽一分，使民受一分之赐耳。"另见《年谱》"万历二十一年"条。

十二月

初四日 上《请皇长子先行冠礼疏》，以皇长子出阁讲读之期定于明春二月初四日，则冠礼应于一月半月之前举行。

《王文肃公文集》卷46《请皇长子先行冠礼疏》："臣等今日检得阁中旧籍，始知累朝皇子出阁，必先行冠礼，以便接见讲官。其题请又必先自阁臣拟旨传下，礼部方可据以奉行……今皇长子殿下讲读之期择在明春二月初四日，则冠礼应于一月半月之前举行。"另见《明神宗实录》卷260"万历二十一年十二月癸丑"条。

初六日 接《请皇长子先行冠礼疏》批答，神宗以皇长子尚未行册立之礼，冠礼服饰无所凭据，欲暂着常服出讲，待册立之后再加冠。锡爵复上《答钦定皇长子常服出讲疏》，一则奉神宗"常服出讲"之旨，另拟传帖；二则以出阁礼仪当从简，内臣买办珠玉或贻人口实。

事见《王文肃公文集》卷46《答钦定皇长子常服出讲疏》；《年谱》"万历二十一年"条。

初七日 接《答钦定皇长子常服出讲疏》批答，神宗不悦出阁礼从简之说："若该部科言其过费，出讲还少候二、三年，与册立并行，庶可省费。"锡爵遂于此日进《催请出阁传谕疏》辩白，以国库空虚、民生穷苦，不当动辄敛财扰民；廷臣正缘久未立储而疑神宗原不欲长子出阁讲读，"出讲还少候二、三年，与册立并行"之意恰贻人话柄，使人心惶惑、流言哓哓。神宗优诏慰之，然未允其请。

事见《王文肃公文集》卷46《答钦定皇长子常服出讲疏》；《明神宗实录》卷268"万历二十一年十二月丙辰"条；《年谱》"万历二十一年"条。

二十二日 上《因言乞罢疏》，以谭一召、孙继有攻己，当闻言自审。乞神宗早赐罢归，以全气节。神宗优诏慰留，未允所辞。

先是，本月二十一日锡爵接南京刑部郎中谭一召、主事孙继有疏、揭各一纸，内袒高攀龙之说，以为今日处分诸臣皆出阁臣之意。锡爵遂上此疏。事见《王文肃公文集》卷46《因言乞罢疏》；《年谱》"万历二十一年"条。

二十三日　神宗复遣文书官刘宣斋至锡爵私第宣谕，温旨慰留，未允所请。锡爵复上《谢宣谕并求去疏》。

《王文肃公文集》卷47《谢宣谕并求去疏》："皇上为臣而重处二臣，是厚其疑臣之心，而予忤臣之名也。臣益惧，二臣益骄，而天下之慕为二臣者益重矣……不如依臣疏中平平下发为当，其二臣之人品政事及建言之有心无心，自当从容听公论于外……伏望亟收原旨，将二臣免其降……则臣尚有鞭策报上之期；不然，疑臣者不止二臣，臣之累皇上不止今日。不如早赐骸骨之安臣也。"另见《年谱》"万历二十一年"条。

此后，锡爵复上《答御批并请宽部臣疏》。

二十七日　上《到阁题知疏》，首言奉旨于二十六日报名廷见；次言南京吏部主事安希范上疏劾己，所论与谭一召等同。复请神宗但发其疏，勿处其人。

《王文肃公文集》卷47《到阁题知疏》："望皇上平平检查，如臣果有暧昧语言，偏党踪迹，何惜罢一臣以谢众臣？如其不然……皇上但批发其疏，而勿处其人，其味自淡，其气自平。"

此日，复上《催发出阁事宜疏》。

《王文肃公文集》卷47《催发出阁事宜疏》："数日前吏部题请皇长子出阁事宜，未蒙批发，此则日期已迫，头绪颇多，必不可再停缓者……应修理者修理，应造办者造办，应选拔者选拔，各限正月初十日以里具题请旨定夺。"另见《年谱》"万历二十一年"条。

二十八日　接《到阁题知疏》批答，神宗优诏慰答，并应锡爵之请，将安希范从轻处置。

事见《王文肃公文集》卷47《到阁题知疏》。

此日，锡爵复上《遵旨视事题知疏》，感神宗深知笃信，不以三至见疑，不容再疏引避。谨遵旨入阁办事。

事见《王文肃公文集》卷47《遵旨视事题知疏》；《年谱》"万历二十一年"条。

三十日　上《请宽言官疏》，揭救刑科给事中叶继美及谭一召、孙继有、安希范诸臣。神宗允其"谭一召、安希范免行拿问"之请，余皆未允。

先是，刑科给事中叶继美上疏宛转揭救谭一召、孙继有、安希范等人，神宗怒，将孙继有革职为民，谭一召、安希范等押解回京，详加究问；叶继美罚俸一年。锡爵缘此而上《请宽言官疏》。

万历二十二年（1594） 六十一岁

正月

十五日　上《推举侍班讲读各官疏》，以皇长子出阁届期，题请照例会同吏部推举侍读官。拟以范谦、李廷机充侍班官，唐文献、焦竑、邹德溥、郭正域、全天叙、萧云举为讲读官。

事见《王文肃公文集》卷47《推举侍班讲读各官疏》；《明神宗实录》卷269"万历二十二年正月甲午"条。

此后，复上《催请出阁部题疏》。

二十日　上《赈济拟圣谕责成抚按守令疏》。

《王文肃公文集》卷47《赈济拟圣谕责成抚按守令疏》："中原一带荒乱异常，户部钱粮罄空无措……守令为亲民之官，抚按为督率之吏，如果能着实修举政事……水旱蝗蝗可以灾而不害，寇贼奸宄可以伏而不作……谨拟敕谕一道，特敕吏部综核名实，分别用舍，而附以沿海择官为汛防先事之备。"另见《明神宗实录》卷269"万历二十二年正月己亥"条；《年谱》"万历二十二年"条。

二十二日　上《酌议出阁礼仪疏》，以出讲、册立、加冠各自有礼。

先是，神宗以皇长子未行册立之礼，故不当先行豫教之礼。锡爵缘此而上《酌议出阁礼仪疏》。另见《年谱》"万历二十二年"条；《明神宗实录》卷269"万历二十二年正月辛丑"条。

二十九日　上《酌请出阁侍班阁臣疏》，以面圣尚不得时觐，独缘讲读之务频见皇长子，似涉嫌疑。故当以每月逢三为侍讲之日。神宗嘉其明别义礼，令即循此行之。此疏亦表明自"三王并封"事件后，王锡爵在处理神宗与皇长子间的微妙关系中颇为谨慎，严守礼仪边界，以自远嫌疑。

《王文肃公文集》卷47《酌请出阁侍班阁臣疏》。另见《明神宗实录》卷269"万历二十二年正月戊申"条;《年谱》"万历二十二年"条。

二月

初二日 以二月十一日讲筵照常,日讲以正月上旬碍于祀事,故改期。

事见《明神宗实录》卷270"万历二十二年二月辛亥"条。

初八日 上《出阁礼成因请上听讲疏》,请神宗经筵、日讲不时临御,勿惜小劳。奏疏留中未批。

王衡《年谱》云:"呜呼!人但知出阁与册立不同,以为府君积年百疏,犹仅仅得之出阁,不知出阁既行,册立何疑?而元良安于泰山矣。"以锡爵促成长子出阁读书之礼,其功大矣。另见《王文肃公文集》卷48《出阁礼成因请上听讲疏》;《明神宗实录》卷270"万历二十二年二月丁巳"条。

初九日 上《分解忤旨部臣疏》,申救原文选司郎中王教,并请将留中章奏一并下发,以释外间壅蔽之疑。

先是,万历二十年间,文选司官以推升原滴州判万国钦忤旨,尽遭罢黜,时王教因病注籍在寓,奏疏并未列名,亦遂众受谴,罢官为民。后吏部曾为之上疏,请查明免究。二十二年二月初八日,吏部尚书陈有年以奏疏尚未下发,遂以锡爵相咨,锡爵遂于此日上《分解忤旨部臣疏》。事见《王文肃公文集》卷48《分解忤旨部臣疏》;《明神宗实录》卷270"万历二十二年二月戊午"条;《年谱》"万历二十二年"条。

十一日 刑科给事中杨东明奏饥民疏并批答下发,神宗谕内阁速议赈灾之法。锡爵遂上《议拟救荒事宜疏》。

事见《王文肃公文集》卷48《议拟救荒事宜疏》;《年谱》"万历二十二年"条。

十二日 上《请宽宥言官疏》,揭救黎道炤、张贞观、赵完璧等。神宗改贞观外调为降三级,余如前旨。

先是,张贞观以职掌礼科,按例随部臣公疏,催发皇长子出阁诸疏,神宗怒其多言而罚俸。二月十二日,给事中黎道炤上疏,言皇储之学在端好广度，而出阁买办金宝浩费不赀，届期诸疏俱不报可。神宗以道炤党救同类，引别事为言，罚俸一年；赵完璧等降杂职、调外任。锡爵遂于此日上《请宽宥言官疏》。事见《王文肃公文集》卷48；《明神宗实录》卷270"万历二十二年二月壬戌"条；《年谱》"万历二十二年"条。

十六日　神宗遣文书官李浚传谕，问"初十日所进日讲讲章如何与十五日进者相异"，锡爵上《答讲章互异疏》作答。

《王文肃公文集》卷48《答讲章互异疏》："先年阁臣偶见圣驾，希出听讲，臣等无由纳忠……一面将应讲之书每日撰进讲章，以便宫中不时披阅；又一面将未讲之书留待驾出之日接续接讲，此讲章前后互异之故也……合无仍照原题将新旧讲章各别进呈，或就将每日所撰讲章随进随讲，亦无不便。"另见《明神宗实录》卷270"万历二十二年二月乙丑"条。

十九日　接《请审江南风闻事体疏》批答，神宗允锡爵之请，将赵完璧奏江南豪强之疏批答下发，并以己深居大内，国事民情难以周知。阁臣若有闻见，即当具揭。锡爵上《请审江南风闻事体疏》，一则自陈江南之事内阁未报，只缘事未核定，恐骇人视听，此后再有所闻，亟当密奏；二则以河南饥荒，救济之银左右支绌，辅臣尽心竭力而尤为人指摘，请神宗明察；三则望宽处张贞观及上疏言官。

先是，给事中赵完璧题称江南豪荡之子暗相号召，包藏祸心。疏入不发。锡爵遂上《请审江南风闻事体疏》，一则自释未报之嫌，二则请拟旨令江南查访虚实。事见《明神宗实录》卷270"万历二十二年二月戊辰"条；《王文肃公文集》卷48《请审江南风闻事体疏》。

二十二日　以玉牒成，加锡爵少傅，兼太子太傅、礼部尚书，晋建极殿大学士。荫一子，与做中书舍人。锡爵于此日上《玉牒成辞免恩命疏》，神宗优诏嘉之，未允所辞。

事见《王文肃公文集》卷48《玉牒成辞免恩命疏》；《年谱》"万历二十二年"条；《明神宗实录》卷270"万历二十二年二月辛未"条；王宝仁《奉常公年谱》"万历二十二年"条。

二十五日　上《再辞恩命疏》。

事见《王文肃公文集》卷48《再辞恩命疏》；《年谱》"万历二十二年"条。

二十八日　接《再辞恩命疏》批答，神宗以锡爵忠劳茂著，进阁年久，从无特加恩赏，辅臣之所未有，故不允所辞。

事见《年谱》"万历二十二年"条；《王文肃公文集》卷48《再辞恩命疏》。

此后锡爵复上《三辞恩命疏》，力辞不受，言辞哀切。神宗以锡爵"屡疏恳切"，特允所辞。盖锡爵置身众人置喙之地，自有"高处不胜寒"之苦楚；加之屡有朝臣因奏其摒斥异己而被重处，锡爵遂屡辞恩命、屡疏自谴，以避他日之祸端。锡爵至友人尺牍中，常有"世路风波险"之叹，亦可为证。

《王文肃公文集》卷48《三辞恩命疏》："今为臣等破特恩之故事，则天下方以此嗤臣，后进将以此作俑鄙臣。臣无措身所矣……大抵宠辱无常，视所宜受……臣两日对人，面目无光，语言无味，此盖真惭不能以虚美而解、真苦不能以强食而甘。皇上倘不欲辱臣，则何不以恤臣淹滞之心尽收天下之淹滞，以奖臣忠劳之旨尽录天下之忠劳，其为荣藉胜如臣身。臣言至此，穷矣，极矣，烦矣，厌矣。惟皇上断然哀而免之。"

三月

初一日　神宗遣文书官杜茂传谕，将河南巡按御史陈登云所进饥民所食雁粪疏示锡爵。锡爵遂上《劝请赈济疏》，缕析此次饥荒难对之因；并以各处告灾，国财耗竭，请尽辞俸薪助赈，并乞神宗暨两宫各院量发内藏，分投布施。

事见《王文肃公文集》卷48《劝请赈济疏》；《明神宗实录》卷271"万历二十二年三月己卯"条；《年谱》"万历二十二年"条。

初二日　上《申请举行泰交用人原奏疏》，神宗嘉其忠恳。

《明神宗实录》卷271"万历二十二年三月庚辰"条："臣前上泰交用二人疏，未蒙举行。诸臣以御朝起废请者，非不累牍，皇上玩且怒而不听，皆以隔绝旁落为疑，此特其似耳。循此不变，后必渐真，方其似则人皆敢言，及其真则人将不敢言矣。皇上徒知众所附为党，而不知为众所附者未必党；徒知请用废弃诸臣之为党，而不知用之正所以破其党；徒知用之必借势以为援，而不知不用反能借声以为援；徒知重处以明示多言之戒，而不知不处以默夺嗜言之利。"

初四日　接神宗允其"两宫各院量发内藏"之批答，捐俸之说，待钟化民奏到再作议处。

事见《年谱》"万历二十二年"条；《王文肃公文集》卷48《劝请赈济疏》。

初五日　上《答赈济御札疏》，复请辞俸赈灾。

先是，初四神宗谕内阁"卿等欲捐薪俸，何以养廉？今中宫等闻之饥荒，各出银子若干。"锡爵遂于次日上《答赈济御札疏》，云"臣等请辞薪俸，虽无济于饥民万分之一，但念君既与民为一体，则臣何忍独不与君为一体。宫中发银在钟化民未奏之前，则臣等捐俸又何必待化民已奏之后……臣等就于今月今日为始，将应支俸薪尽数扣留助赈，以俟麦秋成熟、荒乱稍宁，然后照旧开支。"另见《年谱》"万历二十二年"条。

此后，复上《请重惩贪官疏》，请将贪污放赈银米者严惩。荒政自此而始饬。

事见《年谱》"万历二十二年"条；《王文肃公文集》卷49《请重惩贪官疏》。

上《请宽督办香草疏》，以香草"转为夏天御暑之用……缘此物价值不多，而万里盘送之费多于原价数十倍，以此欲通融曲处，期于足皇上之用而已"。

事见《王文肃公文集》卷49《请宽督办香草疏》。

十二日　礼部尚书陈于陛先以纂修本朝正史请允之，锡爵等条上"事宜一请敕，一开馆，一设官，一聚书，一分任，一责成"。旨下礼部。

事见《明神宗实录》卷271"万历二十二年三月庚寅"条。

二十三日　上《豫请亲行庙享疏》，以孟夏庙祀大典，奏请神宗亲临。

《王文肃公文集》卷49《豫请亲行庙享疏》："至若祖宗列圣，则皇上乃其亲子亲孙，一枝一叶。即今二百年来一统升平之基是谁为之开创？奕世绵长之祚是谁为之佑启？而使渺然异姓之人执俎豆、奉蒸尝于前，气脉精神何所联属？焄蒿凄怆何所感通？此甚非所以绥神灵而迎福祐也。"另见《明神宗实录》卷271"万历二十二年三月辛丑"条；《年谱》"万历二十二年"条。

　　二十五日　任总裁官，纂修本朝正史。

　　《明神宗实录》卷271"万历二十二年三月癸卯"条："敕谕大学士王锡爵等曰：朕每览前史，观其治乱得失之故，憬然兴思，若亲见当时行事。后之视今，犹今视昔。乃知史书传信，其所关系于世教者最钜且要矣。洪惟我皇祖开天，垂统贻谋，超越千古，列圣相承，重熙累洽，太平之治赫垂二百余年，其茂烈鸿功、典章法度与夫名贤高节、渺论竑议，有不可胜书。虽宝录鸿编藏于金匮石室者炳如日星，然或体袭编年，或事存掌故，一伐纶实，迹尚多缺而未备，何以启佑后人而昭垂千万世哉！兹特命卿等俱充总裁官，查照该部题覆，纂修本朝正史事例，择日开馆，博选儒臣，照依古史旧体，分类派撰，刻期完稿，具送卿等商定裁酌。"

　　二十六日　寒热之症暴作，痰喘壅盛。

　　事见《王文肃公文集》卷49《因病乞归疏》。

　　二十七日　强饮茶汤，随饮随吐，至半夜方止，遂成虚脱之症。

　　事见《王文肃公文集》卷49《因病乞归疏》。

　　二十八日　连晕三次，左臂左足麻木不能屈伸。

　　二十九日　上《因病乞归疏》，神宗优诏慰留，不允所辞。此后至四月十五日之间，复上乞归疏三道。

　　《王文肃公文集》卷49《因病乞归疏》："臣锡爵仰承皇上知遇，扶病出山，非不欲以犬马余年驱驰报主，而自觉精神日衰一日，疾病日多一日。本年二、三月间，头晕寒热、胃脘刺痛之病无三日不发……臣之归心蓄之诚久。实冀追陪庙享、一睹圣容兼待东西边议小定，始敢言去。"另见《明神宗实录》卷271"万历二十二年三月丁未"条。

　　三十日　神宗以己痰火怔忡，命文书官李文传示辅臣，庙享暂遣官代。锡爵等因请顺时调摄。

事见《明神宗实录》卷271"万历二十二年三月戊申"条。

四月

初一日　上《密荐阁臣疏》，荐王家屏以自代。

《王文肃公文集》卷49《密荐阁臣疏》："方今国事纷纷，势不得不多用人。用人求新不如求旧……原任大学士王家屏，其年正在壮强，其才又甚敏练，而其望又大为人情物论所归……如家屏肫肫爱主之赤心、凿凿济时之定见，则千百中真不可得一二也。臣以此不必嫌疑，一力保举……有如家屏他日负臣所举，臣甘连坐。"另见《明神宗实录》卷272"万历二十二年四月己酉"条；《年谱》"万历二十二年"条。

神宗遣医官至锡爵府第视病，锡爵病体沉重，遣子衡代叩头接谕。随上《谢赐御遣医疏》谢恩并乞归，神宗不允。

《王文肃公文集》卷49《谢赐御遣医疏》："今据得元等诊脉，皆言气血虚脱之甚，相顾错愕而外，姑为好言宽慰，谓臣尚可生还，赖皇上鸿慈，枯木朽株或尚有回荣之理。然非皇上曲赐哀怜，使之早解一日之职，早安一日之心，则针石恐不能施，而卢扁或望之而走矣。"《明神宗实录》卷272"万历二十二年四月己酉"条。

初二日　神宗以锡爵患病，特赐鲜猪一口、鲜羊一腔，白米二石，酒十瓶、甜酱瓜茄一坛，锡爵上《谢赐猪羊粥米疏》。

事见《王文肃公文集》卷49《谢赐猪羊粥米疏》；《明神宗实录》卷272"万历二十二年四月庚戌"条。

给事中逯中立劾锡爵借明旨以涂天下，挟堂官以箝台臣。疏下吏部。

事见《明神宗实录》卷272"万历二十二年四月庚戌"条。

初七日　接《密荐阁臣疏》批答，神宗优诏慰之。锡爵上《谢特谕疏》。

《王文肃公文集》卷49《谢特谕疏》："昨所以密献忠规，为去后用人行政之助者。但望皇上存此于心，知臣遇主一场，无他报称，止此'公道'二字耳……臣敢保身去之后，皇上但行臣言，清心平怒以养圣躬，自然万寿无疆；持重老成以定边计，自然百全无虑也。臣于枕上占谢至此，语未终而气已尽，伏望皇上哀之谅之。"另见《明神宗实录》卷272"万历二十二年四月乙卯"条。

初十日　密上《谢圣谕建醮保安疏》，请神宗早闭道场，使己少安愚分，免遭非议。

《王文肃公文集》卷50《谢圣谕建醮保安疏》："臣本以宠极致谴，遘此危疾，又累皇上如此费心废材为之默祷，且疏牒之上亲书圣号，圆满之期至于累日，考之史册，揆之分义，岂有君父反为臣子祈福之理……是皇上欲祈臣之生而反为臣罪上添罪、苦中益苦也……自今日以后，更望皇上早闭道场，少安愚分，免令喧嚣外廷，使妒宠之夫得以借口，则臣庶几一夕安枕，有再生之望矣。"另见《年谱》"万历二十二年"条；《明神宗实录》卷272"万历二十二年四月戊午"条。

十五日　接《乞归四疏》批答，神宗望锡爵一意静摄，毋以朝事归计挂心，并宽假从容调理。自此而后至五月二十三日间，复上乞归疏四道。

事见《王文肃公文集》卷50《乞归四疏》。

上《病中请添阁臣疏》，云："今臣卧病且满一月矣。过此以往，所废之事又不知其几矣。皇上犹悬虚位以待，使臣高卧而领二臣之职，二臣奔走而代臣之劳，臣心其能安耶……伏望鉴臣为国赤心，即付廷推简用一二人共理机务，庶臣可以从容调理，二臣亦不必每事待臣，而皇上为臣造命之意亦可以曲全矣。"

事见《王文肃公文集》卷50《病中请添阁臣疏》。

二十日　次辅赵志皋、张位为锡爵代请给假回籍。

事见《明神宗实录》卷272"万历二十二年四月戊辰"条。

二十一日　锡爵以卧病一月，恐久废事，遂上《密请添阁臣疏》，复请添阁臣。神宗优诏慰之。

《王文肃公文集》卷50《密请添阁臣疏》："臣病剧至此，以别无生路……皇上若不尽信臣言，但遣人至臣榻前，观臣所余皮骨有几，一日进粥饮有几，两目昏眊之状果是何如，足可见满朝决无此等病人居官任职之理……至于请添阁臣之揭终不见答，外人见皇上非常眷臣，以为言无不听。今屡请不报，必将谓臣外为避言之语，而中有揽权之心。非但耽误国事，而臣之为国一念亦无由自明矣。故再以复揭恳请，伏惟圣明裁察施行。"另见《明神宗实录》卷272"万历二十二年四月己巳"条。

二十七日　接《乞归五疏》批答，神宗温旨慰留，以国事多艰，未允所请。又接赵志皋、张位代为请归之批答，神宗优诏慰留。

事见《王文肃公文集》卷50《乞归五疏》。

二十八日　上《谢宣谕疏》，以"羁縻驾驭"为御倭之两端；用人得法、"识其弊而亟反之"为御虏之大纲。

《王文肃公文集》卷50《谢宣谕疏》："目前国事莫急于倭虏，而臣与同官平日计议亦自有定着。倭非我叛臣，若真心向化，决无绝理；又非我孝子，若分外要求，决无许理。羁縻驾驭，即此两端。而决若其他盈庭之议，勇至欲岁縻百万之财，而怯不敢通一介之使，则非臣之所解。至东虏跳梁，虽起于乘虚伺隙，而其实皆由将不得人，兵不识将，有功者或以浮枉挂议，有罪者或以蒙蔽遣诛……若识其弊而亟反之，可保无肩背之虑。此处倭虏之大纲，即留臣经年所守，只此数语。"另见《明神宗实录》卷272"万历二十二年四月丙子"条。

五月

十四日　上《救解铨臣疏》。神宗依其所请，从轻处置。锡爵复上《谢宣谕疏》。

先是，此日吏部奉旨通开前两次原推阁臣，初推沈鲤、李世达、罗万化、陈于陛、赵用贤，再推朱赓、于慎行、石星、曾同亨、邓以赞并今与推者以请。上命于陛、一贯入内阁办事，诘责该部：世达系掌院御史，家屏系起用辅臣，岂得一概列名，司降调杂职。锡爵以会推阁臣严谴吏部，具疏解救，温旨慰之。事见《明神宗实录》卷273"万历二十二年五月辛卯"条；《王文肃公文集》卷50《救解铨臣疏》。

二十三日　上《乞归八疏》，以"此疏通前共已八上，言辞愈短，气力愈穷，从此恐遂至于不复能言"。

《王文肃公文集》卷51《乞归八疏》："外间终谓臣力能尽得之皇

上而责臣愈备。乃臣亦自以其身之未去而受责无辞。如此等事，无日不触耳关心，如负芒棘，而谓臣能静养得乎！颇闻皇上一向怜臣，以其为主任谤任劳，至于成疾，因此愈着疼痛。然则何不就臣病根而治之，使之粗全面皮，早辞忧责而去，则臣尚有生理；不然一面慰臣静养，而一面处臣必不能静养之地，臣死不足惜，而可怜犬马之身业为皇上减膳祈安一场，实不忍更自暴殄以绝后报之望耳。此疏通前共已八上，言辞愈短，气力愈穷，从此恐遂至于不复能言，而皇上亦将追悔放臣之不早也。"另见《明神宗实录》卷213"万历二十二年五月庚子"条。

二十四日　接《乞归八疏》批答，神宗计其必不能留，乃令扶亲归省，仍加吏部尚书兼建极殿大学士，厚赐银币，遣护送驰驿以行。

事见《王文肃公文集》卷51《乞归八疏》。

二十五日　上《辞路费加恩疏》。

《王文肃公文集》卷51《辞路费加恩疏》："今身去而官反加，报穷而恩愈厚，心之不安又岂止百千倍于畴昔而已耶！至于别项恩典，除遣官给驿不敢渎辞，仍容另本具谢外，惟是路费过多，超越常格，亦望皇上并收成命，使臣卧榻余生，更无不安之虑。"另见《明神宗实录》卷273"万历二十二年五月壬寅"条；《年谱》"万历二十二年"条。

二十六日　接《辞路费加恩疏》批答，神宗优诏嘉慰，未允所辞。

事见《王文肃公文集》卷51《辞路费加恩疏》。

二十九日　上《辞朝献忠疏》，一请神宗制怒养身；再请亲临庙享；三请亲临御朝；四请独断揽权；五请明核事理以黜浮言，广纳言路，宽宥言官；六请全老成之体；七请事不迁怒，明德慎罚；八请节财；九请备战练兵；十请严边境之大防，事毋姑息；十一请宽宥边臣；十二请重赏循良，严惩贪酷。沥血之诚、谆谆之诲宛然如见。

事见《王文肃公文集》卷51《辞朝献忠疏》；《年谱》"万历二十二年"条。

三十日　上《辞朝疏》，出京启程。

《王文肃公文集》卷51《辞朝疏》："去国孤臣言尽于此，所望皇上慎起居以凝晚年之天眷，采芹曝以绵万事之太平。"另见《明神宗实录》卷273

"万历二十二年五月丁未"条；《年谱》"万历二十二年"条。

七月

十五日　抵家。

事见《年谱》"万历二十二年"条。

二十九日　上《抵家谢恩疏》。

事见《年谱》"万历二十二年"条。

十二月

十五日　母吴氏病故，享年八十岁。

事见《王文肃公文集》卷11《诰封一品太夫人先母吴氏行状》；《年谱》"万历二十二年"条。

万历二十三年（1595）　六十二岁

三月

十三日　上《为母请恤疏》，乞量查故事，准令一体颁给。

《明神宗实录》卷283"万历二十三年三月丙戌"条："原任大学士王锡爵奏：母吴氏一品夫人，病故乞恩，查例给与应得恤典。"

四月

初五日　接《为母请恤疏》批答，神宗准奏，予锡爵母吴氏祭葬，令礼部从厚查例。

事见《明神宗实录》卷284"万历二十三年四月丁未"条；《王文肃公文集》卷51《为母请恤疏》。

五月

十日　钦差行人司行人赵乔年至锡爵私第传谕："览奏知卿寿母仙逝，朕甚悯焉。特令部从厚查例，赐赙银一百两，纻丝四表里，白布苎布各二百匹，新钞三万贯。礼部差官赍往，以示朕优眷元辅至意。"锡爵上《谢赐赙疏》。

事见《年谱》"万历二十三年"条；《王文肃公文集》卷51《谢赐赙疏》。

二十四日　苏州府宣谕，祭祀锡爵母吴氏。

事见《年谱》"万历二十三年"条。
七月
初十日　上《谢赐祭父母疏》。神宗优答之。
《明神宗实录》卷287"万历二十三年七月辛巳"条:"原任大学士王锡爵奏谢父母并祭葬,优答之。"
十月
十四日　奉旨合葬父母,殊典频颁,重使络绎。
事见《年谱》"万历二十三年"条。

万历二十四年 （1596）　六十三岁
婉拒知州庇护王氏家人私买田地之意。
事见《王文肃公文集》卷14《周翼寰知州》；《年谱》"万历二十四年"条。

万历二十五年 （1597）　六十四岁
乡居期间,恭谦自守,力荐后贤。
事见《年谱》"万历二十五年"条。

万历二十六年 （1598）　六十五岁
七月
初四日　夫人朱氏病逝。
事见《年谱》"万历二十六年"条。
是年,子衡北上,勉试公车。
事见王宝仁《奉常公年谱》。

万历二十七年 （1599）　六十六岁
遇一宿儒以举子业请正,遂欣然造敝庐,视其平生所撰八股,一一评阅。松江人传为美谈。
事见《年谱》"万历二十七年"条。

万历二十八年 （1600） 六十七岁

淳化地方风气，乡居乘小肩舆，十载间，太仓人遂无乘大舆者。性情刚毅之中日趋和蔼，无知者犯而不较。

事见《年谱》"万历二十八年"条；《李文节先生燕居录》。

万历二十九年 （1601） 六十八岁

子衡中会试第二名，以榜眼赐进士及第，授翰林编修。

事见《年谱》"万历二十九年"条；徐朔方《王衡年谱》"万历二十九年辛丑"条。

上《请恤典疏》，为朱氏请恤。

事见《王文肃公文集》卷52《请恤典疏》。

以神宗谕"以今冬吉日册立皇太子及册封福王等王，恭上圣母皇太后徽号"，遂上《贺册立册封上号疏》。

事见《王文肃公文集》卷52《贺册立册封上号疏》。

神宗以册立册封礼成，加上圣母慈圣宣文明肃贞寿端献皇太后徽号，推恩在籍旧臣，特降谕一道，遣刑部员外郎王玠赍捧至锡爵私第，优加存问。苏州府知府周一梧等备办羊酒花银表里，同至锡爵第。锡爵感念于此，遂上《谢存问疏》。

事见《王文肃公文集》卷52《谢存问疏》；《年谱》"万历二十九年"条。

子衡请终养，于腊月抵家。

程穆衡《娄东耆旧传》卷5《王衡传》："冬遇升储，奉使谕东南四郡，即疏请终养。"陈继儒《缑山先生集序》："辛丑擢上第，遂请终养余迎笑曰：'吾子信非食言者。'辰玉叹曰：'吾归非独谢子，且谢高（桂）、饶（伸）两公。两公，唐子方也。家君疏荐之，不报。今两公尚顿田间，而余为瀛洲散吏，安欤？安欤！'"又《缑山先生文集》卷25《蔡中山同年》："弟以腊月廿二日抵舍……不图意外又蒙特恩存问。"

万历三十年 （1602） 六十九岁

京师报至，闻以神宗偶于二月中微感风痰，眠食少损；继闻罢矿税，出系囚，起废官，神宗病体即愈，遂上《问劝讽疏》，陈天人感应之理，恳乞明仰顺天和，益坚初念，以绥万年福禄。

事见《王文肃公文集》卷52《问劝讽疏》；《年谱》"万历三十年"条。

长孙王鸣虞荫中书舍人。

事见《年谱》"万历三十年"条；王宝仁《奉常公年谱》"万历三十年"条。

万历三十一年 （1603） 七十岁

七十觞时，祝者遍海内。锡爵于贺礼概谢而不纳。子衡为撰杜祁公杂剧以佐觞，朝臣多有寿序赠之。

事见《年谱》"万历三十一年"条；王宝仁《奉常公年谱》"万历三十一年"条；《王文肃公文集》卷29《公谢贺七十》《答南京贺寿书》《答七十贺寿公启》。

万历三十二年 （1604） 七十一岁

优游林下，身无长物。

事见《年谱》"万历三十二年"条。

万历三十四年 （1606） 七十三岁

上《贺生皇孙疏》。

《王文肃公文集》卷52《贺生皇孙疏》："万历三十三年十一月十四日，恭遇皇太子第一子生，于今年二月十一日诏书到本府。开读讫，又于本年四月十三日接到诏书，以圣母寿届六帙加上尊号慈圣宣文明肃贞寿端献恭僖皇太后。"《年谱》以此疏上于万历三十三年，当误。

神宗以圣母寿届六十，加上尊号，适皇太子第一子诞，恩加在籍旧臣，特降敕谕一道，遣行人司行人牟志夔赍俸到锡爵私第存问，苏州府知府李右谏备办银币羊酒等物，一同颁至。锡爵感而上《谢存问疏》。

事见《王文肃公文集》卷52《谢存问疏》。

万历三十五年（1607）　七十四岁

六月

初十日　接得邸报，知阁臣朱赓等奉圣谕"朕思在籍旧辅王锡爵辅赞多年，忠诚正直，国家多事之际，可以共济时艰。欲召来同卿夹辅协恭办事，卿可拟谕来行"。并加锡爵少保兼太子太保，余官如故。锡爵以年衰祚薄，上《辞召命一疏》。

事见《王文肃公文集》卷52《辞召命一疏》；《年谱》"万历三十五年"条。

闰六月

接得邸报，知神宗将去岁所上《谢存问疏》批发下部，赐锡爵从弟王元爵做中书舍人。锡爵感而上《谢存问蒙恩疏》。

《王文肃公文集》卷52《谢存问蒙恩疏》："臣近为辞召未允、再疏陈情间，会又接闰六月中邸报，蒙皇上将臣去年谢恩原疏批发下部，奉圣旨'览卿奏谢，具悉忠悃。朕心嘉尚王元爵，与做中书舍人，该部知道。'"

七月

初二日　接邸报，知《辞召命一疏》已下发各省台，神宗优诏挽留，不允所辞。遂上《再辞召命疏》。辅臣周孔教、御史杨廷筠上书代为请辞，俱未获允。

事见《王文肃公文集》卷52《再辞召命疏》。

十一月

上《三辞召命疏》《辞疏外密奏》。此密奏未抵京师，途中即为东林党人截获，并伪造密奏，广为传布，此即锡爵晚年所遇"密揭事件"。

《明神宗实录》卷440"万历三十五年十一月丁卯"条："丁卯，

旧辅王锡爵三辞新命，不允。"另见《王文肃公文集》卷52《辞疏外密奏》。

万历三十六年（1608）　七十五岁

春夏之交，东南大水，太仓受灾严重，锡爵上书户部尚书赵世卿与阁臣朱赓等，以朝廷"救灾而不救乱，议赈而不议蠲，议蠲而止宽积欠，不及见征，恐遗黎喘喘之命终无全理"，请求"酌量边腹之重轻，军民之缓急，别求理财足用之术，不必尽仰江南"。

事见《王文肃公文集》卷30《三阁下》《赵南渚尚书》；《年谱》"万历三十六年"条。

上《四辞召命疏》，神宗未允所请。

《王文肃公文集》卷52《四辞召命疏》："奏为病苦至极，万难趋命，恳祈圣恩怜放，并乞赐勘，以明不欺……臣今年七十五岁矣，命危于朝露，死轻于鸿毛，苟得一当以报上，区区顶踵曾何足惜……何暇计人言之毁誉、道路之寒暄哉！惟念内阁之官职在赞理密勿，上原不赖其筋力之用；而臣今日之病乃不专在筋力之衰疲，而在精神之愦乱。旦暮相与之人或不识其面目，或不记其姓名，人有遗臣以书者或竟月忘答，或一日三作答，而臣懵然不能忆也。此等情形乃正与密臣职业相左。"

上《五辞召命疏》，神宗未允所辞。

《王文肃公文集》卷52《五辞召命疏》："每于田间一接邸报，但见人人眼生，节节面生，为之浩叹。今试起一十四年不在仕籍、不参密议之人，而问以今日时势何者最艰、弘济之术以何事吃紧，则有口呿而不能对、目瞪而不能言矣。惟是目前一二大政，人所共言，而臣之所已言者，总不过在皇上反掌操纵间耳。"

八月

上《六辞召命疏》，神宗以"秋凉在近，宜遵屡旨，安车就道"为由，未允所辞。

《王文肃公文集》卷53《八辞召命疏》："臣于八月中，具有第六次辞本。"同卷《六辞召命疏》云："违诏已至逾载，辞疏至于五上，而圣怀延伫愈切，明诏慰勉愈温，臣之病身一面感恩，又一面惧谴，若复冥然悍然必行己志，天地鬼神在上，宁容此人？所为呶呶不免饶舌者，直以身病儿病，自春涉夏杳无痊可之期，而圣谕顾反责以'秋凉就道'，且令臣男侍行，使秋凉可待，何去年之不能待，而迁延至今……见今远近名医为臣父子而至者，皆亲见臣涕泣涟洏，为之拭泪，臣男呻吟彻夜，为之废食。皇上不睹其形，且察其影，以为如此尚堪鞭策、尚堪延伫否？有如尚疑臣精神未衰，止以男病借口，则何不以往事验之？盖先是臣年六十有九，而臣男已告终养矣。当时臣男初叨甲第，向用方新，岂预知臣之有今日而逆为避荣之计乎？使臣精神尚可支持，臣男纵自戁其强仕之念，亦何忍锢臣以不祥之名乎？必不然矣。"

上《六疏外密奏》。

《王文肃公文集》卷53《六疏外密奏》："今日所忧，乃不在边疆而在朝廷，不在寇乱而在人心。人心之离，又不在一时而在平日……今滇南辽左络绎告变，近乡浙直一带且大荒大乱、不成地方矣……惟望即将年来累下之旨早践而力行之，救灾在此，救乱亦在此。臣姑不暇远引，且以近事验之。如一册立也，王家屏请之未行也，而人竟以为忠；至于一旦举行，而举朝颂大圣人之作为，无敢有一人分功者，岂非不行则善归于臣、行则善归于君乎？"

九月

六辞召命疏上后，阅邸报，知南京给事中段然以伪造《密揭》为本，参锡爵擅权乱政。

蒋平阶《东林始末》："九月，先是王锡爵辞召，手疏言：'皇上于章奏一概留中，特鄙弃之如禽鸟之音，不以入耳，然下以此愈嚣。臣谓君父至尊，必自立于无过之地。请幡然降旨，尽除关税，召还内差；散内库之有余，济边储之不足。天下必欢呼踊跃，以颂圣德。留中章疏亦自有缓急，如推补九卿以吏部、都察院为先，庶官以科道为急。科道考选久停，与其故裁抑，留不肖以塞贤者之涂；孰若稍疏通，简新进以决旧日之壅。此今日揽权上策也。'时疏甚密，而都御史李三才钩得之，泄言于众，谓锡爵以台省为禽兽。于是，南京户科给事中段然首论锡爵与朱赓密揭擅权乱政,不报。"

《王文肃公文集》卷53《辨论密揭疏》:"臣向者节见言事诸臣指天詈日,无所忌惮……又见皇上不问是非缓急,一切置之不理,使药石等于荼蓼,鸱枭迹于凤凰,心切痛之。念皇上所以招疑取侮,惟此二三大政,在廷诸臣言之已屡。臣腹心旧辅,不当自同于外臣,故言之稍激,以悚动皇上之听;又不得不首借人言以开自牖之端。疏发之日,臣焚香告天,手开手闭,实不使一人与闻,竟不审是何人传泄,又不审何人尽改其词,且添造恶言,如所谓'奸党倾害,朋比行私。'……臣揭未远,尚在御前,可覆而按也。今万不得已,只得一面将揭草抄送各衙门,一面请皇上检发原揭,以示外廷,人心不死,公道有在,使诸臣虚心评之……料叚然必未见臣全疏,倘见全疏,未必不腼面咋舌,自悔其失听失言;而外廷忧国之臣,亦必有叹息泣下,哀臣之忠者……又论臣排挤正直,亏损元气,甚而指赵南星、顾宪成之斥,以为事皆由臣。记三臣得罪时,臣皆有救揭……至于顾宪成之谪在臣归二日之前,臣将为谁而驱除?沈一贯之归又在臣归十三年之后,臣又何利而求媚?若曰求媚以图再起也,托同官以了未完也,则臣男先者又何急而告终养?臣今日又何苦而力辞?悠悠理外之言,总不足辨。"另见《明神宗实录》卷450"万历三十六年九月乙酉"条;《万历邸钞》"万历三十六年九月"条;《明史》卷218《王锡爵传》。

上《八辞召命疏》。

《王文肃公文集》卷53:"皇上谬许为忠君,为爱国,而乞哀之疏顾反未蒙见怜。若以臣言为不足信,诋臣者为不足信,则学臣杨廷筠之知臣荐臣、为臣乞放者亦不足信乎?以七十五、六岁朝事夕忘、十步九跌之人,而责以赞襄国事;以臣男经年食不下咽、足不履地之人,而责以沿途侍亲调理,是皇上明料臣之欺而反赏臣以欺也。若票出同官,是同官明知臣之不欺而姑教臣以欺也。臣不知其解矣。"

十二月

三日 自题谏草,以"密揭事件"为人所诬而不能辩,遂刻谏草传于后世以证清白。

王锡爵《辞疏外密奏》后附自题谏草云："仆最不喜宣传谏草，平生未尝刻一字。虽先正如杨文忠、徐文贞皆有之，而仆不敢效也。乃近闻省中有言仆曾刻谏草，不知何据？惟是一揭业已被人指目，曾经告过皇上，遍送各衙门；恐日后久远，仍有捏妄混真、理外倾害者。昔邹浩谏立刘贤妃而焚其疏草，后人遂为伪疏，诬浩浩不能辨，至及于祸。故不敢不刻耳。戊申十二月三日锡爵识。"（此段文字参见《文肃王公奏草》卷22，录于《四库全书存目丛书》集部第135册，第435页）另见《年谱》"万历三十六年"条。

万历三十七年（1609） 七十六岁
正月

二十九日　子衡病亡，时年四十九岁。锡爵自此精神日衰。

事见徐朔方《王衡年谱》；《年谱》"万历三十七年"条。

此后，锡爵于二月一日作《祭亡男衡文》，二月初六日作《首七祭文》。每七日手书文以祭之，至有二七、三七、四七、寒食、五七、六七、终七、百日、夏至、周年祭文。自是而喘喘肠断，精神日衰。

事见《年谱》"万历三十六年"条；《王文肃公文集》卷12。

万历三十八年（1610） 七十七岁

上《申明建储原议疏》，"奏为孤忠未明，仰累圣德，谨将原谕原揭备录进呈，以干电察，以雪沉冤事"。

事见《年谱》"万历三十八年"条；《王文肃公文集》卷53《申明建储原议疏》。

上《九辞召命疏》《十辞召命疏》。

事见《王文肃公文集》卷53。

十二月

二十九日　薨于正寝。孙时敏于其袖中检得《临终遗奏疏》。

王宝仁《奉常公年谱》"万历三十八年"条："文肃公以建储事横被流言。去秋，因病移床，检出书箱一只，题'紧要文卷'四字，起封阅之,皆缑山公手录次第御札,并御笔批答之语。至是,文肃公重写一通,并录原谕原揭,随本上进。本中有'孤忠未明'及'以雪沉冤'之语。"另见《年谱》"万历三十八年"条;《王文肃公文集》卷53《临终遗奏疏》。

参考文献

一　古籍类

包世臣：《艺舟双楫》，清道光安吴四种本。

遍照金刚撰，卢盛江校考：《文镜秘府论汇校汇考》，中华书局2006年版。

蔡献臣：《清白堂稿》，厦门大学出版社2012年版。

蔡邕：《独断》，《中华再造善本》，国家图书馆出版社2010年版。

《朝野申救疏》，美国哈佛大学哈佛燕京图书馆藏中文善本汇刊影印本。

陈瑾：《四明尊尧集》，清光绪章景祥翠竹室刻本。

陈鹤：《明纪》，清同治十年江苏书局刻本。

陈瑚：《从游集》，民国峭帆楼刻本。

陈瑚：《确庵文稿》，《四库禁毁书丛刊》集部第184册，北京出版社1997年版。

陈继儒：《眉公先生晚香堂小品》，明末刻本。

陈建撰，沈国元编：《两朝从信录》，明崇祯刻本。

陈龙正：《几亭外书》，明崇祯刻本。

陈梦雷：《古今图书集成·文学典》，中华书局1934年版。

陈名夏：《国朝大家制义》，明刻本。

陈仁锡：《无梦园遗集》，明崇祯八年刻本。

陈寿：《三国志》，中华书局1959年版。

陈寿撰，裴松之注：《三国志》，中华书局2010年版。

陈田：《明诗纪事》，上海古籍出版社1993年版。

陈文新、何坤翁等编：《明代科举与文学编年》，武汉大学出版社 2009 年版。

陈文新编：《八股文总论八种》，武汉大学出版社 2009 年版。

陈绎曾著，慈波辑校：《陈绎曾集辑校》，人民文学出版社 2017 年版。

陈懿典：《陈学士先生初集》，《四库禁毁书丛刊》集部第 78—79 册，北京出版社 1998 年版。

陈子龙等选辑：《明经世文编》，中华书局 1962 年版。

陈子龙著，王英志辑校：《陈子龙全集》，人民文学出版社 2011 年版。

成伯玙：《毛诗指说》，《景印文渊阁四库全书》经部第 64 册，台北：台湾商务印书馆 1986 年版。

程开祜：《筹辽硕画》，商务印书馆 1936 年版。

程穆衡：《娄东耆旧传》，《江苏人物传记丛刊》第 33 册，广陵书社 2011 年版。

戴熙：《习苦斋集》，清同治五年张曜刻本。

邓球：《闲适剧谈》，明万历邓云台刻本。

丁福保：《历代诗话续编》，中华书局 1983 年版。

董诰等：《全唐文》，中华书局 1983 年版。

董其昌著，邵海清点校：《容台集》，西泠印社 2012 年版。

方苞编，王同舟、李澜校注：《钦定四书文校注》，武汉大学出版社 2015 年版。

方苞著，刘季高校点：《方苞集》，上海古籍出版社 1983 年版。

方东树著，汪绍楹校点：《昭昧詹言》，人民文学出版社 2006 年版。

方文：《嵞山集》，上海古籍出版社 1979 年版。

冯惟讷：《古诗纪》，明万历刻本。

傅维鳞：《明书》，商务印书馆 1936 年版。

高汝栻：《皇明续纪三朝法传全录》，《续修四库全书》史部第 357 册，上海古籍出版社 2002 年版。

龚炜：《巢林笔谈》，《续修四库全书》子部第 1177 册，上海古籍出版社 2002 年版。

古籍影印室：《明清内阁大库史料合编》，北京图书馆出版社2009年版。

谷应泰：《明史纪事本末》，中华书局1977年版。

顾潜：《静观堂集》，清玉峰雍里顾氏六世诗文集本。

顾枢：《顾端文公年谱》，清康熙何硕卿刻本。

顾文彬：《过云楼书画记》，清光绪刻本。

顾宪成：《高子遗书》，上海古籍出版社1993年版。

顾宪成：《顾端文公遗书》，清康熙刻本。

顾宪成：《泾皋藏稿》，明末无锡顾氏刻本。

顾炎武：《顾亭林诗文集》，中华书局1983年版。

顾炎武著，黄汝成集释，栾保群等校点：《日知录集释》，上海古籍出版社2006年版。

顾允成：《小辨斋偶存》，清光绪常州先哲遗书本。

顾祖禹：《读史方舆纪要》，中华书局2005年版。

归有光：《震川集》，上海古籍出版社2007年版。

归庄：《归庄集》，上海古籍出版社2010年版。

郭浩政、甘宏伟编：《明代状元史料汇编》，武汉大学出版社2009年版。

郭绍虞编选，富寿荪校点：《清诗话续编》，上海古籍出版社1983年版。

何良俊：《何翰林集》，国家图书馆出版社2014年版。

何良俊：《四友斋丛说》，中华书局1997年版。

何乔远撰，张德信等校点：《名山藏》，福建人民出版社2010年版。

何文焕：《历代诗话》，中华书局1981年版。

洪亮吉：《更生斋集》，清光绪三年洪氏授经堂增修本。

洪迈：《容斋随笔·容斋四笔》，上海古籍出版社1998年版。

黄白山、朱之荆：《增订唐诗摘抄》，海洋浣月斋本。

黄道周撰，翟奎凤等整理：《黄道周集》，中华书局2017年版。

黄洪宪：《碧山学士集》，明万历刻本。

黄淮、杨士奇等编：《历代名臣奏议》，上海古籍出版社2012年版。

黄景昉：《国史唯疑》，《续修四库全书》史部第432册，上海古籍出版社2002年版。

黄瑜：《双槐岁抄》，中华书局1999年版。

黄虞稷：《千顷堂书目》，《景印文渊阁四库全书》集部第234册，台北：台湾商务印书馆1986年版。

黄之隽等：《（乾隆）江南通志》，广陵书社2010年版。

黄宗羲：《明文案》，《四库禁毁书丛刊补编》第45册，北京出版社2005年版。

黄宗羲：《明文海》，中华书局1987年版。

黄宗羲著，沈芝盈点校：《明儒学案》，中华书局2008年版。

黄宗羲撰，沈善洪主编：《黄宗羲全集》，浙江古籍出版社1993年版。

黄佐：《翰林记》，中华书局1985年版。

计六奇：《明季北略》，中华书局1984年版。

焦竑：《澹园集》，中华书局1983年版。

焦竑：《国朝献征录》，广陵书社2013年版。

焦竑撰，顾思点校：《玉堂丛语》，中华书局1981年版。

蒯德模：《带耕堂遗诗》，1929年刻蒯氏家集本。

郎瑛：《七修类稿》，《续修四库全书》子部第1123册，上海古籍出版社2002年版。

雷礼：《国朝列卿纪》，明万历徐鉴刻本。

李德裕撰，傅璇琮等校笺：《李德裕文集校笺》，中华书局2018年版。

李东阳：《怀麓堂集》，上海古籍出版社1991年版。

李东阳等撰，申时行等重修：《大明会典》，台北：新文丰出版股份有限公司1976年版。

李桓：《国朝耆献类征初编》，中国民族图书馆1984年影印本。

李林甫等撰，陈仲夫点校：《唐六典》，中华书局2008年版。

李廷机：《李文节先生燕居录》，《四库禁毁丛刊》第67册，北京出版社1997年版。

李维桢：《大泌山房集》，《四库全书存目丛书》集部第150—151册，齐鲁书社1997年版。

李贤：《大明一统志》，国家图书馆出版社2009年版。

李学勤主编：《十三经注疏》，北京大学出版社1999年版。

李兆洛：《骈体文抄》，上海古籍出版社2001年版。

李兆洛：《养一斋集》，清道光二十三年活字印四年增修本。

梁章钜：《制义丛话》，陈水云等校注：《梁章钜科举文献二种校注》，武汉大学出版社2009年版。

梁章钜、梁恭辰：《巧对录》，岳麓书社1991年版。

廖道南：《殿阁词林记》，商务印书馆1934—1935年影印本。

刘大櫆：《论文偶记》，人民文学出版社1998年版。

刘凤诰：《存悔斋集》，清道光十七年刻本。

刘师培著，舒芜校点：《论文杂记》，人民文学出版社1959年版。

刘熙载撰，袁金琥校注：《艺概注稿》，中华书局2009年版。

刘勰著，詹锳义证：《文心雕龙义证》，上海古籍出版社2011年版。

刘昫：《旧唐书》，中华书局1975年版。

龙文彬：《明会要》，中华书局1998年版。

娄坚：《学古绪言》，《景印文渊阁四库全书》集部第1295册，台北：台湾商务印书馆1986年版。

卢象升：《卢公奏议》，清道光九年刻本。

陆淳：《春秋集传纂例》，清武英殿聚珍版丛书本。

陆容：《菽园杂记》，中华书局1985年版。

陆深：《俨山外集》，上海古籍出版社1993年版。

陆时化：《吴越所见书画录》，清乾隆怀烟阁刻本。

陆贽：《陆贽集》，中华书局2006年版。

陆贽撰，郎晔注：《注陆宣公奏议》，元至正十四年刘氏翠岩精舍刻本。

吕大圭：《春秋五论》，《景印文渊阁四库全书》经部第151册，台北：台湾商务印书馆1986年版。

吕留良：《吕晚邨先生论文汇钞》，《四库禁毁书丛刊》子部第36册，北京出版社1997年版。

吕留良：《吕晚村先生文集》，清雍正三年吕氏天盖楼刻本。

罗玘：《圭峰集》，《景印文渊阁四库全书》集部第198册，台北：台湾商务印书馆 1986 年版。

骆问礼：《续羊枣集》，清高承梃抄本。

马端临：《文献通考》，中华书局 2011 年版。

马齐、朱轼等纂修：《清实录》，中华书局 1985 年版。

茅瑞征：《万历三大征考》，台北：成文出版社 1968 年版。

茅元仪：《武备志》，香满仓宏业书局 1987 年版。

《明实录》，台湾"中央研究院"历史语言研究所 1962 年版。

欧阳修、宋祁：《新唐书》，中华书局 2003 年版。

彭定求等：《全唐诗》，中华书局 1990 年版。

彭兆荪：《小谟觞馆诗文集》，清嘉庆十一年刻二十二年增修本。

皮锡瑞：《经学通论》，中华书局 1957 年版。

皮锡瑞著，周予同注释：《经学历史》，中华书局 2004 年版。

瞿九思：《万历武功录》，广文书局 1972 年版。

钱宝琛：《壬癸志稿》，《江苏人物传记丛刊》第 34 册，广陵书局 2011 年版。

钱谦益：《列朝诗集小传》，上海古籍出版社 2008 年版。

钱谦益：《牧斋初学集》，上海古籍出版社 2009 年版。

钱士升：《赐余堂集》，清乾隆四年钱佳刻本。

钱一本：《万历邸钞》，江苏广陵古籍刻印社 1991 年版。

钱泳撰，张伟点校：《履园丛话》，中华书局 1997 年版。

屈大均：《屈大均全集》，人民文学出版社 1996 年版。

邵圭洁：《北虞先生遗文》，《四库全书存目丛书》集部第 119 册，齐鲁书社 1997 年版。

申时行：《赐闲堂集》，《四库全书存目丛书》集部第 134 册，齐鲁书社 1997 年版。

沈长卿：《沈氏日旦》，明崇祯刻本。

沈德符：《万历野获编》，中华书局 1997 年版。

沈德潜：《清诗别裁集》，上海古籍出版社 2013 年版。

沈国元：《皇明从信录》，明末刻本。

沈懋孝：《长水先生文钞》，明万历刻本。

沈越：《嘉隆两朝闻见记》，《四库全书存目丛书》史部第7册，齐鲁书社1997年版。

司马迁：《史记》，中华书局1982年版。

四川大学中文系唐宋文学研究室编：《苏轼资料汇编》，中华书局2004年版。

宋懋澄撰，王利器校录：《九籥集》，中国社会科学出版社1984年版。

孙承泽：《春明梦余录》，北京古籍出版社1992年版。

孙觌：《鸿庆居士集》，《景印文渊阁四库全书》集部第74册，台北：台湾商务印书馆1986年版。

孙原湘：《天真阁集》，清嘉庆五年刻增修本。

台湾"中央研究院"历史语言研究所编：《明清史料》，北京图书馆出版社2008年版。

谈迁：《国榷》，中华书局2005年版。

谈迁撰，汪北平点校：《北游录》，中华书局1960年版。

谭浚：《谭氏集》，明万历刻本。

唐彪：《读书作文谱》，清康熙四十七年敦化文盛堂本。

唐顺之：《重刊校正唐荆川先生文集》，国家图书馆出版社2013年版。

屠龙：《白榆集》，明万历龚尧惠刻本。

万国钦：《万二愚先生遗集》，明万历万尚烈刻本。

汪道昆：《太函集》，明万历刻本。

汪学金：《娄东诗派》，《四库未收书辑刊》集部第9辑第30册，北京出版社1997年版。

王鏊：《震泽长语》，商务印书馆1937年版。

王鏊：《震泽集》，《景印文渊阁四库全书》集部第1256册，台北：台湾商务印书馆1986年版。

王宝仁：《奉常公年谱》，《北京图书馆藏珍本年谱丛刊》第66册，北京图书馆出版社1999年版。

王宝仁：《娄水文征》，广陵古籍刻印社影印清刻本1991年版。

王抃：《巢松集》，《四库未收书辑刊》集部第 8 辑第 22 册，北京出版社 1997 年版。

王抃：《王巢松年谱》，《丛书集成续编》第 37 册，上海书店 1994 年版。

王抃：《吴中文献小丛书》，《丛书集成续编》第 37 册，上海书店 1994 年版。

王宾等：《娄东太原王氏宗谱图》，民国年间抄录本。

王昶：《（嘉庆）直隶太仓州志》，清嘉庆七年刻本。

王充著，张宗祥校注：《论衡校注》，上海古籍出版社 2013 年版。

王夫之：《船山全书》，岳麓书社 2011 年版。

王夫之：《船山遗书》，中国书店 2016 年版。

王夫之：《读通鉴论》，中华书局 1975 年版。

王夫之等：《清诗话》，上海古籍出版社 1999 年版。

王夫之著，戴鸿森笺注：《姜斋诗话笺注》，上海古籍出版社 2012 年版。

王艮：《鸿逸堂稿》，《四库全书存目丛书》集部第 233 册，齐鲁书社 1997 年版。

王国栋：《三槐王氏宗谱》，清抄本。

王昊：《硕园诗稿　硕园词稿》，《四库未收书辑刊》集部第 9 辑第 16 册，北京出版社 1997 年版。

王衡：《缑山先生集》，明万历刻本。

王衡、王时敏：《王文肃公年谱》，《北京图书馆藏珍本年谱丛刊》第 52 册，北京图书馆出版社 1999 年版。

王家屏：《复宿山房集》，《明别集丛刊》第 3 辑第 66 册，黄山书社 2015 年版。

王时敏著，毛小庆点校：《王烟客先生集》，浙江人民美术出版社 2016 年版。

王世懋：《王奉常集》，明万历刻本。

王世贞：《嘉靖以来内阁首辅传》，中华书局 1991 年版。

王世贞：《昙阳子传》，清抄本。

王世贞：《弇州四部稿·续稿》，《景印文渊阁四库全书》集部第 1279—

1284 册，台北：台湾商务印书馆 1986 年版。

王寿慈：《太原先德集》，民国娄东上原庄祠刻本。

王书：《娄东太原王氏画系考略》，《江苏人物传记丛刊》第 35 册，广陵书社 2011 年版。

王摅：《丁酉草　戊戌草　乙亥草　庚戌未定草》，清抄本。

王摅：《据青集》，清刻本。

王摅：《芦中集》（载《清人别集丛刊》），上海古籍出版社 1981 年版。

王水照主编：《历代文话》，复旦大学出版社 2007 年版。

王廷相著，王孝鱼点校：《王廷相集》，中华书局 1989 年版。

王挺：《娄东太原王氏宗谱图序》，民国年间抄录本。

王通撰，张沛校注：《中说校注》，中华书局 2013 年版。

王锡爵：《春秋左传释义评苑》，明嘉宾堂刻本。

王锡爵：《荆石王相国段注百家评林班马英锋选十卷》，万历二十九年周时泰刻本。

王锡爵：《历朝尺牍大全》，明刻本。

王锡爵：《王荆石先生批评韩文》，明刻本。

王锡爵：《王荆石先生批评柳文》，明刻本。

王锡爵：《王文肃公全集》，《四库全书存目丛书》集部第 135—136 册，齐鲁书社 1997 年版。

王锡爵：《王文肃公文草》14 卷附年谱 1 卷，天津图书馆藏。

王锡爵：《王文肃公文集》，《四库禁毁书丛刊》集部第 7 册，北京出版社 1997 年版。

王锡爵：《王文肃公奏草》23 卷，明万历四十三年刻本。

王锡爵：《王相国汇注百家评林班马英锋》，万历金陵周氏博古堂刊本。

王锡爵、陆翀之辑：《皇明馆课经世宏辞续集》，《四库禁毁书丛刊》集部第 92—93 册，北京出版社 1997 年版。

王锡爵辑：《增定国朝馆课经世宏辞》，《四库禁毁书丛刊》集部第 92 册，北京出版社 1997 年版。

王先谦：《骈文类纂》，浙江古籍出版社 1998 年版。

王掞：《西田集》（载《清代诗文集汇编》），上海古籍出版社 2010 年版。

王沂：《续文献通考》，浙江古籍出版社 2000 年版。

王引之：《经传释词》，中华书局 1956 年版。

王瑛：《忆雪楼诗集》，《四库禁毁书丛刊》集部第 150 册，北京出版社 1997 年版。

王庸敬：《三槐王氏通谱》，清光绪活字印本。

王庸敬：《太原王氏通谱》，清光绪活字印本。

王庸敬：《王氏通谱》，清光绪活字印本。

王在晋：《越镌》，明万历三十九年刻本。

王质：《雪山集》，《景印文渊阁四库全书》集部第 1149 册，台北：台湾商务印书馆 1986 年版。

王钟翰点校：《清史列传》，中华书局 1987 年版。

王撰：《揖山集》，清刻本。

王祖畲：《（宣统）太仓州镇洋县志》，《中国地方志集成》江苏府县志第 18 辑，江苏古籍出版社、上海书店、四川巴蜀书社 1991 年版。

魏禧著，胡守仁等校点：《魏叔子文集》，中华书局 2003 年版。

魏征：《隋书》，中华书局 1973 年版。

温璜：《温宝忠先生遗稿》，清顺治贞石堂刻本。

文秉：《先拨志始》，《续修四库全书》史部第 437 册，上海古籍出版社 2002 年版。

文徵明：《文徵明集》，上海古籍出版社 1987 年版。

翁方纲著，陈迩冬校点：《石洲诗话》，人民文学出版社 1981 年版。

吴处厚撰，李裕民点校：《青箱杂记》，中华书局 1985 年版。

吴亮：《万历疏钞》，《续修四库全书》史部第 468—469 册，上海古籍出版社 2002 年版。

吴讷：《文章辨体序说》，人民文学出版社 1998 年版。

吴伟业：《太仓十子诗选》，《四库全书存目丛书》集部第 384 册，齐鲁书社 1997 年版。

吴伟业：《吴梅村全集》，上海古籍出版社 1990 年版。

参考文献

吴俨：《吴文肃公摘稿》，《景印文渊阁四库全书》集部第 198 册，台北：台湾商务印书馆 1986 年版。

吴应箕：《东林本末》，《丛书集成续编》第 277 册，台北：新文丰出版公司 1989 年版。

吴曾祺：《国语韦解补正》，中华书局 2002 年版。

吴曾祺著，杨承祖点校：《涵芬楼文谈》，台北：台湾商务印书馆 1998 年版。

伍袁萃：《林居漫录》，明万历刻本。

夏燮：《明通鉴》，中华书局 1980 年版。

项起元撰，谭棣华、陈稼禾点校：《客座赘语》，中华书局 1987 年版。

萧绎撰，许逸民校笺：《金楼子校笺》，中华书局 2011 年版。

谢伋：《四六谈麈》，《景印文渊阁四库全书》集部第 1480 册，台北：台湾商务印书馆 1986 年版。

谢肇淛：《五杂俎》，中华书局 1959 年版。

徐光启撰，王重民辑校：《徐光启集》，上海古籍出版社 1984 年版。

徐阶：《世经堂集》，《四库全书存目丛书》集部第 79 册，齐鲁书社 1997 年版。

徐师曾撰，罗根泽点校：《文体明辨序说》，人民文学出版社 1998 年版。

徐渭：《徐文长逸稿》，《续修四库全书》集部第 1355 册，上海古籍出版社 2002 年版。

徐学聚：《国朝典汇》，北京图书馆出版社 1997 年版。

许同莘撰，王毓、孔德兴校点：《公牍学史》，档案出版社 1989 年版。

许重熙：《嘉靖以来注略》，明崇祯刻本。

严可均：《全晋文》，商务印书馆 2006 年版。

严可均校辑：《全上古三代秦汉三国六朝文》，中华书局 1965 年版。

杨慎：《升庵集》，《景印文渊阁四库全书》集部第 1270 册，台北：台湾商务印书馆 1986 年版。

杨慎著，王仲镛笺证：《升庵诗话笺证》，上海古籍出版社 1987 年版。

杨寿：《万历朔方新志》，中国社会科学出版社 2015 年版。

杨焄点校：《毕沅诗集》，人民文学出版社 2015 年版。

姚鼐纂集，胡士明等标校：《古文辞类纂》，上海古籍出版社 1998 年版。

姚希孟：《循沧集》，明清闷全集本。

叶伯臣：《御选明臣奏议》，武英殿聚珍本。

叶向高：《纶扉奏草》，《续修四库全书》史部第 482 册，上海古籍出版社 2002 年版。

尹守衡：《皇明史窃》，明崇祯刻本。

尹襄：《巽峰集》，清光绪刻本。

印鸾章：《明鉴》，中国书店出版社 1987 年版。

永瑢等：《四库全书总目》，中华书局 1965 年版。

于浩编：《明清史料丛书续编》，国家图书馆出版社 2009 年版。

于浩辑：《明清史料丛书八种》，北京图书馆出版社 2005 年版。

余继登：《典故纪闻》，中华书局 1981 年版。

余祖坤：《历代文话续编》，凤凰出版社 2013 年版。

俞安期：《启隽类函》，《四库全书存目丛书》集部第 349 册，齐鲁书社 1997 年版。

俞长城：《名家制义六十一家》，清抄本。

俞天倬：《太仓州儒学志》，《四库未收书辑刊》第 2 辑第 26 册，北京出版社 1997 年版。

虞淳熙：《虞德园先生集》，明末刻本。

元结撰，孙望点校：《元次山集》，中华书局 1960 年版。

袁宏道著，钱伯城笺校：《袁宏道集笺校》，上海古籍出版社 2008 年版。

袁黄：《游艺塾续文规》，明万历三十年刻本。

袁枚著，顾学颉校点：《随园诗话》，人民文学出版社 1982 年版。

曾国藩：《曾国藩全集》，岳麓书社 2011 年版。

查继佐：《罪惟录》，浙江古籍出版社 2012 年版。

张潮：《虞初新志》，《续修四库全书》集部第 1783 册，上海古籍出版社 2002 年版。

张大复著，王中鹏补订：《昆山人物传》，明刻清雍正二年王中鹏重修本。

张庚：《国朝画征录》，浙江人民美术出版社 2011 年版。

张居正：《张太岳集》，上海古籍出版社 1984 年版。

张溥：《七录斋诗文合集》，明崇祯九年刻本。

张廷玉等：《明史》，中华书局 1974 年版。

张怡撰，魏连科点校：《玉光剑气集》，中华书局 2006 年版。

张寅彭：《清诗话三编》，上海古籍出版社 2015 年版。

章学诚著，叶瑛校注：《文史通义校注》，中华书局 2000 年版。

赵尔巽等：《清史稿》，中华书局 1976—1977 年版。

赵翼著，王树民校证：《廿二史札记校证》，中华书局 2005 年版。

赵用贤：《松石斋集》，明万历刻本。

赵执信著，陈迩冬校点：《谈龙录》，人民文学出版社 1981 年版。

郑廉：《豫变纪略》，浙江古籍出版社 1984 年版。

郑晓撰，李致忠点校：《今言》，中华书局 1984 年版。

中国第一历史档案馆整理：《康熙起居注》，中华书局 1984 年版。

钟惺：《四六新函》，《四库禁毁书丛刊补编》第 44 册，北京出版社 2005 年版。

朱国桢：《涌幢小品》，中华书局 1959 年版。

朱国桢：《朱文肃公集》，《续修四库全书》集部第 1366 册，上海古籍出版社 2002 年版。

朱青岩：《明纪辑略》，上海古籍出版社 1987 年版。

朱彝尊：《曝书亭集》，世界书局 1937 年版。

朱彝尊撰，林庆彰等主编：《经义考新校》，上海古籍出版社 2010 年版。

朱元璋撰，胡士萼点校：《明太祖集》，黄山书社 1991 年版。

朱佐：《类编朱氏集验医方》，清嘉庆宛委别藏本。

祝允明著，孙宝点校：《怀星堂集》，西泠印社 2012 年版。

二　今人著作

Benjamin A. Elman, *A Cultural History of Civil Examinations in the Late Imperial China*, University of California Press, 2000.

Erving Goffman, *Notes on the Social Organization of Gatherings*, The Free Press, 1963.

Hawley, Samuel, *The Imjin War*, The Royal Asiatic Society, Korea Branch/UC Berkeley Press, 2005.

Kari Palonen, *Quentin Skinner: History, Politics, Rhetoric*, Polity Press, 2003.

Pocock, *Political Thought and History: Essays on Theory and Method*, Cambridge University Press, 2009.

Pocock, *Politics, Language and Time*, Atheneum, 1971.

Quentin Skinner, *The Foundations of Modern Political Thought*, Cambridge University Press, 1978.

Quentin Skinner, *Visions of Politics*, Cambridge University Press, 2002.

Rockstein, Edward D., *Strategic and Operational Aspects of Japan's Invasions of Korea 1592 – 1598*, Naval War College, 1993.

Samuel Hawley, *The Imjin War: Japan's Sixteenth-Century Invasion of Korea and Attempt to Conquer China*, Royal Asiatic Society-Korea Branch, 2005.

Swope, Kenneth M., *A Dragon's Head and a Serpent's Tail: Ming China and the First Great East Asian War, 1592 – 1598*, University of Oklahoma Press, 2009.

Turnbull, Stephen, *Samurai Invasion: Japan's Korean War 1592 – 1598*, Cassell & Co., 2002.

［美］保罗·蒂利希：《蒂利希选集》，何光沪译，上海三联书店1999年版。

［加］卜正民：《明代的社会与国家》，陈时龙译，商务印书馆2015年版。

［加］卜正民：《为权力祈祷：佛教与晚明中国士绅社会的形成》，张华译，江苏人民出版社2005年版。

［加］卜正民：《纵乐的困惑：明代的商业与文化》，方骏等译，生活·读书·新知三联书店2004年版。

陈宝良：《明代社会生活》，中国社会科学出版社2003年版。

陈宝良：《明代士大夫的精神世界》，北京师范大学出版社2017年版。

陈江：《明代中后期的江南社会与社会生活》，上海社会科学院出版社 2006 年版。
陈文新：《集部视野下的辞章谱系与诗学形态》，商务印书馆 2015 年版。
陈文新：《明代文学与科举文化生态》，高等教育出版社 2016 年版。
陈寅恪：《元白诗笺证稿》，生活·读书·新知三联书店 2001 年版。
陈柱：《中国散文史》，东方出版社 1996 年版。
褚斌杰：《中国古代文体概论》，北京大学出版社 1990 年版。
戴维：《春秋学史》，湖南教育出版社 2004 年版。
邓丹：《汉语韵律词研究》，北京大学出版社 2010 年版。
[美] 邓尔麟：《嘉定忠臣——十七世纪中国士大夫之统治与社会变迁》，宋华丽译，中央编译出版社 2012 年版。
东岳庙北京民俗博物馆编：《北京东岳庙与北京泰山信仰碑刻辑录》，中国书店 2004 年版。
杜桂萍：《清初杂剧研究》，人民文学出版社 2005 年版。
杜桂萍：《文献与文心：元明清文学论考》，中华书局 2009 年版。
杜乃济：《明代内阁制度》，台北：台湾商务印书馆 1967 年版。
樊树志：《江南市镇：传统的变革》，复旦大学出版社 2005 年版。
樊树志：《晚明史》，复旦大学出版社 2003 年版。
樊树志：《万历传》，人民出版社 1993 年版。
方一新：《中古近代汉语词汇学》，商务印书馆 2010 年版。
冯其庸、叶君远：《吴梅村年谱》，江苏古籍出版社 1990 年版。
冯胜利：《汉语韵律句法学》，商务印书馆 2013 年版。
冯胜利：《汉语韵律诗体学论稿》，商务印书馆 2015 年版。
傅衣凌：《明史新编》，人民出版社 1993 年版。
葛荃：《权力宰制理性：士人、传统政治文化与中国社会》，南开大学出版社 2003 年版。
葛荃主编：《中国政治思想通史（综论卷）》，中国人民大学出版社 2014 年版。
葛晓音：《先秦汉魏六朝诗歌体式研究》，北京大学出版社 2012 年版。

葛兆光：《中国思想史》，复旦大学出版社 2005 年版。

龚笃清：《明代八股文史探》，湖南人民出版社 2005 年版。

龚鹏程：《晚明思潮》，商务印书馆 2005 年版。

关文发、颜广文：《明代政治制度研究》，中国社会科学出版社 1995 年版。

郭英德：《中国古代文体学论稿》，北京大学出版社 2005 年版。

［美］海登·怀特：《元史学》，陈新译，译林出版社 2013 年版。

何大安主编：《古今通塞：汉语的历史与发展》，台湾"中央研究院"历史语言研究所 2003 年版。

何怀宏：《选举社会及其终结——秦汉至晚清历史的一种社会学阐释》，生活·读书·新知三联书店 1998 年版。

何乐士：《左传虚词研究》，商务印书馆 1989 年版。

黄侃：《黄侃日记》，江苏教育出版社 2001 年版。

黄霖：《文心雕龙汇评》，上海古籍出版社 2005 年版。

黄强：《八股文与明清文学论稿》，上海古籍出版社 2005 年版。

［美］黄仁宇：《万历十五年》，中华书局 1981 年版。

黄云眉：《明史考证》，中华书局 1979—1986 年版。

黄彰健：《明清史研究丛稿》，台北：台湾商务印书馆 1977 年版。

黄卓越：《明中后期文学思想研究》，北京大学出版社 2005 年版。

［意］吉奥乔·阿甘本：《神圣人：至高权力与赤裸生命》，吴冠军译，中央编译出版社 2016 年版。

［意］吉奥乔·阿甘本：《语言的圣礼：誓言考古学》，蓝江译，重庆大学出版社 2016 年版。

蒋寅：《清代诗学史》，中国社会科学出版社 2012 年版。

金秬香：《骈文概论》，台北：台湾商务印书馆 1970 年版。

［日］井上彻：《中国的宗族与国家礼制：从宗法主义角度所作的分析》，钱杭译，上海书店 2008 年版。

［芬兰］凯瑞·帕罗内：《昆廷·斯金纳思想研究：历史·政治·修辞》，李宏图等译，华东师范大学出版社 2005 年版。

柯愈春：《清人诗文集总目提要》，北京古籍出版社 2002 年版。

[美]孔飞力：《叫魂：1768年的中国妖术大恐慌》，陈兼、刘永日译，上海三联书店1999年版。

[美]孔飞力：《中华帝国晚期的叛乱及其敌人》，谢亮生等译，中国社会科学出版社1990年版。

[英]昆廷·斯金纳：《国家与自由：斯金纳访华演讲录》，李强、张新刚主编，北京大学出版社2018年版。

[英]昆廷·斯金纳：《霍布斯哲学思想中的理性和修辞》，王加丰等译，华东师范大学出版社2005年版。

[英]昆廷·斯金纳：《马基雅维里》，李永毅译，译林出版社2014年版。

[英]昆廷·斯金纳：《现代政治思想的基础》，奚瑞森、亚方译，译林出版社2011年版。

[英]昆廷·斯金纳：《自由主义之前的自由》，李宏图译，上海三联书店2003年版。

李渡：《明代皇权政治研究》，中国社会科学出版社2004年版。

李建军：《宋代〈春秋〉学与宋型文化》，中国社会科学出版社2008年版。

李文冶、江太新：《中国宗法宗族制和族田义庄》，社会科学文献出版社2000年版。

梁启超：《中国近三百年学术史》，中国书店1985年版。

廖可斌：《明代文学复古运动研究》，商务印书馆2008年版。

[美]列奥·施特劳斯：《霍布斯的政治哲学》，申彤译，凤凰出版传媒集团、译林出版社2012年版。

[美]列文森：《儒教中国及其现代命运》，郑大华、任菁译，中国社会科学出版社2000年版。

刘锋杰：《文学政治学的创构——百年来文学与政治关系论争研究》，复旦大学出版社2013年版。

刘麟生：《中国骈文史》，东方出版社1996年版。

刘梦溪：《中国现代学术经典》，河北教育出版社1996年版。

刘师培著，舒芜校点：《论文杂记》，人民文学出版社1959年版。

刘勇刚：《云间派文学研究》，中华书局 2008 年版。

柳存仁：《和风堂文集》，上海古籍出版社 1991 年版。

卢前：《八股文小史》，商务印书馆 1937 年版。

陆扬：《清流文化与唐帝国》，北京大学出版社 2016 年版。

吕叔湘：《近代汉语指代词》，学林出版社 1985 年版。

吕叔湘：《中国文法要略》，商务印书馆 1948 年版。

罗时进：《地域·家族·文学：清代江南诗文研究》，上海古籍出版社 2010 年版。

罗时进：《明清诗文研究新视野》，台北：文史哲出版社 2004 年版。

罗时进：《文学社会学——明清诗文研究的问题与视角》，中华书局 2017 年版。

马建忠：《马氏文通》，商务印书馆 1983 年版。

［英］迈克·克朗：《文化地理学》，杨淑华、宋慧敏译，南京大学出版社 2003 年版。

孟森：《明史讲义》，中华书局 2006 年版。

莫道才：《骈文研究与历代四六话》，辽海出版社 2011 年版。

莫砺锋编：《谁是诗中疏凿手——中国诗学研讨会论文集》，凤凰出版社 2007 年版。

莫山洪：《骈散的对立与互融》，齐鲁书社 2010 年版。

［美］牟复礼、［英］崔瑞德：《剑桥中国明代史》，中国社会科学出版社 1992 年版。

南炳文、汤纲：《明史》，上海人民出版社 2003 年版。

南京师范大学古文献整理研究所：《江苏艺文志·苏州卷》，江苏人民出版社 1996 年版。

牛建强：《明代中后期社会变迁研究》，文津出版社 1997 年版。

启功、张中行、金克木：《说八股》，中华书局 1994 年版。

钱杭：《十七世纪江南社会生活》，浙江人民出版社 1996 年版。

钱基博：《骈文通义》，上海大华书局 1934 年版。

钱基博：《中国文学史》，中华书局 1993 年版。

钱茂伟：《国家、科举与社会——以明代为中心的考察》，北京图书馆出版社 2004 年版。

钱穆：《国史大纲》（修订本），商务印书馆 1996 年版。

钱穆：《中国学术思想史论丛》，安徽教育出版社 1986 年版。

钱锺书：《谈艺录》，中华书局 1977 年版。

钱仲联：《清诗纪事》，凤凰出版社 2004 年版。

尚永亮：《贬谪文化与贬谪文学》，兰州大学出版社 2004 年版。

施懿超：《宋四六论稿》，上海古籍出版社 2005 年版。

孙锡信主编：《中古近代汉语语法研究述要》，复旦大学出版社 2014 年版。

谭天星：《明代内阁政治》，中国社会科学出版社 1996 年版。

汪晖：《现代中国思想的兴起》，生活·读书·新知三联书店 2003 年版。

王汎森：《权力的毛细管作用》，北京大学出版社 2015 年版。

王明珂：《反思史学与史学反思——文本的表征分析》，台北：允晨文化实业股份有限公司 2015 年版。

王其榘：《明代内阁制度史》，中华书局 1989 年版。

王云路、方一新主编：《中古汉语研究》，商务印书馆 2000 年版。

［德］维克多·克莱普勒：《第三帝国的语言》，印芝虹译，商务印书馆 2013 年版。

［奥］维特根斯坦：《逻辑哲学论》，郭英译，商务印书馆 1962 年版。

［奥］维特根斯坦：《哲学研究》，李步楼译，商务印书馆 1996 年版。

巫仁恕：《品味奢华：晚明的消费社会与士大夫》，中华书局 2008 年版。

吴承学：《中国古代文体形态研究》，北京大学出版社 2013 年版。

吴仁安：《明清江南著姓望族史》，上海人民出版社 2009 年版。

吴震、［日］吾妻重二主编：《思想与文献：日本学者宋明儒学研究》，华东师范大学出版社 2010 年版。

武新立：《明清稀见史籍叙录》，江苏古籍出版社 2000 年版。

［日］西嶋定生：《中国古代帝国的形成与结构：二十等爵制研究》，武尚清译，中华书局 2004 年版。

［日］小野和子：《明季党社考》，李庆、张荣湄译，上海古籍出版社 2006

年版。

谢贵安：《明实录研究》，湖北人民出版社2003年版。

谢国桢：《增订晚明史籍考》，上海古籍出版社1981年版。

徐朔方：《徐朔方文集：晚明曲家年谱》，浙江古籍出版社1993年版。

许建平：《明清文学论稿》，河南人民出版社2017年版。

严迪昌：《清诗史》，浙江古籍出版社2002年版。

阎步克：《士大夫政治演生史稿》，北京大学出版社1998年版。

杨念群：《何处是"江南"？清朝正统观的确立与士林精神世界的变异》，生活·读书·新知三联书店2010年版。

[美] 杨晓山：《私人领域的变形：唐宋诗歌中的园林与玩好》，文韬译，江苏人民出版社2009年版。

叶君远：《清代诗坛第一家——吴梅村研究》，中华书局2002年版。

叶君远：《吴伟业与娄东诗传》，吉林人民出版社2000年版。

叶晔：《明代中央文官制度与文学》，浙江大学出版社2011年版。

尹恭弘：《骈文》，人民文学出版社1994年版。

[美] 宇文所安：《中国"中世纪"的终结》，陈引驰、陈磊译，生活·读书·新知三联书店2006年版。

曾大兴：《文学地理学概论》，商务印书馆2017年版。

翟景运：《晚唐骈文研究》，商务印书馆2010年版。

张伯伟：《全唐五代诗格汇考》，江苏古籍出版社2002年版。

张慧剑：《明清江苏文人年表》，上海古籍出版社2008年版。

张健：《清代诗学研究》，北京大学出版社1999年版。

张仁青：《中国骈文发展史》，浙江大学出版社2009年版。

张显清：《明代后期社会转型研究》，中国社会科学出版社2008年版。

张显清、林金树等：《明代政治史》，广西师范大学出版社2003年版。

张仲礼：《中国绅士：关于其在十九世纪中国社会中作用的研究》，上海社会科学院出版社1991年版。

赵伯雄：《春秋学史》，山东教育出版社2004年版。

赵树功：《中国尺牍文学史》，河北人民出版社1999年版。

赵秀玲：《中国乡里制度》，社会科学文献出版社1998年版。

赵园：《明清之际士大夫研究》，北京大学出版社1999年版。

赵园：《制度·言论·心态——〈明清之际士大夫研究〉续编》，北京大学出版社2006年版。

郑礼炬：《明代洪武至正德年间的翰林院与文学》，中国社会科学出版社2011年版。

郑利华：《前后七子研究》，上海古籍出版社2015年版。

郑利华：《王世贞研究》，学林出版社2002年版。

中华大典工作委员会：《中华大典·文学典·明清文学分典》，凤凰出版社2005年版。

周雪光：《中国国家治理的制度逻辑》，生活·读书·新知三联书店2017年版。

朱丽霞：《明代江南家族与文学——以顾、陆家族为个案》，河南人民出版社2011年版。

朱则杰：《清诗史》，江苏古籍出版社1991年版。

祝总斌：《中国古代政治制度研究》，三秦出版社2006年版。

左东岭：《明代心学与诗学》，学苑出版社2002年版。

左东岭：《王学与中晚明士人心态》，人民文学出版社2000年版。

三　期刊论文

Eikenberry, Karl W., "The Imjin War", *Military Review*, Vol. 68, No. 2, 1988.

Haboush, JaHyun Kim, "The Great East Asian War and the Birth of the Korean Nation", *Foreign Affairs*, 2016.

Kim, Ki-chung, "Resistance, Abduction, and Survival: The Documentary Literature of the Imjin War (1592–1598)", *Korean Culture*, Vol. 20, No. 3, 1999.

Neves, Jaime Ramalhete, "The Portuguese in the Im-Jim War", *Review of Culture*, No. 18, 1994.

Niderost, Eric, "The Miracle at Myongnyang, 1597", *Osprey Military Journal*, Vol. 4, No. 1, 2002.

Niderost, Eric, "Turtleboat Destiny: The Imjin War and Yi Sun Shin", *Military Heritage*, Vol. 6, No. 2, 2001.

Strauss, Barry, "Korea's Legendary Admiral", *MHQ: The Quarterly Journal of Military History*, Vol. 17, No. 4, 2005.

Swope, Kenneth M., "Beyond Turtleboats: Siege Accounts from Hideyoshi's Second Invasion of Korea, 1597–1598", *Sungkyun Journal of East Asian Studies*, *Academy of East Asian Studies*, Vol. 6, No. 2, 2006.

Swope, Kenneth M., "Crouching Tigers, Secret Weapons: Military Technology Employed During the Sino-Japanese-Korean War, 1592–1598", *The Journal of Military History*, Vol. 69, 2005.

Swope, Kenneth M., "Deceit, Disguise, and Dependence: China, Japan, and the Future of the Tributary System, 1592–1596", *The International History Review*, Vol. 24, No. 4, 2002.

陈宝良：《明代儒佛道的合流及其世俗化》，《浙江学刊》2002年第2期。

陈广宏：《"古文辞"沿革的文化形态考察——以明嘉靖前唐宋文传统的建构及解构为中心》，《文学遗产》2012年第4期。

陈时龙：《明代科举与地域专经》，《中国社会科学报》2017年8月22日。

陈时龙：《明代科举之地域专经——以江西安福县〈春秋〉经为例》，《台湾"中央研究院"历史语言研究所集刊》第85本第3分册。

陈文新、郭皓政：《从状元文风看明代台阁体的兴衰演变》，《文学遗产》2010年第6期。

陈永福：《从"癸巳大计"看明末东林党与内阁之对立》，《浙江大学学报》（人文社会科学版）2010年第6期。

陈远秀：《上古汉语"主之谓"结构的语体考察——以〈史记〉和〈论衡〉为例》，《语言教学与研究》2017年第3期。

程国赋、吴肖丹：《论王时敏人生和艺术中的"延续"命题——兼考其家族与生平》，《文艺研究》2016年第3期。

［日］大西克也：《秦汉以前古汉语语法中的"主之谓"结构及其历史演变》，高思曼、何乐士主编：《第一届国际先秦语法研讨会论文集》，岳麓书社1994年版。

党圣元：《通变与时序》，《西北大学学报》（哲学社会科学版）2015年第6期。

丁修真：《科举的"在地"：论科举史的地方脉络——以明代常熟县为中心》，《史林》2016年第3期。

杜桂萍：《明清戏曲"宗元"观念及相关问题》，《中国社会科学》2018年第3期。

杜桂萍：《诗性建构与文学想象的达成——论叶小鸾形象生成演变的文学史意义》，《文学评论》2008年第3期。

杜桂萍：《袁骏〈霜哺篇〉与清初文学生态》，《文学评论》2010年第5期。

范金民：《鼎革与变迁：明清之际江南士人行为方式的转向》，《清华大学学报》（哲学社会科学版）2010年第2期。

冯胜利：《骈文韵律与超时空语法——以〈芜城赋〉为例》，蔡宗齐编：《岭南学报（复刊第五辑）·声音与意义：中国古典诗文新探》，上海古籍出版社2016年版。

郭培贵：《明代解元考中进士的比例、年龄与空间分布》，《清华大学学报》（哲学社会科学版）2012年第5期。

［美］何炳棣：《科举和社会流动的地域差异》，王振忠译，《历史地理》1993年第11辑。

［日］户崎哲彦：《惊恐的喻象——从韩愈、柳宗元笔下的岭南山水看其贬谪心态》，《东方丛刊》2007年第4期。

黄强：《八股文与明清戏曲》，《文学遗产》1990年第2期。

蒋寅：《科举阴影中的明清文学生态》，《文学遗产》2004年第1期。

蒋寅：《起承转合：机械结构论的消长——兼论八股文法与诗学的关系》，《文学遗产》1998年第3期。

金春岚：《明清八股文程式研究》，博士学位论文，华东师范大学，2013年。

李伯重：《简论"江南地区"的界定》，《中国社会经济史研究》1991 年第 1 期。

李光摩：《八股文的定型及其相关问题》，《文学遗产》2011 年第 6 期。

李浩：《从人地关系看唐代关中的地域文学》，《西北大学学报》（哲学社会科学版）1999 年第 4 期。

李慕寒、沈守兵：《试论中国地域文化的地理特征》，《人文地理》1996 年第 1 期。

李双华：《明中叶吴中士人心态及其文化意义》，《贵州社会科学》2006 年第 4 期。

李舜华：《从诗学到曲学：陈铎与明中期文学复古思潮的滥觞》，《文学遗产》2013 年第 1 期。

李卫军：《明代〈春秋〉学述要》，《历史文献研究》第 35 辑。

刘顺：《经国之大业：中古文学与政治分析初步兼及张说的政治观念》，《上海师范大学学报》（哲学社会科学版）2019 年第 4 期。

刘顺：《唐代前期七言近体的韵律规则与句法机制分析——兼及杜诗"沉郁顿挫"的生成》，《文学遗产》2018 年第 4 期。

刘顺：《语言演变及语体完形与"一代有一代之文学"》，《上海师范大学学报》（哲学社会科学版）2017 年第 3 期。

刘洋：《明赠序文创作的应用诉求与夸饰规避》，《中南大学学报》（社会科学版）2016 年第 5 期。

刘尊举：《"顺题成文"与"因体立格"——明代八股文的结撰模式及创作空间》，《四川大学学报》2014 年第 5 期。

刘尊举：《"以古文为时文"的创作形态及文学史意义》，《文学评论》2012 年第 6 期。

柳士镇：《试论中古语法的历史地位》，《汉语史学报》第二辑，上海教育出版社 2002 年版。

罗时进：《地域群体：明清诗文研究的一个重要维度》，《文学遗产》2011 年第 3 期。

罗时进：《典范型人格建构与地方性知识书写——论清代全祖望的诗学

品质和文本特点》，《文学评论》2014 年第 5 期。

罗时进：《家族文学研究的逻辑起点与问题视阈》，《中国社会科学》2012 年第 1 期。

罗志田：《地方的近世史："郡县空虚"时代的礼下庶人与乡里社会》，《近代史研究》2015 年第 5 期。

罗宗强：《弘治、嘉靖年间吴中士风的一个侧面》，《中国文化研究》2002 年冬之卷。

苗民：《论明代中后期的散体尺牍观——兼与四六启观之比较》，《暨南学报》（哲学社会科学版）2014 年第 3 期。

师海军：《康海的文学成就及其在明代中期的文学地位》，《西北大学学报》（哲学社会科学版）2012 年第 1 期。

童世骏：《"行动"与"行为"：现代西方哲学研究中的一对重要概念》，《社会观察》2005 年第 3 期。

王洪君：《汉语表自指的名词化标记"之"的消失》，《语言学论丛》第 14 辑，商务印书馆 1987 年版。

王润英：《论王世贞书序文的书写策略》，《文学遗产》2016 年第 6 期。

王伟：《明代官员"乞休"中的家国观念与自我认同》，《学术交流》2015 年第 2 期。

［德］维拉·伯兰特：《文学与疾病——比较文学研究的一个方面》，方维贵译，《文艺研究》1986 年第 1 期。

魏培泉：《先秦主谓间的助词"之"的分布与演变》，《台湾"中央研究院"历史语言研究所集刊》第 71 本第 3 分，2000 年。

巫仁恕：《晚明的旅游活动与消费文化——以江南为讨论中心》，《台湾"中央研究院"近代史研究所集刊》第 41 期。

吴功正：《从吴中四士看吴地美学及其史的特征》，《中国文化研究》2001 年冬之卷。

吴冠军：《"狼人杀"与政治哲学：话语政治与死亡政治》，《南京社会科学》2018 年第 3 期。

吴琦：《"乞休"与"挂冠"：晚明弃官现象与政治文化嬗变》，《安徽史学》2012 年第 2 期。

吴宣德：《明代会试试经考略》，《教育学报》2011 年第 1 期。

吴逸飞：《明清时期家族兴衰与地方社会的整合——以寨卜昌村王氏家族为典型个案》，《中国文化研究》2008 年冬之卷。

夏邦：《明代佛教信仰的变迁述略》，《史林》2007 年第 2 期。

许建平：《"狂怪"和"与世无争"——论李贽的双重文化人格》，《文学评论》2005 年第 6 期。

许结：《说"渊懿"——以西汉董、匡、刘三家奏议文为例》，《文学遗产》2008 年第 5 期。

闫勖、孙敏强：《"文章之道"如何"复归词林"——论明代嘉隆之际的馆阁文学》，《浙江社会科学》2016 年第 9 期。

杨荣祥：《"而"在上古汉语语法系统中的重要地位》，《汉语史学报》第 10 辑，上海教育出版社 2010 年版。

叶汉明：《明代中后期岭南的地方社会与家族文化》，《历史研究》2000 年第 3 期。

俞为民：《论"吴江派"的崛起及其贡献》，《东南文化》1988 年第 2 期。

詹福瑞：《试论经典与政治权力之关系》，《文学评论》2014 年第 1 期。

张静：《序文之体与古今嬗变》，《华南理工大学学报》（社会科学版）2012 年第 2 期。

章培恒：《经济与文学之关系》，《学术月刊》2006 年第 5 期。

赵厚均：《赠序源流考论》，《文艺理论研究》2008 年第 4 期。

郑利华：《李东阳诗学旨义探析——明代成化、弘治之际文学指向转换的一个侧面》，莫砺锋编：《谁是诗中疏凿手——中国诗学研讨会论文集》，凤凰出版社 2007 年版。

周巩平：《明清两代太仓的两大王氏曲学家族》，《曲学》2014 年第 2 卷。

周晓风：《区域文学——文学研究的新视野》，《中国文学研究》2002 年第 4 期。

朱惠国：《论清代学人之词与词人之词的离合关系》，《文学遗产》2011 年第 6 期。

朱丽霞:《从韩愈古文运动的失败看唐代骈文的文体地位》,《学术月刊》2007年第7期。

朱丽霞:《园林宴游与文学的生态变迁——以明清之际云间几社的文学活动为例》,《文艺理论研究》2007年第4期。

后 记

这本书的出版，某种意义上算是第一次对读书岁月充满仪式感的回望。因此，自己也曾多次设想种种后记的写作方式。但真正提笔，却深感此情可待成追忆，只是当时已惘然——情感的复杂微妙，恰是语言难以逾越的边界。

十年前，尚读大学的我未曾想过，日后自己能够一路从硕士、博士走到博士后。于我而言，这样的生命经历，如同一场面向未知的长途跋涉，虽然艰难，但更有期待；跋涉越远，越感到生命中所遇之人与事的可贵——师长、同门、家人，往日崎岖的过程、雪中送炭的暖意与不免拙稚的欣喜，历历在目，点滴在心。感谢罗时进先生的指点与鼓励，昔日答辩的情景，至今仍记忆犹新；先生的教诲，我始终铭感于心。感谢杜桂萍师，当我怀着忐忑不安的心情提出想追随杜师作博士后时，老师的和蔼与包容令我感动莫名；对于博士后出站报告的选题，老师更是详加指导。杜师的智慧、严谨与努力，我虽不能至，但永远心向往之。感谢丁放老师和曲惠勤师母的关心与帮助，让我体会到学术路上的种种温情暖意。还有丽霞师的真诚乐观，雷恩海师的言传身教，朱惠国、郑利华、许建平、马美信等老师的悉心指正，都令我受益终生……经师易遇，人师难遭；人生路上与诸位师长相遇，是我的幸运！我也倍加珍惜来之不易的师生缘分。

我在父母的呵护下成长，尽管他们普通而平凡，但在女儿心中，他们面对生活的努力，就是我此生向往的高度。我的先生刘顺，十年来一直包容我的无知任性，不断为我带来生活的惊喜。因为他在，我才可以重拾对未来的信心与尚可期待的精彩。

  时至今日，回望过往，每每感动于心的，仍是那些真实平易的日常和困境中予我以希望的力量。或许人生如飞鸿踏雪，但总会有一些人与事慢慢沉淀，历久而弥新，如树林阴翳中的缕缕光束，照亮上下求索的道阻且长。这些人与事，教会我停下脚步，用心感受人世间情感的丰富和细腻，逐渐理解生命的过程与意义；在和他们的相遇中，我对当下心存感念，对未来抱有期许，也能够坦然面对前方的未知。

  感谢王小溪女士为本书的修订与出版所付出的诸多辛劳！

  感谢黑龙江大学文学院与重点处的支持。

安家琪
2022 年 3 月